Christoph Heyl

Kleine Englische Literaturgeschichte

J. B. Metzler Verlag

Der Autor
Der Anglist und Kulturhistoriker *Christoph Heyl* forscht und lehrt an der Universität Duisburg-Essen (Lehrstuhl für Britische Literatur und Kultur). 2015 erhielt er den Lehrpreis seiner Universität.

ISBN 978-3-476-04509-6
ISBN 978-3-476-04510-2 (eBook)
https://doi.org/10.1007/978-3-476-04510-2

Die Deutsche Nationalbibliothek verzeichnet diese Publikation in der Deutschen Nationalbibliografie; detaillierte bibliografische Daten sind im Internet über http://dnb.d-nb.de abrufbar.

J. B. Metzler
© Springer-Verlag GmbH, ein Teil von Springer Nature, 2020

Das Werk einschließlich aller seiner Teile ist urheberrechtlich geschützt. Jede Verwertung, die nicht ausdrücklich vom Urheberrechtsgesetz zugelassen ist, bedarf der vorherigen Zustimmung des Verlags. Das gilt insbesondere für Vervielfältigungen, Bearbeitungen, Übersetzungen, Mikroverfilmungen und die Einspeicherung und Verarbeitung in elektronischen Systemen.

Die Wiedergabe von allgemein beschreibenden Bezeichnungen, Marken, Unternehmensnamen etc. in diesem Werk bedeutet nicht, dass diese frei durch jedermann benutzt werden dürfen. Die Berechtigung zur Benutzung unterliegt, auch ohne gesonderten Hinweis hierzu, den Regeln des Markenrechts. Die Rechte des jeweiligen Zeicheninhabers sind zu beachten.

Der Verlag, die Autoren und die Herausgeber gehen davon aus, dass die Angaben und Informationen in diesem Werk zum Zeitpunkt der Veröffentlichung vollständig und korrekt sind. Weder der Verlag, noch die Autoren oder die Herausgeber übernehmen, ausdrücklich oder implizit, Gewähr für den Inhalt des Werkes, etwaige Fehler oder Äußerungen. Der Verlag bleibt im Hinblick auf geografische Zuordnungen und Gebietsbezeichnungen in veröffentlichten Karten und Institutionsadressen neutral.

Typografie und Satz: Tobias Wantzen, Bremen
Einbandgestaltung: Finken & Bumiller, Stuttgart (Fotos: C. Heyl)

J. B. Metzler ist ein Imprint der eingetragenen Gesellschaft
Springer-Verlag GmbH, DE und ist ein Teil von Springer Nature
Die Anschrift der Gesellschaft ist:
Heidelberger Platz 3, 14197 Berlin, Germany

Inhalt

Vorwort 1

Vorgeschichte 7

Die Literatur der Angelsachsen 11

Die Mittelenglische Literatur 21
- Kontexte 21
- Dichtung 26
- Drama 37
- Prosa 41

Die Renaissance 45
- Kontexte 45
- Dichtung 52
- Drama 60
- Prosa 74

Das 17. Jahrhundert 79
- Kontexte 79
- Dichtung 83
- Drama 98
- Prosa 106

Das 18. Jahrhundert und die Romantik 119

Kontexte 119
Dichtung 131
Dichtung der Romantik 142
Drama 161
Drama der Romantik 169
Prosa 171
Prosa der Romantik 195

Die Viktorianische Zeit 207

Kontexte 207
Dichtung 215
Drama 224
Prosa 231

Das 20. Jahrhundert und die Gegenwart 251

Kontexte 251
Dichtung 260
Drama 278
Prosa 293

Anhang 325

Digitale Ressourcen 325
Handbücher und Zeitschriften 329
Endnoten 331
Personenregister 333

Vorwort

Als dieses kleine Buch über einen großen Gegenstand im Entstehen war, war zuvor per Referendum im Vereinigten Königreich die Entscheidung gefallen, die Europäische Union zu verlassen. Plötzlich wollte es für einen Moment so scheinen, als rückten die Britischen Inseln fast physisch ein Stück von Europa weg. Die Folgen dieser Entwicklung, die man zuvor kaum für möglich gehalten hätte, sind noch nicht absehbar. Momentan kann niemand wissen, wie es um die Zukunft des Vereinigten Königreichs und seiner Beziehungen zu Europa bestellt ist. Blickt man aber in die Vergangenheit, so wird deutlich, dass die Britischen Inseln kulturell nie insular waren. Beschäftigt man sich mit literarischen Texten, die dort entstanden, so kommen dabei notwendigerweise europäische Kontakte und Verbindungen in den Blick. Der Zugang, den dieses Buch zur Geschichte der englischen Literatur geben will, wird daher immer wieder auch ein Zugang zu solchen europäischen Verflechtungen sein.

Wenn im Folgenden von der englischen Literatur die Rede ist, so ist damit nicht nur die Literatur Englands gemeint, sondern die englischsprachige Literatur der Britischen Inseln. Diese Literatur hat überaus spannende Texte hervorgebracht. Dies hat damit zu tun, dass die Britischen Inseln häufig eine Vorreiterrolle einnahmen. Immer wieder wurde dort das nie zuvor Gedachte gedacht und das nie zuvor Getane getan, so zum Beispiel in der Englischen Revolution des 17. Jahrhunderts, die lange vor der Französischen Revolution alte Ordnungen über den Haufen warf. Ein weiteres Beispiel ist die Industrielle Revolution, die von den Britischen Inseln ausging. Solche Umwälzungen brachten ganz neuartige Verhältnisse, die neuartige Themen und Impulse für die

Literatur lieferten. So ergab es sich, dass englische Gedichte, Dramen und Prosatexte sich mit Gegenständen auseinandersetzten, die es anderswo noch nicht gab.

In Großbritannien lagen vielfältige Sonderbedingungen vor, die sich stimulierend auf die Innovationskraft der englischen Literatur auswirkten. Dazu gehörte die frühe Präsenz von Faktoren wie Rechtssicherheit, weitgehender Freiheit von Zensur, einer bürgerlichen Öffentlichkeit und ihres Gegenstücks, einer bürgerlichen Privatsphäre. London stieg ab dem 18. Jahrhundert zur größten Stadt der westlichen Welt auf. Diese Stadt wurde damit zum Prototyp der westlichen Metropole. Sie bot eine vollkommen neue Lebenswirklichkeit, über die sogleich geschrieben wurde.

Genres und Formate, die bis heute zu unserer Lesewelt gehören, wurden in Großbritannien erfunden oder hatten dort ihren Durchbruch als Massenphänomen. Schon deshalb geht uns als Menschen der Gegenwart, die wir auf dem Kontinent leben, die Geschichte der englischen Literatur an. Zu den großen Neuerungen zählt der Roman und dessen Unterformen wie der Schauerroman, der historische Roman oder der Kriminalroman. Die Presse, so wie wir sie kennen, entwickelte sich ab der Wende zum 18. Jahrhundert in London; nicht nur Tageszeitungen, sondern auch regelmäßig erscheinende Magazine mit breitem Themenspektrum und einer festen Rubrikengliederung wurden dort entwickelt.

Dieses kurzgefasste Buch will verlässliches Grundwissen vermitteln, indem es charakteristische Phänomene aufzeigt und prägnante Überblicke zu Grundströmungen der einzelnen Epochen bietet. Entwicklungen werden jeweils an Schwerpunktthemen veranschaulicht; besonders bedeutsame, einflussreiche oder aufschlussreiche Texte werden herausgegriffen. Angesichts des knappen Formats verbietet sich der Versuch, einen Kanon (gleich, welchen Kanonbegriff man vertritt) enzyklopädisch abbilden zu wollen. Allerdings ist jede Auswahl von Texten für eine Literaturgeschichte stets auch ein Beitrag zu einer fortwährenden Kanondebatte. In diesem Buch geht es ganz überwiegend, aber nicht ausschließlich um die etablierten Autorinnen und Autoren der englischen Literatur und deren Texte. Es weist gleichfalls auf solche hin, die es wert sind, wiederentdeckt oder aus einer neuen Perspektive gelesen zu werden. Dazu gehören Thomas Coryates Beschreibungen seiner Indien-Reise im frühen 17. Jahrhundert ebenso wie proto-feministische Stimmen des 18. Jahrhunderts, darunter die Küchenmagd Mary Leapor, die rebellische Bürgerstochter Sarah Fyge Egerton und die Aristokratin Anne Ingram, Viscountess Irvine. Weiter gehören dazu Texte von Olaudah Equiano und Ignatius Sancho, zwei ehemaligen Sklaven, die im 18. Jahrhundert als freie Briten in London lebten. Zu den Büchern des 19. Jahrhunderts, die es zu entdecken lohnt, gehören die Romane von Israel Zangwill, die die heute vergangene Welt des jüdischen East End lebendig werden lassen. Einen zweiten Blick wert ist A. A. Milne, ein bei Kindern beliebter, von Erwachsenen aber meist unterschätzter Autor des frühen 20. Jahrhunderts. Mit Winnie the Pooh schuf er einen Kinderbuchbären, der ebenso in der Moderne verwurzelt ist wie Virginia Woolfs Mrs Dalloway oder die Figuren, denen wir bei Joyce in *Ulysses* begegnen. Aufmerksamkeit verdienen auch Judith Kerrs Kinderbücher sowie die Texte von W. G. Sebald – Kerr war mit ihren Eltern aus Deutschland nach England geflüchtet, Sebald war eine Generation später dorthin ausgewandert.

Wenn es darum geht, neue Entdeckungen zu machen, können wir davon profitieren, dass die Digitale Revolution den Zugang zu sehr vielen englischen Texten radikal vereinfacht hat. Heute ist es Leserinnen und Lesern leicht möglich, über den Tellerrand des Kernkanons zu schauen, indem sie sich Zugang zu dem ungeheuer reichen Schatz von Büchern verschaffen, den eine Reihe von digitalen Ressourcen bereithält. Dazu finden sich praktische Hinweise im Anhang.

In einem kurzgefassten Buch wie diesem geht es weniger um die Breite des Materials als um die Tiefe der Verbindungen und Zusammenhänge. Weil Literatur nicht im luftleeren Raum entsteht, ist es sinnvoll, bei der Betrachtung von Texten stets ein Auge auf deren kulturgeschichtliche Kontexte zu haben. Warum und wie unterschieden sich die Bedingungen, unter denen Männer und Frauen in der Vergangenheit Literatur produzieren und publizieren konnten? Welche Verbindungen existierten und existieren zwischen der Literatur einerseits und der bildenden Kunst sowie der Musik andererseits? Welcher Zusammenhang besteht zwischen der Normannischen Invasion von 1066 und einer spezifischen Art des Spielens mit der Sprache, die bis heute kennzeichnend für die Literatur und Kultur der Britischen Inseln ist? Wie kam es dazu, dass wichtige Texte in englischer Sprache nicht in London, sondern in Köln, Wittenberg und Paris gedruckt wurden? Warum sind Shakespeares Stücke bis heute so erfolgreich? Was muss man über englisches Recht und englische Namenssitten wissen, um in englischen Romanen nicht den Überblick zu verlieren? Wie wurden große Bücher der englischen Literatur wie Miltons *Paradise Lost* über Jahrhunderte gegen den Strich gelesen und in neuen Büchern weitergeschrieben? Welche Verbindungen bestehen zwischen der romantischen Dichtung im Drogenrausch und der Popmusik des 20. Jahrhunderts? Welche Zusammenhänge gibt es zwischen dem allerersten englischen Schauerroman des 18. Jahrhunderts und *Harry Potter*? Wie veränderte die in England erfundene Eisenbahn das Lesen? Warum findet sich der einzige Bahnhof der Welt, der nach einem Roman benannt wurde, in Edinburgh, und wie beeinflusste dieser Roman die bis heute wirksamen Vorstellungen von Schottland? Wie schlugen sich Flucht- und Migrationsbewegungen durch die Jahrhunderte in der englischen Literatur nieder? Welche Rolle spielt die englische Literatur für die Außenwahrnehmung der Britischen Inseln?

Dies sind einige der Fragen, denen hier nachgegangen wird. Dieses Buch will Appetit auf die Texte der englischen Literatur machen und zum Nachdenken über sie anregen. Es lädt nicht nur zu einem Spaziergang durch die englische Literaturgeschichte ein, sondern auch durch die Welt, in der diese Literatur entstand. An manchen Orten ist noch viel von dieser Welt erfahrbar, insbesondere in London. Diese Literaturgeschichte ist kein Reiseführer; sie will aber dennoch eine Ahnung von der Erfahrbarkeit kultureller Kontexte vermitteln. Sie enthält daher eine kleine Auswahl von Hinweisen, durch die Sie Ihre nächste Großbritannien-Reise mit dem einen oder anderen literaturhistorischen Einblick vor Ort anreichern können – einschließlich kulturhistorisch wertvoller kulinarischer Pausen.

In diesem Buch werden immer wieder die faszinierende Buntheit und der frappierende Ideenreichtum der englischen Literatur aufscheinen – beispielsweise anhand der Tiere, die sich in ihr und um sie herum tummeln. Wir werden einer Spinne aus einem altenglischen Zauberspruch, einem erotisierten Floh, fliegenden

Kühen im Weltall, einem flötespielenden Orang-Utan, einem Albatros, der erst Glück und dann Unglück bringt, sowie einem rosa Kaninchen begegnen. Dazu kommen ein Tyger, ein Tigger, ein Snark und weitere Kreaturen, die sofort unsere Phantasie ansprechen. Es ist ein ganz außerordentliches Vergnügen, sich mit einer Literatur zu beschäftigen, die solche und noch ganz andere Überraschungen bereithält.

Vorgeschichte

Keltische Promiskuität, römischer Kolonialismus und germanische Migration

In einer fernen Vergangenheit, lange, bevor es auf den Britischen Inseln Engländerinnen und Engländer gab, vollzogen sich dort dramatische Entwicklungen, die sich bis unsere Zeit auf Großbritannien und seine Literatur auswirken. Vor zweitausend Jahren machten sich die Römer daran, das damals von Kelten bewohnte Britannien zu erobern. Eigentlich war dort, am wilden, nasskalten Rand der den Römern bekannten Welt, vergleichsweise wenig zu holen. Vor allem ging es darum, einen lästigen Unruheherd unter Kontrolle zu bringen, denn die Inselkelten unterstützten die Festlandskelten im frisch eroberten Gallien gegen die neuen Kolonialherren.

Die römische Eroberung schaffte Strukturen, die zwei Jahrtausende überdauert haben. London wurde von den Römern gleich nach der Eroberung, 43 n. Chr. gegründet. Die Grenzen der City of London, heute weltweit bedeutend als Zentrum des Finanzwesens, folgen exakt dem Verlauf einer römischen Stadtmauer. Die Verbindung zwischen London und Rom, der wir hier als historisches Faktum begegnen, wird viele Jahrhunderte später in literarischen Texten als eine Idee auftauchen, die für die Wahrnehmung dieser Stadt und für eine kollektive britische Selbstwahrnehmung von großer Bedeutung ist.

Unser Wissen über die von den Römern unterworfenen Menschen, die auf den Britischen Inseln lebten, ist begrenzt. Sie sprachen eine keltische Sprache; was sie an Literatur hatten, wurde nicht aufgeschrieben. Nichts von ihren Liedern, ihren Geschichten, ihren religiösen Mythen ist uns heute bekannt.

Mit der römischen Eroberung setzt immerhin eine schriftliche Überlieferung über Land und Leute ein. Es gibt Texte der Eroberer über die Unterworfenen oder noch zu Unterwerfenden. Aber im Gegensatz zu den Germanen, über die es eine durchaus bewundernde Darstellung von Tacitus gibt, hatten die Kelten der Britischen Inseln eine ausgesprochen schlechte Presse. Julius Caesar zeichnete in seinem *Gallischen Krieg (De Bello Gallico)* ein wenig schmeichelhaftes Bild von ihnen. Er beschrieb sie als wilde Krieger mit ernsthaften Zivilisationsdefiziten und eigenartigen Sitten. Sie betrieben, so heißt es in Caesars Buch, im Landesinneren keinen Ackerbau, malten sich am ganzen Körper blau an und hielten zum Vergnügen Hasen, Hühner und Gänse, die sie aber nicht äßen. Zum Familienleben der Briten merkte er an, dass mehrere Männer, vor allem Brüder, aber auch Väter und ihre Söhne, zehn bis zwölf Frauen gemeinsam hätten.

Dieser rufschädigende Halbsatz hatte Folgen. Caesars Text eignete sich in der Neuzeit, ganz anders als Tacitus zur Zeit des deutschen Nationalismus, nicht zur Verklärung der keltischen Vorfahren, weil das, was er über die antiken Kelten sagte, den viktorianischen Briten im höchsten Grade peinlich sein musste. Hier hängen lateinische und englische bzw. deutsche Literaturgeschichte zusammen. Der deutsche Germanenkult konnte (mit den bekannten katastrophalen Folgen) zeitweise zum Mainstream werden, während die Keltenbegeisterung auf den Britischen Inseln bis heute eine regionale Angelegenheit blieb.

Nach dem Ende der römischen Herrschaft, ab der zweiten Hälfte des 5. Jahrhunderts, überquerte die nächste Welle von Neuankömmlingen den Ärmelkanal. Dabei handelte es sich um Angehörige germanischer Stämme, um Angeln, Sachsen und Jüten. Wir wissen nicht sicher, aus welchen Gründen diese Menschen ihre alte Heimat in Nordeuropa verließen, ob es sich eher um Eroberer oder um Migranten handelte, die sich an einem anderen Ort eine bessere Zukunft erhofften. Diese Menschen sprachen im Gegensatz zu den Kelten eine germanische Sprache. Dieses germanische Sprachelement bildete den Grundstock der englischen Sprache und überlebt in ihr bis heute.

Von der Sprache der Kelten gelangte dagegen nur sehr wenig in das Ausgangmaterial, aus dem sich die Sprache, die wir »Eng-

City of London, Tower: Ein Denkmal für einen römischen Eroberer vor der Festung der normannischen Eroberer (Aufnahme: C. H.).

lisch« nennen, entwickelte. Die neuen Siedler, die über den Kanal kamen und sich erst in Südengland und dann darüber hinaus ausbreiteten, verdrängten die Kelten. Diese wichen in die Randgebiete der Britischen Inseln zurück, nach dem heutigen Wales und Cornwall, nach Schottland, Irland und auf die Isle of Man. Es bildete sich eine keltische Peripherie (*Celtic Fringe*), von der erstaunlicherweise heute, also anderthalb Jahrtausende später, noch einiges übrig ist. In den genannten Regionen hielten sich Varianten der alten keltischen Sprache, und diese überlebten in etlichen Fällen bis in die Gegenwart. Das Walisische, das schottische Gälisch und das irische Gälisch wurden im 20. Jahrhundert im Rahmen einer politisch-kulturellen Eigenständigkeitsagenda aktiv gefördert. Die Erinnerung an die Kelten hatte besonders ab dem 18. Jahrhundert Einfluss auf die englische Literatur. Wir werden ihren Nachkommen (oder denen, die sich als solche verstehen) in späteren Kapiteln dieser Literaturgeschichte wieder begegnen.

Die Literatur der Angelsachsen

Ein Dichter wider Willen, ein Zauberspruch
und ein Monster ohne Arm

Die Geschichte der angelsächsischen Literatur beginnt mit einem, der vollkommen ohne Talent und wider Willen zum Dichter wird. In der zweiten Hälfte des 7. Jahrhunderts lebt im Norden des heutigen England, beim Kloster von Jarrow, ein Kuhhirte namens Caedmon. Dieser Caedmon ist kein Mönch und kann daher weder lesen noch schreiben. Er ist eher schüchtern und singt nicht gerne. Entsprechend unwohl fühlt er sich, als man nach getaner Arbeit zusammensitzt, etwas trinkt und dann reihum zur Harfe gesungen wird. Die Situation ist ihm so unangenehm, dass er verschämt die Runde verlässt und sich zurückzieht.

In dieser Nacht erscheint ihm im Traum ein recht barsch auftretender Engel. Dieser fordert Caedmon auf, etwas zu singen – egal, was; Hauptsache, er singt. Caedmon weist sofort auf seine Unfähigkeit hin. Er tut das in seiner angelsächsischen, also germanischen Sprache, die man, wenn man mit dem Deutschen vertraut ist, stellenweise einigermaßen verstehen kann. Er sagt nämlich: »Ne con ic noht singan«[1], d. h. »Nicht kann ich nichts singen«. Die Traumgestalt lässt aber nicht locker, sie fordert Gesang und erhöht dabei gleich noch die Anforderungen: Einen Gesang über die Schöpfung, über den Anbeginn aller Dinge soll er vortragen, und das sofort. Was vorher schwer zu machen war, erscheint nun vollends als ein Ding der Unmöglichkeit, eine Aufgabe, die höchste Sicherheit sowohl in der Poesie als auch in der Theologie voraussetzt. Der bedauernswerte Kuhhirte verfügt weder über das eine noch über das andere. Umso stärker ist sein eigenes Erstaunen darüber, dass er sofort beginnt, einen formvollendeten Schöpfungshymnus zu improvisieren. So kommt die Traumvision zu einem unerwarteten Ende; im Traum hat sich an ihm ein Wunder vollzogen. Dabei bleibt es aber nicht. Als er am Morgen danach erwacht, stellt er verblüfft fest, dass sein herbeigeträumtes neues Talent tatsächlich noch da ist, dass er immer noch dichten kann – und so dichtet er weiter.

Diese Geschichte schrieb der Heilige Beda (673–735, auch bekannt als »Beda Venerabilis«, d. h. der verehrungswürdige Beda) in seiner *Historia Ecclesiastica Gentis Anglorum* auf, einem Werk, das er 731 fertigstellte. Die Überlieferungslage macht damit Caedmon zum ersten angelsächsischen Dichter, von dem wir wissen. Sicher wird es vor ihm, d. h. seit der Ankunft der Angelsachsen im fünften Jahrhundert, andere gegeben haben. Weil aber die Erinnerung an sie vollkommen verflogen ist, wurde die Erzählung über Caedmons Traum zur wundersamen Gründungsgeschichte der angelsächsischen Literatur.

Dass wir die Verfasser von Werken aus dieser Zeit benennen können, ist generell eher untypisch. Texte wurden zunächst lange mündlich tradiert, bevor man im siebten Jahrhundert, nach der Christianisierung der Angelsachsen, begann, sie niederzuschreiben. Die meisten heute noch vorhandenen Handschriften, die angelsächsische Texte enthalten, wurden relativ spät, nämlich vom neunten bis zum elften Jahrhundert angefertigt. Menschen, die schreiben konnten, waren damals extrem rar; in der Regel handelte es sich dabei um Mönche. Das Pergament, auf das man schrieb, war kostbar. So standen einer Vielzahl angelsächsischer Texte, die hätten aufgeschrieben werden können, überaus begrenzte Ressourcen gegenüber. Dazu kam ein weiterer Faktor: Die Angelsachsen glaubten bis zu ihrer Christianisierung im siebten Jahrhundert an die alten germanischen Götter. Ihre Überlieferung umfasste daher Inhalte, die heidnischen Ursprungs waren. Diese konnten den schreibkundigen Mönchen so sehr missfallen, dass sie entweder überhaupt nicht oder nur in veränderter, religiös entschärfter Form aufgezeichnet wurden.

Wenn Texte einmal verschriftlicht waren, so heißt das noch lange nicht, dass sie die folgenden Jahrhunderte überdauerten.

Angelsächsisches Grabkreuz in der Krypta von All Hallows by the Tower, der ältesten Kirche der City of London (Aufnahme: C. H.).

Im 16. Jahrhundert brachte die Reformation das Ende der Klöster, in denen die Handschriften aufbewahrt wurden. In dieser Zeit wurde viel von dem, was noch vorhanden war, zerstört oder ging verloren. Insgesamt ist also davon auszugehen, dass wir heute nur noch einen kleinen, nicht unbedingt repräsentativ ausgewählten Teil davon kennen, was es einmal an angelsächsischer Literatur gegeben hat.

Oft wird im Zusammenhang mit der angelsächsischen Sprache auch der Begriff »Altenglisch« verwendet, bei uns ebenso wie in Großbritannien, wo man ein und dieselbe Sache als »Anglo-Saxon literature« oder »Old English literature« bezeichnen kann. Von der Sache her ist »Anglo-Saxon« zutreffender, denn diese Sprache ist, vom heutigen Englisch her gesehen, nicht einfach ein »altes Englisch«. Die Angelsachsen sprachen eine germanische Sprache, die in einer später entstehenden Mischsprache namens »Englisch« aufging. Ein angelsächsischer Text ist leicht an seinem etwas exotisch anmutenden Erscheinungsbild zu erkennen. Er ist nicht nur aus den Buchstaben des uns vertrauten lateinischen Alphabets zusammengesetzt, sondern enthält auch eine kleine Anzahl von »Sonderzeichen«, die entweder aus dem Runenalphabet stammen oder durch Modifikation lateinischer Buchstaben entstanden. Dazu gehören beispielsweise »þ« und »ð« (Thorn und Eth, für »th«-Laute) sowie »ƿ« (Wynn, für »w«).

Das Angelsächsische wirkt durch sein Schriftbild erst einmal fremd. Diese Sprache erscheint allerdings gleich sehr viel zugänglicher, sobald wir uns die Verwandtschaft zwischen ihr und dem Deutschen bewusst machen. Viele Wörter, die die frühmittelalterlichen Angelsachsen verwendeten, sind, in leicht veränderter Form, auch Teil unserer Sprache. Oft stellt sich ein ebenso überraschender wie vergnüglicher Aha-Effekt ein, wenn es gelingt, die Bedeutung angelsächsischer Worte aus der Analogie zur heutigen deutschen (und englischen) Sprache zu erschließen. Ein schönes Beispiel dafür findet sich in einem Zauberspruch gegen Hautprobleme wie Pickel oder Warzen. Die Problemstelle wird direkt angesprochen und aufgefordert, zu schrumpfen und sich zuletzt komplett aufzulösen. Die Warze soll so klein werden »alswa linsetcorn« (»als wie ein Leinsaatkorn«, d.h. Leinsamenkorn), »and miccli lesse alswa anes handwurmes hupeban«[2]. »And« ist leicht als »und« aufzulösen. »Miccli« ist nicht so leicht zu erraten, es bedeutet »viel«. »Lesse« ist dafür wieder durchschaubar, es entspricht »less« im heutigen Englisch, und »alswa anes« klingt fast wie »als wie eines« in einem deutschen Dialekt. Der »Handwurm« ist ein handförmiger Wurm, also ein handförmiges kleines Tier. Sobald man einmal versuchsweise mit der Hand würmelnde Bewegungen macht, kommt man schnell auf die Idee, dass damit die Spinne gemeint sein muss. »Handwurmes hupeban« ist der Hüftknochen oder vielleicht auch Hüpfebein des Handwurms, also ein Spinnenbein. Insgesamt ergibt das: »Und noch viel kleiner als ein Spinnenbein« – so klein soll die Warze werden. Trotz einer Distanz von über einem Jahrtausend spricht dieser Text dank der angelsächsisch-deutschen Sprachverwandtschaft immer noch zu uns.

So, wie wir zu einer Pickelcreme greifen würden, suchte die Angelsächsin oder der Angelsachse Heilung durch Sprachmagie. Man glaubt an die übernatürliche Macht der poetisch strukturierten Sprache. Versucht man einmal, unsere Beispielzeile aus dem Zauberspruch laut zu lesen, so offenbart sich das wichtigste Strukturierungsprinzip der angelsächsischen Dichtung:

and miccli lesse alswa anes handwurmes hupeban.

Die Zeile wird durch zwei klar heraushörbare Klangwiederholungen (»a-a«/»h-h«) zusammengehalten. In dem gesamten Zauberspruch lässt sich fast in jeder Zeile ein solcher doppelter Wiederholungseffekt beobachten. Wir haben eine Tendenz, Dichtung gedanklich mit dem Endreim zu verbinden. Es gab aber literarische Traditionen, die den Endreim kaum verwenden, und die stattdessen die kohärenzstiftende Klangwiederholung in das Innere der Zeilen verlegen. Zu diesen gehört die angelsächsische Dichtung, die mit solchen regelmäßig auftretenden Alliterationen operiert. Diese Art des in die Zeile verlegten Reims bezeichnet man als Stabreim.

Der Zauberspruch gegen Hautprobleme gibt uns nicht nur Einblicke in Grundcharakteristika der angelsächsischen Sprache und Dichtung sowie das Denken der Angelsachsen, sondern auch in ihre Lebenswelt. Dort heißt es nämlich auch: »scring þu alswa scearn awage«, d. h.: »schrumpf Du, so wie Mist in der Wand«. Die Angelsachsen lebten in niedrigen Fachwerkhäusern, deren Wände mit Mist gedämmt waren. Im Vergleich zu der materiellen Kultur, die die Römer Jahrhunderte zuvor im heutigen England etabliert hatten, im Vergleich zu Ziegelsteinbauten mit Heizungen und Glasfenstern mutete die angelsächsische Architektur sehr bescheiden an. Selbst die Ruinen der römischen Bauten, die noch in London oder in Bath vorhanden waren, wirkten dagegen beeindruckend. Ein angelsächsisches Gedicht, eine Elegie, entwickelt angesichts einer solchen Ruine Gedanken über die Vergänglichkeit aller Dinge. Der Text, der heute unter dem Titel »The Ruin« bekannt ist, beginnt so:

> Wrætlic is þes wealstan, wyrde gebræcon;
> burgstede burston, brosnað enta geweorc.
> (Kunstvoll ist der Steinbau, das Schicksal zerstörte ihn;
> Die Stadt zerfiel, es zerbrach das Werk der Riesen.)

Die Errichtung größerer Steingebäude wird als eine übermenschliche Leistung eingestuft. So etwas kann nur von Riesen gebaut worden sein, und so etwas kann auch nur von einer Macht erodiert werden, denen die Menschen nichts entgegenzusetzen haben, nämlich »wyrd«, dem unerbittlichen Schicksal. Das uns fragmentarisch überlieferte Gedicht endet so:

> Stanhofu stodan, stream hate wearp
> widan wylme; weal eall befeng
> beorhtan bosme, þær þa baþu wæron,
> hat on hreþre. þæt wæs hyðelic.
> (Die Steinhäuser standen, der Strom sprudelte heiß auf
> mit heftiger Wallung; eine Mauer umgab alles,
> mit einem hellen Bogen; da waren die Bäder
> von innen sehr heiß. Das war sehr angenehm.)[3]

Wohlbefinden durch fließendes, heißes Wasser, das war für die Angelsachsen Teil eines Lebensstils, der nur im dichterischen Sprechen imaginiert, aber nicht mehr erlebt werden konnte.

Häufig geht es in angelsächsischen Texten um das Idealbild des Kriegers, um die Treue der Gefolgsleute und das ungünstige Schicksal. Lief es schlecht, so musste man, wie in den Gedichten »The Wanderer« und »The Seafarer«, endlos über Land und

Meer irren. Lief es gut, so wurde der Krieger von seinem Herrn mit Gelagen geehrt und mit Geschenken belohnt. Es war üblich, an verdiente Gefolgsleute kostbare Gegenstände zu verteilen; oft handelte es sich dabei um Silberschmuck, der bei Bedarf auch kurzerhand zerhackt und an mehrere Personen verteilt wurde. Entsprechend wurden angelsächsische Gefolgsherren gerne als »Ringgeber« (»beag-gifa«) bezeichnet. Diese Umschreibung ist Resultat eines für die angelsächsische sowie generell für die germanische Literatur typischen poetischen Verfahrens. Es handelt sich um eine Kenning (Plural: Kenningar), eine Zusammenfügung von mehreren Substantiven, die dann gemeinsam als Metapher benutzt werden.

Kenningar waren bei den Angelsachsen äußerst beliebt, entsprechend häufig tauchen sie in ihren Texten auf. Sie sind Sprach- und zugleich Denkspiele, die wie kleine Rätsel aufgelöst werden wollen. Man muss also herausfinden, dass »hwælweg« (»Wal-Weg«) das Meer bezeichnet, oder dass sich hinter »eorð-sele« (Erd-Saal) die Höhle verbirgt. Kenningar haben die Kraft, Gegenstände sowohl zu charakterisieren als auch zu verfremden. Sie bewirken, dass man scheinbar bekannte Dinge des Alltags (das Meer, die Höhle) plötzlich zumindest für einen kurzen Moment neu und anders wahrnimmt.

Eine Kenning steckt auch in dem Namen der Hauptfigur des heute bekanntesten Textes der angelsächsischen Literatur. Diese heißt »Beowulf«, und der »Beo-Wulf« ist der »Bienen-Wolf«, d. h. der Bär, weil dieser sich wie ein Wolf über die Bienenstöcke hermacht, um an den Honig zu gelangen. Bei dem Text handelt es sich um ein Heldenepos, und damit per Definition um eine lange, wilde Geschichte, voll mit Gelagen, Reden und Kämpfen. Genau genommen ist *Beowulf* nicht *ein* angelsächsisches Epos, sondern *das* angelsächsische Epos für uns, weil es sich um den einzigen Text seiner Art handelt, der vollständig erhalten ist. Diese mitreißende, sprachlich überaus kunstvoll gestaltete Geschichte, deren Verfasser wir nicht kennen, ist nur in einer einzigen Handschrift aus dem 10. oder frühen 11. Jahrhundert überliefert. Ihre Handlung spielt in Skandinavien, in etwa im heutigen Dänemark. Vielleicht handelt es sich um einen sehr alten Stoff, der bei der Wanderung der Angeln, Sachsen und Jüten mitgebracht worden war;

jedenfalls macht der Ort der Handlung deutlich, dass die Literatur der Britischen Inseln von ihrer frühesten Phase an keinesfalls insular war.

Und so beginnt diese abenteuerliche Geschichte mit Hrothgar, dem Dänenkönig. Der hat große Freude an einer Halle, in der er sich bei Musik und Getränken mit seinem Gefolge die Zeit vertreibt. Doch die Geräusche, die bei einem Biergelage mit Harfenbegleitung nach draußen dringen, locken einen höllischen Dämon namens Grendel an, der im Moor sein Unwesen treibt. Im altenglischen Text wird er eingeführt als »grimma gæst Grendel haten«[4] (ein grimmer Geist/Dämon, Grendel geheißen). Dieser ungebetene Geistergast wartet ab, bis alles schläft, und greift sich dann dreißig biergefüllte Dänen, um sie »ham«[5], d. h. heim zu schleppen und dort zu verspeisen. Der König ist verständlicherweise bestürzt. Die Erzählerstimme merkt an, dass all das in der vorchristlichen Vergangenheit spielt, und dass der König daher nicht auf die Idee kommen kann, auf Gottes Beistand gegen diese Macht der Finsternis zu hoffen. Hier wird also ein alter Stoff aus christlicher Perspektive wiedergegeben. Die heidnische Geschichte steht dabei aber nicht außerhalb der christlichen Welt, sondern wird in sie eingepasst, indem Grendel beispielsweise als Abkömmling Kains, also des allerersten Mörders, der in der Bibel vorkommt, bezeichnet wird.

Da der König, aus christlicher Perspektive gedacht, noch keine Ahnung von Gott haben kann, muss das Problem anders gelöst werden. Man braucht jetzt einen Helden, der es mit dem menschenfressenden Moordämon aufnehmen kann. Genau so ein Held erscheint auch. Beowulf, einem jungen Gauten, kommen die Untaten Grendels zu Ohren, und er beschließt, mit seinen Gefolgsleuten übers Meer zu reisen und dem dänischen König zu Hilfe zu eilen. (Was ein Gaute ist und woher er übers Meer reist, ist übrigens nicht ganz klar; wahrscheinlich ist hier an Leute aus dem Bereich des heutigen Schweden gedacht.) Die Gauten kommen jedenfalls an und bereiten sich mit großen Mengen Bier auf ihre Mission vor, eine Nacht in der königlichen Halle zu verbringen und durch ihre Präsenz vielleicht das Monster anzulocken. Und tatsächlich stapft Grendel aus dem nebligen Moor heran. Der Text benennt ihn als »sceadugenga« (Schattengänger) und als »manscaða«[6] (Mannschädiger), beschreibt aber nicht sein Aussehen, und genau das macht diese Figur besonders effektiv, weil sie damit eine Projektionsfläche für unsere schlimmsten Ängste bietet.

Die schattenhafte, aber überaus schreckliche Gestalt greift sich einen schlafenden Mann, reißt ihn in Stücke, saugt ihn aus und verschlingt ihn. Was dann geschieht, wie der Held seinem schattengängerischen Widersacher Grendel den Arm und die Schulter (»earm ond eaxle«[7], Arm und Achsel) ausreißt, wie sich dann die Mutter des Monsters einmischt und schließlich noch ein Drache ins Spiel kommt, all das wird im weiteren Verlauf des Epos auf enorm lebhafte Weise erzählt. Man möchte den Figuren immer weiter folgen, und glücklicherweise ist genau das auch möglich. Der Text ist 3182 Zeilen lang, und dieser außergewöhnliche Umfang gibt uns die Chance, ausgiebig in seine Welt einzutauchen, die beim Lesen immer vertrauter wird und gleichzeitig durch ihre bizarre Fremdheit reizt. Im angelsächsischen Frühmittelalter lernte man einen solchen Text nicht über das Lesen, sondern über das Hören kennen, er wurde also in etwa so rezipiert wie ein heutiges Hörspiel. Der Vortrag wurde wahrscheinlich von den Klängen einer Leier untermalt (solche Zupfinstrumente sind archäologisch für die Zeit belegt). Wir wissen nichts Verlässliches über die damalige musikalische Praxis, aber man kann sich gut vorstellen, wie sich beispielsweise die Dynamik einer Kampfszene durch den energischen Griff in die Saiten noch verstärken ließ.

Heutige Leserinnen und Leser wird *Beowulf* stark an die derzeit beliebte, oft in fernen Vergangenheiten angesiedelte Fantasy-Literatur erinnern, in der man gleichfalls gerne mit dem Schwert gegen dunkle Mächte kämpft. Allerdings ist bei diesen Texten der Gegenwart für uns klar, dass es sich dabei um Produkte der Imagination handelt, dass es also eine klare Grenze zwischen der gelebten und der gelesenen Welt gibt. Von einer solchen Trennung ist für die angelsächsische Zeit nicht auszugehen. Mit der realen Präsenz dunkler Mächte wurde durchaus gerechnet. Es spricht auch viel dafür, dass die Abenteuer Beowulfs nicht als unterhaltsame Fiktion, sondern sehr viel eher als Geschichtsschreibung, als die spannende, kunstvolle Rede von der Vergangenheit begriffen wurden. Insofern unterscheidet sich *Beowulf* in vieler Hinsicht sehr deutlich von der heutigen Fantasy-Literatur. Dennoch gibt es eine Verbindung zwischen beiden. Ein deutliches Echo dieses altenglischen Epos findet sich in Texten (und deren Verfilmungen), die weltweit eine große Fan-Gemeinde begeistern, nämlich in Tolkiens *The Hobbit* (1937) und *Lord of the Rings* (3 Bände, 1954–1955) [→306]. Tolkien war Professor für englische Sprache und Literatur in Oxford; sein Spezialgebiet war die altenglische Literatur, und sein besonderes Interesse an *Beowulf* wirkte sich ganz offensichtlich auf sein Schreiben aus.

Beowulf ist auch deshalb ein wichtiger Großtext der englischen Literaturgeschichte, weil er noch ein gutes Jahrtausend nach seiner Entstehung Menschen in seinen Bann schlägt und zum Schreiben neuer, gleichfalls wieder faszinierender Texte anregt. Viele Menschen, die nie etwas von *Beowulf* gehört haben, begeistern sich für das literarische Echo, das dieses anonyme Epos in Tolkiens Werken gefunden hat. Wenn Gruppen junger deutscher Rollenspieler in liebevoll gestalteten Fantasy-Kostümen durch die heimischen Wälder streifen und so in die Welt der Hobbits eintauchen, dann handelt es sich dabei um eine indirekte *Beowulf*-Rezeption. Auch das zeigt, dass dieser Text aus einer fernen Vergangenheit nichts von seiner Kraft eingebüßt hat.

Die Mittelenglische Literatur

Kontexte

Eine Invasion und ihre Folgen

Wenn in einer Literaturgeschichte die Vergangenheit in Perioden gegliedert wird, so geschieht dies in dem Bewusstsein, dass eine solche Gliederung ein nützliches, aber zugleich auch grob vereinfachendes Hilfsmittel ist. Die Dinge ändern sich in aller Regel nicht schlagartig, sondern schrittweise, und schon gar nicht ändern sie sich automatisch im Takt der Jahrhunderte. Dennoch gibt es manchmal einzelne Ereignisse, die ganz plötzlich einen tiefgreifenden Wandel mit sich bringen. Ein solches Ausnahmeereignis war die letzte erfolgreiche militärische Invasion der Britischen Inseln, die Normannische Eroberung von 1066.

»Normannen«, das bedeutet eigentlich soviel wie »Nordmänner«, d. h. Wikinger. Diese waren überaus geschickte Seefahrer und Piraten, die nicht nur fremde Küsten fern ihrer skandinavischen Heimat plünderten, sondern sich auch langfristig an Orten festsetzten, die ihnen attraktiv erschienen. So wurden die »Nordmänner« in dem Teil des heutigen Frankreich heimisch, der heute noch nach ihnen heißt, nämlich in der Normandie. Dort gaben sie mit der Zeit ihre germanische Sprache auf und begannen stattdessen, die *langue d'oïl*, die nördliche Variante des mittelalterlichen Französisch zu sprechen.

Nach dem Tod des kinderlosen angelsächsischen Königs Edward (auch bekannt als »Edward the Confessor«) unternahmen die Normannen unter ihrem Anführer William II. den Versuch, durch eine Invasion die Macht über England an sich zu bringen. Dies gelang; William ließ sich in London zum König krönen und ging daher als »William the Conqueror« in die Geschichtsbücher ein. Die Tatsache, dass sich 1066 die Französisch sprechenden Wikinger von einem Tag auf den anderen als die neuen Herren über die Angelsachsen etablierten, war langfristig für die Entwicklung der englischen Sprache und damit auch der englischen Literatur von allergrößter Bedeutung. Auf einmal gab es ein Nebeneinander von zwei Sprachen. Da die neuen Untertanen eher die groben Arbeiten zu erledigen hatten, während die neuen Herren die Früchte dieser Arbeit genossen, bildeten sich charakteristische Dopplungen von Begriffen, die bis heute überlebt haben. Klassische Beispiele liefern die Tiernamen. Solange das Tier im Stall stand, wo es Dreck und Mühe machte, befassten sich die Angelsachsen damit, und so wurde es germanisch-angelsächsisch benannt. Kuh und Schaf hießen entsprechend »cow« und »sheep«. Sobald das Fleisch dann als feines Gericht auf den Tischen der Normannen lag, wurde es mit romanischen Worten bezeichnet. Aus der ordinären »cow« wurde dann das nobel-französische »beef« (»boeuf«), und »sheep« wurden auf dem Teller zu »mutton« (»mouton«).

Die Normannen waren militärtechnisch so überlegen, dass die Angelsachsen keine Chance hatten, sie wieder los zu werden. Wie groß ihre Überlegenheit war, wird deutlich, wenn man bei einem Aufenthalt in London den Tower besichtigt, denn dieser ist eine normannische Festung, die sehr bald nach der Invasion gebaut wurde, um die Stadt unter Kontrolle zu halten. Langfristig mussten sich die alte Bevölkerung und die neue Führungsschicht miteinander arrangieren. Die beiden Gruppen verschmolzen, und damit auch ihre beiden Sprachen. Dadurch entstand etwas Neues, nämlich das Mittelenglische, eine frühe Form der Sprache, die uns als »Englisch« vertraut ist. Das Englische geriet zu einer Doppelsprache. So ziemlich alles lässt sich in ihr auf zwei Arten sagen, nämlich mit germanisch oder mit romanisch abgeleiteten Worten. Erstere gelten bis heute als die klare und deutliche Sprache der einfachen Leute, Letztere wirken sozial überlegen oder je nach Kontext auch hochnäsig. »To think, to eat, to drink, to sweat«, das klingt direkt, geradeheraus und vielleicht auch manchmal leicht vulgär. Für diese Verben germanischen Ursprungs hält das

Converse, Imbibe, Indulge, Enjoy: Romanisch abgeleitetes Genussvokabular in einem Londoner Pub (Aufnahme: C. H.).

Englische romanische Alternativen bereit, und hört man die, dann klingt es gleich ganz anders, nämlich: »to cogitate, to ingest, to imbibe, to perspirate«.

Diese beiden sehr unterschiedlichen Register, die jeweils eigene soziale Konnotationen haben, verleihen der englischen Sprache einen besonderen Reichtum. Wir leben bis heute mit einer Spätfolge der Invasion von 1066: Immer, wenn jemand in Großbritannien oder auch anderswo in der englischsprachigen Welt schreibt oder spricht, hat diese Person ständig zwischen der einfachen germanischen und der hochgestochenen romanischen Ausdrucksweise zu wählen.

Dieser Mechanismus, dessen historische Wurzeln wir hier betrachtet haben, erwies sich langfristig als extrem nützlich für die englische Literatur. Wenn beispielsweise eine Romanfigur als ein besonders hochnäsiger Mensch eingeführt werden soll, dann geht das bestens durch die Art, wie man diese Figur sprechen lässt, nämlich im romanischen Register, das auf die Normannen zurückgeht. Soll die Figur dagegen einfach oder vielleicht auch ein wenig plump wirken, lässt man sie nicht Romanisches lispeln, sondern Germanisches brüllen. Kein Erzähler muss uns sagen, dass eine Figur arrogant ist, weil die Arroganz sofort aus ihrer Wortwahl hervorgeht. Damit steht der englischen Literatur ein höchst effizientes Mittel der impliziten Charakterisierung zur Verfügung.

Die englische Sprache bietet aufgrund ihrer germanisch-romanischen Doppelnatur mehr Spielmaterial als andere. Daher konnte sich über die Jahrhunderte eine auffällige kulturelle Disposition zum Spielen mit der Sprache etablieren. Nicht umsonst sagt man den Briten einen eigenen Humor nach. Zu dessen Besonderheiten zählt die unerschöpfliche Freude an Wortspielen (auf Englisch: »puns«). Die Fähigkeit, diese blitzschnell zu verstehen, ist beim britischen Lesepublikum aller gesellschaftlichen Schichten deutlich stärker ausgeprägt als bei uns. Dass sich dies so verhält, macht ein Blick in die dortige Boulevardpresse deutlich. Einschlägiges Beispiel ist hier *The Sun*, ein Blatt, dem man nicht Unrecht tut, wenn man es als britisches Äquivalent der *Bild*-Zeitung beschreibt. Aber im Gegensatz zu unserem Boulevard-Blatt, in dem man auf einfache sprachliche Strukturen setzt, wimmelt es in *The*

Sun schon auf der Titelseite von Wortspielen. Hier wird man mit einer spielerischen Komplexität konfrontiert, die wir so in unserer Presse nicht kennen. Dies ist in Großbritannien möglich, weil dort das permanente Spiel mit der Sprache, die Lust an der Albernheit des Mehrdeutigen, am Verdrehen von Sinn und Klang eine über viele Jahrhunderte eingeübte kulturelle Praxis darstellt. Wir werden diesem Hang zum anarchischen Umformen immer wieder begegnen, beispielsweise in der Nonsense-Literatur des 19. Jahrhunderts oder in den Textexperimenten der Moderne.

Aber zurück ins Mittelalter! Auch nach der Normannischen Eroberung blieb es so, dass nur eine verschwindend kleine Elite lesen und schreiben konnte. Die Normannen nutzten diese Kulturtechniken sogleich als Herrschaftsinstrument. William the Conqueror gab eine umfassende Bestandsaufnahme aller Besitzverhältnisse im normannisch beherrschten England in Auftrag. Das Projekt war eine Kombination aus Kataster und Volkzählung. Das Ergebnis, ein bis heute erhaltenes Manuskript von imponierenden Ausmaßen, wurde als *Domesday Book* bekannt. Der Titel ist eine Anspielung auf »doomsday«, den Tag des Jüngsten Gerichts, an dem Gott sein großes Buch aufschlägt; es lässt sich nicht sagen, ob diese Benennung ein Zeichen für Ehrfurcht oder vielleicht doch für grimmigen Humor ist. Dieses Riesenbuch über England war jedoch nicht in der normannisch-französischen Sprache der Eroberer geschrieben, und schon gar nicht in der angelsächsischen Sprache der Unterworfenen, sondern auf Latein, denn Latein war und blieb erst einmal die primäre Schriftsprache der Gebildeten. Daraus ergab sich eine Einbindung der Britischen Inseln in die europäische Gedankenwelt, denn ein Buch, das irgendwo in Europa auf Latein geschrieben worden war, konnte überall in Europa gelesen werden – wenn auch nur von der kleinen Minderheit der Lesekundigen, die zum größten Teil Mönche oder Priester waren.

Wenn im Folgenden von der englischen Literatur des Mittelalters die Rede ist, so ist dabei zu bedenken, dass wir eine Zeit betrachten, in der es zunächst noch sprachliche Alternativen zum Englischen gab. Man schrieb und las nicht nur Latein, sondern auch Französisch. Erst im 14. Jahrhundert verdrängte »Englisch« (d. h. die neue germanisch-romanische Mischsprache) das normannische Französisch; damit wurde Englisch zur Sprache auch der sozialen Eliten und konnte sich langfristig als die primäre Sprache der Literatur etablieren. Dies passierte wohlgemerkt erst einmal nur in England; in Irland, Schottland und Wales hielten sich weiterhin keltische Sprachen, die ihre eigenen, vor allem oral tradierten Literaturen hatten.

Die Normannische Eroberung war nicht nur in Bezug auf die Entwicklung des Englischen eine wichtige Weichenstellung. Mit den neuen Herren kam eine spezifisch romanisch eingefärbte kulturelle Anbindung an den Kontinent. Der Einfluss der französischen und auch der lateinischen Literatur verstärkte sich. Ideen und Themen, die im mittelalterlichen Europa in Mode waren, erreichten die Britischen Inseln. Dazu gehörten die Ideale des Rittertums. Diese hatten nicht nur mit Vorstellungen von Kampf und Tapferkeit zu tun, sondern auch mit der damit verbundenen, stark ritualisierten ritterlichen Verehrung sozial hochstehender Frauen. Aufgrund der Allgegenwärtigkeit christlicher Ideen in der mittelalterlichen Kultur konnte sich dabei die ritualisierte Verehrung der Dame in Form und Ausdruck mit der gleichfalls ritualisierten Praxis der Verehrung der Jungfrau Maria überschneiden.

Dichtung

Sündige Tänzerinnen, ein kopfloser Ritter und übermütige Pilger

Die angelsächsische Dichtung war weitestgehend ohne den Endreim ausgekommen. In der mittelenglischen Dichtung wurde dagegen der Endreim zu einem sehr weit verbreiteten Strukturierungsprinzip. Dazu kam eine neue formale Experimentierfreude, die dazu führte, dass man ganz unterschiedliche Versformen erprobte.

Zu den Texten, die aus dem 11. Jahrhundert überliefert sind, gehört der anonyme *Cursor Mundi,* (d. h. in etwa: »der, der die

Welt durchläuft«), ein religiöses Versepos, das die Geschichte der Menschheit von der Schöpfung bis zum bevorstehenden Ende der Welt abhandelt. Robert Mannyng of Brunne verfasste wohl in den 1330ern oder etwas davor *Handling Synne*, ein Handbuch zum Umgang mit Sünden. Dieses ist unterhaltsamer, als der Titel vermuten lässt, denn es werden alle möglichen Sünden nicht nur erörtert, sondern auch jeweils durch eine geschickt erzählte Geschichte illustriert. Zur Sünde des Kirchenfrevels (d. h. des grob unpassenden Benehmens in einer Kirche) wird die ursprünglich aus dem deutschsprachigen Raum stammende Geschichte von drei jungen Mädchen namens Merswynde, Wybessine und Ava aufgenommen, die unerlaubterweise in einer Kirche tanzten und die zur Strafe ein Jahr lang ohne Ruhepause Tag und Nacht zwanghaft tanzen mussten, was nicht alle von ihnen überlebten.

Die weitere Entwicklung der primär religiösen englischen Literatur des Mittelalters wiedergeben zu wollen, würde den Rahmen dieser Darstellung sprengen. Wichtig ist, dass das mittelalterliche Denken grundsätzlich so stark christlich geprägt war, dass sich auch in weltlichen Texten in aller Regel vielfältige religiöse Ideen und Anspielungen finden. Umgekehrt nahm die religiöse Literatur, wie wir gesehen haben, oft unterhaltsam-erzählerische Elemente in sich auf.

Eine wichtige Rolle spielte neben religiösen Texten auch die Geschichtsschreibung in Form langer Gedichte, wobei damals zum Erzählen von Geschichte auch Elemente gehörten, die wir heute als wildeste Fiktion einstufen würden. In diesem Zusammenhang ist ein Kleriker des 12. Jahrhunderts interessant, der den für uns erst einmal erklärungsbedürftigen Namen »Laȝamon« trug. (Das »ȝ« ist ein im Mittelenglischen verwendeter Buchstabe namens »Yogh«, der in etwa unserem »y« entspricht; deshalb schreibt man ihn auch »Layamon«.) Dieser Laȝamon erzählte in einem gut zweiunddreißigtausend Zeilen langen Gedicht mit dem Titel *Brut* die frühe Geschichte Englands. »Brut«, das ist Brutus, ein Nachkomme des Aeneas, einer der Hauptfiguren in Homers *Ilias* (ca. 8.–7. Jh. v. Chr.). Aeneas, so erzählte man, sei nach dem Trojanischen Krieg geflohen und habe Rom gegründet; Brutus sei dann weitergezogen und habe ein neues Reich auf einer

Insel am Rand Europas gegründet, das er nach sich benannte, nämlich Britannien (das demnach eigentlich »Brutannien« wäre). Nicht nur dieser Gründungsmythos, der zuvor bereits in lateinischen Texten kursierte, wurde in *Brut* weitergetragen. In diesem Gedicht tauchen auch erstmals Figuren wie King Arthur (bei uns bekannt als König Artus) sowie King Lear und Cymbeline in einem englischsprachigen Text auf. *Brut* ist damit Teil einer Traditionskette, die bis zu Shakespeare und weit darüber hinaus führt.

Obwohl man sich in der mittelenglischen Dichtung grundsätzlich dem Endreim zuwandte, gab es im 14. Jahrhundert auch eine Rückbesinnung auf die Alliteration. Ein wichtiges Werk, das diesem *alliterative revival* zuzuordnen ist, ist *Piers Plowman* von William Langland (ca. 1330–ca. 1376). Der Text, der in drei unterschiedlichen Versionen existiert, schildert eine Reihe religiös-allegorischer Visionen. So beschreibt der Erzähler zu Beginn einen Turm, in dem die Wahrheit wohnt, einen tiefen Kerker, und dazwischen ein Feld voll Leute, die die Vielfalt und Hierarchie der englischen Gesellschaft des Mittelalters repräsentieren. Danach wird der Versuch unternommen, der Leserschaft ein System christlicher Ideen – von der Sünde bis zur Beichte, von der Passion Christi bis zur Erlösung – in lebhaften Visionen vorzustellen. Die Beliebtheit dieses Textes (er ist in sehr vielen Abschriften überliefert) demonstriert, wie sehr die Gedankenwelt des Mittelalters christlich geprägt war.

Im späten 14. Jahrhundert war die englische Sprache wenig standardisiert. Langland schrieb im Dialekt des nordwestlichen England. Gleichfalls aus dieser Region stammen vier gemeinsam in einer Handschrift überlieferte Werke: *Pearl, Cleanness, Patience* und *Sir Gawain and the Green Knight*. Dabei handelt es sich um lange bis sehr lange Gedichte, die nicht nur die sprachliche Färbung, sondern auch einen alliterierenden Stil gemeinsam haben. Vielleicht stammen sie alle von einem Autor. *Pearl* hat eine emotionale Drastik eigener Art; in einer Traumvision sieht ein Vater seine ganz jung verstorbene Tochter (ihr Name ist Pearl) im Paradies. In *Cleanness* werden biblische Stoffe wiedergegeben, genauer: Episoden, in denen Gott die Menschen auf drastische Weise bestraft, indem er beispielsweise die Sintflut schickt oder vom Himmel Feuer auf Sodom und Gomorrha regnen lässt. *Patience* hat die biblische Geschichte von Jona zum Gegenstand, ein abenteuerlicher Stoff, der mit Humor erzählt wird: Jona fehlt es erst einmal an Geduld/Duldsamkeit, die er dann, auf hoher See über Bord geworfen und von einem Wal verschluckt, wohl oder übel im Bauch dieses Wals lernen muss.

In den gut zweieinhalbtausend Versen von *Sir Gawain and the Green Knight* geht es dagegen nicht um biblische oder zumindest religiöse Stoffe, sondern um eine Erzählung im Kontext der Artussage, in der Konzepte von Ritterlichkeit, Kampf und Frauenverehrung im Vordergrund stehen. King Arthur sitzt mit seiner Tafelrunde zum Jahreswechsel zusammen und wartet auf ein Wunder (warum auch nicht, solange man an Wunder glaubt?). Stattdessen tritt ein riesiger grüner Ritter mit einer noch riesigeren Axt ein, der die Tafelrunde auf verblüffende Weise herausfordert. Einer der Artusritter möge ihm doch bitte mit dieser Axt den Kopf abhacken, wenn er es wagt – allerdings, wie sich herausstellt, unter der Bedingung, dass man sich ein Jahr später zu einem Revanche-Kampf trifft. Die bizarre Kampfgeschichte, nach der der grüne Ritter erst einmal mit dem Kopf unter dem Arm abzieht, entwickelt sich im Verlauf des Gedichts zu einer nicht weniger bizarren Liebes- und Verführungsgeschichte, bevor es dann wieder zum Kopfabhacken kommt, zumindest fast. *Sir Gawain and the Green Knight* ist ein überaus lebendiges Beispiel für die mittelalterlichen Texte, die man als Versromanzen (»verse romances«) bezeichnet, lange Gedichte, in denen das Ausagieren ritterlichen Verhaltens unter abenteuerlichsten Umständen imaginiert wird. Weitere Beispiele für mittelalterliche englische Romanzen sind *King Horn* und *Havelok the Dane* (beide bereits aus dem 13. Jahrhundert, Verfasser unbekannt).

Wenn Irland in der Geschichte der mittelenglischen Literatur wenig Erwähnung findet, dann deshalb, weil man dort in allererster Linie nicht Englisch, sondern das irische Gälisch sprach. Dies änderte sich partiell ab der zweiten Hälfte des 12. Jahrhunderts, als die Gegend um Dublin unter anglo-normannische Kontrolle kam. Aber das sich in dieser Zeit gerade entwickelnde Englisch blieb die Sprache einer kleinen Minderheit, und der von England kontrollierte Teil Irlands entwickelte sich im Mittelalter nicht zu einem Zentrum der Literaturproduktion.

Unter den schottischen Dichtern des 14. Jahrhunderts ist John Barbour (ca. 1320–1390) von Bedeutung. Barbour war durch Studium und Lehrtätigkeit in Oxford und Paris weit über Schottland hinaus vernetzt. Er verfasste eine Verschronik, also ein gereimtes Geschichtswerk, mit dem Titel *The Bruce*. Die zentrale Figur dieses Werks, der schottische König Robert I. Bruce, siegte 1314 in der Schlacht von Bannockburn über die Engländer. Er ging damit (nicht zuletzt deshalb, weil dieses Ereignis von Barbour literarisch verewigt worden war) in die Ahnenreihe schottischer Nationalhelden ein – dies übrigens, obwohl er eigentlich von den normannischen Invasoren abstammte. Wegen Robert I. Bruce gilt der ursprünglich normannisch-französische Vorname »Robert« als besonders schottisch; es ist also kein Zufall, dass prominente schottische Autoren späterer Zeiten so hießen (nämlich Robert Fergusson →143, Robert Burns →144 und Robert Louis Stevenson →239).

International vernetzt wie Barbour war auch Geoffrey Chaucer (ca. 1343–1400), der heute bei weitem bekannteste englische Autor des Mittelalters. Chaucer war der Sohn eines Londoner Weinhändlers. Durch Kontakte der Familie zum Hofmilieu (dort wurde der teuerste Wein getrunken) verfügte er über Verbindungen, die es ihm ermöglichten, zum Diplomaten aufzusteigen. In dieser Funktion unternahm er Reisen nach Frankreich und Italien. Französische und italienische Einflüsse schlugen sich auch in seinem Schreiben nieder. In seinem Langgedicht *The Book of the Duchess* entwarf er eine Traumvision von Liebe und Verlust durch den Tod der geliebten Dame. Eine literarische Traumvision findet sich auch in *The House of Fame*, einer Auseinandersetzung mit dem Ruhm und seinen verschiedenen Erscheinungsformen, also auch dem Ruhm auf der Basis von Lüge und Illusion. In dem über 8200 Verse langen Gedicht *Troilus and Criseyde* übernahm Chaucer einen italienischen Stoff von Giovanni Boccaccio (1313–1375). Dieser hatte eine Geschichte erdacht, die die antiken Erzählungen um den Kampf um Troja weiterspann.

Aus all diesen Texten lässt sich viel über die mittelalterliche Literatur Englands lernen. Chaucers Bekanntheit bis in unsere Zeit hinein hängt jedoch nicht an diesen, sondern an einem anderen Werk: *The Canterbury Tales*. Diese Sammlung von Geschichten, an denen er ab den späten 1380ern arbeitete, wird durch eine Rahmenerzählung zusammengehalten: In einer Herberge in Südlondon kommt eine bunt gemischte Gruppe von dreißig Leuten zusammen, die gemeinsam auf Pilgerfahrt nach Canterbury gehen wollen. Man ist in allerbester Stimmung – kein Wunder, denn dieses Pilgern im eigenen Land war so etwas wie ein religiös motivierter und damit legitimierter Frühlingsausflug. Um sich die Zeit auf der Reise zu vertreiben, kommt man auf die Idee, einen Wettbewerb im Geschichtenerzählen auszurichten:

> This is the poynt, to speken short and pleyn,
> That ech of yow, to shorte with our weye
> In this viage, shal telle tales tweye,
> And homward, he shall tellen othere two,
> Of aventures that whilom han bifalle.
> And which of yow that bereth hym best of alle,
> [...]
> Shall have a soper at oure aller cost[8]
> [...]

Die Pilger werden hier also angesprochen; »ech of yow« (each of you) soll zwei Geschichten während der Reise erzählen (»shal telle tales tweye«), von Abenteuern, die »whilom han bifalle«, die einst geschehen sind, und dazu »othere two«, also zwei weitere, auf dem Rückweg. Wer die besten Geschichten erzählt, soll »a soper« (a supper, also ein Essen) haben, das von allen anderen bezahlt wird.

Vieles im Englischen der Zeit Chaucers lässt sich beim Lesen erschließen. Allerdings ist zu berücksichtigen, dass die Aussprache des Mittelenglischen, insbesondere bei den Vokalen, eigenen Regeln folgt. Diese sind uns erst einmal fremd, weil wir an eine Aussprache gewohnt sind, die sich aus einem Prozess der Lautverschiebung (in der Linguistik bekannt als *the Great Vowel Shift*) im 15. und 16. Jahrhundert ergab. Das heutige »all« spricht man /ɔːl/ aus, das mittelenglische »alle« (wie in »best of alle«) klang aber im Mittelalter noch so ähnlich wie das deutsche »alle«. Zu dieser Zeit wurde auch das »e« am Ende des Wortes noch hörbar ausgesprochen. Dass dieses »e« später verstummt, also nur noch geschrieben, aber nicht mehr gesprochen wird, lässt sich an einem Namen wie »Shakespeare« nachvollziehen.

Chaucers literarisches Projekt blieb unvollendet; die *Canterbury Tales* umfassen nur vierundzwanzig statt der geplanten einhundertzwanzig Geschichten. Das vorhandene Material hat es jedoch in sich, und als Zugabe werden die Erzählerinnen und Erzähler auf überaus lebendige Weise charakterisiert. Sie bilden ein soziales Panorama, das große Teile der mittelalterlichen Gesellschaft Englands typenhaft darstellt. Gleichzeitig geht Chaucer aber durch seine scharfe und oft humorvolle Individualisierung weit über diese Typisierung hinaus. Seine Figuren wirken lebendig, weil sie zugleich ganz und gar sie selbst sind. Und so unterschiedlich, wie sie sind, sind auch die Geschichten, die Chaucer ihnen in den Mund legt. Der Ritter erzählt eine Geschichte aus dem ritterlichen Milieu (also: über Liebesrivalität, Turnier etc.), und sofort danach wird zu der eher derben Gestalt eines Müllers gewechselt, der eine grob-komische Geschichte mit Übertölpelungen, Sex und grotesk misslingenden erotischen Annäherungen zum Besten gibt. Nach dem Auftritt des Müllers macht sich der nächste Redner über diesen lustig: Ein Gutsverwalter erzählt von einem Müller, der seine Kundschaft betrügt und selbst von ihr betrogen wird. Diese Geschichte folgt formal dem Vorbild des in der französischen Literatur der Zeit beliebten Fabliau, einer gereimten Erzählung, die unter einfachen Leuten spielt und die von allerlei derben Gelüsten und Überlistungen handelt.

So geht es in buntem Wechsel weiter. Unter den ganz unterschiedlichen, oft verblüffenden Gestalten, die in den Geschichten auftreten, sind der Sultan von Syrien (und seine Mutter), der Teufel, eine junge Frau mit einem zu alten Mann (und dessen Freund, der den schönen Namen »Placebo« trägt), der König der Tataren, ein sprechender Falke, ein habsüchtiger Kaufmann, ein Magier, ein Alchemist, drei junge Männer, die den Tod töten wollen (man ahnt gleich, dass das nicht gut ausgeht) und natürlich der Tod selbst. In »The Wife of Bath's Tale« wird das Verhältnis der Geschlechter zueinander erörtert und dabei klar als eine Machtfrage gefasst. In einer Tierfabel überlistet erst der Fuchs den Hahn und dann der Hahn den Fuchs. Einer seiner Figuren legt Chaucer eine antisemitische Heiligenlegende in den Mund, was daran erinnert, dass das grundsätzlich christliche Weltbild des Mittelalters in aller Regel auch antisemitische Anteile hatte. (Dieser Antisemitismus hatte übrigens schon 1290, also ca. ein Jahrhundert vor Entstehung der *Canterbury Tales,* zur Vertreibung aller Juden unter Edward I. geführt. Ab dieser Zeit gab es bis ins 17. Jahrhundert offiziell keine jüdischen Gemeinden in England.) In einer weiteren Geschichte, »The Tale of Sir Thopas«, parodiert Chaucer die Ritterromanze, d. h. Texte in der Art von *Sir Gawain and the Green Knight.*

Chaucer kam es bei seinem Schreiben zugute, dass er unterschiedliche literarische Traditionen (insbesondere die Italiens und Frankreichs) gut kannte; so schaute er sich bei Boccaccio nicht nur Inhalte, sondern auch die Idee des Geschichtenerzählens in geselliger Runde ab. Zugleich konnte er sich in ganz verschiedene englische Milieus und ihre Ausdrucksweise einfühlen. *The Canterbury Tales* wurden Bestandteil eines Kernkanons der englischen Literatur. Wenn man heute in England beliebige Leute auf der Straße nach der englischen Literatur des Mittelalters fragen wollte, würden alle, die etwas darüber wissen, sofort Chaucer erwähnen.

So erinnert man sich heute noch an ihn, während sein Zeitgenosse und Freund John Gower (ca. 1330–1408), dessen Werk Ähnlichkeiten mit dem Chaucers aufweist, in unserer Zeit sehr viel weniger bekannt ist. Gower schrieb um die 1370er einige Langgedichte noch ganz selbstverständlich in anglonormannischem Französisch (*Cinkante Balades, Mirour de l'Omme, Traité pour Essampler les Amantz Marietz*) und auf Latein (*Vox Clamantis*). Sein Hauptwerk in englischer Sprache trägt den lateinischen Titel *Confessio Amantis,* d. h. »die Beichte des Liebenden«. Ganz ähnlich wie in Chaucers *Canterbury Tales* handelt es sich dabei um eine Sammlung von Geschichten, die durch eine Rahmenhandlung zusammengehalten werden. Ein Liebender offenbart sich einem Priester der Venus; dieser belehrt ihn dann in 141 (!) Geschichten über ethisch-moralische Aspekte der Liebe. Ein großer Teil des Materials kommt aus der antiken Tradition; zusätzlich wird einiges aus der Romanzentradition übernommen. Lange Zeit stand Gower in gleichem Ansehen wie Chaucer. Diese Wahrnehmung änderte sich erst ab dem 17. Jahrhundert, was vielleicht auch damit zusammenhängen mag, dass Chaucers Grab in Westminster Abbey langsam zum lokalen Zentrum eines Erinnerungsorts für herausragende Figuren der englischen Literatur wurde.

> **Chaucer und die Entstehung von *Poets' Corner*.** Chaucer wurde im Jahre 1400 in Westminster Abbey (20 Deans Yard, London SW1P 3PA) beerdigt. Anderthalb Jahrhunderte nach seinem Tod errichtete man im südlichen Querschiff der Kirche ein neues, prachtvolles Grabmonument für ihn. Um diesen Ort herum wurden ab dem Ende des 16. Jahrhunderts immer mehr prominente Dichter beigesetzt. So bildete sich nach und nach ein Ort, der unter der Bezeichnung *Poets' Corner* bekannt wurde. Ab dem 19. Jahrhundert wird dort auch mit Statuen und Inschriften an Autoren (und im 20. Jahrhundert zunehmend an Autorinnen) erinnert, die anderswo beerdigt sind. In *Poets' Corner* dem Namen nach oder gar physisch aufgenommen zu werden, gilt als höchste Auszeichnung. Es handelt sich damit um einen Ort der Kanonisierung, an dem sich Vorstellungen von englischer Literaturgeschichte materiell niederschlagen. John Gower fiel sicher nicht nur, vielleicht aber auch deshalb aus dem Kernkanon hinaus, weil er nicht in Westminster Abbey, sondern südlich der Themse in Southwark Cathedral (London Bridge, London SE19DA) begraben ist. Sein dortiges Grabdenkmal ist dennoch einen Besuch wert; dort sieht man eine bunt bemalte liegende Statue des Dichters. Sein Kopf ruht auf drei Büchern, die seine wichtigsten Werke in französischer, lateinischer und englischer Sprache repräsentieren.

Chaucers Werk beeinflusste das Schreiben anderer Autoren. Der Benediktinermönch John Lydgate (ca. 1370–1449) orientierte sich in *The Complaynt of a Loveres Lyfe* und *The Temple of Glas* an Chaucers *The Booke of the Duchess* und *The House of Fame*. In *The Siege of Thebes* knüpfte Lydgate an die Rahmenerzählung der *Canterbury Tales* an und malte sich literarisch aus, wie er selbst mit Chaucers Pilgern reist und dabei Geschichten, in diesem Fall aus der Antike, beiträgt.

Auch in Schottland war der Einfluss Chaucers bei etlichen Autoren spürbar. Ob man diese deshalb als *Scottish Chaucerians*, als schottische Chaucer-Nachahmer bezeichnen sollte, wie es lange üblich war, ist eine Frage der Perspektive; aus schottischer Sicht wird es deutlich näher liegen, hier eher das Eigene als das Übernommene zu betonen. König James I. von Schottland (1394–1437), der 19 Jahre in englischer Gefangenschaft verbrachte, schrieb während dieser Zeit in England ein Gedicht mit dem Titel *The Kingis Quair* (»quair« ist das schottische Wort für »Buch«, also »das Buch des Königs«). In diesem Text überhöhte er poetisch seine Liebe zu seiner späteren Frau, einer englischen Hochadligen. Dies tat er in einer Strophenform, wie sie zuvor Chaucer in *Troilus and Criseyde* benutzt hatte, nämlich sieben Zeilen mit dem Reimschema ababbcc. Dieses Format wird seit seiner Verwendung durch den schottischen König auch als »rhyme-royal« bezeichnet.

Anklänge an Chaucer finden sich gleichfalls bei dem schottischen Autor William Dunbar (ca. 1456–ca. 1513). In *Tua Mariit Wemen and the Wedo* (auf Standardenglisch würde man sagen: »Two Married Women and the Widow«) unterhalten sich zwei Ehefrauen und eine Witwe detailreich und humorvoll über die Erfahrungen, die sie mit ihren Männern gemacht haben. Vergleichbares findet sich in den *Canterbury Tales,* wenn »the wife of Bath« über die Ehe spricht. Der Kleriker Dunbar war wie Chaucer mehrfach für seinen König, in diesem Fall also James IV. von Schottland, in diplomatischer Mission unterwegs. In diesem Zusammenhang entstand *The Trissill and the Rois,* d. h. »The Thistle and the Rose«, ein allegorisches Gedicht über die Heirat der englischen Prinzessin Margaret Tudor mit dem schottischen König James. Die Rose findet sich im englischen Wappen, die Distel im schottischen. Vielleicht war Dunbar auch der Autor von »London, thou art of townes A per se«, einem Gedicht, das gleichfalls aus Anlass eines diplomatischen Besuchs entstanden sein kann und in dem die Stadt auf elegante und kenntnisreiche Weise gelobt wird. Ein derb-humorvolles Schmähgedicht (*flyting*) in der schottischen Tradition ist »The Flyting of Dunbar and Kennedie«, in der er mit allen Mitteln der Kunst heftigst über einen rivalisierenden Dichter herzieht. Beeindruckend ist auch sein Gedicht »Lament for the Makaris«, d. h. »Lament for the Makers«. *Makar* (betont auf der ersten Silbe, wie im deutschen Wort »Knacker«), ist der schottische Ausdruck für »Dichter«, also Leute, die etwas aus Worten machen. Der auf den ersten Blick eigenartige Begriff ist eine direkte Entsprechung zum englischen Wort *poet,* das vom griechischen *poiein* abgeleitet ist, was soviel bedeutet wie »machen«. Dunbars Gedicht, eine Elegie auf die verstorbenen schottischen Gedichte-Macher der Vergangenheit, geriet zu einer zutiefst beeindruckenden Auseinandersetzung mit den Schrecken der eigenen Sterblichkeit.

Weitere schottische Dichter der Zeit waren Robert Henryson, Sir David Lindsay und Gavin Douglas. Henryson (ca. 1424– ca. 1506), von Beruf Lehrer, schrieb *The Testament of Cresseid*, eine Fortsetzung von Chaucers *Troilus and Cryseide*. Lindsay (ca. 1468– 1555) kommentierte in seinen Gedichten allerlei Ärgernisse in Staat und Kirche Schottlands. In *The Testament and Complaynt, of our Soverane Lordis Papyngo* (1530) legte er seine Kritik dem Papagei des Königs in den Mund. Douglas (ca. 1475–1522), Bischof von Dunkeld, verfasste das allegorische Gedicht *The Palice of Honour*. Große Bedeutung kommt ihm als Übersetzer zu; er übersetzte unter dem Titel *Eneados* als Erster Vergils *Aeneis* ins Englische, oder genaugenommen in *Scots*, das er als eine eigenständige Sprache [→141] wahrnahm. Mit Gavin Douglas erreichen wir die Übergangszone zwischen auslaufendem Mittelalter und einsetzendem Humanismus.

Abschließend zur mittelalterlichen Dichtung sollen hier noch die spätmittelalterlichen Balladen erwähnt werden, narrative Gedichte in kurzen Strophen, die zu einprägsamen Melodien gesungen wurden. Oft wurden sie erst einmal nicht niedergeschrieben, sondern über lange Zeit mündlich tradiert. In solchen Balladen taucht auch die uns heute noch bekannte Figur des Robin Hood auf. Ihre historischen Wurzeln gehen möglicherweise bis ins 12. Jahrhundert zurück; genau ist dies nicht mehr zu klären. Jedenfalls wurden die Erzählungen um Robin Hood, der mit seinen Gefolgsleuten als Vogelfreier im Wald lebt und mit Pfeil und Bogen Jagd auf die Ausbeuter der Armen macht, immer weiter ausgeschmückt. So überlebte die Figur und schaffte insbesondere durch das Kino des 20. Jahrhunderts den Sprung in die kollektive Imagination. Weniger bekannt, aber gleichfalls interessant sind die sogenannten *Border Ballads*, Balladen, die aus dem wilden Grenzland zwischen England und Schottland stammen, in dem lange Zeit das Recht identisch mit dem Recht des Stärkeren war.

Drama
Krippenspiel mit Viehdieb

Das mittelalterliche englische Drama war religiösen Ursprungs und Inhalts. Vorstufen dramatischer Darbietungen findet man in einem anonymen Gedicht aus der Mitte des 13. Jahrhunderts, das unter dem Titel *The Harrowing of Hell* bekannt ist. Nach einer beliebten Legende fuhr Christus hinab in die Hölle, um dort die eigentlich guten Menschen zu befreien, die nicht in den Himmel kommen konnten, weil sie das Pech hatten, in vorchristlichen Zeiten gelebt zu haben. In *The Harrowing of Hell* bekommen Christus, Satan, der von Satan eingesetzte Pförtner am Höllentor und die in der Hölle schmorenden Gerechten überaus lebhaft gestaltete Sprechrollen. Insofern liegt es nahe, dass der Vortrag dieses Gedichtes dramatische Anteile hatte. Aus Texten dieser Art konnten sich Aufführungen ergeben, in denen die einzelnen Rollen von verschiedenen Personen gesprochen und dann auch fast wie in einem Theaterstück ausagiert wurden. Darüber hinaus ist es wahrscheinlich, dass sich dramatisierte Elemente in Festtagsgottesdiensten entwickelten, also eine Art Kirchentheater, wie es sich bei uns noch im Krippenspiel erhalten hat. Diese Form des Theaters verselbständigte sich dann schließlich so weit, dass sie außerhalb der Kirchen aufgeführt wurde.

Vom 13. bis ins 16. Jahrhundert gab es auf den Britischen Inseln die sogenannten *miracle plays* oder *mystery plays*. In diesen wurden nicht nur Wundererzählungen, sondern darüber hinaus auch allerlei biblische Stoffe, von der Schöpfung bis zur Himmelfahrt Christi, szenisch dargestellt. *Mystery plays* nennt man diese frühe Form des Theaters nicht, weil es um irgendwelche mysteriösen Dinge gegangen wäre. *Mystery* (vgl. das französische *métier*) war ein noch weit über das Mittelalter hinaus geläufiger Begriff für einen Handwerksberuf sowie das für diesen Beruf erforderliche Wissen. Die in Zünften organisierten Berufsgruppen boten Aufführungen biblischer Stoffe unter freiem Himmel, in denen sie einen Bezug zu ihrer eigenen Tätigkeit sahen. Für die Fischhändler konnte es naheliegend sein, Wunder des neuen Testaments nachzuspielen, in denen Fische vorkamen. Die Schiffsbauer nahmen sich der alttestamentlichen Geschichte von Jona an, der auf einem Schiff in Seenot geriet, sich als Menschenopfer über Bord werfen ließ und dann von einem Wal verschluckt wurde. Solche Aufführungen nahmen die Form von Umzügen (*pageants*) mit individuell dekorierten Wagen an, wobei jeder Wagen die Funktion einer Bühne hatte, auf der eine Episode aus dem Zyklus des biblischen Geschehens vorgestellt wurde. So zog eine Reihe mobiler Bühnen an dem Publikum vorbei, das sich auf den Plätzen der Stadt versammelt hatte. Diese kulturelle Praxis erinnert entfernt an die bei uns üblichen heutigen Karnevalsumzüge.

Die *miracle plays* oder *mystery plays* galten als gottgefällige religiöse Praxis, waren aber zugleich eine enorme Freiluftgaudi, und sie gaben den Zünften eine Gelegenheit, sich selbst darzustellen und zu feiern. Einzelne Städte hatten ihre eigenen, für sie lokaltypischen und gemeinschaftsstiftenden Zyklen solcher Stücke. Dergleichen gab es auch auf dem Kontinent. Die uralte Tradition der Verknüpfung eines Ortes mit einer religiösen Theatertradition hat bei uns beispielsweise in Gestalt der Oberammergauer Passionsspiele überlebt.

Nur vier komplette Zyklen von *mystery plays* sind uns überliefert. Sie alle stammen aus England, obwohl diese Theaterpraxis auch in Schottland, Irland und Wales existierte. Einer dieser Zyklen wird nach einer alten Fehlzuschreibung als *Ludus Coventriae* bezeichnet, obwohl er nichts mit der Stadt Coventry zu tun hat. Die drei übrigen stammen aus York, Chester und Wakefield. Diese Folgen von Stücken konnten recht umfangreich sein; so umfasst der York-Zyklus 48 von ihnen. Der Wakefield-Zyklus ist auch unter der Bezeichnung »Towneley-Zyklus« bekannt, weil sich das Manuskript einst im Besitz der Familie Towneley befand.

Betrachtet man die Stücke näher, so lässt sich verfolgen, wie sich in ihnen trotz der religiösen Natur ihrer Stoffe oft das theatralisch-Unterhaltsame verselbstständigte. Bei der Umsetzung biblischer Texte schleicht sich immer wieder eine handfeste Komik ein. Da kommt es dann schon einmal vor, dass Noahs Frau auf gar keinen Fall in die Arche will, was zu einer lautstarken, in Rabatz und Komik abdriftenden Auseinandersetzung führt. Im Wakefield-Zyklus wird der uns wohlbekannte Krippenspiel-Stoff mit einer grotesken Geschichte kombiniert, die gleichfalls im Schäfermilieu spielt: Ein berüchtigter Viehdieb stiehlt den biblischen Hirten ein Lamm und versteckt es zuhause in der Wiege. Als die Hirten die Hütte des Verdächtigen durchsuchen, tut dieser so, als sei dieses Lamm sein jüngstes Kind – das Problem ist dabei nur, dass es seinem angeblichen Vater wenig ähnlich sieht und dann auch noch verräterisch blökt. Hier werden zentrale Krippenspiel-Motive kurzerhand auf den Kopf gestellt: aus dem Kind in der Krippe für Tiere wird das Tier in der Wiege für Kinder; aus Jesus, den man auch als das Lamm Gottes bezeichnet, wird ein tatsächliches, laut vor sich hin blökendes Lamm.

Solche Stücke waren nicht zuletzt wegen ihres schenkelklopfenden Humors überaus beliebt; sie spielten im kulturellen Leben der Städte, in denen sie zu hohen Festtagen aufgeführt wurden, eine wichtige Rolle. Das Ende dieser populären Theaterform kam mit der Reformation. So, wie den Reformatoren die Abbildung biblischer Gestalten und Heiliger in Form von Statuen und Gemälden ein Dorn im Auge war, lehnten sie auch deren Darstellung auf der Bühne ab. Die Tatsache, dass lokale Laien in die Rolle biblischer Figuren schlüpften und die Aufführungen dann leicht zu einem karnevalesken open-air-Vergnügen gerieten, machte diese Form des Dramas aus reformatorischer Perspektive noch anstößiger. Es überrascht nicht, dass das lockere, humorvolle Spiel mit den biblischen Texten, die für die Reformatoren ja die höchste, nicht antastbare religiöse Autorität darstellten, die Reformation nicht überlebte.

Neben den *miracle plays* bzw. *mystery plays* gab es einen weiteren Typ des mittelalterlichen Theaters, die sogenannten *moralities*. Bei diesen handelte es sich nicht um dramatische Umsetzungen biblischer Stoffe, sondern um allegorische Stücke, die allerdings gleichfalls religiösen Inhalts waren. In ihnen traten Verkörperungen der Menschheit, der Habgier oder der Buße auf, die jeweils von einer Person dargestellt wurden. *Moralities* sind ab dem späten 14. Jahrhundert überliefert. Aus dem frühen 15. Jahrhundert haben wir *The Castle of Perseverance*, ein Stück, in dem es um die Auseinandersetzung des Menschen mit den Sünden und die Gnade Gottes geht. Aus dem frühen 16. Jahrhundert stammt *Everyman*, dessen Verfasser, ebenso wie der von *The Castle of Perseverance*, uns nicht bekannt ist. In *Everyman* wird die gleichnamige Hauptfigur, die für alle Menschen (oder zumindest für alle Männer) steht, mit der eigenen Sterblichkeit konfrontiert. Der Tod erscheint ihm und teilt ihm mit, dass er nur noch einen Tag zu leben habe. Alles, was ihm zuvor wichtig war, stellt sich nun als wertlos heraus. Seine wahren Freunde sind nicht Familie oder Besitz, sondern »Good Deeds« und »Knowledge«. Er bereut, beichtet und beendet damit sein Leben mit dem, was man als einen »guten Tod« bezeichnete. Der englische *Everyman* war keine Neuschöpfung, sein Ursprung liegt wahrscheinlich in der niederländischen Version eines auf dem Kontinent verbreiteten Stückes. Der Stoff, der vom Kontinent gekommen war, wanderte vierhundert Jahre später wieder dorthin zurück. Angeregt durch *Everyman* schrieb Hugo von Hofmannsthal (1874–1929) das Stück *Jedermann. Das Spiel vom Sterben eines reichen Mannes* (1911), das bis heute jedes Jahr bei den Salzburger Festspielen aufgeführt wird.

Der schottische Dichter Sir David Lindsay verfasste eine *morality* mit dem Titel *A Pleasant Satyre of the Thrie Estaitis*. In diesem Stück, das 1540 am Hof in Edinburgh aufgeführt wurde, wird der König, der gleichzeitig den Menschen schlechthin repräsentiert, von Figuren wie »Sensuality« und »Wantonness«, also Verkörperungen der Sinnlichkeit und Lust, verlockt. Ferner werden die Abenteuer der Keuschheit (»Chastity«) und ihr vielfaches Scheitern geschildert. Schließlich bringt eine Figur namens »Correction« die Dinge wieder unter Kontrolle, und die Übeltäter aller »thrie estaitis«, aller drei Stände (Adlige, Nichtadlige und Klerus) erhalten ihre gerechte Strafe. Aus den *moralities* entwickelten sich die *interludes,* kurze Stücke mit relativ wenigen Schauspielern, deren Inhalte sich, vor allem durch mehr und mehr Komik, zunehmend verweltlichten. Diese waren im 15. und 16. Jahrhundert beliebt.

Prosa

King Arthur, abenteuerliche Reisen
und eine Anleitung für Einsiedlerinnen

Wenn im Folgenden zwischen primär religiöser und weltlicher Literatur unterschieden wird, so gilt hier, ebenso wie bei Dichtung und Drama, dass es so etwas wie rein weltliche Literatur im Mittelalter kaum gab. Handelte die Prosa von den Taten der Menschen, wie es vor allem in der Geschichtsschreibung der Fall war, so vollzog sich diese Geschichte immer im größeren Rahmen christlicher Geschichtsauffassungen; Gott hatte also stets mehr oder weniger prominent seine Hand im Spiel.

In der Geschichtsschreibung wurde eine alte, noch angelsächsische Chroniktradition auch nach der Normannischen Eroberung einige Zeit lang weitergeführt. Die Chronik aus Peterborough (*Peterborough Chronicle,* zwischen 1121 und 1154) schloss an die älteren *Anglo-Saxon Chronicles,* die weit ins frühe Mittelalter zurückgehen, an, und sie war bemerkenswerterweise noch in der alten, angelsächsischen Sprache verfasst. Abgesehen von diesem Chronikwerk war die dominante Sprache in der Geschichtsschreibung des 12. Jahrhunderts und darüber hinaus Latein. William of Malmesbury (ca. 1095-1143) beschäftigte sich in seinen *Gesta Regum Anglorum* (also: Taten der Könige der Angelsachsen) mit Ereignissen, die sich zwischen dem fünften und dem zwölften Jahrhundert abspielten. Er war ein Großgelehrter, wie ihn das Land vielleicht seit Beda [→12] nicht gesehen hatte; seine Geschichte war ein Projekt, das sich mit dessen großer *Historia Ecclesiastica Gentis Anglorum* messen konnte.

Ein umfangreiches Geschichtswerk hinterließ auch Geoffrey of Monmouth (?-1155). In seiner *Historia Regum Britanniae* (ca. 1136) stellte er die Geschichte Britanniens, oder, wie es im Titel heißt, die Geschichte der Könige Britanniens dar, wobei er bis in die vorchristliche Zeit zurückging. Dieser lateinische Text ist von Bedeutung für die englischsprachige Literatur, weil sich in ihm die Verbindung zwischen der Schlacht um Troja, der Gründung Roms und Britanniens sowie der Kern der Erzählungen um King Arthur finden. Dieses Material wurde von Laȝamon in seinem englischen Langgedicht *Brut* [→27] aufgenommen. Der Arthur-Stoff blieb das ganze Mittelalter hindurch überaus beliebt. Gegen Ende des Mittelalters wurde dieses Material noch einmal von Sir Thomas Malory (?-1471) in *Le Morte Darthur* (1470) zur Grundlage eines großen Textes gemacht. Hier können wir eine literarische Traditionskette greifen, die bis zu der unvergesslichen Parodie der Artus-Sage durch die Komikergruppe Monty Python führt. Ihr Film *Monty Python and the Holy Grail* von 1975 nahm den uralten Stoff mit anarchischem Humor auf die Schippe. Die Veralberung der Geschichten um King Arthur in den 1970ern wirkte nur deshalb komisch, weil die Figur des King Arthur, die Geoffrey of Monmouth einst erzählerisch auf den Weg geschickt hatte, gut 800 Jahre später immer noch in der Gedankenwelt des britischen Publikums präsent war und daher auf reizvolle Weise parodiert werden konnte.

Im Zusammenhang mit der lateinischen Geschichtsschreibung sollen hier noch zwei weitere Autoren erwähnt werden. Ordericus Vitalis (1075-ca. 1142) war wahrscheinlich der Sohn eines normannischen Vaters und einer englischen Mutter. Er schrieb eine Geschichte Englands und der Normandie (*Historia Ecclesiastica*), in der er die Normannische Eroberung mit erkennbarer Sympathie für die Einheimischen schilderte. Thematisch enger fokussierte Geschichtswerke schrieb Giraldus Cambrensis (ca. 1146-ca. 1220). Der Sohn einer walisischen Prinzessin, der in Paris studiert hatte, verfasste eine umfassende Beschreibung Irlands (*Topographia Hibernica*) sowie eine Darstellung der teilweisen Eroberung Irlands durch die Normannen (*Expugnatio Hibernica*).

Ein kurioser weltlicher Prosatext des 14. Jahrhunderts sind die Sir John Mandeville zugeschriebenen *Travels*, ein ganz abenteuerliches, unterhaltsames Reisebuch. Ob es diesen Mandeville überhaupt gegeben hat, ist nicht klar, und ebenso wenig wissen wir, ob er jemals irgendwohin gereist ist. Wahrscheinlicher ist, dass es sich bei den *Travels* um eine gut gemachte Zusammenstellung älteren Materials handelt. Der Text, der zuerst in anglo-normannischem Französisch auftauchte, bald aber auch in englischen Versionen existierte, beginnt als eine Art Reiseführer für eine Pilgerfahrt nach Jerusalem. Dann aber geht er weit darüber hinaus und beschreibt die Wunder des Orients, von der Türkei bis nach Indien. Dieses Reisebuch entwirft eine exotische Welt, in der man beispielsweise auf die grotesken Erdrandsiedler trifft: Wesen, wie sie auch an den Rändern mittelalterlicher Weltkarten dargestellt wurden, darunter Hundsköpfige, die sich durch Bellen verständigen, oder solche, die einen riesigen Fuß haben, den sie, auf dem Rücken liegend, als Sonnenschirm benutzen. Es geht um Menschenfresser, aber auch um »Prester John«, den legendären Priesterkönig Johannes, von dem man sagte, dass er irgendwo weit im Orient über ein christliches Reich herrsche. Solche Inhalte machten dieses Buch überaus beliebt, und es blieb über Jahrhunderte hinweg einflussreich. Beschreibungen exotischer Länder und Menschen in späteren englischen Texten beziehen sich in vieler Hinsicht auf die angeblichen Reisen Mandevilles.

Ganz andere Themen finden wir in der religiösen mittelenglischen Prosa. Etliche wichtige Texte behandeln die Rolle der Frau, und es gab auch Frauen, die über ihren Glauben, ihre religiöse Praxis und damit über sich selbst schrieben. Im späten 12. oder frühen 13. Jahrhundert entstand ein Buch mit dem Titel *Hali Meiðhad*. In heutigem Englisch wäre das »holy maidenhood«; das alte Runenzeichen »ð« (»Eth«), das einen th-Laut bezeichnet, wurde auch im Mittelenglischen bis um diese Zeit noch verwendet. In einer anderen Schreibweise erscheint der Titel auch als *Hali Meidenhad*. Dieser Text richtete sich an Frauen und empfahl ihnen die »heilige Jungfräulichkeit«. Um diese attraktiv zu machen, wurden alle Zumutungen und Belastungen, die sich aus der Ehe ergeben können, drastisch beschrieben. Es handelt sich hier um einen homiletischen Text, also eine Schrift, die in Inhalt, Form und Intention einer Predigt ähnelt.

Ein weiteres Werk dieser Art ist *Ancrene Riwle* (um 1230), auch als *Ancrene Wisse* bekannt. In »Riwle« können wir das heute gebräuchliche Wort »rule« erkennen, »wisse« entspricht dem deutschen »Weisung«, d. h. Anweisung, Anleitung. Eine »ancrene« ist eine Nonne, die die sogenannte anachoretische Lebensform gewählt hat, was bedeutet, dass sie ein einsiedlerisch-zurückgezogenes Leben führte, dies allerdings inmitten eines besiedelten Orts. Solche Nonnen lebten in kleinen Zellen, die von außen an Kirchen angebaut wurden. Oft ließen sie sich sogar in ihre

Zelle einmauern; sie verließen diesen Ort ihr Leben lang nicht mehr und wurden durch ein Fenster mit Essen versorgt. *Ancrene Riwle* war ein Anleitungsbuch für diese speziellen Einsiedlerinnen. Erstaunlicherweise handelt es sich bei diesem Anachoretinnenhandbuch um einen Text, der reich an Humor und eleganten Formulierungen ist. Die Todsünden werden als allerlei Viehzeug imaginiert, das sich grotesk-widerlich aufführt. Der Autor gibt detaillierte Ratschläge für das Alltagsleben, beispielsweise dazu, was im Falle eines Verführungsversuchs durch das Fenster der Zelle zu tun sei, und rät dazu, eher weniger zu beten, dafür aber mehr zu lesen.

Eine Frau, die sich für diese einsiedlerische Lebensweise entschieden hatte, war Julian – wir würden sagen: Juliane – of Norwich (ca. 1342–nach 1416). Sie lebte in einer Zelle an der Kirche des gleichnamigen heiligen Julian (also: Julianus) in Norwich. Ihr Denken lässt sich in der christlichen Mystik verorten, deren Ziel die tiefe Gotteserfahrung war. Sie beschrieb ihre religiösen Visionen in *Sixteen Revelations of Divine Love*. Heute noch bekannt ist ein einprägsamer Satz von ihr, der eine grenzenlose Zuversicht ausdrückt: »All shall be well and all shall be well and all manner of thing shall be well«[9] – alles, wirklich alles wird gut werden.

Eine weitere englische Mystikerin der Zeit war Margery Kempe (ca. 1373–ca. 1439). Sie lebte allerdings keineswegs einsiedlerisch an einem Ort, sondern ging mit großer Energie in die Welt hinaus. Anfangs war sie verheiratet, lebte dann aber freiwillig zölibatär und unternahm lange Pilgerfahrten, die sie nach Spanien, Polen und Jerusalem führten. Über ihr bewegtes Leben, ihre inneren Reisen in Visionen und ihre Reisen durch die Welt diktierte sie, die wahrscheinlich nicht selbst schreiben konnte, einen Text, der als *The Book of Margery Kempe* bekannt ist. Dieser ist ein sehr frühes Beispiel für die Anfänge autobiographischen Schreibens in englischer Sprache.

Die Renaissance

Kontexte

Neue Technologien, Vernetzungen und Ideen

Wie soll man die Zeit nennen, die auf den Britischen Inseln auf das Mittelalter folgte? Die Einen sprechen von der Renaissance, die Anderen von der Frühen Neuzeit oder der *Early Modern Period*. Diese Begriffe akzentuieren auf interpretierende Weise einzelne Charakteristika einer komplexen Vergangenheit. »Renaissance« betont die Wiedergeburt antiker Ideen und damit eine Orientierung an einer fernen Vergangenheit. »Frühe Neuzeit« oder *Early Modern Period* stellt dagegen die beschleunigte Veränderung in den Vordergrund, die mit einem in eine offene Zukunft gerichteten Modernisierungsschub einherging. Dazu kommt, dass im allgemeinen Sprachgebrauch unterschiedliche Zeiträume mit diesen Begriffen verbunden werden. »Renaissance« ist vor allem auf den Bereich vom ausgehenden Mittelalter bis ins 16. und vielleicht ganz frühe 17. Jahrhundert fokussiert. Spricht man dagegen von der Frühen Neuzeit bzw. der *Early Modern Period,* so ist damit meist auch das ganze 17. und oft auch noch das 18. Jahrhundert mitgedacht. Wenn im Folgenden der Begriff »Renaissance« verwendet wird, so geschieht dies nicht aufgrund seiner inhaltlichen Überlegenheit (man muss so oder so zwischen Vereinfachungen wählen), sondern weil er zeitlich weniger diffus ist.

Besondere Aufmerksamkeit im Kontext dieser nachmittelalterlichen Periode wird oft der Regierungszeit Königin Elizabeths I. zuteil, die 1558 gekrönt wurde und bis zu ihrem Tod im

Jahre 1603 herrschte. Diese wurde in der verklärenden Rückschau als eine Art Goldenes Zeitalter wahrgenommen, in dem England begann, durch seine Flotte zur politischen und durch seine Literatur, nicht zuletzt durch Shakespeare, zur intellektuellen Weltmacht aufzusteigen. Das Ende der Regierungszeit Elizabeths I., spätestens aber das ihres Nachfolgers James I. (1625), wird oft als Epochenende angesetzt.

Aber wo kann man den Beginn einer neuen Epoche nach dem Mittelalter finden? Hier kommt ein ganzes Bündel von Ereignissen in Frage. Diesen ist gemeinsam, dass sie gedankliche, aber auch geographische Horizonte signifikant erweiterten. Dazu gehören die Anfänge des Buchdrucks, die Entdeckung Amerikas, die Reformation und das verstärkte Interesse an den Texten und Gedanken der griechisch-römischen Antike.

Die Einführung des Buchdrucks auf den Britischen Inseln war das Ergebnis eines Auslandsaufenthalts eines jungen Engländers namens William Caxton. Um die Mitte des 15. Jahrhunderts hatte der Mainzer Johannes Gutenberg das Drucken mit beweglichen Bleilettern erfunden. Caxton hatte in Köln Gelegenheit, diese neue, in ihren Auswirkungen revolutionäre Technik zu erlernen. Während seiner Zeit auf dem Kontinent lernte er Wynkyn de Worde kennen, einen anderen Druckerlehrling, der wahrscheinlich aus Wörth im Elsass stammte. Gemeinsam beschlossen sie, ihre neuen Kenntnisse in England zu nutzen, wo es noch niemanden gab, der Bücher drucken konnte. 1476 eröffnete Caxton die erste Druckerei in London.

Da man jetzt Texte billiger als durch manuelles Abschreiben vervielfältigen konnte, ließen sich diese leichter verbreiten, so dass die in ihnen enthaltenen Ideen mehr Menschen erreichten. »Billiger« bedeutete freilich nicht »billig«. Auch das gedruckte Buch blieb zunächst ein Luxusobjekt, das sich nur eine sehr kleine Minderheit leisten konnte. Für die frühen Drucker lag es nahe, Bücher in lateinischer Sprache zu produzieren, da diese sich international vermarkten ließen. Dennoch nahm Caxton von Anfang an auch englische Texte in sein Programm auf; so druckte er beispielsweise Chaucers *Canterbury Tales* [→30]. Indem er Texte auswählte, nahm der Buchdrucker Einfluss auf einen im Entstehen begriffenen Kanon der englischen Literatur.

Das nächste Ereignis, das ähnlich wie der Buchdruck zur Markierung einer Epochengrenze in Frage kommt, war die Entdeckung Amerikas durch Christoph Columbus (1492). Diese führte zu einer gedanklichen Repositionierung der Britischen Inseln im europäischen und globalen Kontext. Sobald die Ozeane nicht mehr als eine Begrenzung der eigenen Welt gedacht wurden, sondern als Wege zu neuen Welten, war die Insellage ideal. Auf einmal war London damit nicht mehr irgendeine mittelgroße Hafenstadt an der Peripherie Europas; nun war Londons Aufstieg zu einem Zentrum von globalem Rang denkbar. Schiffe brachten nicht nur exotische Gegenstände, sondern auch abenteuerliche Geschichten über ferne Länder und ihre Menschen nach London und in andere wichtige Seehäfen. Wir werden sehen, wie sehr sich die englische Literatur mit dieser maritimen Horizonterweiterung beschäftigt – beispielsweise, wenn Thomas Morus ein ganz anderes Leben in einem utopischen Inselstaat herbeifabuliert, wenn Shakespeare in *The Tempest* eine exotische Insel auf die Bühne bringt, oder wenn in Defoes *Robinson Crusoe* ein Engländer auf einer anderen einsamen Insel strandet. Dazu kamen die Stimmen der Kolonisierten und ihrer Nachkommen, die nach einiger Zeit begannen, Literatur in englischer Sprache zu schaffen und dies immer noch tun.

Ein weiteres einschneidendes Ereignis mit weitreichenden Folgen für die Gedankenwelt und Politik ganz Europas, aber auch für die Entwicklung der englischen Literatur war die Reformation. Die Reformationsbewegungen quer durch Europa wurden durch die theologisch fundierte Kirchenkritik Martin Luthers (ab 1517) angestoßen. Die englische Reformation begann allerdings als eine politisch-pragmatische Angelegenheit. König Henry VIII. wollte sich scheiden lassen. Dazu brauchte man damals die Zustimmung des Papstes, und diese Zustimmung wurde ihm verweigert. Daher entschloss sich der König zum Bruch mit Rom. Er gründete eine eigene Kirche, die anglikanische Kirche, auch als *Church of England* bekannt, zu deren Oberhaupt er sich 1534 kurzerhand selbst machte. Man spricht in diesem Zusammenhang vom Prinzip des Cäsaropapismus, d. h. der weltliche Herrscher ist zugleich auch geistlicher Herrscher. Dieses Prinzip besteht übrigens bis heute; die jetzige Königin ist Oberhaupt der anglikanischen Kirche.

Was als bloßes Machtspiel begann, hatte dann aber doch Folgen für die theologische Positionierung der neuen anglikanischen Staatskirche. Kernideen des Protestantismus, die auf dem Kontinent entwickelt worden waren, wurden übernommen. Der Protestantismus war eine Do it yourself-Religion. Er kam ohne privilegierte Priester aus, die zwischen Gott und den Menschen vermittelten, Sünden vergaben und Rituale in einer fremden Sprache (nämlich Latein) zelebrierten. Stattdessen legte man nun Wert darauf, dass alle die Bibel in der eigenen Sprache lesen sollten.

Die schottische Reformation unterschied sich durch ihren theologischen Eifer und ihre spezifische theologische Ausrichtung von der englischen. In Schottland wurde unter dem calvinistischen Hardliner John Knox [→76] ein überaus sittenstrenger Protestantismus etabliert, aus dem sich eine Ablehnung von Musik und Theater ergab. Aber gemeinsam war beiden protestantischen Kirchen die Idee, dass die Bibellektüre für alle – also: für Frauen ebenso wie Männer, und auch schon für Kinder – unverzichtbar zur religiösen Praxis gehörte. Daraus ergab sich ein religiös motiviertes Bildungsprogramm, eine Alphabetisierung, die sehr viel größere Teile der Bevölkerung erfasste als zuvor. So begann sich ein Lesepublikum zu bilden, das nicht mehr grundsätzlich auf die männlichen sozialen Eliten beschränkt war.

Ab der Reformation gingen protestantische und katholische Länder in Europa getrennte Wege, was das Leseverhalten ihrer Bevölkerungen anging. Im protestantischen England und Schottland (nicht aber unter den Katholiken Irlands) etablierte sich eine textzentrierte Kultur. Das Lesen blieb nicht die große Ausnahme, sondern war dabei, zum Teil der Normalität zu werden. Dieser kulturelle Habitus ermöglichte, erleichterte und beschleunigte auch Entwicklungen in der weltlichen Literatur.

Eine weitere Veränderung in der Ideenwelt brachte das neue Interesse an Texten der griechisch-römischen Antike. Ganz waren die antiken Texte natürlich auch im Mittelalter nicht verschwunden; Chaucer kannte beispielsweise Ovid – dies allerdings eher aus französischen Übersetzungen, also auf indirektem Weg. Nun gab es immer mehr Gelehrte, die sogenannten Humanisten, denen es wichtig war, sich mit den antiken Originaltexten auseinanderzusetzen. Dabei wurde sowohl die antike Art zu schreiben (also: die antike Rhetorik), als auch das in diesen Texten enthaltene Gedankengut, von Erzählstoffen bis zur Naturwissenschaft oder zur politischen Theorie, als wertvoll und vorbildlich für die eigene Gegenwart angesehen.

Die Bewegung des Renaissance-Humanismus ging ab dem 14. Jahrhundert von Italien aus. Den Humanisten ging es nicht nur um die Rezeption antiker Texte, sondern sie ließen sich davon auch zur Produktion neuer Literatur in ihrer eigenen Sprache anregen. Große italienische Humanisten wie Francesco Petrarca (1304-1374; im angelsächsischen Sprachraum nennt man ihn »Petrarch«) und Giovanni Boccaccio (1313-1375) machten sich als Gelehrte *und* als Autoren einen Namen. Auf den Britischen Inseln setzte sich der Renaissance-Humanismus erst im 15. und 16. Jahrhundert durch. Diese »verspätete Renaissance« hatte viel mit der geographischen Randlage Englands in der europäischen Welt zu tun, die jedoch mit dem Aufstieg Londons zu internationaler und schließlich globaler Relevanz ein Ende fand. Sobald die Reformation England und Schottland erreichte, war ein weiterer Impuls für die Auseinandersetzung mit antiken Texten in den Originalsprachen gegeben, denn es gehörte bald zur Ausbildung protestantischer Geistlicher, Kenntnisse im neutestamentlichen Griechisch und im alttestamentlichen Hebräisch zu erwerben.

Eine Prachtbibliothek der englischen Renaissance. In Oxford kann man einen Ort besuchen, der auf beeindruckende Weise vor Augen führt, wie sehr der Renaissance-Humanismus schließlich doch in England angekommen war. Duke Humphrey of Gloucester (1390-1447), ein Sohn von Henry IV., sammelte antike Texte. Als er seine Sammlung der Universität Oxford vererbte, gab dies den Impuls zum Bau eines prunkvollen neuen Lesesaals, der bis heute Teil der berühmten Bodleian Library ist. Die immer noch vorhandene Ausstattung dieses »Duke Humfrey's Library« (sic!) genannten Saals geht auf das Jahr 1598 zurück. Sehr viele Menschen auf der ganzen Welt haben diesen Teil der Bibliothek schon einmal gesehen, da sie als einer der Drehorte der *Harry Potter*-Verfilmungen genutzt wurde. Was heute auf interessante Weise alt und spukig wirken mag, war jedoch einmal das genaue Gegenteil davon, nämlich ein hochmodernes Forschungszentrum. Aus dem

> Aufwand, der bei der prächtigen Gestaltung dieser englischen Bibliothek getrieben wurde, kann man die hohe Wertschätzung humanistischer Gelehrsamkeit ablesen.

Die neue Begeisterung für antike Texte hatte greifbare Folgen. In den *grammar schools* sowie den Universitäten lernten junge Männer, lateinische Aufsätze, aber auch Reden und Gedichte zu schreiben, die sich an Cicero oder Horaz orientierten. Die Zahl der Universitäten war übrigens sehr überschaubar. In England gab es ab dem 11. und 12. Jahrhundert Oxford und Cambridge, in Schottland ab dem 15. und 16. Jahrhundert St. Andrews, Glasgow, Aberdeen und Edinburgh, in Irland ab dem späten 16. Jahrhundert Dublin – mehr nicht. Wir sprechen hier von wenigen Bildungseinrichtungen, die zudem ausschließlich von privilegierten jungen Männern besucht wurden. Der Zugang zum humanistischen Wissen war damit schicht- und geschlechtsspezifisch eingeschränkt.

Wer das humanistische Lernprogramm absolviert hatte, wurde auch beim Schreiben in der englischen Sprache von antiken Vorbildern beeinflusst. Dieser Übertragungseffekt ist es, der die von den Humanisten intensivierte Beschäftigung mit antiken Texten für die englische Literaturgeschichte höchst relevant macht. Fortan sind sehr viele englische Texte von griechisch-römischen Figuren und Anspielungen aller Art durchsetzt [→330]. Diese starke Präsenz der Antike blieb von der Renaissance bis mindestens ins frühe 20. Jahrhundert bestehen.

Da man immer damit rechnen muss, dem Antiken in der englischen Literatur zu begegnen, ist es nützlich, zu wissen, dass in Großbritannien und insgesamt im anglophonen Sprachraum antike Autoren (wie überhaupt alle lateinischen und griechischen Worte, also auch die Titel antiker Texte) englisch ausgesprochen werden. Im Englischen reimt sich »Horace« (/ˈhɒrəs/) auf »chorus«, »Ovid« (/ˈɒvɪd/) auf »beloved« und »Caesar« (/ˈsiːzə(r)/) auf »freezer«. Es ist wichtig, stets an diese Anglisierung zu denken, weil sonst der besonders in Gedichten entscheidende Klang der Sprache verloren geht und dadurch Reime nicht mehr funktionieren.

Wenn wir uns mit englischer Literatur der Vergangenheit beschäftigen, so erfordert dies ein Hineindenken in Bild- und Anspielungswelten, die heutigen Leserinnen und Lesern immer weniger vertraut sind. Je mehr Ideen, Anspielungen und Figuren wir in frühneuzeitlichen Texten identifizieren können, desto weniger rätselhaft werden diese Texte für uns sein. Dabei hilft es, ein Interesse an der bildenden Kunst zu entwickeln, denn die durch Sprache erstellten Bilder, denen wir in alten Texten begegnen, finden sich oft auch ganz ähnlich in alten Gemälden oder Skulpturen. Dabei gilt grundsätzlich, dass Literatur und Kunst nicht nur eng miteinander verbunden sind, sondern auch, dass beide nicht vor Landesgrenzen haltmachen. Wer einmal in einem beliebigen Museum irgendwo in Europa ein Bild oder eine Skulptur von Amor gesehen hat, dem kleinen, geflügelten Jungen, der mit verbundenen Augen Liebespfeile durch die Gegend schießt, wird diese Figur auch in einem englischen Text erkennen. Frühneuzeitliche Kunst hilft, frühneuzeitliche Texte zu erschließen, und die Fähigkeit, Gesehenes mit Gelesenem zu verbinden, steigert das Vergnügen sowohl am Lesen als auch am Sehen.

In den *grammar schools* und Universitäten wurde eine Handvoll Texte zur Standardlektüre; diese hatten daher ab der Renaissance einen sehr großen Einfluss auf die englische Literatur. Es lohnt sich, sie zumindest einmal in einer guten Übersetzung anzulesen (und oft wird es dann so sein, dass aus dem Anlesen schnell ein Lesen wird). Sehr nützlich ist es, einmal Ovids *Metamorphosen* in die Hand zu nehmen, denn dieses Buch präsentiert zentrale Stoffe der antiken Mythologie in einem unterhaltsamen Schnelldurchgang. Sehr stark rezipiert wurden auch Homers *Odyssee* und *Ilias*, Vergils *Aeneis*, sowie die Gedichte von Horaz und Martial. Die Bekanntschaft mit solchen Texten öffnet die Augen für die Art, wie Figuren, Handlungen und Ideen aus ihnen in die englische Literatur aufgenommen wurden. Wenn sich in Shakespeares *Midsummer Night's Dream* jemand zumindest partiell in einen Esel verwandelt, dann ist das ein klares Echo auf die *Metamorphosen* Ovids. Der beißende Spott der Satiriker des 18. Jahrhunderts folgt Modellen, die sich bei Horaz finden. Grundstrukturen des großen modernen Romans *Ulysses* von James Joyce werden erst sichtbar, wenn man zu verstehen beginnt, wie dieser Text mit Elementen der *Odyssee* spielt.

Dichtung
Lautenlieder, Lob der Herrscherin und Leiden an der Liebe

Die englischsprachige Dichtung der Renaissance konnte ganz verschiedene Formen annehmen, die sich unterschiedlichen sozialen und funktionalen Zusammenhängen zuordnen lassen. Im Alltagsleben der meisten Menschen kam Dichtung wohl am häufigsten in Form von Liedtexten vor. Sowohl in der Kirche als auch im Gasthaus wurde gemeinsam gesungen. Unter den weltlichen Liedern erfreuten sich Balladen besonderer Beliebtheit. Ihre oft langen, erzählenden Texte waren durch überschaubare Strophen und einfache Reimschemata gegliedert; häufig gab es einen Refrain, der dazu einlud, vom Zuhören zum Mitsingen überzugehen. Das Vokabular der Balladen war üblicherweise eher einfach, vermied also das elaboriertere, romanisch abgeleitete Register, das uns bereits als Dauerfolge der Normannischen Eroberung von 1066 [→21] bekannt ist. Diese Eigenschaften machten Balladen für alle Gesellschaftsschichten verständlich und attraktiv.

Deutlich anspruchsvoller waren die nach ihrem üblichen Begleitinstrument benannten *lute songs* (Lautenlieder). Waren die Balladen oft eher grob gereimt, so handelte es sich bei den Lautenliedern um kunstvoll gestaltete Texte, die mit einer ebenso kunstvoll komponierten Musik kombiniert wurden. Bei der Ballade war es in der Regel unbekannt, wer Text und Musik verfasst hatte; dies galt nicht als Mangel. Bekannte Melodien wurden immer wieder aufs Neue mit frischen Texten versehen. Bei den Lautenliedern wurden dagegen insbesondere solche geschätzt, die von angesehenen Autoren und Komponisten stammten. Gute Beispiele dafür sind die von John Dowland (1563–1626) komponierten *lute songs*. Dowland war ein Musiker und Komponist von europäischem Rang, er vertonte eigene Gedichte, aber auch Texte anderer Autoren. Seine Kompositionen waren ab den 1590ern in London in Form von Notenbüchern mit Texten erhältlich. Dazu gehören *A First Book of Songs* (1597) und *Lachrymae* (1604), was soviel bedeutet wie »Tränen« (diese Lieder waren ganz dem damals beliebten Kult der Melancholie →56, 114 gewidmet).

Die Texte der Lautenlieder waren reich an Anspielungen auf die antike Tradition und ebenso reich an romanisch abgeleiteten Worten. Zu der verbalen Komplexität kamen Melodien, deren Subtilitäten hohe Anforderungen an Singstimme und Instrumentalbegleitung stellten. Konnte man Balladentexte als billige Einblattdrucke auf der Straße kaufen, so waren die mit Noten versehenen Lautenliederbücher drucktechnische Meisterwerke, die entsprechend teuer waren. Und überhaupt: Um diese Lieder zu Gehör zu bringen, musste man erst einmal in der Lage sein, einen stattlichen Betrag in eine Laute zu investieren.

Die englischen Lautenlieder sind ein Beispiel dafür, wie der gekonnte Umgang mit komplexen Kulturerzeugnissen den eigenen gesellschaftlichen Status unterstreichen konnte. Dabei kam es darauf an, das Schwierige leicht erscheinen zu lassen. Es war offensichtlich, dass es sich um Texte handelte, die man überhaupt nur nach einer langen Lesesozialisation verstehen und genießen konnte, und gleichfalls war es klar, dass das Lautenspiel tausende Stunden von Übung voraussetzte. Aber dennoch ließ man sich von alledem nichts anmerken und bemühte sich, den Eindruck vollkommener Mühelosigkeit zu erwecken. Hierbei handelt es sich um ein Verhaltensmuster, für das in einem berühmten italienischen Text von 1528, nämlich *Il Cortegiano* (d. h. »der Höfling«) von Baldassare Castiglione der Begriff *sprezzatura* geprägt worden war. Castigliones Anleitungsbuch für das statusadäquate Verhalten der »besseren Leute« erschien 1561 in einer englischen Übersetzung. So gelangte ein Konzept der diskret-kultivierten Überlegenheitsgeste und damit eine frühe Form von *understatement* in die Gedankenwelt der oberen Gesellschaftsschichten auf den Britischen Inseln.

Unter Königin Elizabeth I. wurden im höfischen Kontext die Künste, darunter auch die Literatur, gefördert. Dies geschah aus politischen Gründen. Als Frau auf dem Thron, die sich weigerte, zu heiraten, war Elizabeth besonderer Kritik ausgesetzt. Daher griff sie auf allerlei kunstvolle Selbstinszenierungen in Texten und Bildern zurück, um ein öffentliches Bild von sich zu verbreiten, das dazu beitrug, ihre Macht zu stabilisieren. In diesem Zusammenhang entstand Edmund Spensers (ca. 1552-1599) episches Gedicht *The Faerie Queene* (1590-1596). Dieses Werk kann als eine groß angelegte Hommage an die Königin gelesen werden. Es ist in einer künstlich archaisierenden Sprache verfasst, so dass es wie ein altehrwürdiger Text über die phantastischen Abenteuer von Rittern wirkt. Seine Charaktere tragen Namen wie »the Redcrosse Knight« (der mit einem allegorischen Drachen namens »Errour« zu kämpfen hat), der Zauberer Archimago oder der Riese Orgoglio. Das alles sind sprechende Namen; wir haben hier also den Fehlerdrachen, den Obermagier und den Stolzriesen. Ebenso verraten die Orte der Handlung ihre allegorische Natur; da gibt es beispielsweise »the House of Holiness«, »the Bower of Bliss« oder the »Castle Joyous«.

Gleich mehrere weibliche Figuren in diesem Text verweisen auf Elizabeth I. Die markanteste unter ihnen heißt Gloriana, und »Gloriana« wurde zu einem informellen Beinamen dieser Monarchin. Ein spätes, aber kräftiges Echo dieser glorifizierenden Benennung Elizabeths I. war noch im 20. Jahrhundert zu vernehmen. 1953 wurde anlässlich der Krönungsfeierlichkeiten für Elizabeth II. eine Oper von Benjamin Britten (1913-1976) aufgeführt, die den Titel *Gloriana* trug.

Neben der *Faerie Queene* soll hier ein weiteres Werk Spensers erwähnt werden, das den Titel *The Shepheardes Calendar* (1579) trägt. Auch dieser Text huldigt der Herrscherin; zugleich ist er ein gutes Beispiel für ein weiteres wichtiges Phänomen der englischen Literatur ab der Renaissance, nämlich die sogenannte Schäferdichtung, auch Pastoraldichtung oder Bukolik genannt, englisch: *pastoral poetry*. *The Shepheardes Calendar* folgt, wie der Titel bereits erraten lässt, einer Kalenderstruktur. In zwölf Gedichten wird das ländliche Leben der Schäfer im Zyklus des Jahres thematisiert. Auf den ersten Blick klingt das nach einer Dichtung, die den einfachen Landleuten seiner Zeit auf den Mund schaut. Das tatsächliche Modell, an dem sich Spenser hier orientierte, war allerdings ein kunstvoller lateinischer Text der Antike, nämlich die *Eklogen* des Vergil (70-19 v. Chr.).

Ein Grundmerkmal aller Hirtendichtung in der Tradition Vergils war, dass in ihr das Leben der Hirten von Nichthirten für Nichthirten imaginiert wurde. Die von Anfang an vorhandene Idealisierung des Landlebens wurde dabei mit der Zeit immer stärker. Die Pastoraldichtung setzte eine großstädtische Leserschaft voraus, denn Landleben wurde hier als Gegenpol des städtischen Lebens literarisch schöngedacht. So war es schon im alten Rom gewesen, und so verhielt es sich auch ab der Renaissance in London.

Blicken wir auf die englische Liebeslyrik der Renaissance, so kommt der Gedichtform des Sonetts besondere Bedeutung zu. Da es sich bei Sonetten um kurze, sozusagen handliche Gedichte handelt, sind diese zum ersten Einlesen in die Literatur der Zeit gut geeignet. Die Ursprünge des Sonetts liegen in Italien bzw. dessen unmittelbaren Umfeld. Im 13. Jahrhundert vertrieben sich in Sizilien, am Hofe Friedrichs I., einige Juristen die Zeit damit, Gedichte zu verfassen. Sie dichteten nicht, wie eigentlich unter Gebildeten üblich, auf Latein, sondern auf Italienisch. Dies geschah allerdings auf eine höchst kunstvolle Art, die deutlich machte, dass hier die Laiensprache von Sprachprofis gehandhabt wurde. Die sizilianischen Juristen erfanden eine neue Form des Kurzgedichts, das Sonett. Als größter Meister des Sonetts wurde dann im 14. Jahrhundert der italienische Dichter Francesco Petrarca bekannt. Ihn müssen wir hier näher betrachten, weil sein Einfluss auf die weitere Entwicklung des Sonetts, und damit auch auf das Sonett in englischer Sprache, enorm war und bis heute andauert.

Sonette erkennt man sofort daran, dass sie 14 Zeilen haben. Renaissance-Sonette standen meist nicht allein, sondern waren Teil eines ganzen Sonettzyklus, der sehr lang sein konnte. Ein Sonettzyklus lässt sich als eine durch Motive verbundene, aber ansonsten lose Folge von Einzelgedichten beschreiben. Diese profitieren von ihrer gegenseitigen Gesellschaft, könnten aber auch jeweils als sprachliches Kunstwerk für sich alleine stehen. Petrarca schrieb um die Mitte des 14. Jahrhunderts einen solchen Zyklus, den *Canzoniere,* der 366 einzelne Gedichte umfasst, darunter 317 Sonette.

Petrarca nutzte seine Sonette, um auf spezifische Weise über die Liebe zu sprechen. In diesen Gedichten spricht eine männliche Stimme die Dame an. Diese wird gedanklich auf ein hohes Podest gehoben und aus der so geschaffenen Distanz bewundert. Sie wird um Gnade angefleht, oder es wird über ihre Grausamkeit geklagt. Ständig wird sie auf kunstvollste Weise angesprochen, spricht aber nicht selbst. Es entspinnt sich also in den Sonettfolgen kein Dialog. Einerseits bedeutet das, dass die Dame keine Stimme bekommt. Andererseits heißt dies aber auch, dass der Liebende trotz seiner Liebe allein bleibt und so in aller Ruhe genussvoll am Lieben leiden kann.

Spricht Petrarca über dieses Leiden an der Liebe, so nutzt er einen eigens zusammengestellten Vorrat von Bildern und Ideen. Die Liebe erscheint als eine Irritation, als eine Krankheit, gegen die man sich nicht wehren will. Sie wird als ein durch und durch paradoxes Phänomen beschrieben; man leidet ganz schrecklich, kann aber nicht genug davon bekommen. Zu den Konzepten, auf die sich Petrarca bezieht, gehören Annahmen über die Welt, die noch bis ins 17. Jahrhundert und darüber hinaus als belastbares Wissen galten. Man ging von einer Vierheit der Elemente aus: Feuer, Wasser, Erde und Luft. Daran hingen andere Vierheiten wie beispielsweise die vier Jahreszeiten. Da die große Welt, der Makrokosmos, im vormodernen Denken ihre logische Entsprechung im Mikrokosmos des menschlichen Körpers fand, musste es auch vier Körpersäfte geben (nämlich: Blut, Schleim, gelbe Galle und schwarze Galle). Restbestände dieses auf uns vielleicht sonderbar wirkenden Denkens haben in Gestalt von unbedacht verwendeten Begrifflichkeiten bis heute überlebt. An den vier Körpersäften hingen die vier Temperamente. Wer besonders viel Galle in sich hat (gelehrt-griechisch heißt diese Substanz *cholēr*), ist ein Choleriker. Wer zu viel schwarze Galle in sich hat (wieder gelehrt-griechisch *melan-cholia*), leidet an Melancholie. Dominiert das Blut, so ist man Sanguiniker, und ist besonders viel Schleim im System, so ist man Phlegmatiker. Anspielungen auf solche Krankheitsbilder waren nützlich, wenn man von der Liebe als einer pathologischen Störung sprach.

Petrarcas Ideenvorrat für das Sprechen über die Liebe wurde weiterhin mit allerlei Anspielungen auf die Mythologie der klassischen Antike angereichert, die ihm geeignet erschienen, zentrale Aspekte der Liebe zu verbildlichen. Dazu gehörte der blinde Amor oder die gleichfalls blinde Fortuna, die beide das Liebesglück oder -unglück auf frustrierende Weise nach dem Zufallsprinzip verteilen.

Insgesamt gelang es Petrarca, ein neues, langfristig wirksames Modell der Liebesdichtung zu etablieren, eine neue Art, in bestimmten Bildern auf bestimmte Weise über die Liebe zu reden. Das Sonett wurde fest mit dieser poetischen Arbeitsweise in Verbindung gebracht. In dieser Kombination wurde es zu einem beispiellosen poetischen Erfolgsmodell, das sich quer durch Europa und so auch auf den Britischen Inseln verbreitete. Es dauerte allerdings einige Zeit, bis die von Italien ausgehenden Impulse das ferne England erreichten. In der ersten Hälfte des 16. Jahrhunderts hielt sich Sir Thomas Wyatt (1503–1542) in diplomatischer Mission in Italien auf und lernte dort die Werke Petrarcas kennen. Er begann, dessen Sonette ins Englische zu übersetzen; dazu kamen bald eigene Sonette, in denen er sich an Petrarcas Art des Schreibens orientierte. Die englischsprachige Petrarca-Rezeption kam allerdings erst so recht im späten 16. Jahrhundert in Fahrt. Zu den Autoren von Sonettzyklen zählen Sir Philip Sidney (1554–1586), Edmund Spenser [→53], Samuel Daniel (1563–1619), William Shakespeare (1564–1616, →64) und Michael Drayton (1563–1631). Wichtige Werke sind hier die Zyklen *Astrophel and Stella* (ca. 1581) von Sidney, *To Delia* (1592) von Daniel, *Idea* (1594) von Drayton, *Amoretti* (1595) von Spenser und die *Sonnets* (1609) Shakespeares.

Die hier angegebenen Jahreszahlen beziehen sich auf die erste gedruckte Ausgabe der genannten Sonettzyklen. Dabei ist jedoch zu bedenken, dass insbesondere Gedichte auch noch lange nach Einführung des Buchdrucks primär durch Abschreiben verbreitet wurden. Publikation war daher nicht notwendigerweise gleichbedeutend mit Druck. Man spricht in diesem Zusammenhang auch von *scribal publication* (der *scribe* ist der Schreiber, in diesem Zusammenhang also der Abschreiber). Wenn man ein Gedicht mochte, reichte man es im Bekanntenkreis herum, wobei immer mehr Abschriften entstanden. Beim Abschreiben schlichen sich unweigerlich Fehler ein, von denen der Autor nichts wusste und die er nicht korrigieren konnte. Dadurch entstanden Textvarianten, und solche Varianten konnten schließlich auch den frühen gedruckten Ausgaben zugrunde liegen. Wenn man sich heute genauer mit einem älteren Text der englischen Literatur beschäftigen will, ist es deshalb wichtig, sich einen Überblick zu dessen Überlieferung und die möglichen Überlieferungsprobleme zu verschaffen. Dazu benutzt man eine sogenannte kritische Ausgabe des betreffenden Werkes, die nicht nur einen möglichst plausiblen

Text rekonstruiert, sondern auch Auskunft über sämtliche abweichenden Versionen des Textes gibt. Kritische Ausgaben bieten darüber hinaus nützliche Informationen. Wenn der Text beispielsweise auf Wissen anspielt, das in dessen Entstehungszeit gängig war, heute aber nicht mehr vorausgesetzt werden kann, dann werden in guten kritischen Ausgaben die entsprechenden Passagen erläutert.

Das Sonett wurde in England nicht nur übernommen, sondern auch adaptiert und weiterentwickelt. Die 14 Zeilen des italienischen Sonetts, das man auch als petrarkistisches Sonett bezeichnet, sind intern in vier Abschnitte gegliedert. Zuerst kommen zwei Blöcke von jeweils vier Zeilen (sogenannte Quartette, auf Englisch: *quatrains*), darauf folgen zwei weitere von jeweils drei Zeilen (sogenannte Terzette, *tercets*). Schon die ersten Verfasser englischer Sonette entwickelten als Alternative dazu eine andere Gliederung, die aus drei Quartetten und einem abschließenden Zweizeiler bestand. Das so nach dem Schema 4 + 4 + 4 + 2 gegliederte Gedicht wird als englisches Sonett bezeichnet; »englisch« bezieht sich hier also nicht auf die Sprache, sondern auf die interne Struktur, die zugleich einen bestimmten gedanklichen Aufbau nahelegt. In den drei Quartetten lässt sich gut ein mehrschrittiger Gedankengang unterbringen, und der Zweizeiler am Ende ist dazu geeignet, diesen mit einer Art Pointe abzuschließen.

Das Standardmetrum, das wir in Sonetten in englischer Sprache (gleich, ob in italienischer oder englischer Form) finden, ist der jambische Pentameter. Wie immer in der Dichtung sollte man nicht erwarten, dass das Metrum durchweg eisern eingehalten wird. Ähnlich wie in der Musik, wo das Schlagzeug den Grundrhythmus eines Stücks nicht nur monoton durchtrommelt, gibt es immer wieder spielerische Abweichungen. Dennoch kann man meist die aus fünf Jamben bestehende Grundstruktur heraushören, wenn man einzelne Sonettzeilen laut liest.

Es verhält sich übrigens generell so, dass wir in der englischsprachigen Dichtung auffällig oft den Jambus als Metrum vorfinden. Der Grund dafür ist, dass die englische Sprache sehr reich an ein- und zweisilbigen Worten ist, aus denen sich dann quasi automatisch jambische Strukturen ergeben. Wollte man im Deutschen versuchen, zwei Sonettzeilen ganz aus einsilbigen Worten zusammenzusetzen, müsste man sich schon sehr anstrengen. Im Englischen sind wir dagegen so sehr an die kurzen Worte gewöhnt, dass dies beim Lesen überhaupt nicht mehr auffällt; wir müssen genauer hinschauen und sehen dann mit Erstaunen, dass beispielsweise die letzten zwei Zeilen in Shakespeares berühmtem Sonett Nr. 18 komplett aus Einsilbern bestehen. Die Kürze sehr vieler englischer Wörter erklärt auch, warum deutsche Übersetzungen englischer Texte stets deutlich länger ausfallen als das Original.

Man merkt Sonetten oft an, dass diese Gedichtform ursprünglich im Juristenmilieu entwickelt wurde. Juristen waren aufgrund ihrer beruflichen Praxis geübt darin, plausibel wirkende Argumentationen aufzubauen. Lust am Argumentieren blieb ein Charakteristikum dieser Gedichtform. Englische Renaissancesonette sind daher eine überaus intellektuelle Spielart der Liebesdichtung. Das Lesevergnügen, mit dem sie locken, besteht nicht zuletzt im Verfolgen eines interessanten Gedankengangs, der durch überraschende Wendungen oder eine originelle Perspektive fesselt. Da kommt es schon einmal vor, dass über die Liebe gesprochen wird, als sei sie ein Mordfall, der aufgeklärt werden müsse (so bei Drayton, *Idea,* Sonett Nr. 2), oder als sei die geliebte Frau die beste denkbare Investitionsmöglichkeit für Londoner Fernkaufleute (Spenser, *Amoretti,* Sonett Nr. 15). Dies eröffnet die Möglichkeit, allerlei juristisches und ökonomisches Fachvokabular in die Gedichte einzubauen. Der Blick auf die Liebe wird dadurch auf interessante Weise verfremdet.

Die Verwendung solcher Bildfelder ist stets auch in Bezug auf die Konstruktion von Geschlechterrollen aufschlussreich. Da die meisten Sonettzyklen von Männern verfasst wurden, die sich an Petrarcas Vorbild orientieren, steht dabei in der Regel ein männlicher Blick im Vordergrund. Es gibt allerdings auch Beispiele für den Umgang mit dem Sonett aus weiblicher Perspektive. Anne Locke (ca. 1530–nach 1590) verfasste einen religiösen Sonettzyklus (*A Meditation of a Penitent Sinner,* 1560), deren Thema der 51. Psalm war. Hier ging es also nicht, wie die Tradition des Sonetts seit Petrarca nahelegte, um die Anbetung der geliebten Dame, sondern um die Anbetung Gottes. Locke war zur Zeit der Rekatholisierung Englands unter Mary I. mit ihrem Mann in die Schweiz geflohen; dort gehörte sie in Genf zum Kreis Calvins. Ihre Sonette wurden zusammen mit einigen von ihr übersetzten Predigten Calvins gedruckt. Ganz anders ist der von Lady Mary Wroth (ca. 1587–ca. 1652) verfasste Sonettzyklus *Pamphilia to Amphilanthus* beschaffen, der 1621 als ein Bestandteil ihrer Prosaromanze *The Countess of Montgomery's Urania* gedruckt wurde. Hier geht es um die Liebe; allerdings wird nicht in erster Linie der Geliebte Amphilanthus von der weiblichen Figur Pamphilia angesprochen, sondern es werden, ähnlich wie in Sidneys *Astrophel and Stella* immer wieder generelle Überlegungen über die Liebe angestellt. Dabei wird die petrarkistische Tradition aus weiblicher Perspektive und aus der weiblichen Erfahrungswelt der Zeit heraus weiterentwickelt.

Drama

Auf ins Vergnügungsviertel!

Die Autoren, die im 16. und frühen 17. Jahrhundert Theaterstücke in englischer Sprache schrieben, kamen hauptsächlich aus England, und sie waren vor allem in London aktiv. In Schottland konnte das Theater in dieser Zeit nicht aufblühen. Zum einen war dies eine Folge der überaus sittenstrengen schottischen Reformation, die den dortigen Protestanten ein tiefes Misstrauen gegenüber weltlichen Vergnügungen aller Art eingeimpft hatte. Zum anderen gab es dort ab dem frühen 17. Jahrhundert nicht mehr die für das Theater günstige Nähe zu einem Hof und der daran hängenden Aristokratie, da der schottische König 1603 Edinburgh verließ, um fortan von London aus über beide Königreiche zu herrschen. Aus ähnlichen Gründen gab es zu dieser Zeit in Irland keine günstigen Voraussetzungen für das Theater. Ab den 1530ern wurde es dem englischen Machtbereich einverleibt; sein Status war durch Abhängigkeit gekennzeichnet. Die große Mehrheit der irischen Bevölkerung bestand aus katholischen, Gälisch sprechenden Analphabeten. Die protestantische Führungsschicht orientierte sich kulturell an England; für sie blieb London das kulturelle Zentrum.

Unter den englischen Dramatikern des 16. und frühen 17. Jahrhunderts finden sich ganz unterschiedliche Gestalten, die entsprechend unterschiedliche Schwerpunkte in ihrem Schaffen setzten. Da gab es Christopher Marlowe (1564–1593), der nach allem, was wir über ihn wissen, selbst wie eine Figur aus einem dunklen Bühnenstück wirkt. Er war wahrscheinlich als englischer Geheimagent auf dem Kontinent tätig, neigte zu impulsiver Gewalttätigkeit, wurde wegen versuchter Falschmünzerei aus den Niederlanden ausgewiesen und fand ein ebenso frühes wie grausiges Ende bei einer Messerstecherei in einer Londoner Hafenkneipe. Wahrscheinlich ist es kein Zufall, dass eine bekannte Figur in der Kriminalliteratur, die der amerikanisch-britische Autor Raymond Chandler 1930 erfand, gleichfalls Marlowe heißt – in diesem Fall Philip Marlowe, in Verfilmungen eindrucksvoll verkörpert durch Humphrey Bogart. Und ganz sicher ist es kein Zufall, dass eine der Hauptfiguren in Volker Kutschers Kriminalromanen, die im Berlin der 1920er und 30er spielen (ab 2017 filmisch weiterentwickelt unter dem Titel *Babylon Berlin*) den Namen Marlow trägt. So zieht sich eine Verbindungslinie von Erinnerungen und Anspielungen durch die Jahrhunderte und von England nach Amerika und schließlich nach Deutschland.

Sicher soll man sich vor einem allzu einfachen, biographisierenden Werkverständnis hüten, aber so ganz überrascht es nicht, dass Marlowe, der sich gerne einmal in Schlägereien oder Schlimmeres stürzte, in seinem Drama *Tamburlaine the Great* (1590) die historische Figur des Tamerlan als exotischen Großmeister der Gewalt auf die Bühne brachte. Zu seinen Dramen gehören weiterhin *The Tragedie of Dido, Queen of Carthage* (1594), *The Jew of Malta* (1590) und *Doctor Faustus* (1604 veröffentlicht). In *Doctor Faustus* nahm er die aus dem deutschen Sprachraum stammende Faust-Geschichte auf, die zweihundert Jahre später auch von Goethe aufgegriffen wurde.

Ein enger Freund von Marlowe war Thomas Kyd (1558–1594). Dieser verfasste unter anderem ein Stück mit dem Titel *The Spanish Tragedy* (vor 1592), das zu einem der größten Publikumserfolge der Elisabethanischen Zeit wurde. Ein weiterer erfolgreicher und zugleich überaus produktiver Bühnenautor war Thomas Middleton (1580-1627), der beim Schreiben auch mit anderen Autoren zusammenarbeitete. Ergebnisse einer solchen Koproduktion mit Thomas Dekker (ca. 1572-1632) war *The Honest Whore* (1604) sowie *The Roaring Girle* (verfasst vor 1608, gedruckt 1611). Es ist gut möglich, dass Shakespeares *Macbeth* und *Timon of Athens* gleichfalls Material von ihm enthalten. Zu Middletons bekannten Stücken zählt *A Chaste Mayd in Cheap-Side* (verfasst 1613, gedruckt 1630).

Gemeinsam schrieben auch Francis Beaumont (1584-1616) und John Fletcher (1579-1625). Sie arbeiteten so eng zusammen, dass man sie in Großbritannien stets in einem Atemzug nennt. *The Maid's Tragedy* (verfasst 1610-1611) ist also von »Beaumont and Fletcher». Fletcher kooperierte auch mit anderen Dramatikern, darunter Ben Jonson (1572-1637). Dieser hatte, wie etliche seiner schreibenden Zeitgenossen, ein bewegtes Leben. Er ging als Söldner nach Flandern, wo er durch einen vielbeachteten öffentlich inszenierten Zweikampf mit einem gegnerischen Offizier von sich reden machte (er überlebte, der Gegner nicht). In England landete er wegen einer scharfzüngigen Satire zeitweise im Gefängnis und tötete, auch wieder in einem Duell, einen anderen Schauspieler. Wir haben es bei Leuten wie Jonson und Marlowe mit der letzten Generation von Autoren zu tun, die das auf der Bühne inszenierte Töten noch aus eigener Erfahrung kannten. Als Jonsons erstes bedeutendes Theaterstück, *Every Man in His Humour,* 1598 uraufgeführt wurde, war William Shakespeare einer der Schauspieler. Jonson schrieb Komödien wie das in Venedig spielende Stück *Volpone* (1605, gedruckt 1607), *The Alchemist* (1610, gedruckt 1612), *Bartholomew Fair* (1614), *The Devil is an Ass* (1616) und Tragödien wie *Sejanus* (1603).

Dazu kamen ab 1605 auch sogenannte *court masques*. Diese am königlichen Hof aufgeführten Maskenspiele waren ein interessantes dramatisches Mischgenre, das Theater, Musik und Tanz verband. Dazu kamen phantastisch eindrucksvolle, enorm teure Kostüme, die es erlaubten, sich in eine geflügelte Feenkönigin, einen brennenden Kometen oder einen in schillernde Federn gehüllten Indianer zu verwandeln. In Ben Jonsons erster *court masque, The Masque of Blackness* (1605), trat die Königin (gemeinsam mit sozial hochstehenden Damen wie Lady Mary Wroth →60) als Afrikanerin auf. Es folgten Stücke mit Titeln wie *The Masque of Queens* (1609), *Pleasure Reconciled to Virtue* (1618) oder *Neptune's Triumph for the Return of Albion* (1624).

Bei der Aufführung einer *masque* verschwammen die Grenzen zwischen Publikum und Darstellern. Diese Form des musikalischen Theaters wurde nicht bloß für den Hof aufgeführt, sondern unter Beteiligung des Hofes. Mitglieder der Hocharistokratie, aber auch der König und die Königin betätigten sich als Amateurschauspieler. Dies gab ihnen Gelegenheit, sich auf das Prunkvollste auf der Bühne zu inszenieren.

Machtvolle Institutionen demonstrieren ihre Bedeutung gerne, indem sie auf eine nicht unmittelbar funktionale Weise sehr viel Geld ausgeben. Wenn heute Banken immer höhere und imposantere Hochhäuser errichten, so tun sie dies nicht, weil solche Gebäude nützlich für das Bankgeschäft wären, sondern weil sie die eigene Macht und Solidität auf augenfällige Weise demonstrieren sollen. Damals leistete sich der Hof einzelne Abende, an denen ein extrem teures Spektakel inszeniert wurde, mit dem man ausländische Diplomaten, aber auch einheimische Adlige, Parlamentsabgeordnete und sonstige einflussreiche Personen nachhaltig beeindrucken konnte. Das hochherrschaftliche theatralische Vergnügen rechnete sich also letztlich, weil es ermöglichte, mit den Mitteln der Literatur, der Kunst und der Musik das eigene Ansehen im In- und Ausland zu mehren.

Die *masques* sind ein spannender, bunter Teil der englischen Literatur- und Kulturgeschichte. Dennoch sind sie heute weitgehend in Vergessenheit geraten. Während viele englische Theaterstücke der Zeit, allen voran die von Shakespeare, heute noch aufgeführt werden, haben die *court masques* des 16. und frühen 17. Jahrhunderts nicht einmal eine Nische im Theaterbetrieb unserer Tage gefunden. Der Hauptgrund für das Aussterben der *masque* dürfte darin liegen, dass diese an eine politisch relevante Monarchie gebunden war, deren Spitze gewillt und in der Lage war, bei solchen Musiktheaterproduktionen persönlich auf der Bühne zu agieren.

Etwas Wissen über die in Vergessenheit geratenen *masques* können wir spätestens dann gut gebrauchen, wenn in englischen

Theaterstücken der Zeit plötzlich Elemente dieser elaborierten Maskenspiele auftauchen. Ein Paradebeispiel hierfür ist der vierte Akt in Shakespeares *The Tempest* (Szene 1), in dem ganz plötzlich die Göttinnen Iris, Juno und Ceres erscheinen und als Hauptfiguren einer *masque* agieren. Das damalige Publikum, das die Konventionen der *masque* kannte, war in der Lage, diese Szene zu genießen. Das heutige Publikum sieht sich dagegen mit einem kulturell nicht mehr vertrauten Format konfrontiert und kommt daher ohne gute Anmerkungen im Programmheft sofort ins Schwimmen.

Ben Jonson hatte mit seinen Theaterstücken und *masques* großen Erfolg. Wenn im frühen 17. Jahrhundert jemand als *der* angesehenste englische Bühnenautor galt, so war dies nicht Shakespeare, sondern Jonson. Dass Shakespeare einmal diese Stellung einnehmen würde, war damals nicht absehbar. Trotz seiner zentralen Stellung im Kanon der englischen Literatur bleibt er eine enigmatische Figur, über deren Leben wir nicht viel wissen. Wahrscheinlich besuchte er die örtliche *grammar school* in Stratford-upon-Avon. Man kann nur darüber mutmaßen, wie er wohl in den späten 1580ern in das Theatermilieu Londons kam. Dort stieß er zu den »Lord Chamberlain's Men«, einer Theatertruppe, die ab 1599 im Globe Theatre spielte und die sich 1603, also unter dem neuen König James I., in »The King's Men« umbenannte. In seinen Stücken nahm Shakespeare, wie es damals üblich war, meist bereits schon vorhandene, ältere Stoffe auf. So entstand ein vielfältiges Werk: Historiendramen zur englischen Vergangenheit wie die *Henry VI*-Trilogie und *Richard III*, Römerdramen wie *Titus Andronicus* und *Antony and Cleopatra*, Komödien wie *A Midsummer Night's Dream* und *The Merchant of Venice*, Tragödien wie *Romeo and Juliet* und *Hamlet*. Es sind keine Originalmanuskripte dieser Dramen erhalten, und Shakespeare befasste sich auch nicht damit, seine Stücke in gedruckter Form zu veröffentlichen. Dies geschah erst nachträglich und durch Andere. Schon die ersten gedruckten Ausgaben der Stücke beruhten auf Rekonstruktionen und sind entsprechend wenig verlässlich. Teilweise schrieben Schauspieler ihre eigenen und andere Rollen nach Notizen und aus dem Gedächtnis nieder. Die so veröffentlichten Texte sind als »Quartos« bekannt (nach dem Druckformat, bei dem jedes Blatt einem

Viertel des größtmöglichen Papierbogens entspricht). Auf diese »wild« gedruckten Ausgaben, die schon zu Shakespeares Lebzeiten nicht der Kontrolle des Autors unterworfen waren, folgte sieben Jahre nach dessen Tod eine sehr viel sorgfältiger vorbereitete Gesamtausgabe seiner Werke. John Heminges und Henry Condell, zwei Schauspieler, die mit Shakespeare zusammengearbeitet hatten, brachten 1623 *Mr William Shakespeare's Comedies, Histories and Tragedies* heraus, besser bekannt als »the First Folio« – dies auch wieder nach dem Druckformat; ein Folio-Band ist doppelt so groß wie ein »Quarto«. Das Nebeneinander von zahlreichen Quartos und der Folio-Ausgabe bedeutet für die Textüberlieferung, dass ein Stück von Shakespeare in aller Regel in mehreren Varianten vorliegt, die sich sehr deutlich voneinander unterscheiden können, in einzelnen Wörtern und Zeilen, aber auch in ganzen Textblöcken. Der Shakespeare, den wir heute lesen, ist daher immer eine Shakespeare-Rekonstruktion. Deshalb ist es wichtig, bei der Beschäftigung mit Shakespeare kritische Ausgaben zu nutzen, die darüber Auskunft geben, wie der Text rekonstruiert wurde und welche alternativen Textvarianten es gibt.

Die ursprünglichen Aufführungen der Stücke Shakespeares (ebenso wie der seiner Zeitgenossen) darf man sich auch nicht als ein ritualisiertes Zelebrieren von Kultur vorstellen, wie wir es heute von Theaterbesuchen kennen. Wir sind es gewohnt, während der Vorstellung in der Dunkelheit des Zuschauerraums zu verschwinden und uns so unauffällig zu verhalten, als seien wir überhaupt nicht anwesend. Das geht so weit, dass man mit der allergrößten Selbstverständlichkeit jeden Hustenreiz unterdrückt, weil dieser auf die eigene Existenz hinweisen würde.

All das war zur Zeit Shakespeares anders. Im elisabethanischen London fanden die Aufführungen nicht abends, sondern am hellichten Tag statt. Um das Theater zu erreichen, verließ man in der Regel die eigentliche Stadt, denn die Schauspielhäuser befanden sich außerhalb der City of London. Das am südlichen Themseufer gelegene Globe Theatre stand mitten in einem Vergnügungs- und Rotlichtviertel, in dem es zahlreiche Gasthäuser und Bordelle gab. In alten Stadtansichten kann man eine weitere Attraktion ausmachen, nämlich zwei Tierkampfarenen, bezeichnet als *The Bull-Baiting* und *The Bear-Baiting*. Sie bestanden aus runden, im Zentrum nicht überdachten Gebäuden, in denen man speziell gezüchtete Kampfhunde auf Bullen oder Bären hetzte. Die Aufgabe der Hunde war es, sich in ihren Gegner zu verbeißen (genau das war mit *baiting* gemeint) und ihn so erst in Rage und schließlich zum Tode zu bringen. Und gleich nebenan, mitten in diesem Hexenkessel der ungezähmten Vergnügungen, befanden sich die Theater.

Über die genaue Beschaffenheit dieser Theater konnte man bis in die 1980er nur mutmaßen, da die Orte, an denen sie einmal standen, mit späterer Architektur überbaut waren. Es gab wenige, ungenaue Bildquellen, die sich gegenseitig widersprachen und die dadurch mehr Fragen aufwarfen, als sie Antworten geben konnten. 1989 bot ein enormer Glücksfall die Chance, endlich Verlässliches über die alten Schauspielhäuser zu erfahren. Bei Bauarbeiten stieß man auf Überreste sowohl des Rose Theatre als auch des Globe Theatre. Es folgten archäologische Grabungen, die erstmals genaue Erkenntnisse über die Theater lieferten, angefangen mit ihren Grundrissen und den Dimensionen. Die Grabungen gaben den entscheidenden Impuls für ein Projekt, das kurz zuvor aus Mangel an Geld fast zum Erliegen gekommen war. Der amerikanische Schauspieler Sam Wanamaker hatte über Jahrzehnte seinen Lebenstraum verfolgt, einen Nachbau des Globe Theatre zu errichten. Er träumte nicht von einem Museum, sondern einem Ort, an dem die Werke Shakespeares unter annähernd originalen Bedingungen gespielt werden könnten. Der direkte Blick auf die Grundmauern zweier elisabethanischer Schauspielhäuser generierte nun mit einem Schlag so viel Wissen, Begeisterung und Finanzierungswillen, dass Shakespeares Globe Theatre tatsächlich in Form einer Rekonstruktion mit historischen Materialien nach Bankside, auf die Südseite der Themse zurückkehrte – nicht ganz an seinen ursprünglichen Ort, aber auch nicht sehr weit entfernt davon. Die grundlegenden Charakteristika eines solchen elisabethanischen Theaters, die im Folgenden beschrieben werden, sind daher etwas, das man bei einer Reise nach London heute wieder aus eigener Anschauung kennenlernen kann.

Das rekonstruierte Globe Theatre ist ein dreigeschossiges, rundes Fachwerkgebäude, dessen gleichfalls runder Innenhof, *the pit* genannt, nicht überdacht ist. Dieser Innenhof ist von mehrstöckigen Galerien umgeben, die mit Bänken versehen sind. Ein

Um die Ecke vom Globe Theatre: Eine Gasse, die einmal zu einer elisabethanischen Tierkampfarena führte (Aufnahme: C. H.).

Vorbild für diese Art von Rundbau ohne Dach waren die bereits erwähnten Tierkampfarenen, die es schon südlich der Themse gab; *the pit* war dort ursprünglich der Kampfplatz. Das Vorbild für die mehrgeschossigen Galerien fand sich in den großen Gasthöfen Südlondons, in denen die Überlandkutschen Station machten, den sogenannten *coaching inns*. Diese hatten einen U-förmigen Innenhof, der von solchen Galerien umgeben war, über die die Gäste zu ihren Zimmern gelangten. Die *coaching inns* wurden gerne von fahrenden Schauspielertruppen für Aufführungen genutzt. Man schlug im Hof eine einfache Holzplattform als Bühne auf, und das Publikum konnte sowohl dort als auch von den Galerien aus das Schauspiel verfolgen. Solange es noch keine eigens errichteten Schauspielhäuser gab, waren die großen Gasthöfe ideale Aufführungsorte.

Die Tierkampfarenen und Gasthöfe, die zu unmittelbaren architektonischen Vorbildern für Theater der Shakespearezeit wurden, waren fest assoziiert mit Blut, Spektakel und Geschrei, und ebenso mit Alkohol, Essen und, durch die Nähe der Bordelle und die Präsenz von Prostituierten, Sex. Diese Assoziationen hafteten auch einem Gebäude wie dem Globe Theatre an, denn bereits seine Form wies es als einen integralen Bestandteil des südlich der Themse gelegenen Vergnügungsviertels aus.

> **Ein Spaziergang durch Shakespeares London.** Das London der Shakespeare-Zeit ist unter modernen Bauten begraben. Dennoch kann man südlich der Themse Überbleibsel und kulturelle Echos des ehemaligen Vergnügungs- und Theaterviertels finden. Wie vor über 400 Jahren lockt die Nachbarschaft des Globe Theatre auch heute wieder mit Leckerbissen aller Art. Der Borough Market, eine Markthalle des 19. Jahrhunderts, beherbergt einen sehr beliebten *food market* mit etwa hundert Ständen. Wer sich ein wenig umschaut, findet neben allerlei Erzeugnissen der internationalen Küche auch Speisen, wie man sie im Globe während der Aufführungen zu sich nahm. Für eine kulinarische Zeitreise, einen Imbiss à la Shakespeare, bieten sich prachtvolle, typisch englische Pasteten an. Historisch korrekt sind gleichfalls Obst und Austern (damals noch ein billiger Snack, vergleichbar mit einer Tüte Chips heutzutage).

Von den großen Herbergen, in deren Innenhöfen gut Theater gespielt werden konnte, hat eine überlebt. Geht man von London Bridge aus die Borough High Street entlang, so trifft man nach wenigen Minuten linkerhand auf The George Inn (77 Borough High Street, London SE11NH). Das George Inn existiert mindestens seit dem 16. Jahrhundert. Was man heute besichtigen kann, ist allerdings ein im späten 17. Jahrhundert errichteter Nachfolgerbau der Herberge. Immerhin ist der alte, theatergeschichtlich interessante Innenhof noch vorhanden. Von seiner u-förmigen Umbauung ist zwar nur noch eine Langseite erhalten, aber an dieser kann man noch die typischen mehrgeschossigen alten Galerien sehen. The George Inn dient nach wie vor seiner ursprünglichen Bestimmung; hier kann man also eine Pause machen, beim Bier sitzen und auf den Hof schauen, in dem schon Shakespeares Zeitgenossen beim Bier saßen – und vielleicht sogar Shakespeare selbst.

In unmittelbarer Nachbarschaft des George Inn wird man daran erinnert, dass man sich in einem ehemaligen Rotlichtviertel befindet. Die Prostituierten der Shakespeare-Zeit sind dort tatsächlich unter uns: Es gibt Orte, an denen man ihre sterblichen Überreste buchstäblich unter den Füßen hat. Ein solcher Ort ist Crossbones Graveyard, ein Friedhof, wo Prostituierte und deren Kinder in ungeweihter Erde begraben wurden (Crossbones Garden, Union Street, London SE11SO). Heute ist dieser Friedhof ein *garden of remembrance,* eine Erinnerungsstätte für diese Frauen und Kinder.

Macht man sich auf den Weg zur modernen Rekonstruktion des Globe Theatre, so kommt man an einer Straße mit dem Namen *Bear Gardens* (London SE19ED) vorbei, die in Elisabethanischer Zeit zu einer Tierkampfarena führte, in der Hunde auf Bären gehetzt wurden. Es braucht nicht viel Phantasie, um sich die typischen Hintergrundgeräusche dieser Gegend, das Kläffen der Hunde und das Johlen des Publikums vorzustellen. Von den Hunden, die zu Akteuren in diesen theatralischen Todesspektakeln gemacht wurden, können wir uns gleichfalls leicht eine sehr lebendige Vorstellung machen. Die uns als »Pitbull« bekannte Hunderasse leitet sich nämlich sowohl genetisch als auch im Namen von diesen Tieren ab. In der Arena (*pit*) des Tierkampftheaters gingen die Vorfahren der heutigen Kampfhunde auf den *bull* oder den Bären los.

Betrachten wir weiter den Aufbau eines solchen frühmodernen Schauspielhauses, so fällt auf, dass die Bühne nicht, wie heute meist üblich, klar vom Zuschauerraum getrennt war. Sie ragte vielmehr mit einem großen rechteckigen Vorsprung in den runden Zuschauerraum hinein. Im Englischen wird dieser Bühnentyp als *apron stage* (also in etwa: schürzenförmige Bühne) bezeichnet. Um sie herum gab es die billigen Stehplätze, die von den *groundlings*, den »Gründlingen«, eingenommen wurden. Diese waren zum Greifen nah an dem Geschehen, das sich auf der podestartig erhobenen Bühne entspann. Die besseren, teureren Plätze fand man auf den mit Bänken ausgestatteten Galerien. Auf der Bühne erhob sich das sogenannte *tiring house*, wobei *tiring* für *retiring* steht, also eine Struktur, in die man sich zurückziehen konnte. Dieses war ein zweigeschossiges Gebäude mit zwei Türen, durch die die Schauspieler auf- oder abtreten konnten. Es war mit einer eigenen kleinen Galerie versehen, die unterschiedlich genutzt werden konnte. Brauchte man Musik, stellte man dort die Musiker auf, verlangte das Stück nach einer Balkonszene, diente sie als Balkon. Wurde ihre Galerie nicht gebraucht, dann konnten dort auch Zuschauer untergebracht werden. Obwohl einem von dort aus die Schauspieler den Rücken zudrehten, waren diese Plätze dennoch sehr beliebt. Wer dort saß, dem ging es weniger um das Sehen, sondern eher um das, was wir heute während einer Aufführung mit aller Kraft zu vermeiden suchen: Sie wollten gesehen werden. Zusätzlich zu den auf der Bühne inszenierten Auftritten war also auch mit inszenierten Auftritten im Publikum zu rechnen, wenn sich beispielsweise Reiche und Prominente in ihren prunkvollen neuen Kleidern und mit allerlei Luxusaccessoires zeigen wollten.

Es war üblich, während der Aufführung zu essen und zu trinken. Bei der archäologischen Untersuchung der alten Theater fanden sich zahlreiche Reste dessen, was man dort zu sich nahm, beispielsweise Austernschalen, Kirschkerne und kleine Knochen. Das Geschehen auf der Bühne hatte keineswegs die ungeteilte Aufmerksamkeit des Publikums; man genoss gleichzeitig Hamlet und Hühnerbein. Zum Essen kam das Trinken, und was man zu sich nimmt, muss man irgendwann wieder von sich geben. Schon aus diesem Grund herrschte damals im Theater ein ständiges Kommen und Gehen. Die englischen Bühnenautoren der

Zeit rechneten mit diesem Verhalten. Daher finden sich in den Dramen Shakespeares immer wieder rekapitulierende Passagen am Beginn einzelner Akte. Was uns redundant erscheinen mag und in heutigen Aufführungen daher oft herausgekürzt wird, war für das damalige Publikum äußerst nützlich.

Da die Bühne in den Zuschauerraum hineinragte und auf drei Seiten von Zuschauern umgeben war, mussten die Schauspieler sehr oft die Blick- und Sprechrichtung wechseln, um das ganze Publikum zu erreichen. Herrscht in den Theatern unserer Zeit meist eine Art dramatischer Frontalunterricht, so galt es damals, immer wieder abwechselnd das Publikum vorne, links und rechts, aber auch unten (auf den billigen Stehplätzen) und oben (auf den teureren Galerieplätzen) anzusprechen. Da man nicht in mehrere Richtungen gleichzeitig blicken und sprechen konnte, wurde manches auf der Bühne mehrfach gesagt und ausagiert. So erklären sich Sterbeszenen, in denen ein Schauspieler »I die – I die – I die« oder dergleichen röchelt.

Wenn hier von Schauspielern die Rede ist, nicht aber von Schauspielerinnen, so beschreibt dies die Realität der Zeit. Alle Rollen, auch die weiblichen, wurden von Männern gespielt. Wenn sich also beispielsweise in Shakespeares Komödie *As You Like It* (1599) die Figur der Rosalind verkleidet und so tut, als sei sie ein Mann, so handelt es sich dabei eigentlich um einen männlichen Schauspieler, der eine Frau spielt, die dann ihrerseits einen Mann spielt.

Da der runde Innenraum des Globe Theatre und ähnlicher Häuser nicht überdacht war und bei Tageslicht bespielt wurde, war es nicht möglich, Verdunklung oder künstliche Beleuchtung gezielt als Mittel der Inszenierung einzusetzen. Was nicht illusionistisch gezeigt werden konnte, musste man sich vorstellen. So wurde es ganz einfach am hellichten Tag Nacht auf der Bühne, indem man sagte, dass Nacht sei, und dabei mit Kerzen und Laternen hantierte. Dem Publikum wurde eine größere Leistung der Vorstellungskraft abverlangt, als das heute der Fall ist. Aufwendige Kulissen und Bühnendekorationen fehlten. Nicht durch illusionistische Raumeffekte, sondern durch die mit Worten stimulierte Imagination des Publikums verwandelte sich die Bühne im Handumdrehen in das schottische Hochland (*Macbeth*), in eine einsame Insel (*The Tempest*) oder in ein Schlachtfeld in Frankreich (*King Henry V*). Mit Hilfe der Imagination konnte sogar eine Figur von einem Moment auf den anderen unsichtbar werden, indem sie – wie Oberon in *A Midsummer Night's Dream* – ganz einfach sagte, dass sie jetzt unsichtbar sei: »I am invisible.«[10] All das funktionierte bestens, weil man daran gewöhnt war.

Es dürfte deutlich geworden sein, wie eng die frühneuzeitliche Bühnenpraxis mit den architektonischen Eigenschaften der damaligen Theater zusammenhing. In diesem Zusammenhang sind neue Entwicklungen zu erwähnen, die in die Schaffenszeit Shakespeares fallen. Ab 1608 stand ihm neben dem Globe Theatre ein weiterer Theatertyp zur Verfügung. Es handelte sich dabei um einen großen Saal in einem ehemaligen Kloster, der jetzt als Theater genutzt wurde. Nach den schwarzen Kutten der dort vor der Reformation ansässigen Dominikanermönche wurde dieser Spielort, der sich nördlich der Themse befand, »Blackfriars Theatre« genannt. Das neue Theater war im Gegensatz zum Globe nicht ein Rundbau ohne Dach, sondern ein überdachter, rechteckiger Raum. Im Globe Theatre war es durch das Tageslicht immer hell, im Blackfriars Theatre dagegen eher dunkel. Dort war es nicht nur möglich, sondern auch nötig, mit künstlicher Beleuchtung zu arbeiten, woraus sich ganz andere visuelle Effekte ergaben. Die Rekonstruktion eines Theaters vom Blackfriars-Typ ist seit 2014 direkt neben dem neu errichteten Globe Theatre zugänglich (Sam Wanamaker Playhouse, 21 New Globe Walk, Bankside, London SE19DT).

Hunderttausende von Einheimischen, hunderttausende von Touristen aus aller Welt besuchen insbesondere das Globe, das zu einer der Sehenswürdigkeiten Londons geworden ist. Die offizielle Bezeichnung des Nachbaus als *Shakespeare's Globe* betont, dass hier ein Shakespeare-Theater (und nicht ein Jonson- oder Middleton-Theater) rekonstruiert wurde. Durch dieses Theater wurde die Topographie Londons um einen prominent sichtbaren Shakespeare-Ort ergänzt, der die zentrale Stellung dieses Autors im Kanon der englischen Literatur demonstriert. Hier sei jedoch nochmals darauf hingewiesen, dass es zu Shakespeares Lebzeiten keineswegs absehbar war, dass dieser in ferner Zukunft einmal derart bewundert und verehrt werden sollte [→165].

Eine Voraussetzung für die Beliebtheit und Langlebigkeit der Stücke Shakespeares bildete das ihnen zugrundeliegende Geschäftsmodell. Shakespeare schrieb Dramen, die ein gemischtes Publikum aus allen sozialen Schichten ansprachen. Für die Gebildeten gab es gelehrte Anspielungen auf Texte und Ideen der klassischen Antike. Verstand man diese nicht, so funktionierten die Stücke aber immer noch als spannende Geschichten. Shakespeares Dramen sind einerseits reich an exquisiten Komplexitäten, bieten aber andererseits auch *sex and crime*, eingängigen Wortwitz und Slapstick ohne Ende. Wer Tiefsinn zu schätzen weiß, wird ihn finden, wer sich eher für Verfolgungsjagden, Schiffbruch und Gespenster interessiert, wird gleichfalls bedient.

So waren Shakespeares Stücke auf unterschiedlichen Komplexitätsebenen rezipierbar, und das sind sie auch heute noch. Die Wahrscheinlichkeit, dass das Publikum unserer Tage sofort merkt, dass die in *A Midsummer Night's Dream* von den Handwerkern aufgeführte Geschichte von Pyramus und Thisbe aus Ovids *Metamorphosen* stammt, oder dass die partielle Verwandlung Bottoms in einen Esel an den *Goldenen Esel* des Apuleius erinnert, ist eher gering. Das ist schade, aber dennoch funktioniert und überlebt das Stück. Notfalls kann man ihm immer noch auf eine Weise folgen, wie es zu Shakespeares Zeit die *groundlings* auf den billigen Plätzen taten – weitgehend voraussetzungslos, aber dennoch mit großem Vergnügen.

Ein weiterer Grund für die fortwährende Beliebtheit der Dramen Shakespeares ist, dass seine Behandlung der großen Themen – Liebe, Eifersucht, Machtgier und dergleichen – von so grundsätzlicher menschlicher Relevanz sind, dass sie uns trotz aller historischen und kulturellen Distanz ansprechen. Seine Stücke sind zeitspezifisch, aber dennoch nicht zeitgebunden. So erklärt sich der Erfolg oft sehr freier Shakespeare-Adaptionen des 20. und 21. Jahrhunderts aus aller Welt, die vom Reichtum der ursprünglichen Stoffe und Figurenkonstellationen zehren, diese aber in ganz neue Kontexte sowie auch gerne in das Medium des Films transponieren. Berühmte Beispiele dafür finden sich im japanischen Kino. Akira Kurosawas Filme *Throne of Blood* (1957), *The Bad Sleep Well* (1960) und *Ran* (1985) basieren auf *Macbeth*, *Hamlet* und *King Lear*. Cole Porters Musical *Kiss Me Kate* (1948) bezieht sich eng auf *The Taming of the Shrew*, Leonard Bernsteins Musical *West Side Story* (1957) war als eine moderne Version von *Romeo and Juliet* konzipiert. *Maqbool* (2003), ein Film des indischen Regisseurs Vishal Bhardwaj, ist eine sehr freie Bollywood-Version von *Macbeth*. So dauert der Einfluss Shakespeares an – weltweit und über die Bühne hinaus.

Prosa

El Dorado, Utopia, Wittenberg

Ab dem 15. Jahrhundert veränderten sich Vorstellungen von der Welt durch überseeische Entdeckungs- und Erkundungsfahrten. Immer mehr Reiseberichte erzählten nun von einem Leben in der Ferne, das alle europäischen Vorstellungen von Normalität sprengte. Das Interesse an solchen Texten war sehr groß. Nur eine verschwindend kleine Zahl von Menschen unternahm tatsächlich abenteuerliche Reisen. Wer zuhause blieb, sich aber Bücher leisten konnte, hatte die Möglichkeit, als *armchair traveller* (ein wunderbarer englischer Begriff!) in der Phantasie mitzureisen. So konnte man beispielsweise mit Sir Walter Ralegh (ca. 1554–1618) in Südamerika auf die Suche nach El Dorado gehen, indem man dessen *Discoverie of Guiana* (1596) las. Richard Hakluyt (ca. 1552–1616) machte es sich zur Lebensaufgabe, englische Reiseberichte zu sammeln und zu veröffentlichen. Dabei entstand das große Sammelwerk *The Principall Navigations, Voiages, and Discoveries of the English Nation,* das erstmals 1589 und dann, in stark erweiterter Form, 1598–1600 erschien. Die Wirkung solcher Texte im Kontext von Exploration und Welthandel, von globalisierter Ausbeutung und proto-Imperialismus ist nicht zu unterschätzen. Wer sich als junger Mensch mit Büchern in die exotische Ferne träumte, konnte sich sehr viel leichter für einen Berufs- und Lebensweg begeistern, der in die außereuropäische Welt führte oder mit deren Produkten zu tun hatte.

Abenteuerliche Reisen, über die man lesen konnte, regten darüber hinaus zu abenteuerlichem Denken an. Die Tatsache, dass Menschen in fernen Ländern ganz anders lebten als in Europa, ermutigte Autoren dazu, grundsätzlich alternative Lebensweisen und damit alternative Formen von Gesellschaft und Herrschaft gedanklich durchzuspielen. Dies geschah auf folgenreiche Weise in *Utopia*, einem Buch von Sir Thomas More (ca. 1477-1535). Der 1516 erschienene Text ist wie ein Reisebericht gestaltet. Er erzählt von einer fernen Insel, auf der es kein Privateigentum gibt, dafür aber Religionsfreiheit, und wo jeder Mensch, gleich ob Mann oder Frau, eine praktische Ausbildung erhält. *Utopia* ist ein bis heute einflussreicher Text, weil er Neues in die Welt brachte, indem er das Genre der Utopie begründete und ihm einen Namen gab.

Sir Thomas More – auf dem Kontinent besser bekannt als Thomas Morus – war ein reisefreudiger, international ausgezeichnet vernetzter Humanist, der keineswegs nur für ein englisches Publikum, sondern für die *community* der Gebildeten in ganz Europa schrieb. Daher erschien *Utopia* auch zunächst auf Latein. Ab der Jahrhundertmitte folgten Übersetzungen ins Englische sowie in die wichtigsten Sprachen Westeuropas. Die Produktion der ersten Auflage war ein internationales Projekt. Das Buch wurde in Leuven, also in Flandern gedruckt. Dort betreute Erasmus von Rotterdam, mit dem More eng befreundet war, die Publikation.

Ein für die weitere religiöse und kulturelle Tradition auf Jahrhunderte extrem wichtiges Prosawerk war die Bibel in englischer Sprache. Die englischen Bibelübersetzungen dieser Zeit entstanden im Kontext internationaler Netzwerke. Die erste direkte Übersetzung des Neuen Testament aus dem Griechischen ins Englische wurde von William Tyndale in Wittenberg angefertigt, wo dieser in engem persönlichen Kontakt mit Martin Luther stand. Als diese Übersetzung 1525–1526 gedruckt wurde, geschah dies nicht etwa in London oder Oxford, sondern in Köln und Worms. Seine englische Übersetzung des Pentateuch, der fünf Bücher Mose, erschien 1530 in Marburg.

Die ohnehin enge Verflechtung des frühen Protestantismus auf den Britischen Inseln mit dem Kontinent wurde durch eine historische Entwicklung der 1550er weiter verstärkt. Königin Mary I. (im Deutschen bekannt als Maria die Katholische) versuchte mit

Gewalt, England wieder zu einem katholischen Land zu machen. Protestanten wurden jetzt verfolgt; es kam zu öffentlichen Verbrennungen. Viele flohen auf den Kontinent, wo sie Exilgemeinden gründeten. Der Hauptakteur der schottischen Reformation, John Knox (1514–1572), war zeitweise Pastor einer englischsprachigen Flüchtlingsgemeinde in Frankfurt am Main. Er hielt sich auch lang in Genf auf, wo ihn Impulse von Calvin dazu anregten, eine besonders strenge protestantische Theologie auszubilden, in der die Idee der Prädestination, der Vorbestimmtheit des menschlichen Lebens durch Gott, eine wichtige Rolle spielte. Die Strenge des schottischen Protestantismus führte zu einem für Literatur, Kunst und Musik ungünstigen Klima. Die calvinistische Denkfigur eines Gottes, der das Leben der Menschen vorbestimmt, wird noch Jahrhunderte später von der schottischen Literatur abgearbeitet; dieses Thema wird uns daher im frühen 19. Jahrhundert erneut begegnen [→205].

Das Projekt der gewaltsamen Rekatholisierung Englands endete 1558 mit dem Tod der Königin. Unter ihrer Nachfolgerin, Elizabeth I., wurde der Protestantismus wieder als Staatsreligion etabliert. 1563 erschien ein Buch, das die Erinnerung an die Protestantenverfolgung über Jahrhunderte lebendig hielt. Sein Autor hieß John Foxe (1517–1587), und es hatte einen eher sperrigen Titel: *Actes and Monuments of these Latter and Perillous Dayes, Touching Matters of the Church*. Besser bekannt war es als *Foxe's Book of Martyrs*. Der mächtige Folioband enthielt mehr antikatholische Polemik als Geschichtsschreibung. Sein Text wurde durch eine große Zahl von Illustrationen ergänzt, die der Leserschaft die grausamsten Szenen mit grimmiger Detailfreude vor Augen hielten. Das Buch, das bald in englischen Kathedralkirchen permanent sichtbar ausgelegt wurde, jagte Generationen einen Schauer über den Rücken. Es hatte einen wichtigen Anteil daran, dass ein energischer Antikatholizismus in England zum Mainstream wurde und für sehr lange Zeit auch blieb. Die katholische Religion war zentraler Bestandteil eines kollektiven Feindbilds. Bis ins frühe 19. Jahrhundert hinein waren Katholiken in Großbritannien Bürger zweiter Klasse, die keine Universität besuchen und kein Staatsamt bekleiden durften. Foxes Buch schrieb auch die Erinnerung an Mary I. als eine grausame Herrscherin fest. Ein fernes, bizarres Erinnerungsecho davon gibt es heute noch in Form eines blutroten, aus Tomatensaft und Wodka bestehenden Cocktails, den man *Bloody Mary* nennt.

Religiöses Denken beeinflusste auf vielfache Weise das Leben, und ebenso die Literatur. Wurde der Protestantismus puritanisch und damit besonders sittenstreng ausgelegt, so konnte es passieren, dass alle nicht primär religiöse Literatur ins Kreuzfeuer der Kritik geriet. Für die Puritaner lag es nahe, in ihr ein gottloses Vergnügen zu sehen, ein Vergeuden von Zeit mit Fiktion (also: Unwahrheiten), obwohl man genau diese Zeit viel besser mit der Bibel (also: mit Wahrheiten) hätte verbringen können. Dabei konnten sich die Literaturverächter auf antike Texte berufen, die bedingt durch den Renaissance-Humanismus hoch im Kurs standen. Insbesondere Platon (ca. 428–ca. 347 v. Chr.) wurde dazu herangezogen, denn in seiner Vorstellung vom Staat hatten die Dichter keinen Platz, weil er sie als Lügner betrachtete. Solche Angriffe forderten eine Verteidigung der Literatur und damit ein grundsätzliches Nachdenken über diese heraus. Sir Philip Sidney [→57] verfasste einen Text mit dem Titel *The Defense of Poesie*, auch bekannt unter dem Titel *An Apologie for Poetrie* (»apology« im Sinne von »Verteidigung«), der nach seinem frühen Tod 1595 veröffentlicht wurde. Sidney rechtfertigte die Fiktion so: Weil sie nicht vorgibt, die Wahrheit zu sagen, kann sie auch nicht lügen. Wenn Sidney über Literatur sprach, die der Imagination entsprang, dachte er automatisch an Dichtung und Drama. Dass man die literarische Fiktion primär mit Prosa verbindet, kam erst sehr viel später durch die Etablierung des Romans [→171].

Und noch etwas, das wir heute mit erzählender Prosa verbinden, wird man in englischsprachigen Texten bis ins frühe 17. Jahrhundert nicht finden, nämlich sorgfältig durchkomponierte und aufeinander abgestimmte Handlungsstränge. Ein Beispiel dafür, dass das Element der Handlung in Prosatexten vollkommen nachrangig sein konnte, ist die zweiteilige Prosaromanze *Euphues,* nämlich *Euphues: The Anatomy of Wit,* 1578, und *Euphues and his England,* 1580 von John Lyly (ca. 1554–1606). Figuren mit Namen wie Euphues (das »eu« wird englisch ausgesprochen, also wie »you«) und Philautus reisen von Athen nach Neapel und dann weiter nach England. Sie unterhalten sich dabei ausgiebig in Gesprächen und Briefen, vor allem über die Liebe. All das ist mäßig originell. Was eigentlich im Zentrum dieser Texte steht, ist deren Sprache. Jeder Satz ist bis zum Bersten vollgestopft mit ornamentalen Strukturierungen, insbesondere mit Alliterationen. Dazu kommt eine Überfülle von Anspielungen auf antike Texte. Lyly spielte hier demonstrativ ein Spiel mit der für seine Zeit unter den Gebildeten typischen Hinwendung zur klassischen Antike, wobei er die Möglichkeiten der antiken Rhetorik, die nun wieder in englischen *grammar schools* und Universitäten gelehrt wurden, exzessiv nutzte. Der sich daraus ergebende sehr eigenwillige Stil wurde von anderen Autoren nachgeahmt und wurde so zu einer Mode, die man als *Euphuism* bezeichnet.

Das 17. Jahrhundert

Kontexte
Ein königlicher Kriminalfall und zwei Revolutionen

Königin Elizabeth I. starb 1603. Sie war unverheiratet und kinderlos geblieben. Ihr Nachfolger auf dem englischen Thron war ab 1603 König James I. (lateinisch: Jacobus) aus der schottischen Familie der Stuarts, der bis zu seinem Tod 1625 herrschte; dieser Zeitabschnitt wird als die Jakobäische Zeit (*The Jacobean Period*) bezeichnet. Wie arbiträr solche Periodisierungen stets sind, zeigt der Umstand, dass es sich hier um eine Zäsur aus englischer, nicht aber aus schottischer Perspektive handelt. Bevor James König von England wurde, war er bereits seit 1567 König von Schottland gewesen.

Die Ankunft eines neuen Monarchen aus Schottland in London führte dort nicht zu einer Dominanz schottischer Einflüsse in Kultur und Literatur. Dennoch blieb sie nicht ganz ohne Folgen. Wenn nun Shakespeare auf einmal ein Stück schrieb, das in Schottland spielte (nämlich *Macbeth,* Erstaufführung: 1606), so liegt die Vermutung nahe, dass er dabei den Monarchen und die Hofgesellschaft als Publikum im Blick hatte.

Mit dem auf James folgenden Stuart-Monarchen Charles I. begannen die extremen politischen Turbulenzen, die den weiteren Verlauf des 17. Jahrhunderts in England kennzeichneten und die ihre Spuren in der Literatur der Zeit hinterließen. In England gab es die historisch gewachsene Erwartung, dass der König nicht allein, sondern in Abstimmung mit dem Parlament zu herrschen habe. Charles I. hatte Machtambitionen, die sich mit einer solchen Einschränkung schlecht vereinbaren ließen. Er orientierte sich an den absolutistisch herrschenden Monarchen auf dem Kontinent. Das ging so weit, dass er begann, erst ohne und schließlich gegen das Parlament zu regieren.

Als König war Charles von Amts wegen Oberhaupt der anglikanischen Kirche. In dieser Kirche hatten sich zwei Flügel herausgebildet: die sogenannte *Low Church,* die demonstrativ protestantisch-puritanisch ausgerichtet war, und die *High Church,* die durch ihre Betonung von Hierarchien und Ritualen in vieler Hinsicht der (damals in England illegalen) katholischen Kirche ähnelte. Diese beiden Richtungen existieren bis heute. Betritt man eine englische Kirche, so weiß man sofort, ob es sich um *High Church* (prunkvolle Einrichtung, Heiligenstatuen, katholisch anmutende Gewänder, vielleicht ein leichter Duft nach Weihrauch) oder *Low Church* (vollständige Abwesenheit von Bilderschmuck, betont schlichte Ausstattung) handelt. Charles I., der klare Hierarchien favorisierte, stärkte die Fraktion der *High Church,* was die an der *Low Church* ausgerichteten Engländerinnen und Engländer irritierte.

Die Maßnahmen des Königs, mit denen er seine Macht in Staat und Kirche ausweiten wollte, nahmen immer drastischere Formen an und führten schließlich 1642 zu einem offenen bewaffneten Konflikt. In einem erbitterten, sich über fünf Jahre hinziehenden Bürgerkrieg kämpfte eine Armee des Parlaments unter Oliver Cromwell gegen eine royalistische Armee. Dabei attackierte man einander nicht nur mit Waffen, sondern auch mit Texten. Seit der Reformation war die Alphabetisierung breiter Teile der Bevölkerung fortgeschritten. In beiden Bürgerkriegsparteien verstand man, dass es galt, möglichst viele Menschen auf die eigene Seite zu ziehen. Daher brachten sowohl die Parlamentarier als auch die Royalisten eine große Zahl von Propagandaschriften unter die Leute. So wurde der Bürgerkrieg zugleich als Propagandakrieg geführt.

Vom Beginn des Bürgerkriegs an war London in der Hand des Parlaments. Politische und religiöse Motivationen der im Parlament tonangebenden Puritaner hingen eng zusammen. Diese wollten eine nach ihren Vorstellungen gestaltete Lebensführung durchsetzen. Weltliche Vergnügungen waren ihnen ein Dorn im

Auge. Daher wurden 1642, gleich zu Beginn des Bürgerkriegs, die Theater der Hauptstadt geschlossen.

Die militärischen Auseinandersetzungen endeten mit dem Sieg des Parlaments. Es kam zu einer Revolution, genauer: zur ersten Revolution der westlichen Welt. Bislang Undenkbares wurde in die Tat umgesetzt: 1649 machte man dem König in aller Öffentlichkeit in London den Prozess. Charles I. wurde als Verbrecher behandelt. Sein Griff nach der absoluten Macht stand im Zentrum eines Geschehens, das als Kriminalfall konstruiert und damit erzählbar gemacht wurde. Nicht nur das gesamte hauptstädtische Publikum, sondern Menschen im ganzen Land verfolgten unmittelbar, durch Texte oder durch mündlich weitergetragene Nachrichten atemlos diesen Fall, der alle anging, und zu dem nach den erbitterten Auseinandersetzungen des Bürgerkriegs alle eine Meinung hatten. Dieses beispiellose Geschehen gehört zur Vor- und Frühgeschichte der späteren britischen Begeisterung für den Kriminalroman [→242], denn hier wurde erstmals in einem großen Maßstab das Interesse an einem Kriminalfall eingeübt.

Im Januar 1649 wurde der König in London unter freiem Himmel, vor den Augen seiner ehemaligen Untertanen, geköpft. Cromwell war auf dem Weg, zum revolutionären Staatsoberhaupt aufzusteigen. Die Monarchie wurde abgeschafft, und das ehemalige Reich Charles I. wurde zu einer Republik erklärt – einer puritanisch geprägten Republik, in der die Menschen mit puritanischer Disziplin zu leben hatten. Auf Fluchen auf der Straße standen Geldstrafen, auf Ehebruch die Todesstrafe. Es erstaunt nicht, dass die Theater weiterhin geschlossen blieben.

1658 starb Cromwell. Sein Tod fiel in die Zeit einer zunehmenden Revolutionsmüdigkeit, die weite Teile der politisch einflussreichen Klassen, aber auch der breiten Bevölkerung ergriffen hatte. 1660 konnte es daher erneut zum Systemwechsel kommen, zu dem, was in englischen Geschichtsbüchern als die *Restoration* bezeichnet wird. Man kehrte zur Monarchie zurück. Der Sohn des geköpften Stuart-Königs wurde aus dem Exil zurückgeholt und gekrönt; er herrschte nun als Charles II.

Der politische Umschwung brachte eine Art von Kulturrevolution mit sich. Es hatte zur Agenda der revolutionären Regierung gehört, eine gottgefällige Lebensweise durch Verordnungen und sozialen Druck zu erzwingen. Das war nun vorbei. Ab jetzt war der Lebensstil des neuen Königs modellbildend. Charles 11. liebte all das, was unter dem vorigen Regime verpönt gewesen war. Er begeisterte sich für das Theater, und so kam es, dass die Theater wieder geöffnet wurden. Er umgab sich mit trinkfesten Zechkumpanen, die nicht religiös, wohl aber geistreich waren. Seine Mätressen waren bekannt und weithin bewundert; sie gehörten ebenso wie seine Ehefrau ganz selbstverständlich zur Hofgesellschaft. Auch in der Mode wurde er zum Trendsetter. Vorbei war die Zeit der puritanisch-schicklichen Kleidung, die Zeit der dunklen Farben und breitkrempigen schwarzen Hüte, die sowohl von Männern als auch von Frauen getragen wurden. Stattdessen leistete man sich jetzt kostbare, bunte Stoffe und aufwendige Schnitte. Generell galten Vergnügen und Konsum nun als legitim und erstrebenswert.

Ebenso wie schon sein Vater hatte Charles 11. Ambitionen, seine Macht auszuweiten und am Parlament vorbei zu regieren. Eine neue Großkrise wurde nur dadurch verhindert, dass er 1685 verstarb. Sein Nachfolger, der gleichfalls aus der Stuart-Dynastie stammende James 11., zeigte allerdings bald ganz ähnliche Tendenzen. Das Parlament ließ sich das nicht lange bieten, und so kam es 1688 zur zweiten Revolution des Jahrhunderts. Diesmal wurde der Monarch ohne Bürgerkrieg und Blutvergießen kurzerhand durch das Parlament ausgewechselt. Man spricht daher auch von der *Glorious Revolution*. Dem alten König machte man klar, dass es für ihn an der Zeit sei, sofort zu flüchten, wenn ihm sein Leben lieb sei. So verließ er tatsächlich das Land. Man holte sich einen neuen König aus den Niederlanden, William of Orange (in deutschen Geschichtsbüchern bekannt als Wilhelm von Oranien). Dieser war ein verlässlicher Protestant. Seine Frau Mary war eine Tochter von James 11.; so konnte man diesen verjagen, gleichzeitig aber zumindest ansatzweise am Prinzip der dynastischen Herrscherfolge festhalten. Das Auswechseln des Monarchen durch das Parlament war ein beispielloser Vorgang. Damit wurde für die Zukunft ein Verfassungskonsens etabliert: Der König hatte mit dem Parlament zu kooperieren. Er stand nicht über dem Gesetz; und im Gegensatz zu den absoluten Monarchien des Kontinents war seine Macht eingeschränkt.

Die in England unblutig verlaufene Revolution hatte übrigens in Irland ein blutiges Nachspiel. Dort hatte der vertriebene Stuart-König James II. Rückhalt gefunden. William konnte sich erst 1690 durch eine entscheidende Schlacht (*the Battle of the Boyne*, nach dem Fluss namens Boyne) durchsetzen. Dieses Ereignis wird bis heute von Protestanten in Nordirland mit Umzügen gefeiert und in großen Wandmalereien dargestellt.

Insgesamt lässt sich sagen, dass für die Geschichte Englands im 17. Jahrhundert mehrfache drastische Auseinandersetzungen und Umschwünge im politischen System kennzeichnend waren, die auch nach Schottland und Irland ausstrahlten. Damit waren gleichfalls tiefgreifende Umschwünge in Normen und Werten, in Ideen und Ästhetik verbunden. All das schlug auf die Literatur der Zeit durch.

Dichtung

Grüne Gedanken, rebellische Engel und Sex im Park

Auch im 17. Jahrhundert blieb die Dichtung auf vielfältige Weise präsent; sie war noch weit davon entfernt, zu dem literarischen Nischenprodukt zu werden, das sie heute ist. Grundsätzlich war es möglich, über jedes nur denkbare Thema in Form von Gedichten zu schreiben. Beliebt waren weiterhin Balladen [→36, 52], deren Texte in den Straßen Londons und anderswo als billige Einblattdrucke, sogenannte *broadsides*, feilgeboten wurden.

Eine sehr viel komplexere Art von Dichtung verfasste eine Reihe von Autoren, die man als die *Metaphysical Poets* bezeichnet. Dabei handelt es sich um eine spätere, erst im 18. Jahrhundert erfundene Bezeichnung. »Metaphysical« sollte in diesem Zusammenhang lediglich so viel wie »komplex, kompliziert« bedeuten. Die Dichter, die heute als Mitglieder der »metaphysischen Schule« auftauchen, hatten keine Ahnung davon, dass man sie einmal unter diesem Etikett zusammenfassen würde. Zu ihnen zählt man insbesondere John Donne (1572–1631), George Herbert (1593–1633), Richard Crashaw (ca. 1612–1648), Henry Vaughan (1621–1695), Andrew Marvell (1621–1678) und Thomas Traherne (1637–1674).

Gemeinsam war diesen Autoren eine auffällige Vorliebe dafür, auf den ersten Blick völlig unterschiedliche Dinge zu einer Metapher oder einem Vergleich zusammenzuziehen und diesen Bildzusammenhang dann zum Grundstein eines auf abenteuerliche Weise überraschenden Gedankengebäudes zu machen. Kennzeichnend für diese sogenannten *conceits,* diese auf scheinbar Unvereinbarem basierenden Konstruktionen, war oft eine bestechende Logik der Argumentation, die sich in immer luftigere Höhen schraubte. Die Herausforderung für den Autor bestand dabei darin, seine kombinatorische Phantasie, also das, was im Englischen als *wit* bezeichnet wird, auf möglichst brillante Weise spielen zu lassen. Daraus ergab sich die Herausforderung und zugleich das Vergnügen für die Leserschaft, diesen virtuosen Gedankengängen zu folgen und sich von ihren unerwarteten logischen Hakenschlägen und Loopings verblüffen zu lassen.

Ein gutes Beispiel für dieses von den *Metaphysical Poets* sehr gerne angewandte poetische Verfahren liefert John Donnes Gedicht »The Flea«. Donne inszeniert eine männliche Stimme, die mit dem weiblichen Gegenüber auf kunstvoll-unverfrorene Weise ein erotisches Überredungsgespräch führt, das gleich in den Anfangszeilen so eröffnet wird:

> Mark but this flea, and mark in this,
> How little that which thou deniest me is:
> It suck'd me first, and now sucks thee,
> And in this flea our two bloods mingled be.[11]

»To mark« bedeutet hier soviel wie »genau anschauen«. Also: Schau Dir einmal ganz genau diesen Floh hier an ... und die Betrachtung des Flohs führt dann zu der suggestiven Behauptung, dass sich die Dame gar nicht mehr sexuell zu verweigern brauche, weil ja ohnehin bereits alles passiert sei, was passieren könne. Da der Floh erst sein, dann ihr Blut gesaugt habe, sei in ihm ja schon das Blut der beiden vermischt. Das Saugen des Flohs wird raffiniert durch eine visuelle Doppeldeutigkeit erotisch aufgeladen.

Das »s« in dem sich wiederholenden »suck'd« wurde nämlich damals als ein sogenanntes »langes s« (also: »ſ«) geschrieben und gedruckt. Damit sah das »s« einem »f« zum Verwechseln ähnlich, was bei einem Wort wie »suck'd« durchaus relevant war.

Wie so oft in von Männern geschriebenen argumentativen Liebesgedichten bleibt es in »The Flea« beim werbenden Monolog. Die Dame hat keine Stimme. Aber dennoch ist sie in diesem Gedicht auf drastische Weise aktiv. Sie macht nämlich Anstalten, den Floh, und damit die Grundlage der sich entspinnenden Argumentation, kurzerhand wie damals üblich zwischen den Daumennägeln zu zerdrücken. Die männliche Stimme versucht, sie davon abzubringen, indem sie die Idee der im Floh bereits vollzogenen sexuellen Vereinigung immer weiter ausbaut:

> [...]
> This flea is you and I, and this
> Our marriage bed, and marriage temple is.
> Though parents grudge, and you, we're met,
> And cloister'd in these living walls of jet.[12]

Der Floh darf, so das Argument, nicht getötet werden, weil er in sich drei Leben vereint (nämlich nicht nur sein Flohleben, sondern auch das der Frau und des Mannes). Donne zieht immer wieder auf provozierende Weise erotische und religiöse Bildlichkeit zusammen: Der Floh ist für die beiden Ehebett und Ehetempel. Dann erscheint der Floh kurz als ein Zufluchtsort, also eine Art erotisches Asyl, in dem das Paar, unbeobachtet von den Eltern, »cloister'd«, also wie in einer Klosterzelle (!) zusammenfindet. Er wird dabei als lebendes Gebäude imaginiert (»living walls of jet«), das aber gleichzeitig auch an ein Schmuckstück erinnert: »Jet« ist ein bei uns wenig bekannter schwarzer Stein, aus dem in England Schmuck gefertigt wurde. Donne macht hier für einen kurzen Imaginationsmoment das Winzige groß und das Hässliche schön, das Erotische heilig und das Heilige erotisch.

John Donne war dabei besonders gut in der Lage, das Weltliche und das Geistliche zu kombinieren, weil diese Kombination auch in seinem Leben präsent war. Er war ein sehr der Lebenslust zugetaner Mensch, der eigentlich auf eine Karriere als Diplomat gehofft hatte, der dann aber zum Dean of St. Paul's Cathedral aufstieg, also zum obersten Geistlichen an der wichtigsten Kirche der City of London, wo er sich einen Namen als Prediger machte [→107].

Die hier als Kostprobe vorgestellten Passagen aus Donnes »The Flea« demonstrieren, was es mit den für die Gedichte der *Metaphysical Poets* kennzeichnenden *conceits* auf sich hat. Ein *conceit* ist eine kühne Mischung aus Assoziation und Logik, ein ebenso virtuoser wie waghalsiger poetischer Tanz auf dünnem Eis.

> **John Donne in St. Paul's Cathedral.** Man kann Donne heute noch in der Kathedrale besuchen, oder zumindest eine bemerkenswerte Skulptur, die ihn darstellt. Als er gegen Ende seines Lebens immer schwächer wurde, hielt er noch seine eigene Leichenpredigt in St. Paul's [→108]. Dann ließ er sich als Vorbereitung auf seinen Tod eingehüllt in ein Leichentuch malen, und ließ dieses Bild, in dem er sich selbst als Memento Mori gegenübertrat, vor seinem Bett aufstellen. Nachdem er gestorben war, wurde nach diesem Gemälde eine lebensgroße Marmorstatue angefertigt, die den Dichter und Prediger im Leichentuch und auf einer Urne balancierend zeigt. Donne wurde in St. Paul's Cathedral bestattet, und die Statue wurde als sein Grabmonument aufgestellt. St. Paul's war damals eine beeindruckende gotische Kathedrale, größer als der Kölner Dom. Das *Great Fire* von 1666, eine verheerende Brandkatastrophe, zerstörte fast die ganze City of London und damit auch dieses Gebäude. An dessen Stelle trat die von Sir Christopher Wren entworfene, ganz anders beschaffene Kirche. Von dem verbrannten Vorgängerbau blieb so gut wie nichts. Was aber überlebte, war das Grabmonument Donnes. Dies geschah auf eine ganz unwahrscheinliche Weise. Als das Feuer immer mehr von der City erfasste, schleppten die vielen Buchhändler, die ihre Läden um St. Paul's herum hatten, ihre kostbaren Bücherbestände in die Krypta der Kathedrale, in der Hoffnung, dass sie dort sicher wären. Aber es kam anders: St. Paul's brannte nieder, die Decke der Krypta gab nach, und so stürzte Donnes Monument, das sich unmittelbar darüber befand, in ein brennendes Büchermeer. Es fiel dort so weich, dass es weitgehend unbeschädigt geborgen werden konnte – nur an der Urne, auf der die Statue steht, sind leichte Schäden zu erkennen. Schon dieser Geschichte wegen ist die Skulptur einen Besuch wert, wenn man

> in St. Paul's ist. Sie befindet sich vor einer der großen Säulen auf der Südseite des Chors. Die in schwarze Roben gehüllten Kirchendiener helfen gerne dabei, Donne zu finden.

John Donne war mit George Herbert befreundet, der gleichfalls zu den *Metaphysical Poets* gerechnet wird. Auch Herbert war Geistlicher. Seine Gedichte, 1633 unter dem Titel *The Temple* veröffentlicht, haben im Gegensatz zu denen Donnes durchweg einen eindeutig religiösen Charakter. Er übertrug gelegentlich das Konzept des *conceit* ins Visuelle, indem er die Länge seiner Zeilen so arrangierte, dass sich aus dem Druckbild des Gedichts eine Silhouette, eine erkennbare Gestalt ergab. In seinem aus zwei Strophen bestehenden Gedicht »Easter Wings« (1633) werden in jeder Strophe die Zeilen erst immer kürzer und dann auf symmetrische Weise wieder länger, so dass ihre Umrisse tatsächlich zwei Flügel darstellen. So gestaltete Texte bezeichnet man als Figurengedichte. Das Figurengedicht war keine englische Erfindung, sondern eine Modeerscheinung der Zeit, die sich auch auf dem Kontinent fand.

Weit bekannter als Herbert sowie Crashaw und Vaughan, die gleichfalls vorwiegend religiöse Gedichte schrieben, ist heute Andrew Marvell. Sein Leben und Werk zeigen einmal mehr, wie eng politische Ereignisse und Literatur im England des 17. Jahrhunderts zusammenhingen. 1643, ein Jahr nach Ausbruch des Bürgerkriegs, verließ er das Land, um eine mehrjährige Bildungsreise auf dem Kontinent zu absolvieren – und vielleicht auch, um aus einem Land, das sich in ein Kriegsgebiet verwandelt hatte, herauszukommen. 1647 kehrte Marvell nach England zurück. Als mit der Hinrichtung des Königs 1649 der Sieg der Revolution offensichtlich war, suchte und fand er Anschluss an revolutionäre Kreise. Er wurde von Sir Thomas Fairfax, dem wichtigsten General der Parlamentsarmee, als Hauslehrer für dessen Tochter Mary eingestellt; dadurch wurde er auch mit Cromwell bekannt. Aus dieser Nähe zum Zentrum der politischen Macht ergab sich eine doppelte Einbindung in die revolutionäre Regierung. Er wurde Assistent des erblindenden John Milton [→94], der das Amt des *Latin Secretary to the Council of State* innehatte, und löste ihn 1657 in diesem

Amt ab. Latein war die Sprache der internationalen Diplomatie, und der *Latin Secretary* übersetzte die offizielle Korrespondenz der Regierung ins Lateinische. So ging die gesamte Außenpolitik der revolutionären Regierung erst über Miltons und dann über Marvells Schreibtisch.

Dazu kam seine prominente politische Funktion als Dichter. Im vorrevolutionären 17. Jahrhundert hatten die englischen Monarchen begonnen, sich einen Hofdichter zu halten. Dessen Aufgabe war es, Triumphe und Trauer, Fehden und Friedensschlüsse in Gedichten zu begleiten. Es versteht sich von selbst, dass dies auch stets mit einem Element von Propaganda verbunden war. Cromwell war zwar formal kein Monarch, aber er wusste sehr wohl um die Macht, die in England früher als anderswo der öffentlichen Meinung zugewachsen war. Daher engagierte er Marvell als offiziell-inoffiziellen Dichter seines revolutionären Hofes.

In der Zeit, als Marvell noch als Hauslehrer auf dem Fairfax-Anwesen Nun Appleton in Yorkshire lebte, schrieb er ein langes Gedicht mit dem Titel »Upon Appleton House«. Dass man Gedichte über ein Haus schreibt, ist bei uns nicht üblich. Die englische Literatur kennt dagegen seit dem frühen 17. Jahrhundert das sogenannte *country house poem*. Ein *country house* konnte irgendetwas zwischen einem imposanten Landhaus und einem ländlichen Palast sein; dazu gehörten ornamentale Gartenanlagen und Ländereien. Land und Landhaus waren im 17. Jahrhundert nicht nur eine Existenzgrundlage, sondern auch ein extrem wichtiges Statuskennzeichen. Die sogenannte *gentry,* die in etwa unserem niederen Adel entsprach, hatte nach englischer Sitte keine statusanzeigenden Namensanteile; es gab also nicht so etwas wie ein »von« vor dem Namen. Die gesellschaftliche Stellung musste daher auf andere Weise demonstriert werden. Dazu war das *country house* – und somit auch das Sprechen darüber im *country house poem* – auf ideale Weise geeignet.

Andrew Marvells »Upon Appleton House« ist ein *country house poem* ganz eigener Art, ein poetisches Bravourstück. Das Haus und die umliegenden Ländereien werden gefeiert, wie man es in einem solchen Gedicht erwarten kann. Zugleich werden sie aber auch auf überraschende Weise verfremdet. Dabei operiert Marvell mit einer Technik des assoziativen Springens. Seine in *conceits* [→84] verketteten Gedankensprünge sind oft so abenteuerlich, dass dieses Vorgehen an den *stream of consciousness* in Texten des 20. Jahrhunderts erinnert [→252]. Sinneseindrücke verschwimmen; Farbenpracht und Duft der Blumen in den Gartenanlagen werden als visuelles und olfaktorisches Echo eines unhörbaren Knalls beschrieben, der Gesang der Vögel als »tuned fires«[13].

Nicht nur die Unterscheidung zwischen den Sinnen, sondern auch die zwischen Groß und Klein kippt. Marvells Schreiben nahm Impulse aus der frühen Naturwissenschaft auf, die sich zu seiner Zeit rasant entwickelte. Im 17. Jahrhundert machte der Blick durch das Fernrohr und das Mikroskop deutlich, dass Größenwahrnehmung immer von der eingenommen Perspektive abhing, dass es also Groß und Klein als absolute Eigenschaften nicht gab. Sobald sich Wahrnehmung aber als relativ erwies, wurde es möglich, mit dieser Einsicht literarisch zu spielen, und genau das tat Marvell. Betrachten wir beispielsweise, was er aus einigen Kühen macht, die auf den Wiesen um Appleton House weiden:

> They seem within the polished grass
> A landskip drawn in looking-glass.
> And shrunk in the huge pasture show
> As spots, so shaped, on faces do.
> Such fleas, ere they approach the eye,
> In multiplying glasses lie.
> They feed so wide, so slowly move,
> As constellations do above.[14]

Zuerst wird imaginiert, wie sich diese Szene dadurch verändern könnte, dass man sich das glänzende Gras der Wiese wie einen Spiegel (»looking-glass«) vorstellt. Aus den Kühen werden also gespiegelte Kühe. In der großen Wiese erscheinen die Kühe klein, so dass sie mit den Schönheitspflästerchen (»spots«) verglichen werden können, die sich in Marvells Zeit Damen gerne ins Gesicht klebten. Gleich danach erscheinen die Kühe so klein – oder auch nicht klein – wie Flöhe, *bevor* man sie durch ein Mikroskop (»multiplying glasses«) betrachtet. In den letzten beiden hier zitierten Zeilen wird erneut die Perspektive gewechselt. Statt durchs Mikroskop, also nach unten und in die Nähe zu schauen, geht der vergleichende Blick nach oben und in die Ferne. Nun werden die langsam in Gruppen weidenden Kühe mit am Himmel entlangziehenden Sternbildern (»constellations«) verglichen.

Die Kühe ändern so in rascher Folge ihre scheinbaren Dimensionen. Klein und Groß, Unten und Oben werden durchgespielt; entsprechend wird unsere Imagination durch die Vorstellung von Mikrokühen und Makrokühen, von terrestrischen Kühen und astralen Kühen herausgefordert. Die hier vorgestellten Zeilen geben einen Eindruck davon, wie Marvell die Wahrnehmung der Realität aufbricht. Der Spaziergang durch das Anwesen von Nun Appleton gerät so zu einer psychedelischen Phantasiereise.

Die Frage nach der Beschaffenheit der Welt und ihrer Bestandteile wird in diesem Gedicht als eine *offene* Frage begriffen. Eine vollkommen bizarre Sicht der Dinge erscheint ebenso möglich wie der vertraute Blick auf sie. Unter der Prämisse einer unendlichen Multiperspektivität kann man zu dem Schluss gelangen, dass man sich der Welt nur durch ein spielerisches Kombinieren ihrer Wahrnehmungsmöglichkeiten nähern kann, und genau dieses Verfahren wird in Marvells »Upon Appleton House« angewandt. Das 17. Jahrhundert war eine Zeit, in der in England die Welt neu gedacht wurde – politisch ebenso wie wissenschaftlich. Es war eine Zeit der radikalen Experimente, die auch immer mit radikalen Gedankenexperimenten verbunden waren. Die Regierungsform wechselt, man blickt durch ein Mikroskop, und sofort sieht alles ganz anders aus. Marvells Gedichten merkt man ganz besonders an, dass sie vor dem Hintergrund solcher Umwälzungen entstanden. Die englische Literatur begann, neue Verunsicherungen, die aber auch gleichzeitig neue Denkmöglichkeiten boten, zu ihrem Gegenstand zu machen.

Zu Marvell ist noch anzumerken, dass seine heute weithin bewunderten Gedichte wie beispielsweise »Upon Appleton House«, »The Garden« und »To His Coy Mistress« nach seiner Zeit erst einmal über Jahrhunderte weitgehend in Vergessenheit gerieten. Erst in den 1920ern, zur Zeit der klassischen Moderne, wurde er (insbesondere von T. S. Eliot, →263) wiederentdeckt und fand Eingang in den Kanon der beliebten und an den Universitäten gelesenen englischen Gedichte. Nun sah man mit Interesse, dass Marvell schon im 17. Jahrhundert mit Verfahren gearbeitet hatte, die im frühen 20. Jahrhundert als experimentell und aufregend galten. An diesem Fall lässt sich beobachten, wie bei der Betrachtung der Vergangenheit vorzugsweise das wiederentdeckt wird, worin man einen Bezug zur eigenen Gegenwart sehen kann.

Bei aller Faszination, die von den Gedichten der *Metaphysical Poets* ausgeht, darf man nicht vergessen, dass dies nur *ein* mögliches Modell des poetischen Schreibens war. Ein Beispiel für ein ganz anderes Dichten unter ganz anderen Lebensbedingungen finden wir bei Robert Herrick (1591–1674), einem Dichter, der, anders als Marvell, in der Revolutionszeit nicht auf der Seite der politischen Gewinner stand.

Herricks Vater war Goldschmied in London, und so absolvierte er zunächst eine Goldschmiedelehre. Dann studierte er und wurde schließlich Geistlicher in der allertiefsten Provinz, in einem Dörfchen in Devonshire. Dort fand er reichlich Zeit, Gedichte zu schreiben. Der dichtende Landpfarrer war ein überzeugter Royalist. Die religiös-politischen Vorstellungen der immer mächtiger werdenden Puritaner, und insbesondere ihre moralische Strenge, gingen ihm gegen den Strich. Sowohl sein dichterisches Werk als auch seine gesamte Lebensführung lassen sich als demonstrative Verweigerung einer puritanischen Political Correctness lesen. Auf den ersten Blick wirken seine meist kurzen Gedichte und Liedtexte wie elegante Harmlosigkeiten, wie dekorative sprachliche Goldschmiedearbeiten, angefertigt von jemandem, der tatsächlich einmal das Goldschmiedehandwerk erlernt hatte. Auf den zweiten Blick fällt auf, dass seine Zeilen unzählige Nadelstiche gegen die Puritaner enthalten. Der Provinzpfarrer lobte immer wieder höchst eloquent Eleganz und Genuss, Freude und Exzess, befreienden Suff und zügellos-handfeste Erotik. Von ihm stammt der Text des heute noch bekannten Liedes »Gather ye Rosebuds while you may«, das in klassischer Carpe-diem-Manier dazu auffordert, das Leben zu genießen, so lang man kann, weil es allzu früh vorbei sein wird.

Wer so schrieb, zu allem Überfluss auch noch als Geistlicher, konnte nur ein Royalist sein. Dazu kam, dass Herrick ähnlich provozierend lebte, wie er schrieb. Seine Dörfler, auf deren Urteil er ohnehin nichts gab, durften ansehen, wie er in Gesellschaft seines Lieblingsschweins Bier trank; d. h. das Schwein trank auch –

er hatte ihm beigebracht, seinen Rüssel in einen Humpen zu stecken. Er genehmigte sich Aufenthalte in London, wo er eine deutlich jüngere Geliebte und mit ihr zusammen wahrscheinlich auch ein Kind hatte.

All das führte dazu, dass er 1647 zu den Geistlichen gehörte, denen durch einen Parlamentsbeschluss Berufsverbot erteilt wurde. 1648, also gerade noch, bevor es 1649 mit der Hinrichtung des Königs und der Ausrufung der Republik zur Revolution kam, wurden in London seine Gedichte unter dem Titel *Hesperides* und *Noble Numbers* gedruckt.

Das Beispiel Herricks zeigt, dass das literarische und praktische Bekenntnis zum Lebensgenuss ab den 1630ern gleichbedeutend mit einer politischen Positionierung war. Das blieb auch so, als es mit der Rückkehr zur Monarchie, der *Restoration* von 1660, erneut zum Systemwechsel kam. Zu dieser Zeit verfolgte keiner das als royalistisch erkennbare Programm des hedonistischen Exzesses konsequenter als John Wilmot, 2nd Earl of Rochester (1647–1680).

Rochester profilierte sich als trinkfester Zechgeselle des Monarchen, als ein nie versiegender Quell anregender Konversation, und zugleich als Autor. Seine Gedichte erregten Aufmerksamkeit, und sie tun es immer noch, denn er schrieb ganz extrem offen über Sexualität. Dabei verstand er es, derbe und derbste Worte mit subtilen Gedankengängen zu verbinden. Es ist charakteristisch für sein Schreiben, dass er es wagte, wie beiläufig sein Gedicht »A Ramble in St. James's Park« mit folgender Zusammenfassung der Abendunterhaltung einer alkoholisierten Runde zu eröffnen:

> Much wine had passed, with grave discourse
> Of who fucks who, and who does worse
> [...][15]

Es folgt ein gelehrt-verdorbener historischer Rückblick auf erotische Vorlieben der antiken Briten und ein Sozialpanorama der Freiluftexzesse, die in diesem Park und damit gleich hinter dem königlichen Palast nächtlich zu beobachten waren. Wer all das zum ersten Mal liest, reibt sich auch heute noch erstaunt die Augen. Rochesters Gedichte mögen auf den ersten Blick als eine

Aneinanderreihung pornographischer Provokationen erscheinen. Dennoch hatte der Provokateur philosophische Ambitionen. Er lebte nicht nur die Existenz eines Libertins vor, also eines radikalen Freidenkers, sondern er begründete sein Verhalten zugleich mit Ideen, die man im Kontext der frühen Aufklärung verorten kann. In »A Ramble in St. James's Park« wird die ausufernde Sexualität so kommentiert:

> Such natural freedoms are but just:
> There's something generous in mere lust.[16]

Die nackte, nur durch sich selbst motivierte Lust ist für ihn natürlich und deshalb gut. Rochester rezipierte hier eine Strömung der antiken Philosophie, nämlich die Lehre des Epikur (ca. 341– ca. 270 v. Chr.), den sogenannten Hedonismus. Epikur war der Auffassung, dass die Menschen von Natur aus und deshalb legitimerweise nach Lust streben. Diese Philosophie erfreute sich als radikaler Gegenentwurf zu dem erzwungenen gottgefälligen Wohlverhalten der Revolutionszeit nach 1660 großer Beliebtheit und hatte entsprechend Einfluss auf die Literatur.

Rochesters Schreiben, sein Handeln und seine Philosophie waren insofern politisch, als sie den hedonistischen Habitus des Royalisten ohne Rücksicht auf Verluste auf die Spitze trieben. Politisches Schreiben wurde in England ab 1660 immer wichtiger, weil sich die Einsicht durchsetzte, dass man nicht mehr gegen die öffentliche Meinung regieren konnte. Daher bedienten sich die Akteure der Politik, und allen voran der Monarch, zunehmend der politischen Propaganda. Wichtiger, weil weniger polarisierend als Rochester, wurde dabei für den König ein anderer Autor, nämlich John Dryden (1631–1700). Charles II. berief Dryden zum Hofdichter, und für ihn wurde diese Position mit dem neuen Titel *poet laureate*, also: lorbeergekrönter Dichter, versehen. Dieses Hofamt gibt es übrigens bis heute.

Als in einer Krisensituation ganz dringend Stimmung für den König gemacht werden musste, schuf Dryden ein propagandistisch-literarisches Meisterstück. Nachdem 1666 eine Brandkatastrophe die City of London zum größten Teil zerstört hatte, fand sich der Monarch in einer misslichen Lage. Er hatte bei der Bekämpfung des Feuers keine gute Figur gemacht; viel zu lang war nichts geschehen. Und sofort wurden puritanische Prediger aktiv, die den Stadtbrand als Strafe Gottes für die Wiedereinführung der Monarchie deuteten. In dieser bedrohlichen Situation schrieb Dryden ein langes erzählendes Gedicht, in dem er, kühn bis zur Unverfrorenheit, die Katastrophe zu einem Triumph für den König umdeutete. Der Titel des Gedichts, »Annus Mirabilis«, war Programm: 1666 sei ein wunderbares Jahr gewesen. Der König wird als eine Mischung aus einem Helden und einem Heiligen beschrieben, und das Feuer als eine großartige Gelegenheit gefeiert, ein neues, schöneres und reicheres London aufzubauen. Die Art, wie Dryden eine offensichtliche Großkatastrophe komplett uminterpretierte, war, wie wir heute sagen würden, vollkommen postfaktisch. Aber das tat der Wirksamkeit dieser extrem gut gemachten literarischen Propaganda keinen Abbruch.

Als Charles II. starb, bestieg sein Bruder als James II. den Thron. Dessen offen praktizierter Katholizismus wurde weithin als politischer Skandal wahrgenommen [→82]. Dryden, der weiter Hofdichter bleiben wollte, orientierte sich an dem neuen Monarchen und wurde umgehend katholisch. In »The Hind and the Panther« (1687) verteidigte er die katholische Religion und empfahl eine politisch-religiöse Koalition zwischen der anglikanischen und der katholischen Kirche. Damit machte er sich bei einem unbeliebten König beliebt, was sich sehr bald rächen sollte. Als James II. 1688 aus dem Land gejagt wurde, verlor Dryden seine Position am königlichen Hof und damit seine Rolle als literarischer Propagandist.

Die Ereignisse im England des 17. Jahrhunderts führten dazu, dass kein prominenter Autor der Frage der politischen Positionierung ausweichen konnte. Manche wechselten, wie Dryden, notfalls schnell das Lager. Andere taten das nicht, und zu diesen zählte John Milton (1608–1674). Milton dichtete seit seiner Studentenzeit in Cambridge. Nach dieser zog er wieder in sein Elternhaus in London, wo er seine Zeit mit einem überaus ambitionierten Selbststudium verbrachte, um sich optimal auf eine Existenz als Dichter vorzubereiten. In dieser Zeit, oder vielleicht schon in Cambridge, schuf er bemerkenswerte Gedichte. Hierzu gehören »L'Allegro« und »Il Penseroso« (entstanden in den frühen 1630ern, gedruckt 1645). Italienisch sind an diesen Gedichten lediglich die Titel, die zwei entgegengesetzte Charaktertypen, heiter versus introvertiert-grüblerisch, schildern.

In den nächsten zwanzig Jahren schrieb Milton nur sehr wenige Gedichte. Er unternahm eine Bildungsreise auf dem Kontinent. Sein wichtigstes Ziel war dabei Italien. Dort interessierte er sich nicht nur für die antike Vergangenheit, sondern auch für aktuelle wissenschaftliche Entdeckungen. Er besuchte Galileo Galilei, der zu dieser Zeit gerade mit seinen Himmelsbeobachtungen durch Fernrohre die Vorstellung von der außerirdischen Welt revolutionierte. Nach seiner Rückkehr nach England beteiligte sich Milton publizistisch mit einer Reihe von Prosaschriften an den politischen Auseinandersetzungen, die zur Revolution führen sollten [→109]. Dabei stand er von Anfang an auf der königskritischen Seite. Die revolutionäre Regierung berief ihn in das Amt des *Latin Secretary to the Council of State* [→87]. Als er immer schlechter sah und schließlich 1652 vollkommen erblindete, musste ihm nun alles vorgelesen werden; statt zu schreiben, musste er nun diktieren.

Milton war so sehr Teil des revolutionären Staatsapparats, dass er nach der Wiedereinführung der Monarchie 1660 automatisch als Staatsfeind behandelt wurde. Er wurde inhaftiert und kam erst nach Zahlung einer Geldstrafe wieder frei. Nun wandte er sich ganz der Dichtung zu und konzentrierte sich auf ein literarisches Großprojekt, das heute als sein Hauptwerk und zugleich als einer der einflussreichsten Texte der englischen Literatur gilt: *Paradise Lost* (veröffentlicht 1667).

Milton hatte schon früh in seinem Leben das Ziel vor Augen gehabt, ein großes literarisches Werk in englischer Sprache zu schaffen. Er vollbrachte nun das Kunststück, die beiden zu seiner Zeit am höchsten geschätzten Modelle des »großen Buches«, das antike Epos und die Bibel, in seinem eigenen Projekt zusammenzuziehen. *Paradise Lost* ist ein episches Gedicht, das formal und inhaltlich auf die Epen der Antike Bezug nimmt: Es erzählt eine große, wichtige Geschichte, die in der Vergangenheit spielt, und in der große Schlachten, große Reden und große Reisen vorkommen. Es ist in Versen (in diesem Fall: im ungereimten jambischen Pentameter, dem sogenannten Blankvers) verfasst und in Bücher gegliedert. All das ist so, wie man es beispielsweise aus der *Odyssee* kannte. Damit stellt sich *Paradise Lost* klar in die epische Tradition, was einer Absichtserklärung gleichkommt, in der poetischen Oberliga spielen zu wollen.

Gleichzeitig verarbeitete das Gedicht aber auch das Modell der Bibel. In Miltons Epos reisen und reden, versagen und triumphieren Gott (der gleich mehrfach, nämlich als Gottvater und Jesus), der Teufel, Adam und Eva, sowie ein ganzes Heer von Engeln und ein ebensolches von Teufeln. Damit fällt dieser Text aus dem Rahmen und konturiert sich als ein ebenso ambitioniertes wie kühnes literarisches Experiment. In gewisser Weise liegt ihm ein *conceit* [→84] zugrunde: Zwei sehr unterschiedliche Dinge, die heidnische Epik und die jüdisch-christliche Bibel, werden zusammengezogen, und auf dem Grundstein dieser kühnen Kombination wird dann ein riesiges Textgebäude errichtet.

Die Geschichte, die in *Paradise Lost* erzählt wird, ist eine Mischung aus bekanntem biblischem Material sowie Zutaten, die sich keineswegs in der Bibel finden. Der Erzählung vom Sündenfall – Adam, Eva, Schlange, Apfel, ergo verlorenes Paradies – wird eine hochdramatische Vorgeschichte vorangestellt. Ihre faszinierende, schillernde Hauptfigur ist Satan. Der ist zunächst ein ranghoher Engel. Weil er sich nicht der absoluten Macht Gottes unterwerfen will, zettelt er einen Aufstand im Himmel an. Es kommt zu einer großen Schlacht, die er verliert, und so wird er mit seinem aufständischen Gefolge von Gott in die dafür eigens geschaffene Hölle hinabgestoßen. Satan organisiert nun eine Art von Teufelsparlament, in dem beraten wird, wie weiter zu verfahren sei. Dabei sichert er sich seine Stellung als Anführer der Teufel und bemüht sich, auf geradezu heroisch bösartige Weise Gott zu irritieren, indem er versucht, dessen neueste Schöpfung, bestehend aus Adam und Eva im Paradies, zu sabotieren. Wenn man an die von Bürgerkrieg und Revolution geprägte Geschichte Englands im 17. Jahrhundert denkt, dann wird man aufhorchen, wenn es in *Paradise Lost* um einen Aufstand gegen einen absoluten Herrscher geht, wenn in einem himmlischen Bürgerkrieg Engel gegen Engel kämpfen, und wenn die aufständischen Engel in einer Art Parlament zusammensitzen. Milton verarbeitete in seinem Epos nicht nur Elemente der antiken Epen und der Bibel, sondern auch Impulse aus der gerade durchlebten Bürgerkriegs- und Revolutionszeit.

Zu Beginn des ersten Buches von Miltons Großgedicht findet sich eine berühmte Textstelle, die das Ziel des gesamten Unterfangens benennt: Die epische Geschichte soll erzählt werden, um das Verhalten Gottes den Menschen gegenüber zu rechtfertigen (»And justify the ways of God to men«[17]). Dieses Unterfangen kann man in einem engen Zusammenhang mit den historischen Kontexten sehen. Es war eine der revolutionären Kernideen, dass das Handeln des Herrschers nur dann legitim ist, wenn es gerechtfertigt werden kann. Ein Echo dieser Idee findet sich in *Paradise Lost*. Das Hinterfragen selbst der allerhöchsten Autorität macht dieses Epos zu einem frappierend modernen Werk.

Darüber hinaus wird in *Paradise Lost* ein enormes Ideenspektrum ausgebreitet. Der deutlich über zehntausend Zeilen lange Text enthält beispielsweise Überlegungen zu den Geschlechterrollen, zur Frage, ob Engel essen und ob es so etwas wie eine Engelsexualität gibt, zu Musik im Himmel und zu Sport in der Hölle. An vielen Stellen wird Miltons Interesse an naturwissenschaftlichen Fragen deutlich erkennbar. *Paradise Lost* überrascht darüber hinaus oft durch einen geradezu anarchischen Humor. Inmitten des epischen Ernstes findet Milton Gelegenheit zu erfrischend albernen Wortspielen, und immer wieder wird laut über das Dumme oder Böse gelacht. So wird eine spezielle Vorhölle für die Narren (insbesondere die närrischen Mönche) mit derber Direktheit hinter »the backside of the world«[18] lokalisiert, d. h. hinter dem Arsch der Welt.

Durch die Kombination von antiken epischen Strukturen und biblischen Bezügen erschloss sich Milton ein erweitertes Lesepublikum. Hätte er ganz und gar in der Tradition des antiken Epos geschrieben, so wäre dadurch seine Leserschaft auf eine privilegierte, männliche Elite begrenzt geblieben. Aber weil die Bibel zur Lesesozialisation aller gehörte, die lesen konnten, gab es viel mehr Menschen, die sich für Adam, Eva und Jesus interessierten, als für Odysseus oder Aeneas. Das heißt nicht, dass *Paradise Lost* dadurch ein Text für ein Massenpublikum geworden wäre, denn es handelte sich nicht um eine leichte Lektüre. Aber dennoch war die von Milton gewählte Thematik geeignet, ein breiteres Interesse zu wecken.

Drama
Stillstand und Neubeginn

Das frühe 17. Jahrhundert brachte im Theater keinen markanten Bruch mit der Elisabethanischen Zeit. Die Lebenszeiten und Schaffensperioden von Dramatikern wie Thomas Dekker (ca. 1572–1632), Ben Jonson (1572–1637), John Fletcher (1579–1625) und Francis Beaumont (1584–1616) ziehen sich vom späten 16. ins frühe 17. Jahrhundert. Die Theater blieben zunächst ein wichtiger Teil des Londoner Kulturlebens; außerhalb Londons gab es keine vergleichbare Theaterszene.

Bemerkenswert ist, dass im frühen 17. Jahrhundert das erste von einer Frau geschriebene englische Stück erschien, das uns überliefert ist. Elizabeth Cary Viscountess Falkland (1585–1639) verfasste *The Tragedy of Mariam,* ein 1613 gedrucktes Drama, in dessen Zentrum Mariamne, die Frau des Herodes, steht. Wahrscheinlich wurde dieses Stück damals nicht aufgeführt. Es handelte sich also funktional um das, was man im Englischen ein *closet drama* nennt, also ein Drama, das nur in einem *closet,* d. h. einem privaten Raum gelesen wurde.

Im Milieu der Hofgesellschaft waren weiterhin *masques* [→62] beliebt, deren Kostüme und Ausstattungen oft von Inigo Jones entworfen wurden. Jones wird auch eine wichtige Neuerung in der Theaterarchitektur zugeschrieben. Nach französischem Vorbild soll er den sogenannten Bühnenrahmen eingeführt haben (engl.: *proscenium arch*), eine Bogenkonstruktion, die den Blick auf die Bühne wie ein Gemälde einrahmte und sie damit vom Zuschauerraum absetzte. Der langfristig dominante Trend in der Theaterarchitektur Londons bestand darin, dass man von dem alten Typ der runden, nicht mit einem Dach versehenen Theater abkam und stattdessen in überdachten Saalbauten mit rechteckigem Grundriss spielte. Der neue Bautyp ermöglichte es, stärker mit illusionistischen Mitteln zu arbeiten, mit Beleuchtungseffekten und gemalten Bühnenbildern, die von Szene zu Szene schnell ausgetauscht werden konnten. Handlungsorte, Wetter, Tag und Nacht wurden dem Publikum zunehmend sichtbar vor Augen geführt.

Londons Theaterleben kam abrupt zum Stillstand, als 1642, zu Beginn des Bürgerkriegs, die Theater geschlossen wurden und für die nächsten 18 Jahre geschlossen blieben. Wenn es Aufführungen von Stücken gab, dann vielleicht im Verborgenen, in den Grauzonen, die sich unter jedem offiziell sittenstrengen Regime bilden. Jedenfalls kam es zu einer Unterbrechung der Geschichte des öffentlich zugänglichen Theaters in England.

Was es in dieser Zeit jedoch gab, waren öffentlich inszenierte Ereignisse, die in mancher Hinsicht einem Schauspiel ähnlich waren. Bei der Anbahnung des revolutionären Systemwechsels bediente man sich theatralischer Verfahren. Als König Charles l. 1649 öffentlich der Prozess gemacht wurde, fand dies in Westminster Hall statt, einer riesigen mittelalterlichen Halle, an der heute die meisten Touristen auf dem Weg zum Parlament, das gleich daneben steht, achtlos vorbeilaufen. Die Halle war wie ein Theater hergerichtet. Ein langer Zuschauerraum war voll mit Menschen, die alle auf ein erhöhtes Podest, d. h. eine Bühne schauten, auf der das Drama des Prozesses ablief. Dort trat der König nicht als König, sondern in der Rolle eines Angeklagten auf. Gedruckte Berichte, die man über diesen Schauprozess kaufen konnte, dokumentierten die Äußerungen aller Personen, die auf dieser Bühne agierten, in wörtlicher Rede und enthielten kurze Anmerkungen zu dem Verhalten dieser Personen. Sie ähnelten daher formal der Art, wie in der Druckversion eines Dramas Sprechrollen und Regieanweisungen präsentiert werden.

Überaus theatralisch fiel auch nach der Wiedereinführung der Monarchie die Abrechnung mit den Revolutionären aus. Cromwell war zu dieser Zeit schon eines natürlichen Todes gestorben, aber es half nichts, er musste in dem Drama seiner öffentlichen Bestrafung mitspielen. Sein Leichnam wurde ausgegraben und vor den Augen des Londoner Publikums erst gehängt und dann geköpft. Auf einem freilichtbühnenartigen Podest spielte er unfreiwillig die Hauptrolle in einem Theater des Schreckens.

Bei der Wiederaufnahme des Theaterbetriebs nach der *Restoration* von 1660 [→81] wurden zwei Theaterunternehmen gegründet, die durch eine königliche Sondergenehmigung (*Royal Patent*) einen gesicherten rechtlichen Status erhielten. Schon ihre Namen machten das persönliche Interesse des Königs sowie seiner

Familie deutlich. Sie hießen »The King's Company« und »The Duke's Company« (nach dem Bruder des Königs, dem Duke of York and Albany). Die King's Company fand ihr Zuhause in Drury Lane, einer Straße in unmittelbarer Nähe von Covent Garden. Zu dieser Zeit begannen die beiden historischen Siedlungskerne Londons, die City of London und die ca. zwei Kilometer entfernt liegende City of Westminster, zusammenzuwachsen. Während es früher so gewesen war, dass man Theater vor allem in der städtischen Peripherie unterbrachte, wurden die neuen Schauspielhäuser jetzt zentral platziert. Sie standen nicht mehr wie beispielsweise das Globe Theatre im abgelegenen Rotlichtviertel südlich der Themse, sondern in der sich nun füllenden neuen topographischen Mitte Londons. Damit waren sie sowohl für die Hofgesellschaft und die Parlamentsabgeordneten aus Westminster als auch für die Kaufleute und Handwerker der City leicht zu erreichen.

Drury Lane und Covent Garden. Mit der Ansiedlung eines Theaters begann die bis in die Gegenwart andauernde Geschichte von Covent Garden als einem der wichtigen Kulturzentren in London. Das 1663 in Betrieb genommene Theatre Royal in Drury Lane besteht in architektonisch veränderter Form immer noch, und ebenso verhält es sich mit dem 1732 gegründeten Opernhaus von Covent Garden. Dazu kommen in unmittelbarer Nähe mehrere Theater aus Viktorianischer Zeit.

In Theater-Zusammenhängen ist auch die Gesamtanlage des zentralen Platzes von Covent Garden interessant. Dieser wurde von Inigo Jones entworfen, der nicht nur ein großer Theaterdesigner, sondern auch ein großer Architekt war. Jones gestaltete Covent Garden für seine Zeit ganz modern als einen rechteckigen Platz, ähnlich wie die neuen rechteckigen Theatergebäude. An einem Ende dieses Rechtecks, da, wo bei einem Theater die Bühne wäre, baute er St. Paul's Covent Garden, die erste Kirche in London, die nach dem Vorbild eines antiken Tempels gestaltet war. Die Kirche, bekannt als »the actors' Church«, bildet, durchaus einem Bühnenbild ähnlich, einen imposanten Hintergrund für das seit Jahrhunderten lebhafte Treiben an diesem Ort.

Eine weitere, zu ihrer Zeit als überaus aufregend empfundene Neuerung war, dass ab 1660 in England zum ersten Mal Frauen auf der Bühne standen. Zur Shakespeare-Zeit und bis zur Schließung der Theater waren alle Rollen, auch die weiblichen, von Männern gespielt worden. Alles andere hätte man selbst im relativ freien Theatermilieu als unmoralisch empfunden. Nun wurde mit diesem traditionellen Tabu gebrochen. Die Tatsache, dass jetzt Frauen auf der Bühne standen, machte die Stücke, die in dieser Zeit besonders beliebt waren, noch provokanter, als sie es ohnehin häufig schon waren. Die Abkehr von der alten Political Correctness des puritanischen Wohlverhaltens und die Hinwendung zur neuen, royalistischen Political Correctness des Lebensgenusses hatten deutliche Auswirkungen auf das Repertoire. Das Publikum begeisterte sich ganz besonders für Komödien, in denen es immer wieder darum ging, wer wen – in ganz unterschiedlichen Kombinationen und Verwechslungssituationen – verführte oder betrog. Dieser Komödientyp des späten 17. Jahrhunderts wird im Englischen als *comedy of manners* bezeichnet. Die Stücke waren gewagt, und sie wirkten in ihrer Umsetzung auf der Bühne noch gewagter, wenn das immer hemmungslosere Spiel zwischen Männern und Frauen tatsächlich von Schauspielerinnen und Schauspielern vorgeführt wurde. Provokant waren dabei auch die in den Stücken entworfenen Modelle weiblichen Verhaltens. Dem Figurentyp des *rake,* des jugendlichen männlichen Wüstlings, der lustvoll, selbstbestimmt, aber auch absolut ohne Rücksicht auf Verluste handelt, wurden weibliche Entsprechungen entgegengestellt.

Beispiele für die *comedy of manners* findet man im Werk von William Wycherley (1641-1716) und Sir George Etherege (oder Etheredge, ca. 1636-1691). In etwas abgemilderter Form wurden solche Komödien weiterhin bis ins frühe 18. Jahrhundert hinein von Sir John Vanbrugh (1664-1726) und William Congreve (1670-1729) verfasst. Immer wieder wurde in den Stücken dieser Autoren das großstädtische Leben thematisiert, ging es um Dinge, die so nur in London möglich waren. Dort gab es im späten 17. Jahrhundert Orte, an denen das erotische Spiel mit Anonymität und Verwechslung erlaubt war. In manchen Parks der Hauptstadt galt eine informelle Sonderregel, die die Kontaktaufnahme unter wildfremden Menschen deutlich erleichterte. Frauen hatten die Möglichkeit, dort eine Maske zu tragen. Die Maske schützte die wohlanständige Alltagsidentität und signalisierte zugleich, dass es möglich und vielleicht sogar erwünscht war, die Dame anzusprechen, woraus sich im Park dann allerlei ergeben konnte. Die Kommunikation in den Parks ähnelte in vieler Hinsicht dem, was heute in anonymisierten Internet-Chats gängig ist. Großstädtische Situationen mit erotischem Potential wie diese waren ein idealer Stoff für die *comedy of manners*. Entsprechend kommen Parkszenen mit maskierten Damen häufig vor, beispielsweise in Wycherleys Stücken *Love in a Wood, or, St. James's Park* (gedruckt 1672, wahrscheinlich schon 1671 aufgeführt) und *The Country Wife* (1675) oder in Vanbrughs *The Relapse or Virtue in Danger* (1696) und *The Provok'd Wife* (1697).

Übrigens waren auch die Theater Orte, an denen Frauen Masken tragen konnten, um im Schutze der Anonymität (oder zumindest einer nominellen Anonymität, denn die Masken verdeckten oft nur das halbe Gesicht) das provokante Geschehen auf der Bühne zu genießen oder mit anderen Mitgliedern des Publikums Kontakt aufzunehmen. Dabei konnte das Geschehen im Zuschauerraum dem Geschehen auf der Bühne gleichen. Hier wie dort wurde offensiv geflirtet, wurden Annäherungsversuche je nach Geschmack abgewehrt oder ermutigt.

Das Theaterpublikum war nach wie vor weit davon entfernt, sich unsichtbar und unhörbar zu machen, wie wir das heute tun. Man kommunizierte untereinander, und man kommunizierte mit den Schauspielerinnen und Schauspielern – mit Zwischenrufen, aber auch, indem man mit Orangenschalen und dergleichen nach unliebsamen Charakteren warf. Die Schauspielhäuser waren Orte der intensiven sozialen Interaktion, und aus dieser Interaktion konnten sich außergewöhnliche Karrieren und Lebenswege ergeben. Man konnte in den Theatern mit Orangenschalen werfen, weil es dort Orangenverkäuferinnen gab, die sich durch das Publikum bewegten und ihre Ware feilboten. Eine von ihnen war Nell Gwynne oder Gwyn (1650–1687). Sie schaffte den Sprung von der Orangenverkäuferin zur Schauspielerin und ging schließlich eine Liaison mit dem König ein, der sie auf der Bühne erlebt hatte. Nell Gwynne wurde zu der wohl populärsten Mätresse

Eine Erinnerung an eine bekannte Schauspielerin und königliche Mätresse der Restaurationszeit: The Nell Gwynne Tavern, Bull Inn Court, London (Aufnahme: C. H.).

Charles II. Die Geschichte ihres Aufstiegs wurde zu einer *urban legend*, die in den informellen Kanon der durch die Jahrhunderte populären Erzählungen über London und das, was in dieser Stadt möglich ist, einging. Ihre Erinnerung wird nicht zuletzt durch nach ihr benannte Pubs am Leben gehalten.

Noch weit wichtiger für die englische Literaturgeschichte war eine andere Frau der Zeit, nämlich Aphra Behn (1640–1689, in Großbritannien wird sie mit einem kurzen »e«, also wie »Benn«, ausgesprochen). Behn, der wir auch im Zusammenhang mit der frühen Geschichte des Romans begegnen werden [→175], war vielleicht die erste Engländerin, die als professionelle Autorin tätig war. Sie verfasste fünfzehn Stücke. Am bekanntesten davon ist *The Rover* (in zwei Teilen, 1677–1681), ein Stück, das im Milieu der Exil-Royalisten während der Revolutionszeit spielt.

Die zahlreichen neuen Komödien waren ein charakteristisches Element des englischen Theaters ab 1660, und sie blieben es über gut drei Jahrzehnte. Das Theaterleben der Zeit umfasste allerdings mehr als diese Stücke. Es wurden weiterhin ältere Dramen zur Aufführung gebracht, darunter auch solche von Shakespeare. Diesen begegnete man damals aber keineswegs automatisch mit Respekt. So finden wir im Tagebuch von Samuel Pepys [→117] mäßig begeisterte bis vernichtende Einschätzungen von Shakespeare-Stücken. *Romeo and Juliet* war für ihn das allerschlechteste Stück, das ihm sein Leben lang untergekommen sei, und *A Midsummer Night's Dream* erschien ihm überaus dümmlich.

Unter den neuen Stücken, die im späten 17. Jahrhundert geschrieben wurden, waren gelegentlich auch solche, die weit provokanter waren als die provokanteste *comedy of manners*, die man sich vorstellen kann. Dem Earl of Rochester, dessen expliziter erotischer Lyrik wir bereits begegnet sind [→92], wird ein Stück mit dem Titel *Sodom, or the Quintessence of Debauchery* (1684) zugeschrieben. Der Titel hält, was er verspricht; der Text bietet wirklich eine Quintessenz des Exzesses. Den Figuren werden mehr als bloß drastische Worte in den Mund gelegt; die Regieanweisungen fordern zugleich Höchstleistungen pornographischer Akrobatik. *Sodom* überschritt die selbst zur Zeit der *Restoration* dann doch noch vorhandenen Grenzen der Permissivität und blieb deshalb ein unaufgeführtes *closet drama*.

Auch der Dichter John Dryden [→93] machte sich gleichfalls als Dramatiker einen Namen. In einer Zeit, in der das Epos als das angesehenste Genre galt, versuchte er, etwas von dessen Prestige auf Bühnenwerke zu übertragen. Zu diesem Zweck entwickelte er das Konzept des *heroic drama*. Es ging ihm darum, epische Dichtung, d. h. große Geschichten über große Helden der Geschichte oder der Mythologie zu schaffen, die zur Aufführung im Theater geeignet war. Drydens bekanntestes heroisches Drama war *The Conquest of Granada by the Spaniards* (1670). Ein weiterer Versuch, epische Dichtung auf die Bühne zu bringen, kam zustande, indem er Miltons *Paradise Lost* zu einem Theaterstück umschrieb (*The State of Innocence, and the Fall of Man*, 1667). Er adaptierte darüber hinaus Shakespeares *The Tempest* (1667) sowie *Troilus and Cressida* (1679). Solche Bearbeitungen ähneln einer Praxis, mit der wir auch heute vertraut sind, nämlich dem Umbauen und Aufbereiten alter Stücke aus der Perspektive einer späteren Zeit.

Noch viel stärker als Dryden griff Nahum Tate (1652–1715) in seinen Bearbeitungen älterer Dramen in deren Substanz ein. Überaus frei war seine Adaption von Shakespeares *King Lear*, die 1681 zum ersten Mal aufgeführt wurde, und die dann bis ins frühe 19. Jahrhundert auf englischen Bühnen zu sehen war. Das Stück, in dem eigentlich ausgiebig und hoffnungslos gelitten, geblutet, verzweifelt und gestorben wird, krempelte Tate komplett um; dabei ging er so weit, ihm ein glückliches Ende zu verpassen.

Tate ist auch im Zusammenhang der Entwicklung des englischen Musiktheaters interessant. Er schrieb das Libretto zu *Dido and Aeneas* (1689), einer von Henry Purcell komponierten Oper, genauer: einer der allerersten englischen Opern überhaupt. Auf zeittypische Weise orientierten sich Tate und Purcell am Modell des antiken Epos; der Stoff ist aus Vergils *Aeneis* entnommen. Insofern ist *Dido and Aeneas* ein weiterer Versuch, ähnlich wie in Drydens *heroic drama* das Epos auf die Bühne zu bringen. Man dachte sich die Oper als eine Wiederbelebung der antiken Theaterpraxis; auch insofern passte die Form in eine kulturelle Agenda, die auf der Orientierung an der griechisch-römischen Kultur aufbaute.

Prosa
Predigt-Zapping, ausschweifende Melancholie
und verbale Kuriositätenkabinette

Betrachtet man die englische Prosa im 17. Jahrhundert und fragt nach Texten, die sehr einflussreich waren, so muss ein Buch mit großem Abstand an erster Stelle stehen: die Bibel. Wichtig war sie seit der Reformation gewesen; allerdings hatte es seit dieser Zeit etliche verschiedene englische Bibelübersetzungen gegeben [→75]. Im frühen 17. Jahrhundert kam es nun zu einer folgenreichen Standardisierung des Textes: Ab 1611 gab es die eine offizielle englische Bibel der Anglikanischen Staatskirche. Das Projekt wurde von König James I. unterstützt, daher wird diese Standardbibel auch als *King James Bible* bezeichnet.

Ihr Text etablierte langfristig, ähnlich wie die Lutherbibel im deutschen Sprachraum, ein sofort erkennbares religiöses Sprachregister. Was im frühen 17. Jahrhundert noch Gegenwartssprache war, wurde später als eine archaische Ausdrucksform wahrgenommen, die man aber respektierte und aus diesem Grund nicht modernisierte. Gott spricht daher in der englischen Bibel bis heute in etwa so, wie man zur Zeit Shakespeares gesprochen hatte: »Then the Lord said unto Moses, Now shalt thou see what I will do to Pharaoh: for with a strong hand shall he let them go, and with a strong hand shall he drive them out of his land. And God spake unto Moses, and said unto him: I am the Lord.«[19] Findet man in irgendeinem Text der englischen Literatur Formulierungen wie »said unto«, »spake unto«, oder Verben in der dritten Person auf »-eth«, also: »God seeth« statt »God sees«, dann weiß man gleich, dass es sich wahrscheinlich um ein Bibelzitat handelt, oder dass das biblische Register imitiert wird. Wenn also beispielsweise in einem Theaterstück eine Figur so spricht, so wird sie dadurch als fromm charakterisiert. Da Anspielungen auf die Bibel in der englischen Literatur bis in die Gegenwart sehr häufig vorkommen, lohnt es sich unbedingt, ein wenig in der *King James Bible* zu lesen, um ein Gespür für ihre typische Sprache zu bekommen.

Der Einfluss der Bibel auf das Denken und Schreiben der Menschen des 17. Jahrhunderts ist nicht zu unterschätzen. Die revolutionären Puritaner fanden sich in den Erzählungen der Bibel wieder; sie sahen die Engländer als eine moderne Entsprechung des alttestamentlichen Volkes Israel. Wer seine puritanische Frömmigkeit und seine damit verbundene politische Position demonstrieren wollte, gab seinen Kindern Namen aus dem Alten Testament. Diese hießen dann Abraham oder Abigail, Esther oder Ebenezer, David oder Deborah. Bis heute sind biblische Namen in Großbritannien verbreitet. Die starke Identifikation mit dem alttestamentlichen Judentum im 17. Jahrhundert, die sich in solchen Namen niederschlug, dürfte einen Beitrag dazu geleistet haben, dass der frühneuzeitliche und neuzeitliche Antisemitismus dort deutlich weniger stark ausfiel als anderswo.

Aus dem Zusammenhang zwischen Milieu und Namenswahl ergibt sich, dass Figuren, die in der englischen Literatur auftreten, auch durch ihre Vornamen charakterisiert werden können. Der Puritaner oder Puritanerabkömmling ist an seinem alttestamentlichen Namen erkennbar; je entlegener, desto besser. Wer Charles oder James heißt, kommt dagegen aus einer Familie von Tories, von konservativen Monarchisten. Nachdem es einen Oliver Cromwell gegeben hatte, wurde dessen Vorname mit dem Gegenteil eines solchen Monarchisten verbunden. Diese Assoziationen galten und gelten in der Literatur ebenso wie im Leben. Oliver Twist hätte nicht auf stimmige Weise Charles Twist heißen können – ebenso wenig, wie der heutige Prince Charles als Prince Oliver denkbar wäre.

Eng verbunden mit der Bibel, ihren Erzählungen und ihrem typischen Sprachregister war ein weiteres, damals enorm wichtiges Genre: die Predigt. Da die christliche Predigt heute aus der Erfahrungswelt der meisten Menschen in Großbritannien und ebenso bei uns weitgehend verschwunden ist, werden auch die Predigten der Vergangenheit wenig beachtet. Dennoch lohnt es sich, einen Blick auf diese Textform zu werfen und sie als Bestandteil der englischen Literatur ernstzunehmen. Nahezu die gesamte protestantische Bevölkerung der Britischen Inseln hörte regelmäßig Predigten. Es gab Star-Prediger wie John Donne [→84], die die Predigt als Kunstform virtuos zelebrierten und denen ein begeistertes großstädtisches Publikum an den Lippen hing. Das Predigen konnte dabei Aspekte theatralischer Praxis aufweisen.

Es war ein im 17. Jahrhundert noch selbstverständlicher Gedanke, dass zum guten Leben unbedingt der gute Tod gehöre, dass die Lebenskunst unvollständig sei ohne das, was man gelehrt-lateinisch als *ars moriendi* bezeichnete, also die Kunst des Sterbens. So, wie in Donnes erotischer Lyrik der Körper Gegenstand des Begehrens war, wurde in seinen Predigten oft der kranke, zerfallende und sterbende Körper zum Gegenstand der Betrachtung. Dabei wurden – wie in den *conceits* der Dichtung – gerne Gegensatzpaare zusammengezogen, wurde der Tod im Leben und das Leben im Tod aus christlicher Perspektive sichtbar und plausibel gemacht. Dies ist im Titel der letzten Predigt Donnes erkennbar, die als seine eigene Leichenpredigt berühmt wurde: *Death's Duell, or A Consolation to the Soul, against the dying Life and the living Death of the Body* (1631).

Im Umkreis der Predigtliteratur gab es verwandte Texte, *meditations* genannt, die dazu bestimmt waren, nicht von der Kanzel gesprochen, sondern gelesen zu werden. Bekannt ist John Donnes siebzehnte *meditation* aus einer Reihe, die er *Devotions upon Emergent Occasions, and severall Steps in my Sickness* (1624) nannte. Er schrieb sie, als er so krank war, dass er mit dem Tod rechnen musste. In diesem Text drückte er in einer kühnen Metapher den Gedanken aus, dass alle Menschen durch ihre Sterblichkeit verbunden sind und dass daher jeder einzelne Tod alle angeht – so, wie ein riesiger Kontinent in seiner Substanz vermindert wird, wenn die See seine Küste ein wenig erodiert. Und daher läutet die Totenglocke, die der Nachbarschaft mitteilt, dass jemand gestorben ist, auch nie für nur einen Menschen, sondern immer auch für alle:

> No man is an island, entire of itself; every man is a piece of the continent, a part of the main. If a clod be washed away by the sea, Europe is the less, as well as if a promontory were, as well as if a manor of thy friend's or thine own were: any man's death diminishes me, because I am involved in mankind, and therefore never send to know for whom the bell tolls: it tolls for thee.[20]

Die Formulierung »for whom the bell tolls« übernahm übrigens sehr viel später Ernest Hemingway als Titel für einen seiner Romane.

Besonders brisant und spannend wurden Predigten zur Zeit des Bürgerkriegs und der Revolution. Prediger gingen auf die aktuelle militärische bzw. politische Lage ein; puritanische Predigten enthielten dabei häufig Anteile revolutionärer politischer Propaganda. Mit dem Ende der puritanischen Herrschaft und der Rückkehr zu Monarchie und Lebensgenuss veränderte sich die Atmosphäre in den Kirchen. Man zeigte seine neue, möglichst luxuriöse Kleidung; es wurde geflirtet, man machte Annäherungsversuche. In London war es üblich, auf der Suche nach einer möglichst unterhaltsamen und ansprechenden Predigt von Kirche zu Kirche zu gehen. Man praktizierte also Predigt-Zapping, indem man einmal hier, einmal dort hereinhörte und dann vielleicht gleich wieder ging, so wie wir heute weiterschalten, wenn uns eine Fernsehsendung nicht anspricht.

Nach diesem Blick auf die religiöse englische Prosa des 17. Jahrhunderts muss vor dem Übergang zur weltlichen Prosa noch einmal drauf hingewiesen werden, dass die für uns heute plausible klare Trennung von religiösen und nichtreligiösen Texten damals noch nicht griff. Dies lässt sich am Beispiel von John Milton verfolgen. Milton begann 1641, in kleineren Schriften (im Englischen *pamphlets* genannt), das Prinzip der Bischofskirche und die damit verbundenen hierarchischen Machtstrukturen anzugreifen. Es folgten Streitschriften für die Ehescheidung (die damals für Normalsterbliche nicht möglich war), sowie eine historisch wichtige Verteidigung der Pressefreiheit, die 1644 unter dem Titel *Areopagitica* erschien. Nach der Hinrichtung des Königs verfasste er *The Tenure of Kings and Magistrates* (1649); hier legte er dar, dass ein tyrannischer König abgesetzt und bestraft werden darf.

Die politisch-religiösen Auseinandersetzungen des 17. Jahrhunderts wirkten sich auch machtvoll im Leben von John Bunyan (1628–1688) aus. Anders als Milton stammte er aus ganz einfachen Verhältnissen und hatte nicht die Chance, sich eine enzyklopädische Bildung anzueignen. Statt wie Milton eine Bildungsreise auf dem Kontinent zu machen, wurde er in die Bürgerkriegsarmee des Parlaments eingezogen. Nach der Revolution begann er, das

Lesen für sich zu entdecken. Sein Lesestoff bestand hauptsächlich aus der Bibel, dem berühmten *Book of Martyrs* von John Foxe [→76], sowie einer sehr überschaubaren Anzahl religiöser Schriften. Er schloss sich den sogenannten *Dissenters* an, d. h. Protestanten, die sich aufgrund theologischer Differenzen nicht im Protestantismus der anglikanischen Staatskirche zuhause fühlten und die deshalb eigene Gruppierungen bildeten. Kennzeichnend für diese war in vielen Fällen ein religiös-politisches Programm, das weitgehend egalitäre Strukturen vorsah. Das passte in die revolutionäre Stimmung der Zeit. Bunyan suchte sich eine Gruppe, in der er predigen durfte, obwohl er formal zu den Ungebildeten gehörte.

Als 1660 der große Systemwechsel zurück zur Monarchie kam, sperrte man ihn knapp zwölf Jahre ein, weil er ohne eine Lizenz der anglikanischen Staatskirche gepredigt hatte. Die Zeit im Gefängnis nutzte er, um zu schreiben. Das Ergebnis war sein erstes Hauptwerk, *Grace Abounding to the Chief of Sinners, or the brief Relation of the exceeding Mercy of God in Christ to his poor Servant John Bunyan* (1666). Es handelt sich hier um das, was man im Englischen als *spiritual autobiography* bezeichnet. Bislang war es so gewesen, dass in der Regel nur das Leben wichtiger Personen, von Helden oder Herrschern der Vergangenheit würdig erschien, aufgeschrieben und der Nachwelt mitgeteilt zu werden. Die *spiritual autobiography* brach mit dieser Konvention und wagte es, einen sündigen, ignoranten Niemand wie Bunyan ins Zentrum des Textes zu stellen. Dies war möglich, weil es nicht um die Leistungen Bunyans ging, sondern darum, was Gott mit diesem Menschen anstellte, wie er ihm ganz unverdient seine Gnade (*grace*, ein Kernkonzept protestantischer Theologie) zuteil werden ließ und so sein Leben komplett umkrempelte.

Bunyans zweites Hauptwerk, *The Pilgrim's Progress* (ein erster Teil wurde 1678 veröffentlicht, das Gesamtwerk 1684), ist ein allegorischer Text. Stand in *Grace Abounding to the Chief of Sinners* eine reale Figur, nämlich Bunyan selbst, im Mittelpunkt der Handlung, so wird in *The Pilgrim's Progress* die Erzählung radikal verallgemeinert. Es geht darum, von welchen Versuchungen ein Christ generell geplagt wird und wie letztlich Gott rettend in sein Leben eingreift. Die Hauptfigur heißt deshalb einfach nur

»Christian«; mit ihm sollen sich alle Christen identifizieren können. Die anderen Figuren, mit denen er zu tun hat, sind auf entsprechende Weise typisiert und benannt. Die Frau von Christian heißt »Christiana«; mit ihr wird auch den Leserinnen eine Identifikationsfigur angeboten. Ihre nicht besonders mutige Freundin heißt »Timorous«. Sie treffen auf »Mr. Worldly Wiseman«, auf den Riesen namens »Despair« und auf »Faithful« und »Hopeful«. Solche sprechenden Namen wirkten zur Entstehungszeit des Textes weniger künstlich, als uns das heute erscheinen mag. In puritanischen Familien war es üblich, Kinder »Faith«, »Hope« oder »Charity« zu nennen. Die Handlungsorte in *The Pilgrim's Progress* tragen gleichfalls sprechende Namen. Hier gibt es beispielsweise »the Slough of Despond«, d. h. den Sumpf der Verzweiflung, und »Vanity Fair«, den Jahrmarkt der Eitelkeit. *The Pilgrim's Progress* war auch für eine wenig gebildete Leserschaft attraktiv, weil sich das Buch an der vertrauten Sprache der englischen Bibel orientierte. Insgesamt sprach Bunyans große allegorische Geschichte also ein breites Publikum an.

Die langfristige Attraktivität von *The Pilgrim's Progress* können wir daran ablesen, dass die englische Sprache und die englische Literatur immer wieder Anleihen bei diesem Werk gemacht haben. Will man eine besonders tiefe Verzweiflung beschreiben, so spricht man heute noch von »the slough of despond«, und »Vanity Fair« gab einem wichtigen Roman des 19. Jahrhunderts von Thackeray seinen Namen [→233]. Und von da ging es weiter; in jedem international sortierten Zeitschriftenladen kann man heute ein amerikanisches Magazin mit dem Titel *Vanity Fair* kaufen.

Briefchen für Bunyan, Geld für Blake, Blumen für Defoe.
Es gibt viele gute Gründe, in London Bunhill Fields, einen alten Friedhof für *Dissenters,* zu besuchen (38 City Road, London EC1Y 2BG). Aus diesem Milieu gingen prominente Autoren hervor. In Bunhill Fields sind John Bunyan, Daniel Defoe und William Blake begraben. Bunyan begegnet uns dort in Form einer Skulptur, die bequem auf seinem Grabmonument liegt. Die steinernen Finger seiner rechten Hand sind so gekrümmt, dass man leicht etwas dazwischenstecken kann. Genau das passiert auch: er bekommt

> immer wieder kleine, zusammengefaltete Briefchen in die Hand gesteckt. Ein anderes kleines Ritual hat sich für Blake herausgebildet. Besucher legen sehr häufig Münzen auf seinen Grabstein. Defoe bekommt weder das eine noch das andere, dafür aber gelegentlich Blumen.

Erzählungen darüber, wie Gott durch seine Gnade in all die Komplikationen eingreift, in denen sich ein menschliches Leben verheddern kann, waren vom zweiten Drittel des 17. Jahrhunderts an überaus beliebt. Da wir heute Textarchive wie *Early English Books Online* [→325] zur Verfügung haben, kann man faszinierende Leseerfahrung außerhalb des engeren Kanons machen – so beispielsweise mit einem Text von 1683, der den großartigen Titel *Satan His Methods and Malice Baffled* trägt. (Das nachgestellte »His« funktioniert hier wie in manchen deutschen Dialekten, also: »Dem Satan seine Methoden und Heimtücke durchkreuzt«.) Das kleine Buch erzählt die Geschichte einer auf puritanische Weise frommen Frau namens Hannah Allen. Heute würden wir sagen, dass sie unter schwersten Depressionen litt; sie deutete ihren Zustand aber so, dass sie vom Teufel verfolgt und in die Verzweiflung getrieben wurde. Als sie keinen Ausweg mehr wusste, versuchte sie, sich das Leben zu nehmen, indem sie eine Pfeife mit Spinnen stopfte und diese vor dem Zubettgehen rauchte. Das Verfahren war weniger eigenartig, als es heute scheint, weil man davon ausging, dass Spinnen unter bestimmten Bedingungen einen Menschen töten konnten. Schließlich wurde sie dann doch, wie in der *spiritual autobiography* bzw. *biography* üblich, allein durch die unverdiente Gnade Gottes gerettet.

Lebensgeschichten dieser Art wurden im puritanischen Milieu gerne gelesen, weil sie eine attraktive Mischung aus Trost und Nervenkitzel boten. Als erbauliche Schriften waren sie eine legitime Lektüre, aber zugleich waren sie spannend, weil sie vom Teufel und seinen Machenschaften sprachen. Sie lockten mit dem Schauer des Übernatürlichen, mit dessen Realität man rechnete – lange, bevor dergleichen dann im Schauerroman des 18. Jahrhunderts für eine Leserschaft inszeniert wurde, für die solche Bedrohungen nicht mehr als real galten [→196].

Neben Texten, die, wie die hier genannten Beispiele, ganz offensichtlich religiös geprägt waren, finden wir in der englischen Prosa der Zeit weitere Textgruppen mit anderen thematischen Schwerpunkten. Allerdings konnten auch dort jederzeit religiöse Ideen auf eine für uns überraschende Weise durchschlagen. Im 17. Jahrhundert begann man in England, die Natur durch Experimente und systematische Beobachtungen empirisch zu erforschen. Wie sich dies auf den spielerisch-imaginativen Umgang mit der Welt auswirken konnte, haben wir am Beispiel von Andrew Marvell bereits gesehen [→89]. Überaus einflussreich im Zusammenhang mit dem frühen naturwissenschaftlichen Denken in England war Francis Bacon, 1st Baron Verulam and Viscount St. Albans (1561–1626). Das Projekt, das er in einer Reihe von Schriften verfolgte, nannte er »the great instauration«. »Instauration« war eine gelehrte lateinische Neubildung, die soviel bedeutet wie »Neubeginn«. Was ihm vorschwebte, war tatsächlich ein großer, systematischer Neubeginn im wissenschaftlichen Denken. Einen Teil davon skizzierte er in einer Abhandlung mit dem Titel *The Advancement of Learning* (1605). 1627, also erst nach Bacons Tod, erschien seine utopische Schrift *The New Atlantis,* deren Handlungsort eine Insel im Pazifik ist. Auf dieser Insel gibt es eine Art naturwissenschaftliches Forschungsinstitut, das den Namen »Solomon's House« trägt. Die Benennung dieser Einrichtung nach dem für seine Weisheit berühmten biblischen König Salomo kam nicht von ungefähr. Die Begründung für die Notwendigkeit naturwissenschaftlicher Forschung sowie das Ziel dieser Forschung fand man nämlich in der Bibel: Adam, der erste Mensch, war von Gott mit dem allumfassenden Wissen über die Natur ausgestattet worden. Im Verlauf der Menschheitsgeschichte ging immer mehr von diesem Wissen verloren; es war, wenn überhaupt, nur noch Ausnahmegestalten wie König Salomo zugänglich.

Die sich im 17. Jahrhundert entwickelnde empirische Erforschung der Natur verfolgte in England explizit das Ziel, so viel wie möglich von dem Wissen, das Adam im Paradies gehabt hatte, wiederherzustellen. Dies gehörte zum Kern der Agenda der 1662 in London gegründeten *Royal Society,* einer bis heute bestehenden naturforschenden Gesellschaft, die damals begann, experimentelle Grundlagenforschung zu betreiben.

Das 17. Jahrhundert kannte noch nicht die uns heute selbstverständlich erscheinende Trennung zwischen naturwissenschaftlichem und literarischem Schreiben. Kaum ein Naturwissenschaftler würde heute seine Gedanken in die Form einer Utopie bringen, wie es Bacon tat. Die Kombination von wissenschaftlicher Abhandlung und Utopie finden wir auch bei einer bemerkenswerten Autorin der Zeit, Margaret Cavendish, Duchess of Newcastle (1623–1673). Ihre soziale Stellung ermöglichte es ihr, das zu tun, was für die überwiegende Mehrheit von Frauen damals undenkbar war, nämlich zu publizieren. Sie beteiligte sich in ihren *Observations upon Experimental Philosophy* an aktuellen Debatten über die experimentelle Naturwissenschaft. Außerdem war sie die erste Frau, die einen utopischen Text in englischer Sprache veröffentlichte, nämlich *The Description of a New World, called The Blazing-World*. Die beiden Texte erschienen 1666 gemeinsam in einem Band.

Auch über medizinische Phänomene konnte man im 17. Jahrhundert noch überaus kunst- und phantasievoll schreiben. Nicht alle schlossen sich dabei dem neuen Trend zur Empirie an; alte und uralte Texte über die Natur und den menschlichen Körper wurden weiter intensiv rezipiert. Ein gutes Beispiel dafür ist *The Anatomy of Melancholy* (1621, sowie danach in erweiterten Fassungen) von Robert Burton (1577–1640). Die Melancholie dachte man sich als eine organische Störung, die sich auf die Psyche auswirkt [→56]: Zuviel schwarze Galle im Körper führt zu einer Verdunklung der Gefühlslage. Sie war zugleich eine modische Luxuskrankheit, sie war der interessante Weltschmerz der Privilegierten, der in kunstvollen Wortgebilden seinen Ausdruck finden konnte. In Burtons großem Melancholiebuch wird obsessiv alles zusammengetragen, was die Literatur der letzten zwei Jahrtausende zum Thema hergab. Der Text ist nach dem Prinzip der assoziativen Verknüpfung organisiert; man weiß nie, welche abenteuerlichen Abschweifungen und wilden Geschichten Burton uns im nächsten Absatz auftischen wird. So erfährt man nicht nur viel über Liebesmelancholie, sondern beispielsweise auch einiges über Menschen, die aus Melancholie zum Werwolf werden.

Ganz ähnlich wird Wissen über die Welt in den ebenso gelehrten wie verschrobenen Werken von Sir Thomas Browne (1605–

1682) präsentiert. Browne, ein Arzt aus Norwich, war ein besessener Leser, und er war zugleich auch ein besessener Sammler. Er gehörte zu den Gebildeten seiner Zeit, die Freude daran hatten, sich mit seltenen, ungewöhnlichen oder exotischen Gegenständen zu umgeben, mit Steinen, präparierten Pflanzen und Tieren sowie von Menschen ferner Länder gemachten Objekten.

Wenn Browne schrieb, dann schöpfte er – anders als Burton – nicht nur aus Texten, sondern auch aus der Empirie, aus der Anschauung, die ihm seine Sammlung und seine Tätigkeit als Arzt boten. Die von ihm verfassten Bücher ähneln in Form und Inhalt einem Kuriositätenkabinett. Auf jeder Seite drängt sich eine Überfülle von Gegenständen; je entlegener und überraschender, desto besser. Unter dem Titel *Pseudodoxia Epidemica* (1646, auf Deutsch in etwa: »ansteckendes Scheinwissen«) veröffentlichte er eine nicht enden wollende Auflistung irriger Meinungen jeglicher Art und Herkunft. Lebt das Chamäleon von Luft, hat der Elefant keine Gelenke, kann man Diamanten in Ziegenblut auflösen, waren die heiligen drei Könige jemals in Köln? Fragen dieser Art werden von Browne energisch verneint, woran sich stets eine kunstvoll aus Zitaten und eigenen Beobachtungen komponierte Widerlegung anschließt. Ein ähnliches Kompendium faszinierend entlegenen Wissens enthält Brownes Schrift *Hydriotaphia. Urne-Burial, or, a brief Discourse of the Sepulchrall Urnes lately found in Norfolk* (1658). Was Browne als einen kurzen Text über einige in Norfolk ausgegrabene Urnen ankündigt, wuchert zu einer geradezu enzyklopädischen Abhandlung über verschiedenste, zum Teil sehr verblüffende Begräbnissitten.

Es ist auffällig, wie Browne seine Texte, in denen er kuriose Themen oder Objekte behandelte, zugleich mit kuriosen Wörtern anreicherte. Diese Wörter erscheinen wie Exponate eines verbalen Kuriositätenkabinetts. Der Besitzerstolz des Sammlers wurde dabei durch eine Art Besitzerstolz des Autors verdoppelt: Browne stellte in seinen Texten immer wieder ganz eigenartige Wörter aus, die ganz offensichtlich *seine* Wörter waren, die er selbst erfunden hatte und die erst einmal nur in seinen Texten und nirgends sonst zu lesen waren. Erstaunlicherweise reicht der Einfluss seiner Neologismen bis in unsere Gegenwart. Zu den von Browne erfundenen Wörtern, die heute aus der englischen Sprache nicht wegzudenken sind, zählen beispielsweise »literary«, »migrant«, »indigenous«, »medical« und »electricity«.

Bei Burton und Browne lässt sich eine Freude am üppigen Überfluss der Worte und Ideen, am Überraschenden, Entlegenen und Abschweifenden beobachten, wie sie uns auf ähnliche Weise bereits bei anderen Autoren des 17. Jahrhunderts begegnet ist. Bei dieser Ästhetik der als Reichtum begriffenen Fülle handelt es sich um das, was man auf dem Kontinent sofort als ein barockes Phänomen beschreiben würde. Im Zusammenhang mit den möglichen Periodisierungen der englischen Literaturgeschichte hat sich allerdings nie die Idee eines englischen Barockzeitalters durchsetzen können. Dies hängt damit zusammen, dass die höfische und kirchliche Prunkentfaltung, die wir mit dem Barock assoziieren, im England des 17. Jahrhunderts durch den Bürgerkrieg und die revolutionäre Zeit zum Erliegen kam. Obwohl es nicht üblich ist, von der englischen Barockzeit zu reden, gab es dort aber sehr wohl barocke Tendenzen. Hier wirkte sich – in abgeschwächter Form, aber dennoch klar erkennbar – ein gesamteuropäischer Trend in der Literatur und den Künsten aus.

Es besteht ein Zusammenhang zwischen der barocken Freude am Ausufernden, Extravaganten und Sonderbaren und einem aufkommenden Interesse an exzentrischen Figuren, das sich im 17. Jahrhundert greifen lässt. Ein hochinteressantes Beispiel dafür ist Thomas Coryate (ca. 1577–1617), der vor allem durch einen langen Reisebericht mit dem Titel *Coryats Crudities* (1611) bekannt wurde. In diesem Text schilderte er auf unterhaltsame Weise seine Reise quer durch den Kontinent, von den Niederlanden bis nach Italien. Dabei gestaltete er seine eigene Rolle als die eines gelehrten Gentleman und zugleich eines zum Lachen reizenden Exzentrikers. Schon auf der illustrierten Titelseite sehen wir, wie er von einer venezianischen Prostituierten mit faulen Eiern beworfen wird und wie sich die Personifikation der Stadt Heidelberg auf ihn übergibt. 1612 suchte Coryate das ganz große Abenteuer. Er machte sich auf den Weg nach Indien – von Istanbul aus über Land. Dabei reiste er, wie es eigentlich kein englischer Gentleman tat, der bei Sinnen war, nämlich zu Fuß und nach Art eines mittellosen Fakirs, so gut wie ohne Gepäck und die meiste Zeit alleine. Wie er tatsächlich bis an den Hof des Großmoguls gelangte, beschrieb er in einer Reihe von Briefen, die von Schiffen der 1600 gegründeten East India Company nach London befördert und dort veröffentlicht wurden. Alles an Coryates Texten ist extravagant – ihre sprachliche Gestalt, die in ihnen beschriebenen Reisen, und ihr Humor, der sich aus der Selbststilisierung des Autors als barocker Exzentriker ergibt.

Ein auf andere Weise ausufernder Text aus dem späteren 17. Jahrhundert, der wie kein anderer Einblicke in Alltagsleben und Gedankenwelt eines »barocken« Engländers der Restaurationszeit gibt, ist das Tagebuch des Samuel Pepys. Pepys (ausgesprochen /piːps/, 1633–1703) war ein sozialer Aufsteiger. Der Sohn eines Schneiders studierte in Cambridge und stieg zu einem ranghohen Bürokraten im Flottenamt auf. Von 1660 bis 1669 führte er sein Tagebuch. Normalerweise waren Tagebücher zu dieser Zeit wenig ausführlich, was den Alltag ihrer Verfasser und Verfasserinnen anging; in der Regel merkt man ihnen noch sehr ihre Herkunft aus einer religiösen Praxis des Schreibens an. Pepys dagegen schrieb ganz anders. Er hielt seine Erlebnisse und seine geheimsten Gedanken überaus detailreich auf deutlich über 3000 Seiten fest. Er beherrschte die Kunst, anschaulich zu beschreiben und packend zu erzählen; sein Tagebuch ist nicht nur als historische Quelle, sondern auch als literarischer Text interessant. Seine zahlreichen Affären beschrieb er detailliert in einer improvisierten Geheimsprache, die er sich aus Spanisch und Latein zusammenrührte. Bei Pepys kann man nachlesen, wie ein Engländer zum allerersten Mal in seinem Leben ein neues exotisches Getränk namens »Tee« zu sich nahm. Als die Wiedereinführung der Monarchie organisiert wurde und man den neuen König aus dem niederländischen Exil holte, war er dabei. Als 1665 die *Great Plague*, die große Pestepidemie kam, und 1666 das *Great Fire of London*, war er so nah an den Ereignissen, wie man es nur sein konnte. Seine mitreißende Schilderung der Brandkatastrophe, die die City of London weitgehend zerstörte, ist berühmt. Während alle Londoner flohen, versuchte er immer wieder, wie ein Reporter so nah wie möglich an das Feuer zu kommen. Dabei deutete er das, was er erlebte, nicht religiös. Die damals weit verbreitete Idee, dass Gott hier die Londoner für ihre Sünden bestrafte, spielt für ihn keine Rolle. Darin unterscheidet er sich deutlich von anderen

Tagebuchschreibern wie beispielsweise John Evelyn (1620–1706). Samuel Pepys schuf einen faszinierenden Text, dessen zentrale Figur er selbst war, eine schrittweise verfasste Erzählung mit offenem Verlauf. Er verkörpert den lebenshungrigen, universell interessierten Mann zur Zeit der *Restoration*.

Das 18. Jahrhundert und die Romantik

Kontexte
Globalisierung, Metropole, Industrielle Revolution

Spricht man in der Literatur- oder Geschichtswissenschaft vom 18. Jahrhundert in England bzw. Großbritannien, so ist damit in aller Regel das sogenannte »Lange 18. Jahrhundert« (*long eighteenth century*) gemeint, eine Zeit, die im späten 17. Jahrhundert beginnt und ins frühe 19. Jahrhundert hineinragt. Damit liegt auch das, was sich unter der Bezeichnung »Romantik« durchaus als eigene Periode behandeln ließe, größtenteils im Langen 18. Jahrhundert. Wenn die englische Literatur der Romantik hier nicht hart von der des 18. Jahrhunderts separiert wird, so soll damit nicht ihre Bedeutung herabgesetzt werden. Es geht vielmehr darum, den irreführenden Eindruck zu vermeiden, die Romantik sei eine auf das 18. Jahrhundert folgende und von diesem klar unterscheidbare Periode.

Ein Anfangspunkt des Langen 18. Jahrhunderts lässt sich 1688 setzen, im Jahr der *Glorious Revolution,* durch die der Gedanke der Rechtsstaatlichkeit im politischen System Englands etabliert wurde. Von großer Bedeutung war dort auch der Wegfall der Zensur im Jahre 1694. Kritik an der Regierung oder der Kirche wurde in den meisten Ländern des Kontinents noch auf sehr lange Zeit mit Kerker, Folter oder Schlimmerem geahndet. In England (und ab 1707 im Vereinigten Königreich, das auch Schottland umfasste) hatte man Repressalien dieser Art nicht mehr zu befürchten. Dort war es möglich, weitgehend frei zu schreiben und zu publizieren – weitgehend, denn obwohl die generelle Zensur sehr früh wegfiel, wurde die weiter bestehende Zensur für Bühnenaufführungen 1737 in einem Gesetz neu geregelt (*Licensing Act*).

Ab dem späten 17. Jahrhundert etablierte sich das Konzept der legitimen Opposition. Es bildete sich ein Zweiparteiensystem heraus. Einerseits gab es die traditionell-konservativen, die Monarchie stützenden Tories, und andererseits die liberalen Whigs, die besonders die Anliegen des aufstrebenden Bürgertums vertraten. Zwar hatte bis ins frühe 19. Jahrhundert nur ein sehr überschaubarer, privilegierter Anteil der männlichen Bevölkerung das Wahlrecht, aber bereits das war im europäischen Vergleich eine bemerkenswerte Besonderheit. Es galt als legitim, gegensätzliche politische Auffassungen öffentlich zu artikulieren. Die traumatisierenden Gewalterfahrungen des 17. Jahrhunderts führten dazu, dass man lernte, Dissens auszuhalten, und dass der Kampf mit Waffen durch den Kampf mit Worten abgelöst wurde. Dies geschah im Kollektiven ebenso wie zwischen Einzelpersonen: An die Stelle des Bürgerkriegs trat der Wahlkampf, an die Stelle des Duells mit der scharfen Waffe die Auseinandersetzung mit scharfen Worten. Es galt nun nicht mehr, den politischen Gegner physisch zu vernichten, sondern eine Diskussion mit ihm zu gewinnen und ihn schlimmstenfalls lächerlich zu machen.

So etablierte sich schon früh eine Diskussionskultur im Kontext einer sich rasch entwickelnden bürgerlichen Öffentlichkeit. Das Ertragen einer Gegenmeinung, im Englischen elegant als *agreeing to disagree* bezeichnet, wurde Bestandteil der guten Sitten. Damit waren günstige Bedingungen für die Verbreitung aufklärerischer Ideen gegeben, die gängige Vorstellungen über Gott und die Welt erschütterten. Solche Ideen gingen insbesondere von schottischen Denkern aus. Als Beispiele seien hier Adam Smith (1723-1790) und der zu Unrecht bei uns weit weniger bekannte James Hutton (1726-1797) genannt. Smith begründete die moderne Volkswirtschaftslehre, Hutton die Geologie. Smiths Modell eines sich selbst durch Angebot und Nachfrage regulierenden Marktes bildet bis heute die Basis wirtschaftsliberaler Ideen. Bei ihm regiert nicht die unsichtbare Hand eines allmächtigen Gottes die Welt, sondern die unsichtbare Hand eines allmächtigen Marktes. Hutton wies zum ersten Mal nach, dass die Erde sehr viel älter sein muss als die auf der Basis der Bibel errechneten ca. 5850 Jahre.

Im Verlauf des Langen 18. Jahrhunderts veränderte sich die politische Organisation der Britischen Inseln. Ab 1707 gibt es das *United Kingdom*, die politische Vereinigung der Königreiche von England (einschließlich Wales) und Schottland. Das schottische Parlament wurde abgeschafft, und Schottland verlor seine Eigenstaatlichkeit.

Die Einbindung Schottlands in das Vereinigte Königreich und die Herrschaft der Hannoveraner wurde jedoch in Frage gestellt, da die ins kontinentale Exil vertriebene Stuart-Dynastie Versuche unternahm, die Macht zurückzugewinnen. Ihre Unterstützer nannte man *Jacobites* (auf Deutsch: Jakobiten, d. h. Anhänger des verjagten König James, lateinisch Jacobus →79). 1745 kam es zu einem ernstzunehmenden jakobitischen Aufstand. Charles Edward Stuart, bis heute auch bekannt als *Bonnie Prince Charlie,* d. h. der hübsche Prinz Charlie, landete in Schottland, scharte eine Armee um sich und marschierte in Richtung London. Die aufständische Armee wurde von den Engländern zurückgedrängt und 1746 in der Schlacht von Culloden vernichtend geschlagen.

Die Niederlage von Culloden war ein für die schottische historische Erinnerung traumatisches Ereignis. Was folgte, war eine erstaunliche Neuerfindung schottischer Selbstbilder, nicht zuletzt in der Literatur. Dies geschah im Kontext einer schottischen kulturellen Selbstbehauptung. Schottland war als Staat untergegangen, formierte sich aber stattdessen durch die schottische Aufklärung als intellektuelle Großmacht. Auf den Verlust der politischen Macht über das eigene Land folgt der Griff nach der Erklärungsmacht über die Welt. Dazu kam, dass sich Edinburgh ab der zweiten Hälfte des 18. Jahrhunderts zunehmend mit Athen identifizierte. So konnte man der Idee, dass London das neue Rom sei, eine eigene Selbststilisierung als »Athens of the North« entgegensetzen. Die Idee war plausibel, weil das antike Athen mit militärischer Gewalt dem römischen Weltreich einverleibt worden war, aber danach trotzdem ein bewundertes Zentrum des Wissens und der Philosophie blieb.

Edinburgh erfand sich nicht nur in Gedanken, sondern auch materiell neu. Der dunklen, übelriechenden alten Stadt mit ihren spätmittelalterlichen Häusern wurde ab 1767 eine *New Town* zur Seite gestellt. Diese vereinigte klassizistisch-antikisierende Architektur und aufklärerisch-rationales stadtplanerisches Denken. Edinburgh hatte seinen Hauptstadtstatus verloren, aber dennoch (oder vielmehr: gerade deshalb) legte es sich jetzt eine hauptstädtisch anmutende Architektur zu.

> **Edinburgh als Athen des Nordens.** Im späten 18. und frühen 19. Jahrhundert nahm man in Edinburgh die Nachahmung Athens so ernst, dass man begann, ein Äquivalent der athenischen Akropolis auf Calton Hill, einem Hügel direkt neben der *New Town,* zu errichten. Dort unternahm man beispielsweise ab 1826 den Versuch, eine Kopie des Parthenon-Tempels in Originalgröße zu errichten. Als die erste Säulenreihe stand, ging das Geld aus, und so hatte man immerhin eine malerische Bauruine, die bis heute zu den Sehenswürdigkeiten der Stadt zählt. Dazu kamen weitere griechisch inspirierte Gebäude wie das Dugald Stewart Monument, das in einem dorischen Tempel untergebrachte Observatorium und die Royal High School, die man gleichfalls auf Calton Hill findet.

In Irland wurde die seit dem 16. Jahrhundert bestehende englische Herrschaft deutlich später, im Jahre 1800, durch ein Gesetz formalisiert. So wurde das von gälischsprechenden, katholischen Iren und einer Minderheit privilegierter protestantischer »Siedler« aus Schottland und England bewohnte Irland Teil des *United Kingdom of Great Britain and Ireland.* Mit der Etablierung eines politischen Konstrukts namens Großbritannien stellte sich die Frage nach einer gemeinsamen, britischen Identität. Daher gibt es in der englischsprachigen Literatur ein immer wieder thematisiertes Spannungsfeld zwischen einer britischen Gesamtidentität und einer englischen, walisischen, schottischen oder irischen Partikularidentität.

In der hier betrachteten Zeit schritt der Aufstieg des Vereinigten Königreichs zu einer Handels- und Kolonialmacht mit globalen Ambitionen in Amerika, Afrika und Asien voran. Dies führte zu einer zunehmenden materiellen und gedanklichen Präsenz der außereuropäischen Welt im Alltag von immer mehr Menschen auf den Britischen Inseln. Exotische Güter waren bald nicht mehr vom Tisch und aus der Garderobe der Wohlhabenden wegzudenken: Tee und Porzellangeschirr aus China, Kaffee aus dem Orient, Zucker aus der Karibik, Gewürze und Seide aus Indien, Baumwolle ebenfalls aus Indien sowie aus Nordamerika. All das regte das Nachdenken über diese Welt und ihre Menschen an, und auch über die eigene Rolle in dieser Welt wurde sowohl affirmativ als auch kritisch nachgedacht. Dadurch kamen neue Themen in die englische Literatur.

Das im Werden begriffene Weltreich wurde zunächst 1689-1702 von einem Niederländer und seiner englischen Frau regiert, William II. und Mary II. [→82]. Auf diese folgte 1702-1714 Königin Anne, eine geborene Stuart, verheiratet mit einem dänischen Prinzen. Trotz ihrer siebzehn Schwangerschaften hatte sie keine überlebenden Kinder. Dadurch wurde es erneut notwendig, einen ausländischen Herrscher ins Land zu holen. Protestantisch sollte er sein, und, um dem dynastischen Prinzip Genüge zu tun, am besten irgendwie verwandt mit seiner Vorgängerin. So kam es, dass ein aus Hannover stammender deutscher Fürst namens Georg als George I. im Jahr 1714 den britischen Thron bestieg. Ab jetzt ist es einfach, sich die Namen der britischen Könige zu merken: Sie heißen George I., George II., der 1727-1760 herrschte, George III. (1760-1820) und George IV. (1820-1830). Man spricht deshalb auch von der *Georgian Period*.

George I. sprach kein Wort Englisch und war daher auf ein deutschsprachiges Umfeld an seinem Hof angewiesen. So begann eine Migration aus den vielen deutschsprachigen Staaten des Kontinents (»Deutschland« gab es ja noch nicht) nach London. Es kamen Mätressen und Musiker, Buchdrucker und Zuckerbäcker, Gelehrte und Diener. Dazu kamen die Anfänge eines deutschen England-Tourismus, der freilich noch den Wohlhabenden vorbehalten blieb. All das führte dazu, dass es ab dieser Zeit ein verstärktes deutsches Interesse an der englischen Literatur und Kultur gab.

Was die deutschen Besucher besonders faszinierte, war die Stadt London. Diese wuchs durch massive Zuwanderung aus allen

Landesteilen rapide. Zu Beginn des 18. Jahrhunderts hatte sie bereits knapp eine halbe Million Einwohner, um 1800 war es schon fast eine Million. London ließ damit Paris hinter sich und wurde zu der bei weitem größten Stadt der westlichen Welt.

In der britischen Metropole entwickelte sich der Prototyp des uns bis heute vertrauten modernen Großstadtlebens. Hier konnte man inmitten der großstädtischen Anonymität unbeobachtet ein neues Leben anfangen. Hier bildete sich nicht nur früh eine bürgerliche Öffentlichkeit, sondern gleichfalls eine bürgerliche Privatsphäre. Hier kam das Leben nicht mit Einbruch der Dunkelheit zum Stillstand. In London gab es früher als anderswo ein an- und aufregendes Gemisch aus Chancen, Verlockungen und Gefahren, wie es nur die Großstadt bietet. Diese neue urbane Lebenswelt lieferte neue Stoffe für die englische Literatur.

Ein im internationalen Vergleich hoher Anteil der britischen Bevölkerung lebte in dieser riesigen Hauptstadt; noch viel mehr Menschen lernten sie durch Besuche kennen. Daher war ein Grundwissen über die Topographie Londons im ganzen Land und keineswegs nur unter den sozialen Eliten verbreitet. Sehr viele Menschen von Dover bis Dublin, von Cardiff bis Aberdeen wussten davon, dass das Londoner West End etwas mit den reichen Leuten zu tun hatte, und dass die Armen im Süden und Osten lebten. Man verband Covent Garden mit Blumenmarkt, Theater und Rotlichtviertel; man hatte ein gedankliches Bild von den Parks und den großen Kirchen. Damit lieferte London der englischen Literatur ein fertiges *setting*, eine gedankliche Kulisse, die nicht mehr von Grund auf mit Worten erstellt werden musste, sondern bereits in den Köpfen der Leserschaft vorhanden war.

Die Geschichten, die in der englischen Literatur des Langen 18. Jahrhunderts erzählt wurden, standen in einem Zusammenhang mit dem historischen Phänomen erhöhter Mobilität. In Großbritannien gab es keine Binnengrenzen und keine unfreien Bauern, keine Leibeigenen. So war es möglich und legal, in die große Stadt zu ziehen. Zu dieser lokalen Mobilität kam eine nicht weniger bemerkenswerte soziale Mobilität. Im Gegensatz zu den Ständegesellschaften des Kontinents, in denen man in einen Stand hineingeboren wurde und in aller Regel lebenslang in ihm verblieb, wurde in Großbritannien das Streben nach sozialem

Aufstieg zunehmend als legitim angesehen. Es gab eine in Kultur und Politik einflussreiche bürgerliche Mittelschicht (im Englischen *the middle classes* genannt), die nach unten und oben offen war. Menschen aus den unterbürgerlichen Schichten konnte es gelingen, ins Bürgertum aufzusteigen, wenn sie ökonomisch erfolgreich waren und es ihnen gelang, sich den kulturellen Habitus dieser Schicht, ihre Manieren, ihr Wertesystem und nicht zuletzt ihr Leseverhalten anzueignen.

Auch zwischen Bürgertum und Aristokratie waren, ganz anders als auf dem Kontinent, Übergänge in beide Richtungen möglich. Bedingt durch ein spezielles Erbrecht, nach dem in aristokratischen Familien immer nur der ältere Sohn den Titel und den Besitz erbte, stiegen die jüngeren Söhne automatisch ins Bürgertum ab. Daher hat jede aristokratische Familie nicht bloß einen, sondern zwei Nachnamen – einen adligen und einen bürgerlichen. So heißen beispielsweise die Söhne des Duke of Bedford mit Nachnamen Russell. Stirbt der Vater, so legt der älteste Sohn diesen bürgerlichen Namen ab; aus Mr. Russell wird plötzlich der neue Duke of Bedford. Gibt es keinen direkten männlichen Erben, so gehen Titel und Besitz an einen entfernteren männlichen Verwandten. Umgekehrt war es möglich, als reiche Bürgerstochter sozial aufzusteigen, indem man einen Adligen heiratete; so kamen dann Geld und Titel zusammen. All diese Formen der sozialen Mobilität waren wiederum mit Bewegungen im Raum verbunden, insbesondere in London. Wer aufstieg, zog in aller Regel in ein besseres Viertel – von der City, wo das Geld erst einmal verdient wurde, ins West End, wo die bessere Gesellschaft ihre Zeit mit dem Geldausgeben verbrachte. Absteiger mussten Zuflucht in der Armutsanonymität der Außenbezirke suchen, südlich der Themse oder im Osten, wo das East End entstand.

Die hier umrissenen gesellschaftlichen Sonderbedingungen muss man kennen, um die Aufstiegsambitionen, Verwandtschaftsbeziehungen, Namensänderungen, Heiratspläne und Umzüge zu verstehen, denen wir ständig bei der Lektüre englischer Romane ab dem 18. Jahrhundert begegnen. Ansonsten bliebe es rätselhaft, warum z. B. eine männliche Romanfigur, die alle erst einmal für einen bürgerlichen Niemand halten, nach dem Tod des Vaters auf einmal einen neuen, adligen Nachnamen trägt und ein palastartiges Anwesen besitzt. Ebenso wäre es unverständlich, warum eine bestsituierte Familie ohne männlichen Erben davon bedroht ist, Haus und Besitz in dem Moment zu verlieren, in dem der Vater stirbt – ein Grundproblem, mit dem die Figuren in Jane Austens [→200] *Pride and Prejudice* (1813) sowie der erfolgreichen Fernsehserie *Downton Abbey* (2010–2015, Kinofilm 2019, →303) konfrontiert sind.

Im Langen 18. Jahrhundert kann man in den bürgerlichen Mittelschichten Großbritanniens ein Auseinanderdriften der Geschlechterrollen beobachten. Das ideale vormoderne Frauenbild beinhaltete neben der Unterordnung unter den Ehemann durchaus auch das robuste Zupacken und eine selbständige Aktivität – selbst wohlhabende bürgerliche Frauen konnten kochen, Bier brauen, Textilien herstellen und Krankheiten mit Hausmitteln behandeln. Dies änderte sich im 18. Jahrhundert. Mit dem wachsenden Wohlstand der *middle classes* wurde es zu einem Statuskennzeichen der Männer, dass ihre Ehefrauen und Töchter es nicht nötig hatten, zu arbeiten. Entsprechend änderte sich das dominante Frauenbild. Bürgerliche Frauen sollten jetzt das sein, was man *delicate* nannte, also: zart, physisch schwach und daher schutzbedürftig. Sie hatten immer mehr freie Zeit, die sie im abgeschirmten Raum der häuslichen Privatsphäre verbrachten. Einen großen Teil dieser Zeit konnten sie darauf verwenden, zu lesen. Es lohnte sich daher, Texte für dieses immer größer werdende weibliche Publikum auf den Markt zu bringen.

Betrachtet man den Literaturbetrieb unter ökonomischen Gesichtspunkten, so lässt sich beobachten, dass das alte Modell der Abhängigkeit des Autors von einer einflussreichen Person, dem sogenannten *patron*, durch die Produktion von Texten für einen expandierenden Massenmarkt abgelöst wurde. War es früher so gewesen, dass der Autor (in diesem Zusammenhang tatsächlich stets als männlich zu denken) oft als besserer Privatsekretär im Haushalt eines Adligen unterkam, dem er seine Texte widmete und dafür in Geld oder Naturalien belohnt wurde, so verkaufte man nun immer öfter solche Texte an einen Verleger. Ein wachsendes Bewusstsein für den ökonomischen Wert des Textes als Ware für den Massenmarkt schlug sich 1710 in einem ersten gesetzlichen Copyright-Schutz für 14 Jahre ab Erstpublikation nieder.

Form und Inhalte sehr vieler englischer Texte, die im Langen 18. Jahrhundert entstanden, wurden durch eine starke Orientierung an der Literatur und Kultur der römischen und griechischen Antike beeinflusst. Diese bewusste Nachahmung von etwas, das als klassisch empfunden wird, bezeichnet man als klassizistisch. Um die Orientierung des 18. Jahrhunderts an der Antike von ähnlichen Tendenzen während der Renaissance begrifflich abzugrenzen, spricht man auch vom Neoklassizismus. Die Begeisterung für die Antike hatte viel mit einer im 18. Jahrhundert verbreiteten britischen Selbstwahrnehmung zu tun. Man dachte sich London als das neue Rom, und erblickte im wachsenden britischen Empire eine moderne Analogie zum *Imperium Romanum*. In Anlehnung an die kulturelle Blütezeit Roms unter Kaisers Augustus sprach man im frühen 18. Jahrhundert davon, in London in einem neuen *Augustan Age* zu leben. Die Orientierung an antiken Modellen wirkte sich auf viele Bereiche der Kultur aus. Junge Männer aus adligen oder sehr wohlhabenden bürgerlichen Familien unternahmen gerne eine lange Bildungsreise auf dem Kontinent, die sogenannte *grand tour*. Ziel und Höhepunkt dieser Reisen waren die materiellen Hinterlassenschaften der Römerzeit in Italien. Britische Architekten entwarfen Gebäude, die sich an der antiken Architektur orientierten. Die neuen Kirchen Londons – allen voran St. Paul's Cathedral – wurden mit Fassaden ausgestattet, die mit ihren Säulen und Dreiecksgiebeln antiken Tempeln ähnelten, und auch bürgerliche Wohnhäuser wurden mit solchen Schmuckelementen aufgewertet. Ländliche Villen und Paläste umgab man nun mit Gärten eines neuen Typs, die wie ein begehbares Landschaftsbild wirkten. Landschaftsgärtner schufen mit großem Aufwand nicht nur ideale Naturlandschaften, sondern ideale Naturlandschaften der Antike. Dies machte man deutlich, indem man auf bewusst malerische Weise Tempelchen, Statuen, Obelisken und dergleichen in ihnen platzierte. Das Ergebnis war der berühmte englische Landschaftsgarten, der weltweit nachgeahmt wurde, man denke beispielsweise an den Englischen Garten in München.

Wenn wir in der englischen Literatur des Langen 18. Jahrhunderts auf Schritt und Tritt die kreative Orientierung an antiken Modellen finden, so steht dies in einem größeren kulturellen Zusammenhang. Die Antike war in Mode, weil man eine gedankliche

Brücke zwischen ihr und der eigenen Gegenwart schlug. Neue, auf Englisch geschriebene Texte, die Impulse aus der antiken Literatur aufnahmen, erfreuten sich daher hoher Wertschätzung – besonders, wenn dies auf originelle Weise geschah, wenn nicht nur nachgeahmt wurde, sondern das Gegenwärtige im Antiken oder die Antike in der Gegenwart aufschien. Wer in der englischen Literatur der Zeit erfolgreich sein wollte, tat gut daran, so zu schreiben. Dabei waren die Erfolgschancen ungleich verteilt. Die intensive Lektüre antiker Texte, auf die man Bezug nahm, gehörte zum Bildungskanon der privilegierten jungen Männer, nicht aber zu dem der jungen Frauen.

Ein weiterer, überaus wichtiger kultureller Trend neben der Orientierung an der Antike setzte in der zweiten Jahrhunderthälfte ein, in etwa ab den 1760ern. Es handelt sich dabei um das komplexe Konglomerat von Ideen, das wir als die Romantik bezeichnen. Die Romantik zieht sich bis ins erste Drittel des 19. Jahrhunderts und bleibt weit darüber hinaus wirksam. Es verhielt sich nicht so, dass irgendwann der Klassizismus endete und die Romantik begann; ebenso wurde dann später die Romantik keineswegs von einer romantikfreien Periode abgelöst. Stattdessen kamen zunächst neue Strömungen, neue Interessen und Moden auf, die die älteren allmählich überlagerten, ohne sie jemals ganz auszulöschen.

Ein Impuls, der hinter der Romantik stand, war das Unbehagen an einer sich immer schneller modernisierenden und verändernden Welt. Ihre Anfangszeit fiel mit den allerersten Anfängen der Industriellen Revolution in England zusammen. Die durch Erfindungen wie mechanische Webstühle und die Dampfmaschine ermöglichte industrielle Massenproduktion veränderte die Gesellschaft. Die dörfliche Existenz der Kleinbauern und Landarbeiter wurde durch neue Lebensformen abgelöst. Plötzlich gab es rapide wachsende Industriestädte, in denen die Menschen unter schweren Bedingungen arbeiteten. Statt der Abhängigkeit von der guten Ernte griff jetzt eine viel abstraktere Abhängigkeit von der Konjunktur. Die alten, von der Natur vorgegebenen Arbeitsrhythmen wurden ersetzt durch einförmige, lange Arbeitstage im Dienst der nie stillstehenden Maschinen. Darüber hinaus wurden Folgen der Industrialisierung für die Umwelt erkennbar. Überall,

Der Traum von der Antike im englischen Landschaftsgarten: Stowe, Buckinghamshire (Aufnahme: C. H.).

wo Fabrikschlote in den Himmel wuchsen, machte jeder Blick und jeder Atemzug unliebsame Veränderungen deutlich, die die neuen Produktionstechniken mit sich brachten.

All das steht in einem Zusammenhang mit dem für die Romantik charakteristischen Interesse an der vorindustriellen Vergangenheit und der von der Industrialisierung nicht beeinträchtigten Natur. Wo der Klassizismus den Blick auf die Vergangenheit des griechisch-römischen Mittelmeerraums richtete, blickte die Romantik eher auf die Vergangenheit der eigenen Welt, auf die mittelalterliche sowie die weit davor liegende keltische Vergangenheit der Britischen Inseln. Zur Agenda der Romantik gehörte zudem stets die Kritik an einer auf »unnatürliche« Weise überzivilisierten und überkomplexen modernen Welt. Man begeisterte sich für die Idee eines einfachen, natürlichen Lebens.

Durch die Idealisierung vormoderner Lebensverhältnisse konnte das romantische Denken leicht ins Konservative bis Reaktionäre kippen. Eine naheliegende Gedankenfigur war dabei die Idee einer guten, alten Zeit, in der die Menschen auf eine für sie gute Weise in paternalistische Hierarchien eingebunden waren. Diese Seite der Romantik koexistierte mit einer gegenläufigen Tendenz zum revolutionären Aufbegehren gegen das Alte, Konventionelle und Einengende. Dieses Aufbegehren findet man in einer – zumindest phasenweisen – Begeisterung für die politischen Ideale der Französischen Revolution. Man findet es gleichfalls in einer neuen Vorstellung davon, was den wahren Künstler, den wahren Autor (man dachte dabei tatsächlich in erster Linie an Männer) ausmacht. Es reichte nicht mehr aus, die literarische Tradition zu kennen und mit virtuoser Eleganz bereits bestehende Register von Themen und Ausdrucksformen zu nutzen. Der Künstler und damit auch der Autor wurde jetzt als ein Genie gedacht, als ein Ausnahmemensch, der aus den Tiefen der eigenen Begabung schöpfte. Für den Ausnahmemenschen galten Ausnahmeregeln; das romantische Genie brach nicht nur literarische, sondern auch gesellschaftliche Konventionen. Es konnte zu einer bewunderten Skandalfigur werden, die durch ihre Werke ebenso provozierte wie durch ihr Verhalten. Damit war die Idee eines neuen Künstler-, Musiker- oder Autorentyps geboren, die bis heute Teil unserer Gedankenwelt ist.

Dichtung

Geraubte Locken, großstädtische Trivialitäten
und protofeministischer Protest

Unter den englischen Dichtern der ersten Hälfte des 18. Jahrhunderts wurde Alexander Pope (1688-1744) von seinen Zeitgenossen ganz besonders geschätzt. Bereits als junger Mann erregte er mit seinem *Essay on Criticism* (1711) Aufsehen. Dabei handelte es sich nicht etwa um einen Prosatext, sondern ein Gedicht, in dem vor allem die Frage behandelt wird, was gute Literatur ausmache und worauf beim Schreiben zu achten sei. Hier stellte sich Pope in die Tradition des antiken Lehrgedichts; sein Modell war die berühmte *Ars Poetica* des Horaz (65-8 v. Chr.). Das Gedicht besteht aus gereimten Paaren von jambischen Pentametern (im Englischen bezeichnet man sie als *heroic couplets*), einer Form, die für Popes ganzes Werk von zentraler Bedeutung bleiben sollte. Die Abfolge von Zweizeilern ist gut dazu geeignet, Aussagen eingängig auf den Punkt zu bringen, und genau dabei bewies Pope allergrößtes Geschick. Seine Gedichte sind durchsetzt von *couplets,* die auch als gedanklich und sprachlich elegant gefügte Merksätze für sich alleine stehen könnten. Hier ein Beispiel aus dem »Essay on Criticism«:

> True wit is nature to advantage dressed
> What oft was thought, but ne'er so well expressed[21]

Damit wird gesagt, dass der wahre literarische Geistesblitz (zum Begriff des *wit* →84) nicht im Erfinden etwas ganz Neuen liegt, sondern darin, eine verbreitete Einsicht auf perfekte Weise auszudrücken. Solche Zweizeiler leuchteten ein und blieben im Gedächtnis, und was im Gedächtnis blieb, wurde gerne zitiert. So zog Pope schon zu Beginn seiner schriftstellerischen Tätigkeit die Aufmerksamkeit des Publikums und seiner Kollegen auf sich.

Sein nächstes größeres Gedicht trug den eigenartigen Titel *The Rape of the Lock* (1712), also »der Lockenraub«, wobei *rape* zugleich ein Element sexueller Übergriffigkeit signalisiert. Das erzählende Gedicht verarbeitet einen Vorfall im Bekanntenkreis

Popes. Ein junger Adliger interessierte sich für eine junge Dame, diese aber nicht für ihn. Daraufhin schlich er sich hinterrücks an und schnitt ihr heimlich eine Locke ab. Im 18. Jahrhundert war es üblich, eine Locke eines geliebten Menschen mit sich zu tragen, ähnlich wie man es heute mit einer Photographie tut. Allerdings war es eine Sache, eine Locke geschenkt zu bekommen, aber eine andere, sie auf diese Weise dreist zu rauben.

Pope erzählt in seinem Gedicht diese Begebenheit auf ganz abenteuerliche Weise, nämlich so, als handle es sich nicht um eine zeitgenössische Skandalgeschichte, sondern um ein antikes Epos. *The Rape of the Lock* ist wie die *Ilias* oder die *Aeneis* in Abschnitte gegliedert, die als Gesänge (engl. *cantos*) bezeichnet werden. Zu Beginn wird wie im antiken Epos die Muse angerufen, und das übergriffige Lockenabschneiden wird so gestaltet, als handle es sich um eine Schlachtenbeschreibung bei Homer oder Vergil. Das Verfahren, triviale Begebenheiten der Gegenwart so zu erzählen, als seien diese die historisch oder mythologisch hochwichtige Handlung eines antiken Epos, war im Langen 18. Jahrhundert so beliebt, dass es im Englischen gleich mehrere Begriffe dafür gibt. Solche Gedichte, die die Konventionen des Epos humoristisch nutzen, werden als *mock-heroic* oder *mock-epic poem* bezeichnet. Im Deutschen würde man von komischen Heldengedichten sprechen.

Die Komik solcher Texte kann großartig sein, erschließt sich aber nur, wenn man eine Vorstellung von antiker Epik hat. Hier gilt also: ohne Homer kein Humor. Diese Hürde ist allerdings leicht zu nehmen. Sobald man einmal die *Ilias* oder die *Odyssee* anzulesen beginnt, versteht man sehr schnell das Spiel, das in der englischen Literatur mit solchen Bezugstexten getrieben wird. Das Genre des *mock-heroic poem* macht deutlich, dass der Klassizismus des 18. Jahrhunderts sich nicht in der sklavischen Nachahmung der Antike erschöpfte. Zu ihm gehörte auch der kreativ-unverkrampfte Umgang mit antiken Modellen, die gewollt absurde, zum Lachen reizende Kombination von antiken und zeitgenössischen Elementen. Das komische Heldengedicht erinnerte das englische Publikum immer wieder auf zwerchfellerschütternde Weise an die Differenz zwischen der antiken und der modernen Welt – eine Differenz, die trotz aller Identifikation Londons mit dem alten Rom stets bewusst blieb.

Am Beispiel von Popes *Rape of the Lock* kann man nicht nur das Phänomen des *mock-heroic poem* kennenlernen, sondern auch eine spezielle Art des metaphorischen Schreibens, die in der englischen Dichtung der Zeit überaus beliebt war. Wenn bei Pope die Rede davon ist, dass Kaffee eingeschenkt wird, dann liest sich das so:

> From silver Spouts the grateful Liquors glide,
> And China's Earth receives the smoking Tyde.[22]

Also: aus silbernen Ausgüssen (nämlich: den Ausgüssen silberner Kannen) gleiten die angenehmen Flüssigkeiten (nämlich: Kaffee und Milch). Mit »China's Earth« ist Porzellan gemeint, und wieder müssen wir gedanklich ergänzen: das tatsächlich aus chinesischer Erde gefertigte Porzellan. In die Tassen ergießt sich die »smoking Tyde«, die Flut des dampfenden, heißen Kaffees. Dieses metapherngesättigte poetische Register bezeichnet man als *poetic diction*. Man schrieb so, weil man dergleichen aus der antiken Literatur kannte; es handelt sich hier also um ein klassizistisches Phänomen.

Ähnlich wie die *conceits* der *Metaphysical Poets* des 17. Jahrhunderts [→83] konfrontierte die *poetic diction* des 18. Jahrhunderts die Leserschaft ständig mit kleinen Denkaufgaben. Aus diesem Spiel ergab sich ein zusätzliches Lesevergnügen. Freilich war es dazu erst einmal nötig, das Spiel zu beherrschen. Hier zeigt sich die Funktion der Literatur als Instrument der sozialen Distinktion: Der routinierte Umgang mit komplexen Texten gehörte stets zum Habitus der Privilegierten, ähnlich wie das Tragen komplexer, aus vielen Einzelteilen kunstvoll zusammengesetzter Kleidungsstücke oder die Beherrschung komplexer Tänze. Die Metaphern der *poetic diction* waren dabei ebenso »unpraktisch« wie ein Reifrock oder ein Menuett. Sie waren Bestandteile einer kulturellen Praxis, die die eigene Stellung in der Gesellschaft bestätigte. Interessanterweise haben wir es in Großbritannien mit einer vergleichsweise offenen Gesellschaft zu tun, d. h. man konnte den eigenen Aufstieg betreiben, indem man sich den Habitus der Privilegierten aneignete. Dazu gehörte es durchaus, Texte zu lesen, wie sie beispielsweise Pope schrieb.

Die Bedeutung der antiken Literatur als permanenter Bezugspunkt für Pope wird in seinen nächsten Großprojekten erkennbar. Er beschäftigte sich über Jahre hinweg damit, die *Odyssee* und die *Ilias* nicht nur ins Englische zu übersetzen, sondern in *heroic couplets* poetisch nachzubilden. Seine Zeitgenossen waren begeistert von diesen Übersetzungen, die sich lasen wie »moderne« Literatur des 18. Jahrhunderts. Heute liest sie kaum jemand mehr, und dennoch waren sie zu ihrer Zeit wichtig. Englische Versionen der antiken Klassiker ermöglichten es nämlich auch Frauen, diese Texte zu kennenzulernen. Popes Homer-Übersetzungen waren nicht die einzigen am Markt, wohl aber die populärsten. Das mag damit zu tun gehabt haben, dass es für Frauen weniger begründungsbedürftig war, Pope zu lesen, als Homer.

Popes Werk ist trotz des allgegenwärtigen neoklassizistischen Bezugs auf die Antike und trotz der ebenso allgegenwärtigen *heroic couplets* vielseitig. Wer ihn von einer ganz anderen Seite kennenlernen will, sollte seine groß angelegte, verblüffend drastische Satire mit dem Titel *The Dunciad* (erstmals erschienen 1728, fortgesetzt 1735) lesen. Ein *dunce* ist ein Depp; *The Dunciad* bedeutet soviel wie »das Deppenepos«. Ähnlich wie in *The Rape of the Lock* handelt es sich hier um ein *mock-epic poem*. Seine Helden sind die Deppen, die im Reich einer Göttin leben, die »Dulness« heißt und die, ihrem Namen entsprechend, die geistige Trägheit in höchster Perfektion verkörpert. Eine große Zahl zeitgenössischer Autoren, von denen Pope nichts hielt, wird in diesem Gedicht identifiziert und dann ebenso kunstvoll wie brachial durch den Dreck gezogen. Unvergesslich ist eine Szene, in der eine Art Olympiade der Blödheit abgehalten wird. Austragungsort ist der Fleet River, ein kleiner, heute unterirdischer Fluss, der in die Themse mündet. Londonern des 18. Jahrhunderts war er als eine weithin riechbare, fäkaliengesättigte Kloake bekannt. In diese widerliche Brühe springen die Helden des Deppenepos, um beim Tieftauchen ihre Kräfte zu messen.

Wenn das dichterische Werk Popes hier ausgiebiger betrachtet wurde, dann auch deshalb, weil man an ihm weit verbreitete Charakteristika englischer Dichtung insbesondere in der ersten Hälfte des 18. Jahrhunderts beispielhaft kennenlernen kann, nämlich die klassizistische Orientierung an der Antike, das *mock-*

heroic poem, die Metaphern der *poetic diction*, die Vielseitigkeit des *heroic couplet*, die thematische Breite der Dichtung und die Schärfe satirischer Angriffe.

Ein enger Freund von Alexander Pope war John Gay (1685–1732). 1716 veröffentlichte er ein langes Gedicht mit dem Titel *Trivia, or the Art of Walking the Streets of London*. »Trivia« bedeutet soviel wie Trivialitäten, also: alltäglicher Kleinkram. »Trivia« ist aber auch der Name der altrömischen Göttin der Straßenkreuzungen (der *tri-viae*, also eigentlich der Orte, wo drei Wege aufeinander treffen). Gays Gedicht ist ein weiteres Beispiel dafür, wie im 18. Jahrhundert die Form des *mock-heroic poem* genutzt wurde, um auf humorvolle Weise eine Brücke zwischen der antiken Welt und der Gegenwart zu schlagen. Die Erfahrungen eines Fußgängers im modernen London wurden in einem Text geschildert, der mit den Konventionen des antiken Epos spielte. Aufgrund solcher Bezüge zur antiken Literatur war *Trivia* für Männer leichter lesbar als für Frauen, die in der Regel keinen direkten Zugang zu altsprachlicher Bildung hatten. Überhaupt ist in diesem Gedicht die Rede von einem männlichen Fußgänger, der sich so uneingeschränkt bei Tag und Nacht durch verschiedenste Gegenden Londons bewegt, wie es für eine respektable bürgerliche Frau zu dieser Zeit nicht mehr möglich gewesen wäre.

Trivia eröffnet einen faszinierenden Panoramablick auf das Alltagsleben in Londons Straßen. Trickdiebe, Verletzungsrisiken durch brutalen Straßenfußball, verschiedenste Arten von Dreck, die Etikette des sozialverträglichen Urinierens, die Welt der großstädtischen Geräusche und Gerüche – das sind nur einige der vielen Themen, zu denen man hier überraschende und unterhaltsame Entdeckungen machen kann. Dieses Gedicht ist ein Beispiel für die im Verlauf des 18. Jahrhunderts immer zahlreicher werdenden englischen Texte, die das Leben in der Großstadt und damit die Großstadt selbst zum Gegenstand haben. Dabei werden unscheinbare Details des Alltags in der wuchernden Metropole als Gegenstand literarischen Schreibens entdeckt. So geht es in einem kurzen Gedicht von Jonathan Swift (1667–1745) mit dem Titel »A Description of the Morning« (1709) darum, wie morgens die Hauseingänge mit dem Mop bearbeitet werden und die Straßenhändler lautstark ihre Waren anpreisen.

Über die Stadt zu schreiben hieß keinesfalls, sie stets zu loben. »London« (1738), ein Gedicht von Samuel Johnson (1709-1784, →185), beginnt damit, dass es eine gute Idee sei, der hier als moralisch verkommen und gefährlich wahrgenommenen Metropole den Rücken zu kehren. Die Großstadtmenschen des 18. Jahrhunderts begeisterten sich für idealisierte Beschreibungen des Landlebens, und aus diesem Grund war die Hirtendichtung (*pastoral poetry*) wieder ganz besonders in Mode. In Schottland schrieb Allan Ramsay (1686-1758) ein pastorales Singspiel mit dem Titel *The Gentle Shepherd* (1725) – auf *Scots* [→141], also mit einem stark schottischen Einschlag in der Sprache, und mit Liedern, die zu traditionellen schottischen Melodien gesungen wurden. Auch in diesem Fall träumte man sich aus der Stadt, nämlich aus dem verräucherten Edinburgh hinaus. Die Inszenierungen von Natur, die wir in der Hirtendichtung, aber auch im englischen Landschaftsgarten vorfinden, sind das Produkt einer Zeit, in der die großstädtische Existenz immer wichtiger wurde. In diesem Zusammenhang ist auch die Beliebtheit der Gedichtfolge *The Seasons* (1726-1730) von James Thomson (1700-1748) zu sehen, in der die Natur im Wechsel der Jahreszeiten thematisiert wird.

Die bisher vorgestellten Phänomene machen Entwicklungen im Mainstream der englischen Dichtung des Langen 18. Jahrhunderts erkennbar. In dieser Zeit wurde auf den Britischen Inseln mehr geschrieben, publiziert und gelesen als je zuvor. So entstanden Gedichte zu allen nur denkbaren Themen. Christopher Smart (1722-1771), der unter einer psychischen Erkrankung litt, die sich vor allem in zwanghaftem öffentlichem Beten äußerte, verfasste ein langes Gedicht mit dem Titel *Jubilate Agno* (1758-1763). In diesem Text ließ er eine schier endlose Reihe von obskuren Gestalten des Alten Testaments aufmarschieren, die dann gemeinsam mit allerlei Tieren Gott preisen: Huz preist gemeinsam mit dem Polypen, Buz mit dem Schakal, Meshullam mit dem Drachen und Mephiboseth mit der Grille. Smart arbeitet sich durch alle Tiere der Schöpfung, die ihm einfallen – einschließlich seiner Katze. So entstanden die vielleicht schönsten Katzenverse der englischen Literatur:

> For I will consider my Cat Jeoffry.
> For he is the servant of the Living God, duly and daily serving him.
> [...]
> For he purrs in thankfulness, when God tells him he's a good Cat.[23]

Die thematische Breite der Gedichte Popes oder interessante Randfiguren wie Smart machen nachvollziehbar, was alles in der englischen Dichtung des 18. Jahrhunderts möglich war. Das gilt allerdings stets unter der Voraussetzung, dass es sich um männliche Dichter handelte. Frauen waren in einer sehr viel ungünstigeren Situation, wenn es darum ging, zu dichten und diese Gedichte auch zu publizieren. Es wurde bereits darauf hingewiesen, dass sie in der Regel keinen Zugang zu den Bildungsvoraussetzungen hatten, die es ermöglichten, an den Originaltexten der antiken Literatur orientiert und damit erfolgreich zu schreiben. Dazu kam, dass im Großbritannien des 18. Jahrhunderts Literatur eine Ware wurde, die an einem expandierenden Massenmarkt Absatz fand. Mit dem Schreiben konnte man Geld verdienen. Das war günstig für Männer, nicht aber für Frauen, da alles, was auch nur entfernt nach Erwerbsarbeit aussah, nicht mehr mit der bürgerlichen Frauenrolle vereinbar war.

Dennoch war es für Frauen immer noch leichter, Gedichte zu veröffentlichen, als Dramen oder Prosa. Das Verfertigen von Gereimtem passte einigermaßen zu der Vorstellung, dass bürgerliche Damen ihre Zeit mit dekorativen, zerstreuenden, keineswegs zu anstrengenden Tätigkeiten zubringen sollten. Als kleines, hübsch formal strukturiertes Sprachgebilde konnte ein Gedicht noch am ehesten als eine Art sprachliche Nadelarbeit durchgehen. Frauen konnten allerdings nur schwer einen ganzen Band eigener Gedichte veröffentlichen. Die *booksellers* – Drucker und Buchhändler in einer Person – waren gewohnt, mit Männern Geschäfte zu machen. Gedichtbände von Frauen waren im 18. Jahrhundert die große Ausnahme. Hatte man einen großen Bekanntenkreis, so war vielleicht eine Publikation auf Subskriptionsbasis denkbar. Das bedeutet, dass sich genügend Menschen bereit erklärten, das Buch zu kaufen, und bereits vor seinem Erscheinen eine Anzahlung zu leisten.

Leichter war es, einzelne Gedichte in monatlich erscheinenden Zeitschriften (*magazines*) zu veröffentlichen, von denen es ab den 1730ern etliche gab [→194]. Bereits das erste dieser Magazine, *The Gentleman's Magazine* (ab 1731) sprach trotz seines Titels ein Publikum an, das sowohl aus Männern als auch als Frauen bestand. Ab 1770 gab es auch eine erste Frauenzeitschrift namens *The Lady's Magazine*. Die Zeitschriften umfassten stets eine Rubrik für Gedichte. Leserinnen und Leser konnten unter eigenem Namen oder unter Pseudonym ihre Texte einschicken; wenn diese der Redaktion interessant genug erschienen, wurden sie gedruckt. So bot sich eine Möglichkeit, ein großes, landesweites Publikum zu erreichen. In den englischen Zeitschriften des 18. Jahrhunderts kann man viele von Frauen verfasste Gedichte finden, die ansonsten wahrscheinlich nie veröffentlicht worden wären.

Die im Folgenden beispielhaft vorgestellten Autorinnen lassen ganz unterschiedliche Szenarien weiblichen Schreibens erkennen. Anne Finch, Countess of Winchilsea (1661–1720) war bis zur *Glorious Revolution* königliche Hofdame gewesen. Als es 1688 zum Regimewechsel kam, musste sie sich als Anhängerin der vertriebenen Stuart-Monarchen vom Hof auf ihr Landgut zurückziehen. In dieser Zeit schrieb sie den größten Teil ihrer Gedichte. Zunächst veröffentlichte sie einige davon anonym, darunter »The Spleen, A Pindarique Ode« (1701). »Spleen« ist das englische Wort für die Milz, und man ging davon aus, dass melancholisch-depressive Zustände durch die von der Milz produzierte schwarze Galle verursacht wurden. Schrieb man über ein solches Thema ein Gedicht, das sich am Modell der griechischen Oden Pindars (ca. 522–nach 446 v. Chr.) orientierte, so legte man es auf einen komischen Effekt an, und der wurde in »The Spleen« auch auf brillante Weise erzielt. Texte dieser Art machen deutlich, dass es einer seit ihrer Kindheit extrem privilegierten Frau wie Anne Finch möglich war, Kenntnisse über die antike Literatur (in Übersetzungen) zu erwerben und im eigenen Schreiben zu nutzen. 1713 veröffentlichte sie unter eigenem Namen einen Band mit eigenen Gedichten (*Miscellany Poems, of Several Occasions*).

Eine weitere Dichterin aus dem aristokratischen Milieu war Anne Ingram, Viscountess Irvine (ca. 1696–1764). Das prunkvollmonumentale Anwesen ihrer Familie, ein klassizistischer Landpalast namens Castle Howard, ist heute eine der touristischen Attraktionen Yorkshires. 1732 veröffentlichte Anne Ingram anonym »Castle-Howard«, ein langes *country house poem* [→88] über dieses Anwesen. Bei dessen Lektüre wird sofort deutlich, dass sich die Verfasserin stark an Alexander Pope orientierte. Dass sie sich seine poetischen Techniken, nicht aber seine Ansichten zum Vorbild nahm, zeigt jedoch ihr Gedicht »Epistle to Mr. Pope. By a Lady« (1736), das sie als Gegenrede zu Popes Versbrief »To a Lady. Of the Characters of Women« (1735) verfasste. Popes Text provozierte durch wenig schmeichelhafte Beschreibungen verschiedener Frauentypen. Ingram nutzte daraufhin das stilistische Arsenal Popes, insbesondere seine pointierten *heroic couplets,* um ihn inhaltlich anzugreifen und zugleich poetisch mit eigenen Mitteln zu schlagen.

Sarah Fyge Egerton (1668–1723) war zwar keine Aristokratin wie Finch oder Ingram, entstammte aber immerhin dem wohlhabenden Londoner Bürgertum. Als Achtzehnjährige gelang ihr das Kunststück, ein erstes Gedicht zu veröffentlichen, das es in sich hatte, gedruckt als ein 24 Seiten starkes Heftchen. Es trug den Titel *The Female Advocate: or, an Answer to a late Satyr Against the Pride, Lust and Inconstancy of Woman* (1686). Ihr Name wurde auf der Titelseite nicht genannt, stattdessen finden wir dort den Satz: »Written by a Lady in Vindication of her Sex«. Schon ihr Titel war Programm: Wer es wagte, als »Female Advocate« aufzutreten, machte sich sprachlich zu etwas, was damals undenkbar war, nämlich zu einer weiblichen Anwältin.

1703 erschien ihr Gedichtband *Poems on Several Occasions.* Viele der darin veröffentlichten Gedichte setzten sich auf protofeministische Weise mit den Geschlechterrollen und der Lebenssituation von Frauen auseinander. Charakteristisch ist hier »The Emulation«. Das Verhältnis der Geschlechter beschreibt sie in diesem Text als einen permanenten Machtkampf; die Männer wüssten schon ganz gut, warum sie die Frauen unterdrückten:

> They're wise to keep us Slaves, for well they know,
> If we were loose, we soon should make them, so.[24]

Herrschen können immer nur die Einen oder die Anderen, und so endet das Gedicht mit einer kämpferischen Ankündigung: »No, we'll be Wits, and then Men must be Fools.«

Es verhält sich keineswegs so, dass die von Frauen verfassten Gedichte durchweg kritisch zu den Geschlechterrollen Position bezogen hätten; eine affirmative Haltung war verbreitet. Ganz zu Beginn des Langen 18. Jahrhunderts findet man allerdings in der englischen Literatur durchaus entschiedene protofeministische Positionen. Ab dem zweiten Drittel des 18. Jahrhunderts werden solche Stimmen seltener, vielleicht, weil das neue, auf *delicacy* und dekorative Passivität ausgerichtete Rollenschema jetzt seine Wirkung zeigte. Ein neues Aufbegehren gegen dieses Frauenbild fand dann wieder in Texten des späten 18. Jahrhunderts statt.

Unter ganz anderen Bedingungen als die privilegierten Frauen, von denen hier bislang die Rede war, schieb Mary Leapor (1722–1746, gesprochen wie »leper« mit kurzem »e«). Sie wuchs als Tochter eines Gärtners in der Provinz auf und arbeitete als Küchenmagd, schrieb aber seit früher Jugend. Mary Leapor hatte das Glück, eine literarisch interessierte Mentorin zu finden, die sich dazu entschloss, ihre Gedichte als Subskriptionsband zu veröffentlichen. Der Band erschien 1748 (*Poems upon Several Occasions. By Mrs Leapor of Brackley in Northamptonshire*). Ihre Verfasserin erlebte die Veröffentlichung nicht; sie starb im Alter von 24 Jahren an den Masern. Später erschien noch ein zweiter Band (*Poems upon Several Occasions. By the late Mrs. Leapor, of Brackley in Northamptonshire. The Second and Last Volume,* 1751), herausgegeben von Samuel Richardson, einem der bekanntesten Romanautoren der Zeit [→180].

Leapors Schreiben beeindruckt durch Originalität und Ideenreichtum. Ein Beispiel dafür ist ihr Gedicht »Man the Monarch«, in dem sie eine Schöpfungsgeschichte erzählt, wie wir sie nicht aus der Bibel kennen. Statt eines männlichen Schöpfergottes bringt die Natur, gedacht als personifizierte Göttin, die Welt hervor. Der neu geschaffene Mann erweist sich von Anfang an als ein Problem. Leapor entwirft das Bild einer Menschheitsgeschichte, in dem Männer von Adam an darauf bedacht sind, die Frauen als dumm darzustellen und so ihre eigene Macht zu sichern. Auch bei Leapor wird die Frage nach dem Verhältnis der Geschlechter ganz eindeutig als eine Machtfrage aufgefasst.

Mit Machtfragen setzte sich die englische Dichtung des 18. Jahrhunderts in vieler Hinsicht auseinander. Dazu gehörten Asymmetrien in Machtverhältnissen zwischen Männern und Frauen, und ebenso Asymmetrien in den Machtverhältnissen zwischen den Bestandteilen des Vereinigten Königreichs. Dies wird deutlich, wenn wir einen Blick auf die schottische Literatur werfen. Ab 1707 wurde Schottland als Teil des *United Kingdom* von London aus regiert. Schottische Reaktionen darauf waren geteilt; manche waren für den Zusammenschluss, andere waren sehr entschieden dagegen. Wollte man die schottische Eigenständigkeit betonen und bewahren, so war dies nur noch in der Kultur, und damit zugleich in der Literatur, möglich. Dadurch wuchs der Literatur in Schottland eine politische Funktion zu. Wenn schottische Autoren ganz und gar dem an London orientierten Mainstream folgten, indem sie beispielsweise versuchten, wie Pope zu dichten, dann lag die Implikation nahe, dass sie auch damit zufrieden waren, von London aus regiert zu werden. Schrieben sie aber im Gegensatz dazu auf erkennbar »schottische« Weise, so artikulierte sich dadurch meist auch ein Unbehagen an der englischen Dominanz.

Dies ließ sich bereits durch die Wahl des sprachlichen Registers erreichen. In den *Lowlands* Schottlands waren die Gebildeten des 18. Jahrhunderts in der Lage, in etwa so zu schreiben, wie man auch in London schrieb. Gesprochen wurde aber – vor allem in informellen Zusammenhängen – etwas, das man *Scots* nannte (und immer noch nennt) und das sich in Vokabular und Aussprache vom südlichen Englisch deutlich unterschied. Die Unterscheidung zwischen einer Sprache und einem Dialekt läuft nicht zuletzt auf eine politische Einschätzung hinaus. Aus englischer Perspektive ließ sich *Scots* als ein Dialekt des Englischen betrachten. Aus schottischer Perspektive konnte man eine kulturelle und politische Distanz zu England betonen, indem man *Scots* als eine eigenständige, literaturfähige Schriftsprache behandelte.

Auf *Scots* zu schreiben, war seit 1707 eine politische Geste, ein Akt des kulturellen Separatismus. Allan Ramsays pastorales Singspiel *The Gentle Shepherd* auf *Scots* wurde bereits erwähnt.

Ramsay machte überdies spätmittelalterliche, auf *Scots* geschriebene Texte von Dunbar und Henryson [→35, 36] in neuen Editionen dem Publikum seiner Zeit zugänglich, wodurch ein schottischer Kanon gegen den englischen stark gemacht wurde. Ramsays langfristig einflussreichste Publikation bestand gleichfalls aus Texten auf *Scots,* die größtenteils nicht aus seiner Feder stammten. Unter dem Titel *The Tea-Table Miscellany* (1723–37) veröffentlichte er in Edinburgh eine erste große Sammlung schottischer Lieder und Balladen.

Dichtung der Romantik
Schafsmagen, Narzissen und ein Albatros

Die Tendenz zur kulturellen Selbstbehauptung Schottlands setzte sich auch nach dem gescheiterten Stuart-Aufstand von 1745/46 [→121] in der Literatur fort. Dabei kamen verstärkt die schottischen *Highlands* in den Blick, die vorwiegend von gälischsprechenden Katholiken bewohnt waren. Dieser Teil Schottlands hatte bislang als kulturell rückständig und generell wenig interessant gegolten. Das änderte sich, als James Macpherson (1736–1796) bekanntgab, dort die uralten epischen Werke eines schottischen Dichters aus grauer Vorzeit namens Ossian gefunden zu haben. Diese gälischen Gedichte seien über die Jahrhunderte mündlich tradiert worden. Das, was Macpherson als seine englischen Übersetzungen dieses Materials publizierte, wurde als eine literarische Sensation gefeiert. Schottland hatte seinen eigenen Homer! Diese Entdeckung erschien bestens geeignet, das schottische Selbstbewusstsein und Vorstellungen von einer schottischen Identität, auf deren uralte Wurzeln man stolz sein konnte, enorm zu stärken. Macphersons erste Sammlung seiner Funde, *Fragments of Ancient Poetry, Collected in the Highlands of Scotland, and Translated from the Galic or Erse Language* (1760), verkaufte sich ausgezeichnet. Das Publikum hatte einen enormen Appetit auf diese Epen, die nicht in der antiken Welt des Mittelmeers, sondern in dem scheinbar neu entdeckten Szenario einer nordischen Antike, in Schottland, spielten. Macpherson legte bald mit zwei weiteren ossianischen Epen nach: *Fingal, an Ancient Epic Poem, in Six Books,* erschien 1762, und 1763 folgte *Temora.*

Die Begeisterung für Ossian hat viel mit dem klassizistischen Interesse an der Antike (hier in der Variante einer *eigenen* Antike) zu tun. Gleichzeitig waren hier aber auch proto-romantische Impulse am Werk. Macpherson berichtete, er habe Feldforschung unter einfachen Leuten betrieben, um alten, mündlich tradierten Texten auf die Spur zu kommen. Diese einfachen, ländlich-provinziellen Menschen wurden so als Träger und Übermittler einer kollektiven Überlieferung interessant. All das faszinierte das Lesepublikum weit über Schottland hinaus; so wurden beispielsweise in Goethes *Die Leiden des jungen Werthers* (1774) lange Passagen ossianischer Gesänge in deutscher Übersetzung zitiert. Diese Gesänge aus uralter Zeit, die uns heute leicht schwülstig erscheinen mögen, jagten ihren Leserinnen und Lesern wohlige Schauer der Ergriffenheit über den Rücken.

Der ganze Ossian-Hype hatte allerdings einen Haken: Die Sache war zu schön, um wahr zu sein. Die angeblich uralten Epen hatte Macpherson unter Verwendung von Fragmenten traditioneller Dichtungen gefälscht. Der Traum von dem wiedergefundenen Werk eines schottischen Homer war eine Fiktion. Dennoch traf dieses Konstrukt einen Nerv. Die Ossian-Mode überlebte daher den Nachweis der Tatsache, dass Ossian und seine Werke ein Produkt der historischen Imagination waren.

Der nächste für die schottische Literatur im 18. Jahrhundert wichtige Autor, der hier vorgestellt werden soll, ist Robert Fergusson (1750–1774). Fergusson ging nach einem abgebrochenen Studium an der Universität von St. Andrews nach Edinburgh und begann dort, sowohl auf Englisch als auch auf *Scots* zu dichten. 1773 veröffentlichte er einen Gedichtband mit dem Titel *Poems by Robert Fergusson.* Ungefähr die Hälfte davon war auf *Scots* verfasst, die andere Hälfte auf Standardenglisch. In Ersteren thematisierte Fergusson immer wieder das Leben in Edinburgh und Aspekte schottischer Kultur und Identität. So beklagte er in seiner »Elegy on the Death of Scots Music«, dass die traditionelle schottische

Musik von moderneren, internationalen Musikstilen – besonders aus Italien – verdrängt werde. Die Gedichte, die Fergusson auf Standardenglisch schrieb, werden heute wenig beachtet. Sie werden oft als harmlos-konventionelle Spielereien abgetan, können sich jedoch bei näherem Hinschauen als politisch hochbrisant erweisen.

Fergusson starb unter tragischen Umständen im Alter von 24 Jahren in einer Anstalt für Geisteskranke. Sein berühmtester Bewunderer war Robert Burns (1759–1796). Im Gegensatz zu dem über Schottland hinaus wenig beachteten Fergusson stieg Burns zu einem Superstar der frühen Romantik auf, der mit seinen Werken ein internationales Publikum von Russland bis Nordamerika begeisterte. Burns kam als Sohn eines Kleinbauern in Ayrshire zur Welt; harte Landarbeit und ein provinzielles Umfeld prägten die erste Hälfte seines Lebens. Dennoch hatte er das Glück, eine passable Schulbildung zu bekommen. Er bildete sich autodidaktisch weiter und begann zu dichten. Aufgrund finanzieller Probleme war er um die Mitte der 1780er kurz davor, nach Jamaica auszuwandern. Doch es kam anders. Er publizierte einen Gedichtband mit dem Titel *Poems, chiefly in the Scottish Dialect* (1786), der ihn schlagartig berühmt machte. Die feine Gesellschaft in Edinburgh war begeistert. Burns wurde als romantisches Genie wahrgenommen, als Verkörperung des neuen Dichtertyps, der gerade in Mode kam. Man sah in ihm den einfachen Mann, den Landarbeiter, der sich kraft seiner angeborenen Begabung dichterisch Gehör verschaffte. Seine Gedichte erschienen auf ungekünstelte Weise »echt«. An die Stelle von Standardenglisch und *poetic diction* [→133] trat bei ihm eine sehr viel originellere und klar als schottisch markierte Art des poetischen Sprechens. Seine Sprache bestand aus einer sorgsam dosierten Mischung von Standardenglisch und *Scots*. Der Gedichtband, durch den er berühmt wurde, enthielt ein Glossar, in dem die schottischen Anteile des verwendeten Vokabulars ins Englische übersetzt wurden. Dies war für den Erfolg und die Vermarktung seiner Werke über Schottland hinaus von entscheidender Bedeutung.

An die Stelle einer obsessiven Auseinandersetzung mit der antiken Literatur traten bei Burns vor allem schottische Themen der Gegenwart. Zugleich provozierte er durch seine Ideen und sein Verhalten. Er sympathisierte offen mit dem Freiheits- und Gleichheitsidealen der Französischen Revolution, und er pflegte in seinen Beziehungen zu zahlreichen Frauen einen unkonventionellen, für das streng calvinistisch geprägte Schottland eigentlich skandalösen Lebensstil. Burns besang in seinem Gedicht »Scotch Drink« den Whisky und in »To a Haggis« die schottische Nationalwurst (ein *haggis* ist ein Schafsmagen, den man unter Zugabe von Haferflocken mit dem stopft, was man sonst noch im Inneren des Schafs vorfindet). Er schrieb über die aufklärerisch-revolutionären Ideale von Gleichheit und Brüderlichkeit, die Würde der Armen (»Is there for Honest Poverty«, auch bekannt als »A Man's a Man for a' That«) und das Leid der Sklaven (»The Lands of Virginia«) – man fragt sich, welche Entwicklung er genommen hätte, wenn er nach Jamaica gegangen und Buchhalter auf einer mit Sklavenarbeit betriebenen Zuckerrohrplantage geworden wäre. In seinen Gedichten fand eine allmähliche Romantisierung des Jakobitenaufstands statt, der zu seiner Zeit gut 40 Jahre zurücklag (»O'er the Water to Charlie, »Charlie He's My Darling«). Er schrieb – immer wieder – über Liebe (»A Red, Red Rose«, »Green Grow the Rashes«), Abschied (»Ae Fond Kiss«), ausgiebige Promiskuität (»Wantonness«), außereheliche Sex (»The Fornicator«) und außereheliche Kinder (»A Poet's Welcome to his Love-Begotten Daughter«). In seinen Texten zeigt sich häufig eine aufklärerische Libertinage, die aus dem engen Korsett der schottischen Sittenstrenge ausbricht.

Ein weiteres Thema, das in seinem Werk eine Rolle spielt, ist das Schauerliche und Spukige. In seiner Zeit waren *Gothic novels* [→195] sehr in Mode. Burns nahm diese Strömung in einem langen erzählenden Gedicht mit dem Titel *Tam O'Shanter* (1791) auf. Tam (auf Englisch würde man sagen: Tom) O'Shanter ist der Name der Hauptfigur. Nachdem sich dieser Tam am Markttag in der nächsten Kleinstadt einen prächtigen Rausch angetrunken hat, reitet er spät nachts durch Wind und Wetter nach Hause. Auf dem Weg erlebt er eine Überraschung. Er kommt an der Ruine einer Kirche vorbei, in der buchstäblich der Teufel los ist und in der die lokalen Hexen ausgelassen zu einer infernalisch-schottischen Musik tanzen. Tam beobachtet wie gebannt im Verborgenen den Tanz, und dabei vor allem die jüngste Hexe, die nur spärlich bekleidet ist. In einem unbedachten Moment lässt er sich dazu hinreißen, ihr laut zu applaudieren. Damit ist er entdeckt, und die Hexen stürzen auf ihn los.

In diesem Panikmoment behält immerhin sein Pferd den Kopf und galoppiert davon. Pferd und Reiter retten sich über eine Brücke, wohl wissend, dass Hexen und böse Geister kein fließendes Wasser überqueren können. Allerdings gelingt dies nur gerade so; dem armen Pferd wird im letzten Moment von einer Hexe der Schwanz ausgerissen. Am Ende wird augenzwinkernd die Moral der Geschichte in Form einer Ermahnung an alle Männer auf den Punkt gebracht: Vorsicht mit Alkohol und voyeuristischem Kontrollverlust – die möglichen Folgen davon kann man an dem schwanzlosen Pferd beobachten! Schon lange vor Freud inszeniert Burns ein für uns heute durch und durch freudianisch anmutendes Strafszenario. *Tam O'Shanter* ist zum Gruseln, aber noch mehr zum Lachen; so, wie andere Autoren des 18. Jahrhunderts vor ihm im *mock-epic poem* humorvoll mit den Konventionen des antiken Epos gespielt hatten, spielt Burns hier mit den Konventionen der Schauerliteratur. Die Angst vor dem Übernatürlichen wird thematisiert, gleichzeitig aber auch in aufklärerischer Manier durch Humor gebannt.

Burns hatte ein starkes Interesse an traditioneller schottischer Musik. Er betrieb musikalische Feldforschung und sammelte traditionelle Melodien und Texte, die bislang nur mündlich tradiert worden waren. Eine große Anzahl von ihnen wurde in einer von James Johnson edierten Sammlung (*The Scots Musical Museum*, 1787–1803) gedruckt. Dabei waren die Übergänge zwischen dem Sammeln von altem Material und dem eigenen Schreiben fließend. Die schottischen Musikverleger Thomson und Whyte bereiteten die Burns-Lieder auf geschickte Weise für ein bürgerliches Publikum auf, indem sie mehrere Hundert von ihnen im fernen Wien von Josef Haydn vertonen ließen. Diese Vertonungen, die nach Haydns Tod von Beethoven fortgesetzt wurden, boten auch für ein internationales Publikum eine attraktive Mischung aus dem Vertrauten und dem Exotischen, aus kunstvoll-kontinentalem Tonsatz und urtümlich-wild anmutenden schottischen Texten und Melodien. Seit der Begeisterung für Ossian hielt sich auf dem Kontinent eine Schottland-Mode. Es gab daher einen Markt für die Burns-Arrangements: Von Wien bis Wiesbaden begab man sich bei bürgerlichen Hausmusik-Abenden mit seinen Liedern in ein romantisch erträumtes Schottland.

Die Bandbreite der Themen, die sich im Werk von Robert Burns finden, macht einige innere Spannungen der Romantik deutlich. Das Revolutionäre, die Begeisterung für die Gleichheit aller Menschen, steht neben dem Reaktionären, der Verklärung einer »guten alten Zeit« und der jakobitischen Gefolgstreue gegenüber dem edlen, wagemutigen Bonnie Prince Charlie. Burns zelebriert immer wieder den Überschwang der Gefühle (gleich, ob für Schottland, für die Liebe oder für gutes Essen und Trinken). Das spukig-Schauerliche ist präsent, wird allerdings in der Darstellung ironisch gebrochen. Die Affinität zum Emotionalen und Irrationalen koexistiert mit einem Interesse an moderner naturwissenschaftlicher Forschung. So wird in einem seiner bekanntesten Liebesgedichte, »A Red, Red Rose« die Beständigkeit des Liebenden durch einen Verweis auf die gerade entdeckten, sich über unvorstellbare Zeiträume erstreckenden geologischen Transformationen der Erdoberfläche beschrieben.

Robert Burns wurde für Schottland zu einer kulturellen Identifikationsfigur; noch heute betrachtet man ihn als den schottischen Nationaldichter. Spricht man in England von *the bard,* also *dem* Barden/Dichter schlechthin, so ist klar, dass Shakespeare gemeint ist [→165]. In Schottland dagegen ist mit *the bard* ebenso klar Burns gemeint. Einzelne Gedichte von Burns sind zu festen Bestandteilen jährlich zelebrierter Rituale geworden. Am 25. Januar wird sein Geburtstag an vielen Orten in Schottland (und weltweit dort, wo viele Schotten leben) mit einer *Burns Night* gefeiert.

Selbstinszenierungen auf dem Friedhof. Wie Burns an der Herausbildung eines Kanons der schottischen Literatur aktiv beteiligt war, lässt sich auf dem Canongate Kirkyard, einem der schönen und historisch interessanten Friedhöfe Edinburghs, beobachten (153 Canongate, Edinburgh EH88BN). Dort liegt Robert Fergusson begraben. Da dieser vollkommen verarmt gestorben war, war das Grab nur auf bescheidenste Weise markiert. Robert Burns ließ ihm einen großen Grabstein errichten. Auf dessen

> Vorderseite weist eine Inschrift darauf hin, dass dort ein Dichter von nationaler Bedeutung liege. Auf der Rückseite ließ Burns eine zweite Inschrift anbringen, die die Erinnerung an Fergusson mit der an ihn selbst verband. An dem Grab befindet sich noch eine weitere, viel spätere Inschrift: »R. L. Stevenson planned to renovate Robert Fergusson's tombstone with the following inscription, but died before he could do so.« Es folgt die Inschrift, die Stevenson hätte anbringen lassen wollen: »This stone, originally erected by Robert Burns, has been repaired at the charges of Robert Louis Stevenson and is by him re-dedicated to the memory of Robert Fergusson as the gift of one Edinburgh lad to another. [...]«. Das Grab Fergussons wurde so von Burns und Stevenson genutzt, um sich sichtbar in eine literarische Tradition und zugleich in einen schottischen Kernkanon einzureihen [→259].

Robert Burns markiert für die schottische Literatur den Übergang zur voll ausgeprägten Romantik. Allerdings ist stets daran zu denken, dass man sich den Beginn der Romantik nicht als einen abrupten Bruch mit der früheren Literatur des 18. Jahrhunderts vorstellen sollte. Eine Beschäftigung mit »dunklen« Themen findet sich schon um die Mitte des Jahrhunderts in England bei den sogenannten *graveyard poets*. Autoren wie Edward Young (1683–1765) und Thomas Gray (1716–1771) machten in ihren Gedichten Friedhöfe zum Ort des Nachdenkens über die Sterblichkeit des Menschen. Einschlägige Beispiele dafür sind »Night Thoughts« (1742) von Young und die »Elegy written in a Country Church-Yard« (1751) von Gray. Ein Interesse an alter Dichtung ist bereits in dem Sammelprojekt *Reliques of Ancient English Poetry* (1765) von Thomas Percy (1729–1811) greifbar. Insbesondere die darin enthaltenen Balladen wurden stark von den Autoren der Romantik rezipiert. Gleichfalls haben wir gesehen, wie Macpherson vorgab, mit seinen ossianischen Gedichten authentisches, oral tradiertes Material aus einer fernen nationalen Vergangenheit präsentieren zu können. Der Schauerroman etablierte bereits ab den 1760ern Themenbereiche, die, wie wir am Beispiel von Burns sehen konnten, für die romantische Dichtung wichtig blieben.

Zu den zentralen Figuren der sogenannten »ersten Generation« romantischer Dichter in England gehörten William Wordsworth (1770–1850) und Samuel Taylor Coleridge (1772–1834), sowie William Blake (1757–1827). Wordsworth wuchs als Sohn eines Rechtsanwalts in Cumbria, also im nordwestlichen England, auf. Nach einem Studium in Cambridge bereiste er zu Fuß Frankreich und Italien; besonders beeindruckt war er dabei von den Alpen. 1795 lernte er Coleridge kennen. Dieser hatte alte Sprachen studiert, war aber durch Begeisterung für die Französische Revolution, Liebe und Alkohol vom Studium abgekommen.

Wordsworth, dessen Schwester Dorothy (1771–1855) und Coleridge verband bald eine enge Freundschaft; man lebte in enger Nachbarschaft erst in Somerset und dann im Lake District. Die Tagebücher Dorothy Wordsworths (z. B. ihr *Grasmere Journal*, 1800–1803) vermitteln einen Eindruck von dieser Freundschaft und Zusammenarbeit. Während Wordsworth sich in seinem Verhalten eher kontemplativ-gemäßigt gab, neigte Coleridge zu Impulsivität und Exzess. Beide interessierten sich sehr für deutsche Literatur und Philosophie und verbrachten zusammen einen Winter in Deutschland.

1798 gaben Wordsworth und Coleridge gemeinsam eine Auswahl ihrer Gedichte heraus. Der Band trug den Titel *Lyrical Ballads*. Eine kurze Vorbemerkung enthielt den Hinweis, dass es sich dabei um ein literarisches Experiment handle, das das Publikum durchaus befremden könne. Es gehe nämlich darum, nicht in der üblichen poetischen Kunstsprache zu schreiben. Damit ist die hochartifizielle, metapherngesättigte *poetic diction* gemeint, die wir am Beispiel von Pope kennengelernt haben [→133]. In zwei späteren Auflagen der *Lyrical Ballads* (1800) wurde diese Vorbemerkung von Wordsworth zu einem Vorwort ausgearbeitet. Die letzte Version des »Preface« zu den *Lyrical Ballads* von 1802 geriet zu einem programmatischen Dokument der englischen Romantik. Wordsworth verteidigt die tatsächlich gesprochene Sprache der einfachen Leute, besonders der einfachen Landbevölkerung, als etwas, das der Dichter nutzen kann. Überhaupt sieht er im ländlichen Leben die natürlichen Gefühlsregungen der Menschen klarer repräsentiert als in der Stadt. Hier reagiert er auf die drastische Umwälzung der Lebensverhältnisse in den rasant wachsenden neuen Industriestädten.

Der Dichter wird definiert als »[...] a man, it is true, endued with more lively sensibility, more enthusiasm and tenderness, who has a greater knowledge of human nature, and a more comprehensive soul, than are supposed to be common among mankind [...].«[25] Er (Wordsworth denkt ihn sich tatsächlich männlich) mag eine normale Sprache benutzen, ist aber keineswegs ein normaler Mensch, sondern einer, der durch eine besondere Begabung aus der Menge herausragt. Damit wird für den Dichter ein Sonderstatus als romantisches Genie in Anspruch genommen. Das erklärt, warum es für Wordsworth plausibel ist, dass der Dichter sich selbst und den Blick in seine außergewöhnliche Seele in den Mittelpunkt des Dichtens stellt. Genau das wird nämlich in seinem großen autobiographischen Gedicht *The Prelude: or, Growth of a Poet's Mind* (1798–1805) geschehen.

Im weiteren Verlauf des Vorworts von 1802 findet sich eine Definition von Dichtung, die berühmt werden sollte: »[...] poetry is the spontaneous overflow of powerful feelings: it takes its origin from emotion recollected in tranquillity [...].« Der romantische Dichter fühlt nicht nur intensiver als andere Menschen, sondern er kann sein Erleben auch später in aller Ruhe aufbereiten und dabei einen Text schaffen, der genau diese intensiven Gefühle seiner Leserschaft zugänglich macht.

Die nachträgliche Vergegenwärtigung starker emotionaler Eindrücke, insbesondere in Verbindung mit einem Naturerlebnis, lässt sich in Wordsworths 1807 veröffentlichtem Gedicht »I Wandered Lonely as a Cloud« verfolgen. Der Sprecher, der draußen in der Natur unterwegs ist, sieht auf einmal eine Menge von goldgelben Narzissen, die im Wind tanzen, und ist fasziniert und ergriffen von dem sich daraus ergebenden Farb- und Bewegungseindruck:

> I wandered lonely as a cloud
> That floats on high o'er vales and hills,
> When all at once I saw a crowd,
> A host, of golden daffodils;
> Beside the lake, beneath the trees,
> Fluttering and dancing in the breeze.

In der letzten Strophe des Gedichts wird das, was Wordsworth als »emotion recollected in tranquillity« bezeichnet, tatsächlich umgesetzt:

> For oft, when on my couch I lie
> In vacant or in pensive mood
> They flash upon that inward eye
> Which is the bliss of solitude:
> And then my heart with pleasure fills,
> And dances with the Daffodils.[26]

Während sich Wordsworth in den *Lyrical Ballads* vor allem mit dem Leben der einfachen Leute auf dem Land beschäftigte, wandte sich Coleridge dem Übernatürlichen zu. In *The Rime of the Ancient Mariner* begab er sich auf das Gebiet der Schauerliteratur [→195]. Das Gedicht kommt in einer archaisierenden Sprache daher (schon im Titel heißt es »Rime« statt »Rhyme«), als sei es eine uralte Ballade. Der alte Seemann, die Hauptfigur, erzählt eine Geschichte, die faszinierend, bizarr und gruselig zugleich ist. Er ist auf einem Schiff unterwegs, das durch einen Sturm in Richtung Südpol und damit ins ewige Eis gedrängt wird. Dort taucht ein Albatros auf, ein riesiger Vogel, der bei Seeleuten als gutes Omen gilt, und tatsächlich bessert sich sofort die Lage. Der Seemann tut nun etwas, was er besser unterlassen hätte. Er erschießt den Albatros, und sofort liegt ein Fluch auf dem Schiff. Es lohnt sich, selbst zu lesen, wie es weitergeht, wie sich der Unglücksschütze bald als einziger Überlebender auf dem Schiff findet, angebunden an den Mast und mit einem Albatroskadaver um den Hals... und wie um alles in der Welt er wieder aus dieser Situation herauskommt. *The Rime of the Ancient Mariner* ist nicht nur aufgrund dieser Geschichte ein faszinierender Text. In diesem Gedicht kommt das Interesse der Romantik am Übernatürlichen, an der überwältigenden Naturerfahrung in Gestalt des Erhabenen [→198] sowie an der archaischen Balladenform zum Tragen. Hier wird zugleich die Freude an der exzessiven Imagination greifbar, am Phantastisch-Visionären, kurzum: am wilden Denken des romantischen Genies.

Die Romantiker entwickelten eine Art des Schreibens, die sich demonstrativ über Konventionen hinwegsetzte. Zu diesem

Schreiben kam in vielen Fällen ein entsprechender Lebensstil, ein Modell der risikofreudigen jugendlichen Unkonventionalität, in etwa das, was man sehr viel später dann auf die Formel *sex, drugs and rock 'n' roll* brachte. Coleridge nahm Opium, und es ist naheliegend, Trance-artige Visionen in seinen Gedichten mit seinem Drogenkonsum in Verbindung zu bringen. Im Falle seines Gedichts »Kubla Khan: A Vision in a Dream« (verfasst 1797, veröffentlicht 1816) wird man von einem solchen Zusammenhang ausgehen dürfen. In einer Vorbemerkung zu diesem Gedicht berichtet der Autor, er habe ein Schmerzmittel genommen – ein für damalige Verhältnisse kaum verhüllter Hinweis auf Opium, das man als Schmerzmittel legal in jeder Apotheke kaufen konnte. Nach Einnahme des Mittels sei er eingeschlafen, während er einen alten Reisebericht las, in dem der in Xanadu errichtete Palast des Mongolenherrschers Kubla Khan vorkam. Als er aus seinem Schlaf erwachte, habe er ein langes, im Traum verfasstes Gedicht dazu im Kopf gehabt. Leider sei er beim Niederschreiben des Gedichts durch einen lästigen Besucher unterbrochen worden, so dass der Text fragmentarisch blieb. Hier die ersten Zeilen:

> In Xanadu did Kubla Khan
> A stately pleasure-dome decree:
> Where Alph, the sacred river, ran
> Through cavern measureless to man
> Down to a sunless sea.[27]

»Kubla Khan« wurde zum Inbegriff und Prototyp der literarischen Drogenvision; wenn in den 1950ern die amerikanischen Dichter der *Beat Generation* unter dem Einfluss von LSD schrieben, so orientierten sie sich an einem künstlerischen Habitus, dessen Ursprünge in der englischen Romantik liegen. Es ist auch kein Zufall, dass Coleridges Gedicht ein Echo in der musikalischen Populärkultur des 20. Jahrhunderts fand – man denke an Olivia Newton-Johns Lied »Xanadu« (1980) oder »Welcome to the Pleasure Dome« von Frankie goes to Hollywood (1984).

Zu der ersten Generation der britischen Romantiker zählte neben Burns, Wordsworth und Coleridge auch William Blake (1757–1827). Blake hatte ein stark ausgeprägtes künstlerisch-literarisches Doppeltalent. Er war gelernter Kupferstecher, also jemand, dessen Aufgabe eigentlich darin bestand, Vorlagen wie Gemälde und Zeichnungen durch ein Druckverfahren graphisch zu vervielfältigen. Damit gab er sich jedoch nicht zufrieden; ähnlich wie Hogarth [→181] wollte er nicht Bilder kopieren, sondern selbst Bilder schaffen. Seine Kreativität war in Wort und Bild überaus unkonventionell. Er war begeistert von der Französischen Revolution, gesellschaftskritisch und weit entfernt von jeder Körper- und Lustfeindlichkeit. Der Ton seiner Gedichte ist oft visionär-prophetisch, an die Bibel erinnernd, und doch ganz anders, weil diese Gedichte meist von Gestalten bevölkert sind, die vollkommen unbiblisch anmuten. Dies klingt schon in den Titeln an, von denen hier einige genannt seien: *The Book of Urizen* (1794), *Europe, a Prophecy* (1794), und *The Song of Los* (1795). Blake entwarf eine eigene Mythologie; Urizen ist eine Gestalt, die Normen und Gesetze etabliert; sein Gegenspieler ist der rebellische Orc. Die Gestalten, über die Blake dichtete, visualisierte er oft in selbst angefertigten Illustrationen. Typisch für seine künstlerische Handschrift ist die expressive Gestik und Mimik seiner Figuren, die er oft nackt darstellte. Ebenso typisch ist die Kolorierung dieser Drucke, die von Hand ausgeführt wurde, wobei er häufig leuchtende Farben verwendete.

> **Ein Besuch bei Blake.** In der Tate Gallery (Tate Britain, Millbank, London SW1P 4RG) gibt es einen »Blake Room«, in dem besonders beeindruckende Werke Blakes dauerhaft ausgestellt sind. Zum Grab Blakes in Bunhill Fields und dem dort üblichen kuriosen Grabkult: →111.

Will man Blakes Texte kennenlernen, ohne sofort tief in seine Privatmythologie einzutauchen, so seien seine *Songs of Innocence and of Experience* (1795) empfohlen. Diese Gedichte erscheinen auf den ersten Blick simpel und kindlich-naiv. Beim genaueren Hinsehen offenbart sich aber bald ihre Sozialkritik, ihre Kritik an der Art, wie die christliche Religion praktiziert wurde, und die tiefe, manchmal verstörende Intensität ihrer sprachlichen Bilder. Besonders eindrucksvoll sind zwei Gedichte, die beide den Titel

»The Chimney Sweeper« tragen. Diese thematisieren die gottverlassene Arbeits- und Gedankenwelt von Kindern, die klein genug waren, um von Kaminkehrern gewissermaßen als lebende Bürsten in Londons Schornsteine hinabgelassen zu werden. Die klagenden Rufe, mit denen sie ihre Dienste in den Straßen Londons anboten, werden von Blake effektvoll in beiden Gedichten aufgenommen. Einen starken Eindruck hinterlässt auch bereits die erste Strophe von »The Tyger«:

> Tyger Tyger, burning bright,
> In the forests of the night;
> What immortal hand or eye,
> Could frame thy fearful symmetry?[28]

Der Tiger erscheint wie eine helle Flamme in der Dunkelheit, nicht etwa nachts im Wald, sondern in den Wäldern der Nacht (!), die Blake durch eine kühne Metapher einfach so erschafft. Und gleich schließt sich die Frage an, was für eine Art von Gott es wohl sein mag, die sich ein so faszinierend furchterregendes Tier ausgedacht hat.

Blake galt zu Lebzeiten und nach seinem Tode erst einmal als hochtalentiert, aber geisteskrank. Erst später wurde er wiederentdeckt. Sein Gedicht »Jerusalem« (aus *Milton*, ca. 1808) wurde 1916 von Hubert Parry vertont. Trotz des eigentlichen sozialkritischen Textes, wo von den »dark satanic mills«[29] der Industriellen Revolution die Rede ist, wird »Jerusalem« seitdem als patriotische Hymne gesungen, etwa bei der »Last Night of the Proms«.

Soweit die zentralen Akteure der ersten Generation der romantischen Dichter. Zur zweiten Generation zählt man Byron, Shelley und Keats. Der Mann, den man quer durch Europa als »Lord Byron« kannte, genauer: George Gordon Noel Byron, 6th Baron Byron (1788–1824, zu den komplizierten britischen Namenssitten →125), stammte aus einer halb schottischen Aristokratenfamilie, die reich an Skandalfiguren und Exzentrikern war. Er wuchs in Newstead Abbey auf, einem Landsitz im englischen Nottinghamshire, der an die Ruine eines mittelalterlichen Klosters angebaut war; als Kind war er damit von einem Szenario umgeben, das dem ähnelte, wovon man in der Schauerliteratur der Zeit lesen konnte. Bereits als Student in Cambridge war er für sein wildes

Leben berüchtigt. Ab 1809 hatte er einen ererbten Sitz im Oberhaus. In diesem Jahr ging er auf eine große Reise, die ihn nach Spanien und Portugal und dann weiter in den östlichen Mittelmeerraum, nach Griechenland führte, das damals Teil des Osmanischen Reichs war. Er begann, an *Childe Harold's Pilgrimage. A Romaunt* zu arbeiten, einem langen erzählenden Gedicht, das, Vorbildern wie der *Odyssee* folgend, in Gesänge (*cantos*) gegliedert war. Das Werk erschien in drei Abschnitten zwischen 1812 und 1818. *Childe* bedeutet soviel wie »Schildknappe«, also jemand, der noch kein Ritter ist, aber einer werden wird. Der archaisierende Titel lässt eine romanzenhafte Erzählung im historischen Rittermilieu erwarten. Schon gleich in den ersten Strophen wird allerdings klar, dass die Verwendung mittelalterlicher und antiker epischer Muster hier durchweg ironisch gebrochen ist. Die Hauptfigur ist ein junger Engländer, der erst einmal einen exzessiven Lebensstil pflegt und dann auf Reisen geht, nämlich just dahin, wo Byron auch gerade unterwegs war.

> **Mit Byron am Rhein.** In *Childe Harold* ließ Byron seine Hauptfigur auch den Rhein entlang reisen. Dabei wurden lokale Attraktionen wie die erhaben-überwältigende Landschaft, Burgruinen, schauerliche Raubrittergeschichten, schöne Frauen, Wein etc. begeistert geschildert (Canto III, Strophen XLVI–LXI). Dies hatte langfristig einen interessanten Nebeneffekt: Der Text trug wesentlich dazu bei, erstmals britische Touristen zu Tausenden nach Deutschland zu locken. Als ab den 1830ern die neue Technologie der Dampfschifffahrt etabliert war, wurden die in *Childe Harold* geschilderten Erfahrungen in kommerzialisierter Form für ein bürgerliches Publikum inszeniert. Was als provokanter Text eines provokanten Autors begonnen hatte, beeinflusste schließlich einen neuen massentouristischen Mainstream. Ab der Jahrhundertmitte konnte man bei Thomas Cook Pauschalreisen den Rhein entlang buchen und sich dann ein wenig wie Byron fühlen.

Das Publikum der Zeit konnte gar nicht anders, als in *Childe Harold* autobiographische Anteile zu vermuten. Byron stritt dies stets ab, aber dennoch ist für sein Werk die geschickte Verwischung der Grenzen zwischen Autor und Kunstfigur typisch. Er kreierte den *Byronic hero,* den jungen Mann, der dem Exzess hinterherjagt und sich dabei nicht um die Konventionen der Gesellschaft schert, der mit offenen Augen selbstzerstörerisch lebt, was dann zu einer inneren Leere und einem oft zynischen Blick auf die Welt führt. Byrons Leben war ebenso provokant wie sein eng damit zusammenhängendes Schreiben. Ein Höhepunkt der Provokation wurde erreicht, als halb London 1814 darüber sprach, er sei der Vater des gerade geborenen Kindes seiner Halbschwester. Als Gerücht wäre dies schlimm genug gewesen, aber mit höchster Wahrscheinlichkeit entsprach dieses Gerücht sogar den Tatsachen. Im folgenden Jahr heiratete er eine Frau aus aristokratischer Familie. Diese war bald bestürzt von Byrons Persönlichkeit und kam zu dem festen Schluss, er sei geisteskrank. Aus der Ehe, die nur sehr kurz hielt, ging eine Tochter hervor, die spätere Ada Lovelace, die eine bemerkenswerte Mathematikerin und eine wichtige Pionierin der Informatik wurde.

Das ihm nachgesagte inzestuöse Verhältnis zu seiner Halbschwester und das schnelle Zerbrechen seiner Ehe führten dazu, dass Byron weitgehend sozial geächtet wurde. 1816 verließ er England für immer. Am Genfer See mietete er eine Villa, in der er mit seinem Leibarzt John Polidori (1795–1821), dem Verfasser der ersten englischen Vampirgeschichte (*The Vampyre,* 1819) lebte. Berühmt ist ein Schreibprojekt, zu dem es während eines Besuchs von Percy Bysshe Shelley und dessen Frau Mary kam, und die Schauerliteratur, die daraus (wenn auch nicht aus Byrons Feder) hervorging [→200]. 1817 zog Byron weiter, zunächst nach Venedig. Jede seiner Lebensstationen war von neuen, skandalträchtigen Affären begleitet. Ab 1818 arbeitete er an *Don Juan,* einem episch-satirischen Gedicht, in dem auch wieder ein jugendlicher Tunichtgut auf abenteuerliche Reisen geht. Byron erwies sich in diesem Werk als ein Meister der subtilen Komik; insbesondere arbeitete er kalkuliert mit schlechten Reimen, einem Kunstmittel, das nur in der Hand eines Könners beeindruckt.

Die Hauptfigur in *Don Juan* reist auch nach Griechenland. Byron zog es ebenfalls erneut dorthin, und seine Begeisterung für dieses Land sollte ihn das Leben kosten. Er hatte vor, im Unabhängigkeitskrieg der Griechen gegen die osmanische Herrschaft zu kämpfen. Zu diesem Zweck stattete er sich mit einer selbst entworfenen Phantasie-Uniform und einem privaten Waffenarsenal aus und reiste 1823 nach Griechenland. Bevor er dort das Kommando über eine Rebellenarmee übernehmen konnte, erkrankte er an einem Fieber und starb. Der frühe Tod rundete unfreiwillig, aber höchst effektvoll das selbstinszenierte Bild des Autors als tragischer *Byronic hero* ab.

Byron wurde zum Prototyp des rebellischen jungen Mannes, der die Welt nicht anlächelt, sondern ihr mit bitterer Ironie und zynischem Blick begegnet, und dessen Leben kurz und intensiv ist. Sein Leben machte ebenso wie sein Schreiben weit über den englischen Sprachraum hinaus Eindruck. Wir finden Byrons Einfluss in Russland bei Alexander Puschkin (1799-1837), der die Hauptfigur in seinem Versroman *Jewgenij Onegin* (1823-1831) mit Zügen des byronischen Helden ausstattete. Ähnliche Anregungen nahm Heinrich Heine (1797-1856) auf, der sich in seinem rebellischen Schreiben, aber zugleich auch in seinem Weltschmerz mit Byron verbunden sah.

Byron und der byronische Held wurden zu einem Modell, dessen Einfluss andauert. Im 20. Jahrhundert wurden Menschen wie der früh verstorbene amerikanische Schauspieler James Dean als *Byronic* beschrieben; zu allem Überfluß hieß er auch noch mit vollem Namen James Byron Dean. Der ganz wesentlich auf Byron zurückgehende Typus des schönen, jungen, rebellischen, aber emotional an sich selbst leidenden jungen Mannes etablierte ein langlebiges visuelles Ideal. Wenn heute in der Modephotographie männliche Models in aller Regel nicht lächeln, sondern schauen, als seien sie permanent vom Weltschmerz gequält, so inszenieren sie eine Bildformel, die viel mit dem *Byronic hero* zu tun hat.

Man möchte meinen, dass Byron einen nicht mehr einholbaren Standard der Unkonventionalität setzte. Betrachtet man Leben und Werk seines Freundes Percy Bysshe Shelley (1792-1822, »Bysshe« spricht sich /bɪʃ/, also wie ein Reim auf »Tisch«), so relativiert sich dieses Urteil. Bei ihm finden wir gleichfalls eine an Rebellion und Exzessen reiche Existenz, die in einem frühen Tod endete. Shelley kam wie Byron aus einer privilegierten Familie. In Eton und Oxford fiel er durch seine Tendenz zu Ungehorsam und Atheismus auf. Noch als Teenager veröffentlichte er kurze

Schauerromane (*Zastrozzi*, 1810, *St. Irvyne or The Rosicrucian*, 1810). Als er 1811 eine Schrift mit dem Titel *The Necessity of Atheism* in Umlauf gebracht hatte, musste er die Universität verlassen.

Shelley brachte in zahlreichen Texten seine politischen und ethischen Überzeugungen zum Ausdruck. Er war Revolutionär, Vegetarier und ein Verächter bürgerlicher Konventionen. Zu diesen verachteten Konventionen gehörte, obwohl er verheiratet war, auch die Ehe; daher experimentierte er mit für seine Zeit unkonventionellen Beziehungsmodellen und tat sich schließlich mit Mary Godwin (1797–1851) zusammen, der Tochter des anarchistisch-sozialistischen Denkers William Godwin und der frühen Feministin Mary Wollstonecraft. Mit ihr und ihrer Cousine Claire Clairmont lebte er auf dem Kontinent; am Genfer See trafen die drei mit Byron zusammen, woraus sich gemeinsames Schreiben und erotische Verwicklungen ergaben. 1822 ertrank Shelley im Mittelmeer.

Das erste große Gedicht, das Shelley in seinem kurzen Leben geschaffen hatte, trug den Titel »Alastor, or The Spirit of Solitude« (1815, veröffentlicht 1816). In dessen Zentrum steht die Figur eines Dichters, der von diesem Geist der Einsamkeit verfolgt wird, während er immer weiter in den Orient wandert, wo er schließlich ein schlimmes Ende findet. Shelley verfasste auch eine Reihe von Texten, die er als *verse drama* bezeichnete. In »Mont Blanc« (1816, veröffentlicht 1817) thematisierte Shelley die erhabene Natur (*the sublime*, →198) und stellte dieser die Naturkraft der dichterischen Imagination gegenüber. Gedichte wie dieses hatten unerwartete Spätfolgen; es gibt einen Zusammenhang zwischen der romantischen Begeisterung für die Alpen in der englischen Literatur und dem alpinen Bergsteigen. Dessen Ursprünge als ein organisierter Sport liegen nämlich in Großbritannien, wo 1857 der *Alpine Club*, der erste Bergsteigerverein der Welt, gegründet wurde.

Zu den bekanntesten kurzen Gedichten Shelleys gehört ein Sonett mit dem Titel »Ozymandias« (1818). In diesem Gedicht wird die romantische Beschäftigung mit einer Antike greifbar, die nicht griechisch oder römisch ist. Durch Napoleons Ägyptenfeldzug von 1798 bis 1801 war dieses Land und seine antike Zivilisation zum Gegenstand einer neuen internationalen Modewelle geworden. Wer es sich leisten konnte, kaufte Möbel und Kunstgegenstände, die mit Lotosblüten, Löwenfüßen und Hieroglyphen »ägyptisch« gestaltet waren. In diesem Kontext ist es zu sehen, dass Shelley nun ein ägyptisches Thema aufnahm. In »Ozymandias« werden die Reste einer riesigen ägyptischen Statue geschildert, die verwittert im Wüstensand liegen. Eine davon trägt eine Inschrift:

> »My name is Ozymandias, king of kings:
> Look on my works, ye Mighty, and despair!«
> Nothing beside remains. Round the decay
> Of that colossal wreck, boundless and bare
> The lone and level sands stretch far away.[30]

Shelley nimmt hier den seit der Renaissance beliebten Vanitas-Topos auf: nichts bleibt von Macht und Pracht; an den vermeintlich größten aller Könige erinnert nur noch eine Inschrift, in der er sich selbst überschätzt. Mit keinem Wort wird in diesem Gedicht Großbritannien und das britische Empire erwähnt, aber es liegt nahe, diesen Verweis auf die radikale Endlichkeit aller grandiosen Machtstrukturen nicht nur auf das pharaonische Ägypten anzuwenden.

Die dritte große Figur der zweiten Generation der Romantik, John Keats (1795–1821), passt in das gemeinsame Schema des kurzen, intensiven Lebens, obwohl er nicht wie Byron oder Shelley als Skandalfigur im Zentrum des öffentlichen Interesses stand. Er stammte aus deutlich kleineren Verhältnissen. Statt in Oxford oder Cambridge zu studieren, wurde er Lehrling bei einem Londoner *apothecary-surgeon,* er lernte also, Arzneimittel anzufertigen und Operationen durchzuführen. Er gab das Hantieren mit Pillen und Knochensäge bald auf, um Gedichte zu schreiben. Wie bei Shelley finden wir auch bei Keats eine grundlegende Orientierung an der Antike, insbesondere an der griechischen Welt. In *Endymion,* einem langen Gedicht in vier Büchern (verfasst 1817, veröffentlicht 1818), verliebt sich eine antike Figur in die Mondgöttin, die in verschiedenen irreführenden Formen erscheint. Auch in dem fragmentarischen epischen Gedicht *Hyperion* (1820) begibt sich Keats tief in die Welt der griechischen Mythologie und erzählt vom Konflikt zwischen den alten Göttern (den Titanen) und den neuen Göttern. In »Ode to a Grecian Urn« (verfasst 1819, veröffentlicht 1820) wird der Figurenschmuck eines antiken Gefäßes Gegenstand einer Meditation über die Macht der Kunst und den Zusammenhang zwischen Schönheit und Wahrheit. Diese Texte demonstrieren das Beharrungsvermögen einer klassizistischen Orientierung an der Antike, die auch in der Romantik präsent blieb.

Keats wandte sich aber auch einer Vergangenheit zu, die sich vage im englischen Mittelalter verorten lässt. Ein gutes Beispiel dafür ist »The Eve of St. Agnes« (1820). Dieses Gedicht ermöglichte es seiner Leserschaft – also: Menschen, die zu einer Zeit lebten, in der die Industrielle Revolution England grundlegend veränderte – sich in eine ganz und gar vorindustrielle und vormoderne Vergangenheit zurückzuträumen. Am Festtag der heiligen Agnes, so die alte Legende, können junge Frauen ihren zukünftigen Liebsten in einer Traumvision sehen. Dies macht sich Porphyro zunutze, der in die Burg seiner Feinde schleicht, um dort in die Schlafkammer der schönen Madeline zu gelangen. Keats imaginiert in diesem Text eine mittelalterliche Welt herbei, die sich in betörenden Formen, Farben, Düften und Klängen konkretisiert. Zu diesen starken Sinneseindrücken kommen die mit ihnen verbundenen großen Gefühle; am Ende entzieht sich das Liebespaar allen Zwängen und flieht in die Nacht.

Ein weniger bekannter Dichter, der auch nicht zum engeren Kreis der zweiten Generation der englischen Romantiker gehörte, war John Clare (1793–1864). Clare war noch viel weiter vom privilegierten Milieu Byrons und Shelleys entfernt als Keats. Er verdiente seinen Lebensunterhalt als Landarbeiter, und seine Gedichte sind tief in den Erfahrungen und der einfachen Sprache der ländlichen Lebens- und Arbeitswelt verankert. Der sich daraus ergebende Eindruck von Authentizität und Unmittelbarkeit seiner Dichtung machte seine Gedichte interessant, verhieß doch sein Werk auf authentischere Weise das, was Wordsworth und Coleridge synthetisch herzustellen versuchten: die tatsächlich gesprochene Sprache der einfachen Leute als poetisches Medium, verbunden mit der Welt der einfachen Leute als Gegenstand. Die Titel seiner Gedichtbände verweisen auf genau diesen thematischen Bereich (z. B. *Poems Descriptive of Rural Life and Scenery*, 1820; *The Rural Muse*, 1835).

Ein irischer Dichter der Romantik war Thomas Moore (1779–1852), wobei diese Zuordnung gleich wieder abgeschwächt werden kann. Moore kam in Dublin zur Welt, er stammte aus einer katholischen Familie. Allerdings trainierte er sich den irischen Akzent ab und ging nach seinem Studium nach London. Seine Gedichte standen zunächst noch stark in der Tradition der vorromantischen Zeit; man würde ihnen auf den ersten Blick nicht ansehen, dass sie aus dem frühen 19. Jahrhundert stammen. In ihnen finden sich auch so gut wie keine spezifisch irischen Themen, dafür aber eine klassizistische Orientierung an der Antike. Dies ging so weit, dass er sich wegen seiner Bewunderung für den griechischen Dichter Anakreon (ca. 575–485 v. Chr.) »Anacreon Moore« nannte. Ab 1808 vollzog Moore allerdings eine thematische Umorientierung. Nun schrieb er Liedtexte zu alten irischen Melodien, die in mehreren Bänden unter dem Titel *Irish Melodies* (1808–1834) erschienen. Dieses Publikationsprojekt folgte dem Vorbild der beliebten Arrangements schottischer Lieder [→146] und sollte offensichtlich an deren Erfolg anschließen. Einige seiner Lieder wie »The Last Rose of Summer« oder »The Minstrel Boy« wurden tatsächlich extrem bekannt; sie sind heute noch in Irland und unter den Nachfahren irischer Auswanderer in Amerika beliebt.

Drama

Lachkomödien, Krawall im Publikum
und singende Schurken

Im frühen 18. Jahrhundert wurden die Komödien aus der Zeit der *Restoration,* die die lockeren Sitten ab den 1660ern thematisierten, immer seltener aufgeführt. Sie galten nicht mehr als zeitgemäß. Auch entstanden Komödien, die zwar noch dem Typ der *comedy of manners* entsprachen, deren politische Agenda aber nicht mehr die der Royalisten, sondern eher die der *Whigs* und damit des liberalen Bürgertums war. Solche Stücke schrieb Susannah Centlivre (1669-1723), die selbst auch Bühnenerfahrung als Schauspielerin hatte. Zu ihren Komödien gehören *The Gamesters* (1705) und *A Bold Stroke for a Wife* (1718).

Ein Gegenmodell zur *comedy of manners* kam in Gestalt der *sentimental comedy* auf, in der das Gute stets auf eine zutiefst rührende Weise siegt. Ihr Ziel war, das Publikum nicht zum Verspotten, sondern zum Mitleiden und damit nicht zum Lachen, sondern zum Weinen zu bringen. Auf diese Weise sollten die Stücke den Zuschauern so unter die Haut gehen, dass sie eine Verbesserung des eigenen Verhaltens bewirken konnten. Erste Stücke dieser Art waren schon um die Jahrhundertwende aufgetaucht, nämlich *Love's Last Shift* (1696) von Colley Cibber (1671-1757) und *The Constant Couple* (1699) von George Farquhar (ca. 1677-1707). Der Ire Sir Richard Steele (1672-1729) spielte eine wichtige Rolle bei der Entwicklung dieses Komödientyps. Zu Beginn des neuen Jahrhunderts schrieb er zwei *sentimental comedies,* in denen er sich deutlich von den Inhalten der *Restoration comedy* absetzte (*The Lying Lover*, 1703, und *The Tender Husband*, 1705). In den 1720ern wuchs Steeles Einfluss auf das Theaterleben, weil er vom König geadelt und zum Aufseher über das Drury Lane Theatre bestellt wurde. Die Zügellosigkeit der Komödien alter Art hatte Steele bereits in seinem großen journalistischen Projekt, dem *Spectator* [→193] scharf angegriffen. Nun schuf er mit *The Conscious Lovers* (1722) eine in seinen Augen pädagogisch wertvolle Komödie. In diesem Stück wird edles Verhalten belohnt, und als es fast zu einem Duell kommt, verweigert der zum Duell Herausgeforderte aus Vernunftgründen den Kampf.

Steele verfolgte ein Programm der Selbsterziehung des Bürgertums durch Literatur. Das Theater sollte durch die moralische Reform der Komödie zu einem unbedenklichen Vergnügen für die *middle classes* gemacht werden. Seit der Neuetablierung der Londoner Bühnen 1660 hatte man das Theater immer auch als einen Ort der unterhaltsamen Unmoral und des erregenden Exzesses wahrgenommen. Die Londoner Theater in Covent Garden und Drury Lane bildeten ein Kulturzentrum, das zugleich in einem Rotlichtviertel lag. Es gehörte zur Normalität, dass wohlhabende Männer, insbesondere Aristokraten, Schauspielerinnen als Mätressen zu gewinnen suchten. Ebenso gehörte es zur Normalität, dass weibliche Mitglieder des Publikums Gesichtsmasken tragen konnten, um so im Schutz der Maske hemmungslos zu flirten. Dazu kam, dass in den Theatern stets Prostituierte anzutreffen waren. All das bedeutete, dass die ökonomisch, politisch und kulturell immer wichtiger werdenden bürgerlichen Mittelschichten Probleme mit dem Theater hatten, und dass daher viele Menschen diesem Milieu fernblieben. Steeles *sentimental comedy* zielte auch darauf ab, daran etwas zu ändern. Durch eine neue Art von Komödie sollte dem Theater die aristokratisch konnotierte Atmosphäre des Exzesses genommen werden. Neue Standards bürgerlicher Respektabilität sollten auf der Bühne, aber auch im Zuschauerraum greifen. Steeles moralischer Impuls zur Reform des Theaters hat damit auch eine ökonomische Dimension, weil er auf die *middle classes* und damit auf die dominante Zielgruppe der Zukunft setzte.

So leicht ließ sich das Theater freilich nicht zähmen. Das ganze 18. Jahrhundert hindurch und weit ins 19. Jahrhundert hinein blieb es ein Ort der sozialen Interaktion, ein Ort, den man auch aufsuchte, um interessierte Blicke zu werfen und Kontakte zu knüpfen. Dies war leicht möglich, weil der Zuschauerraum nicht, wie wir es heute gewöhnt sind, während der Aufführung abgedunkelt war. Erst durch die neuen Beleuchtungstechnologien des 19. Jahrhunderts, durch Gas und Elektrizität, ließ sich die Raumbeleuchtung koordiniert und schnell dämpfen oder ausschalten. Dies lag vorerst noch in ferner Zukunft. Solange die Zuschauer nicht die Idee hatten, unsichtbar und unhörbar werden zu müssen, gab es noch Interaktion zwischen Zuschauern und Schauspielern – also: Zwischenapplaus, Pfiffe, Buhrufe und allerlei improvisierte Wurfgeschosse. Die Idee der *fourth wall,* der imaginären vierten Wand, die die Bühne vom Zuschauerraum abtrennt, etablierte sich in der Praxis nur sehr langsam.

Beim Theaterbesuch ging es großen Teilen des Publikums noch nicht darum, das ganze Stück zu verfolgen. Wer erst nach der Pause kam, musste nur den halben Eintrittspreis zahlen. Als man 1763 im Covent Garden Theatre versuchte, diese Regelung abzuschaffen, kam es zu einem gewalttätigen Massenprotest. Das Publikum stürmte die Bühne und verwüstete mit bloßen Händen die gesamte Innenausstattung des Theaters. Noch 1809 kam es in Covent Garden zu einem ähnlichen Aufstand, bekannt als *Old Price Riots,* bei dem viele Menschen verletzt wurden und einige zu Tode kamen.

Solche Hintergründe machen es verständlich, dass der mit der *sentimental comedy* verbundene Belehrungs- und Disziplinierungsversuch langfristig nicht griff. Letztlich behauptete sich die lustige Komödie gegen das moralisch einwandfreie, zu Tränen rührende Gegenmodell. Oliver Goldsmith (ca. 1730–1774), wie Steele ein Ire, den es nach London gezogen hatte, veröffentlichte 1773 im *Westminster Magazine* einen Artikel mit dem Titel »A Comparison between Laughing and Sentimental Comedy«, in dem er die »Lachkomödie« eloquent verteidigte. Er landete dann auch im gleichen Jahr mit einer solchen Komödie einen enormen Publikumserfolg: In *She Stoops to Conquer, or The Mistakes of a Night* wird ein privates Haus mit einer Herberge verwechselt; die sich dort entspinnenden Liebesverwicklungen waren geeignet, schenkelklopfende Heiterkeit im Publikum herbeizuführen.

Weitere bekannte »Lachkomödien« schrieb ein weiterer Ire, Richard Brinsley Sheridan (1751–1816), dem in London der Durchbruch als Bühnenautor mit *The Rivals* (1775) gelang. Sheridan wurde Direktor des Drury Lane Theatre, zu dessen Schauspielern der überaus berühmte und beliebte David Garrick gehörte. 1777 übertrumpfte Sheridan seine früheren Komödienerfolge mit *The School for Scandal.* Dieses Stück um zwei ungleiche Brüder unterhält mit geschickt angelegten Verwechslungen und Versteckszenen (Wandschirm! Schrank!). Es gilt als Prachtexemplar einer Komödie des 18. Jahrhunderts und findet sich daher auch immer wieder auf Spielplänen unserer Zeit.

Ein weiterer Typ des Bühnenstücks, der im 18. Jahrhundert eine wichtige Rolle spielte, war die *domestic tragedy.* Dabei handelt es sich um Tragödien, die nicht, wie zuvor üblich, im Milieu der Herrscher und Helden einer mehr oder weniger fernen Vergangenheit spielten, sondern unter Menschen aus dem Bürgertum der damaligen Gegenwart. Besonders erfolgreich war *The London Merchant, or the History of George Barnwell* (1731) von George Lillo (ca. 1693–1739). George Barnwell, ein Lehrling, kommt in schlechte Gesellschaft und wird zum Mörder. Er wird hingerichtet, bereut aber vorher sein Tun. In diesem Stück wurde die Welt der Londoner Kaufleute auf die Bühne gebracht; dem Publikum wurde also eine Geschichte über dessen eigene Welt erzählt. Hier folgte das Theater einem Trend, der noch genauer im Zusammenhang mit der Etablierung des Romans [→171] zu betrachten sein wird: Die englische Literatur beschäftigte sich zunehmend mit plausibel gezeichneten Figuren, die die eigenen Nachbarn hätten sein können; die im Text oder auf der Bühne vorgestellte Welt überschnitt sich mit der eigenen Erfahrungswelt. Lillos Tragödie wurde auch außerhalb von Großbritannien bewundert und nachgeahmt. Das erste bürgerliche Trauerspiel der deutschen Literatur, Lessings *Miss Sara Sampson* (1755), war von Lillos *London Merchant* angeregt, und dessen Einfluss findet sich ebenso in dem französischen Stück *Le Fils naturel* (1757) von Denis Diderot.

Betrachtet man den Umgang mit älteren Stücken, so ist zu beobachten, dass das Ansehen Shakespeares im Verlauf des 18. Jahrhunderts so drastisch stieg, dass ihm schließlich eine zentrale Stellung im Kanon der englischen Literatur zugemessen wurde. Man spricht in diesem Zusammenhang vom *Shakespeare Revival*. Dass Shakespeare nun höher im Kurs stand, lässt sich daran ablesen, dass Ausgaben seines Gesamtwerks herausgebracht wurden, und dass eine dieser Editionen 1723 von Alexander Pope [→131], dem wohl einflussreichsten englischen Dichter der Zeit, besorgt wurde. Ein weiterer sicherer Indikator für Shakespeares wachsendes Ansehen ist die 1741 in der *poets' corner* von Westminster Abbey aufgestellte Shakespeare-Statue (zur früheren Geschichte dieses Ortes →34). Für die großen Stars unter den Schauspielern, insbesondere für David Garrick, galten Erfolge in Shakespeare-Stücken als Höhepunkte der eigenen Karriere. Garrick war auch der Organisator des ersten großen Shakespeare-Jubiläums, das 1769 in dessen Geburtsort Stratford-upon-Avon stattfand (mit leichter Verspätung, eigentlich hätte man den 200. Geburtstag Shakespeares fünf Jahre früher feiern müssen). Mit dem Jubiläum begann der bis heute anhaltende Shakespeare-Tourismus an diesen Ort. Es trug wesentlich dazu bei, die Idee von Shakespeare als dem größten Schriftsteller der englischen Sprache unter die Leute zu bringen.

Man begann, William Shakespeare als *the bard* zu bezeichnen, d. h. nicht als irgendeinen, sondern *den* Barden. Interessant an diesem Begriff ist dessen gedankliche Verbindung mit den Barden der antiken Briten, also der Kelten, auf die Caesar vor zwei Jahrtausenden getroffen war. Die Idee einer gedanklich neu gefassten »Britishness« hatte im 18. Jahrhundert Konjunktur, denn sie versprach eine gemeinsame Identität für das aus ganz unterschiedlichen Teilen bestehende *United Kingdom*. Indem man Shakespeare als Barden bezeichnete, brachte man diesen eigentlich durch und durch englischen Autor mit der neuen Idee der *Britishness* in Verbindung. Damit machte man ihn zur Identifikationsfigur einer als britisch verstandenen Gesamtnation. Die Verehrung Shakespeares verbreitete sich aber auch international, wobei die Deutschen in ihrer Begeisterung für den englischen Dramatiker ganz vorneweg waren. 1771 fand in Anlehnung an Garricks Shakespeare-Festival in Frankfurt am Main eine ähnliche Veranstaltung statt, bei der Goethe eine Rede mit dem Titel »Zum Schäkespears Tag« hielt.

Die globale Ausweitung britischer Macht und Präsenz führte im späten 18. Jahrhundert zumindest in einem hochinteressanten Fall zur Beschäftigung mit außereuropäischen Theatertraditionen. In den 1780ern machte Sir William Jones (1746–1794) eine folgenschwere Entdeckung. Jones, von Beruf Richter im indischen Kolkata (damals Calcutta), war ein literaturbegeistertes Sprachengenie. Er erlernte die klassischen indischen Sprachen Sanskrit und Prakrit, und bald fielen ihm Ähnlichkeiten zwischen diesen und den alten und neuen Sprachen Europas auf. Er erkannte die Analogie von Wörtern wie *maatr* (Sanskrit), *mater* (Latein) und *mother*. Damit hatte er eine uralte indo-europäische Sprachverwandtschaft entdeckt. Dies hatte einen unmittelbaren Einfluss auf die Wahrnehmung Indiens: Wenn die indischen Sprachen mit den europäischen verwandt waren, dann waren die Inder sozusagen Verwandtschaft. Das machte es in gewissen gebildeten Milieus schwerer, aus kolonialistischer Perspektive auf sie herabzuschauen. Zugleich wurde dadurch ein Interesse an indischer Kultur, und insbesondere an indischer Literatur generiert. Jones beschäftigte sich als erster Europäer mit der Tradition des indischen Dramas und stieß schnell auf eines seiner Hauptwerke, *Shakuntala*, verfasst von Kalidas, einem Autor des 4. Jahrhunderts. Jones übersetzte das Drama in Englische (*Sacontalá, or, The Fatal Ring. An Indian Drama by Cálidás*, 1789) und bezeichnete seinen

Autor als den Shakespeare Indiens. *Shakuntala* wurde dadurch zunächst einem britischen und dann auch einem kontinentalen Publikum bekannt. Der heute in Europa vergessene Text wurde begeistert gelesen und beeinflusste seinerseits neue Werke. Das »Vorspiel auf dem Theater« in Goethes *Faust* (1808) wurde durch eine ähnliche Anfangsszene in dem altindischen Drama angeregt, und 1820 schrieb Schubert eine Oper mit dem Titel *Sacontala*.

Ein weiterer wichtiger und spannender Bereich des englischen Theaterlebens im 18. Jahrhundert war das Musiktheater. Eine der zentralen Gestalten war in diesem Zusammenhang der aus Deutschland eingewanderte Georg Friedrich Händel (1685–1759), der seinen Namen zu »George Frideric Handel« anglisierte. Händel schrieb zunächst italienische Opern, d. h. er komponierte im italienischen Stil, und die Texte wurden auf Italienisch und oft von hochbezahlten Italienern gesungen. Besonders bewundert wurden dabei italienische Kastraten wie Farinelli und Senesino, deren spektakulär hohes und zugleich kraftvolles Stimmregister das Publikum zutiefst beeindruckte. Sie waren umworbene und verehrte musikalische Superstars ihrer Zeit. Vor allem Männer aus aristokratischen britischen Familien, die eine genussvolle, viele Monate dauernde Bildungsreise [→127] nach Italien hinter sich hatten, hatten dort Geschmack an der italienischen Oper gefunden und wollten diese Art von Musikspektakel auch in London genießen. Das noch stark von religiösen Wertvorstellungen geprägte bürgerliche Publikum dagegen fremdelte mit der italienischen Oper, deren Sprache sie nicht verstanden, ebenso wie mit den extravaganten Sängern und dem für sie moralisch suspekten Milieu des Opernhauses. Händel entwickelte daher ein für die Menschen der bürgerlichen Mittelschichten unbedenkliches Format: das Oratorium. Die Stoffe seiner Oratorien, z. B. *Saul* (1739), *Messiah* (1742) und *Solomon* (1748), waren der Bibel entnommen. Genau wie in einer Oper gab es Rezitative, also Passagen, in denen die Handlung durch Sprechgesang vorangetrieben wird, und Arien, in denen die Virtuosität des Gesangs im Vordergrund steht. Verzichtet wurde dagegen auf Kostüme, Bühnendekorationen und ein schauspielerisches Ausagieren der Handlung.

Bereits bevor Händel den strategischen Wechsel von der italienischen Oper zum englischsprachigen Oratorium vollzogen hatte, war das Ansehen der Oper durch ein überaus erfolgreiches Stück auf spektakuläre Weise beschädigt worden. Dabei handelt es sich um die *Beggar's Opera* (1728). Das Libretto stammte von John Gay [→135], die Musik von Johann Christian Pepusch, der ebenso wie Händel ein deutscher Einwanderer war. Die *Beggar's Opera* war eine satirische anti-Oper. Statt in der Welt der antiken Mythologie oder der historischen Vergangenheit spielt sie in der Unterwelt des zeitgenössischen London. Ebenso wie die *domestic tragedy*, der sich etablierende Roman und die Bildergeschichten William Hogarths [→181] konfrontierte sie das Publikum mit Aspekten seiner eigenen Welt. Ihre Figuren waren Schurken und Schurkentöchter aus den Straßen Londons. Und genau wie die Figuren kam auch die Musik direkt von der Straße; Pepusch arrangierte Balladen und andere Ohrwürmer des 18. Jahrhunderts, die dem Publikum bereits bestens vertraut waren. Die *Beggar's Opera* war ein enormer Erfolg, sie wurde jahrzehntelang immer wieder aufgeführt, und ein breites Publikum hatte ihre Texte und Melodien im Ohr.

Der Erfolg der *Beggar's Opera* führte dazu, dass im 18. Jahrhundert etliche weitere Stücke nach dem gleichen Prinzip geschrieben wurden; man bezeichnet diese Art des Musiktheaters als *ballad opera*. Gay knüpfte an seinen Kassenschlager mit einer Fortsetzung unter dem Titel *Polly* (1728) an, in der die weibliche Hauptfigur der *Beggar's Opera* fern von England Abenteuer unter Piraten und Indianern zu bestehen hat. Sein Einfluss reicht bis in die deutsche Literatur des 20. Jahrhunderts; Bertolt Brechts *Dreigroschenoper* (1928) adaptierte die *Beggar's Opera* für seine eigene Zeit.

Drama der Romantik
Spektakel, Abgründe und Aufstände

Im Gegensatz zu dem Theater der Shakespeare-Zeit oder des früheren 18. Jahrhunderts sind Repertoire und Theaterpraxis der Romantik dem heutigen Publikum sehr viel weniger vertraut. Vieles von dem, was gegen Ende des 18. und im frühen 19. Jahrhundert auf britischen Bühnen aufgeführt wurde, ist nur als Reaktion auf eine historische Rechtslage zu verstehen. Seit der *Restoration* durften eigentlich nur die ganz wenigen königlich privilegierten Schauspielhäuser, die sogenannten *patent theatres* [→99], Stücke mit gesprochenen Dialogen aufführen. In London gab es ab der zweiten Hälfte des 18. Jahrhunderts drei davon, in Dublin und Edinburgh jeweils eines. Dies reichte nicht aus, um, insbesondere in London, den Unterhaltungsbedarf eines rasant wachsenden Publikums zu decken. Zahlreiche weitere Theater entstanden, und da es ihnen nicht erlaubt war, konventionelles Sprechtheater aufzuführen, wichen sie auf Bühnenshows mit Tanz, Musik und allerlei Spektakel aus. Diese konnten mit Dramen, die man eigentlich nicht aufführen durfte, vermischt werden. So konnte man dann sagen, dass es sich bei dem Shakespeare-Stück um ein Ballett handle. Ebenso führte man Stücke pantomimisch, also nur durch expressive Körpersprache und Mimik, auf. Dieser gezwungenermaßen kreative Umgang mit dem Sprechtheaterverbot übte großen Einfluss auf den Publikumsgeschmack der Zeit aus, so dass auch die *patent theatres* dergleichen auf ihre Bühnen brachten. Der Zwang zum Spektakel entfiel erst, als das Sprechtheaterprivileg im Jahre 1843 durch ein Gesetz abgeschafft wurde.

Unter dem, was zur Zeit der Romantik für die Bühne aufbereitet wurde, waren auch zahlreiche Romane. Dies gilt insbesondere für das Romanwerk von Sir Walter Scott [→202]. *Waverley* oder *Rob Roy* konnte man daher nicht nur lesen, sondern auch im Theater sehen – mit Gesang und Tanz, um den rechtlichen Auflagen zu genügen. Insbesondere *Rob Roy* wurde durch Aufführungen in Edinburgh zu so etwas wie einem schottischen Nationalstück des 19. Jahrhunderts. Es ist davon auszugehen, dass ein nicht zu unterschätzender Teil des Publikums die Erfolgsromane der Zeit nicht durch Lektüre, sondern erst einmal oder vielleicht auch ausschließlich durch Bühnenversionen kennenlernte. Insofern lassen sich diese Romanbearbeitungen für das Theater mit den Literaturverfilmungen unserer Zeit vergleichen.

Wichtige Akteure der Romantik haben wir bereits kennengelernt; bis auf Sir Walter Scott und Mary Shelley, die für ihre Prosatexte berühmt sind, werden diese vor allem mit der Dichtung, nicht aber mit dem Drama assoziiert. Das heißt aber nicht, dass dieser Personenkreis keinerlei Affinität zum Drama gehabt hätte. Robert Burns schrieb eine Kantate mit dem Titel »Love and Liberty« (verfasst ca. 1785, veröffentlicht 1799), in der er traditionelle schottische Melodien verwendete. Obwohl es sich hier nicht um Theater im engeren Sinne handelt, verlangt eine solche Kantate, die die Tradition von Ramsays *Gentle Shepherd* [→136] und Gays *Beggar's Opera* weiterführte, nach einer an theatralischen Elementen reichen Aufführung. Wordsworth schrieb als junger Mann ein Drama (*The Borderers*, 1796–1797), das aber in der Schublade blieb und erst 1842 veröffentlicht wurde. Coleridge verfasste zusammen mit Southey [→206] das Versdrama *The Fall of Robespierre* (1794). 1813 wurde sein Stück *Remorse* aufgeführt, das in Spanien zur Zeit der Inquisition spielt. Auch von Byron gibt es mehrere Dramen. Während eines Aufenthalts in der Schweiz, in Sichtweite der Alpen, begann er, *Manfred* zu schreiben (1817 veröffentlicht). Die Hauptfigur ist ein ins Übermenschliche gesteigerter *Byronic hero* [→156], der von Schuld zerfressen in einem einsamen Alpenschloss haust. In diesem Stück wird das Angstlustpotential alpiner und moralischer Abgründe kühn gesteigert ausgereizt; zu den Schock- und Schauereffekten, mit denen Byron operiert, gehören ein missglückter Selbstmord, die Begegnung mit einer Alpenhexe und das Eingeständnis der inzestuösen Liebe Manfreds zu seiner Schwester. Angesichts der überaus plausiblen Gerüchte über Byrons eigene Beziehung zu seiner Halbschwester handelte es sich hier um eine kalkulierte Publikumsprovokation. Weitere Dramen folgten, darunter *Cain; a Mystery* (1821). In diesem Stück erweiterte er die biblische Geschichte von Kain, dem ersten Ausgestoßenen der Menschheit, indem er dessen Motivation für den Mord an seinem Bruder Abel aus seinem Zweifeln an der Güte Gottes herleitete. Eine der Hauptrollen des Stücks, das selbst als nicht aufgeführtes *closet drama* viel Aufregung verursachte, spielt Satan, der Kain gegenüber das Verhalten Gottes erklärt. Damit steht *Cain* in der Tradition von Miltons *Paradise Lost* [→95], die Byron im Sinne seiner eigenen dunklen, abgründigen Romantik fortsetzte. Auch hier wird das Verhalten Gottes erklärt, auch hier geht es um rebellischen Ungehorsam, auch hier spielt Satan eine Paraderolle.

Shelley [→157] schrieb ein Lesedrama mit dem Titel *Prometheus Unbound* (entstanden 1818–1819, veröffentlicht 1820), das in manchen seiner Ideen mit Byrons *Cain* vergleichbar ist. In beiden Texten finden wir die Rebellion gegen eine als unterdrückerisch gezeichnete göttliche Autorität. Prometheus ist eine Lucifer-artige Figur, deren Wirken aber als Befreiung gedacht wird. Wieder liegt es nahe, an Milton zu denken, und auch daran, dass zur Zeit der Romantik nicht Gott, sondern Satan als die spannendste Figur in *Paradise Lost* betrachtet wurde.

Prosa

Neue Lebensgeschichten, neue Geschichten über das Leben

Betritt man heute einen Buchladen, gleich, ob in Großbritannien oder bei uns, so bekommt man dort Literatur vor allem in Form von Romanen angeboten. Das war nicht immer so. Bis gegen Ende des 17. Jahrhunderts war man ohne den Roman ausgekommen. Als dieser dann auftauchte, wurde er in Großbritannien früher und schneller als anderswo zum Massenphänomen und etablierte sich langfristig als dominierendes Produkt auf dem Literaturmarkt. Dieser Vorgang ist ebenso interessant wie erklärungsbedürftig. In der Literaturwissenschaft gibt es seit langer Zeit eine Debatte über *the rise of the novel*, wie es im Englischen in

Anlehnung an ein einflussreiches Buch gleichen Titels heißt, das Ian Watt 1957 zu diesem Thema veröffentlichte. Spätestens seit Watt versucht man, die Erfolgsgeschichte des englischen Romans unter Berücksichtigung sozial-, kultur- und ideengeschichtlicher Bedingungen zu erklären. Sicherlich war es ein ganzes Gefüge solcher Bedingungen, das dem Roman nicht irgendwo, sondern zu einem bestimmten Ort und zu einer bestimmten Zeit, nämlich im London des 18. Jahrhunderts, zum Durchbruch verhalf. Dort gab es seit der Reformation eine immer größere Anzahl von Menschen, die lesen konnten. Es gab die bürgerlichen Mittelschichten mit ihrer textzentrierten Kultur. Es gab insbesondere die bürgerlichen Frauen, die sowohl die Zeit als auch die finanziellen Mittel hatten, die erforderlich waren, um sich mit Büchern zu beschäftigen. All das war günstig für das Lesen. Was aber machte den Roman so attraktiv, dass er begeistert vom Lesepublikum aufgenommen wurde?

Neu am Roman war nicht, *dass* er Geschichten erzählte, sondern *welche* Geschichten er erzählte. Narrative Texte hatte es natürlich bereits in vormoderner Zeit gegeben. Ganz besonders beliebt war das permanente Recycling alter, bekannter Stoffe gewesen. Vertraute Figuren, Handlungen und Orte aus der Bibel, aus der klassischen Mythologie oder aus der Geschichte wurden immer wieder aufgegriffen. Die handelnden Figuren waren Götter und Göttinnen, Heilige oder wichtige historische Figuren. Sie beschäftigten sich nicht mit dem alltäglichen Einerlei: Gott schuf die Welt, Odysseus reiste, Heilige taten Wunder, Könige vollbrachten Großtaten. Beispiele für diese Wiederverwendung bereits vorhandener Stoffe findet man zuhauf, sei es in mittelalterlichen *miracle plays*, in den Dramen Shakespeares oder in Miltons *Paradise Lost*. Das moderne, realistische Erzählen des Romans bot dagegen eine neue, noch nie gehörte Geschichte, bei deren Lektüre man zu Beginn noch nicht wissen konnte, wie sie ausgehen würde. Seine handelnden Figuren waren Leute, wie man sie selbst auf der Straße hätte treffen können, plausibel geschilderte Alltagsmenschen mit kleineren und größeren Alltagsproblemen.

Wenn sich etwas ganz grundlegend im Leben der Menschen und in deren Vorstellungen über das Leben ändert, so wird sich dies in Geschichten niederschlagen, die die Literatur über das

Leben erzählt. In vormodernen Zusammenhängen, bis ins 17. Jahrhundert hinein war es auf den Britischen Inseln ebenso wie auf dem Kontinent für die überwiegende Mehrheit der Bevölkerung der Normalfall, dass man in einen bestimmten sozialen und lokalen Zusammenhang hineingeboren wurde, in dem man dann lebenslang verblieb. Der Sohn eines Müllers lernte in der Regel gleichfalls das Müllerhandwerk, die Bäckerstochter heiratete nach Möglichkeit einen Bäcker. Die allermeisten Familien arbeiteten über viele Generationen in der Landwirtschaft, wobei über Jahrhunderte derselbe Hof, dieselben Felder den Schauplatz ihres Lebens bildeten. Heute fragt man kleine Kinder gerne, was sie einmal werden möchten, wenn sie groß sind. In der vormodernen Welt wäre diese Frage für die große Mehrheit der Menschen vollkommen unsinnig gewesen: Das eigene Leben rekapitulierte in seinen Grundzügen meist das Leben der Eltern und Großeltern.

Sowohl im vormodernen Leben als auch im vormodernen literarischen Geschichtenerzählen kam dem Modus der Rekapitulation eine enorme Bedeutung zu. Es liegt nahe, anzunehmen, dass zwischen dem einen und dem anderen ein Zusammenhang bestand. Dieser Zusammenhang zwischen gelebtem Leben und erzählten Geschichten griff auch, als ab dem frühen 18. Jahrhundert die Erfahrung von lokaler und sozialer Mobilität zu einem Massenphänomen wurde. Sobald die Möglichkeit bestand, in die Metropole zu ziehen und dort ein neues Leben anzufangen, sobald das Streben nach sozialem Aufstieg gesellschaftlich akzeptiert war, konnte die eigene Lebensgeschichte erstmals als eine radikal offene und damit auf neue Weise spannende Geschichte gedacht werden.

Immer mehr Menschen wussten nun nicht mehr, wo, wie und mit wem sie in ein paar Jahren leben würden. Der Roman reagierte darauf; er trat als neue Textart auf, die interessant war, weil sie von genau dieser neuen Art des in seinem Verlauf offenen Lebens erzählte. Die Spannung, die sich daraus ergibt, dass man beim Lesen nicht vorhersagen kann, wie die Geschichte verläuft und ausgeht, wurde zu einem Qualitätsmerkmal erzählender Texte, und sie blieb es bis heute. Der Roman ermöglichte es, Verhaltensoptionen und Entscheidungssituationen, wie sie auch im eigenen Leben aktuell werden konnten, gedanklich durchzuspielen. So bot er nicht nur Unterhaltung, sondern auch Rat und Orientierung.

Zu den neuen Lebensverhältnissen, mit denen sich der englische Roman auseinandersetzt und die er zur Voraussetzung hat, gehörte die Etablierung der modernen Privatsphäre als Massenphänomen. Vormoderne Lebenswelten waren durch ein hohes Maß von sozialer Transparenz und Sozialkontrolle gekennzeichnet gewesen: Man kannte die Nachbarn und deren Lebensgeschichten in- und auswendig. Das änderte sich in London ab dem späten 17. Jahrhundert. Mit dem Wiederaufbau der City of London nach dem *Great Fire* von 1666 etablierte sich ein neuer Wohnhaustyp, der bis heute das Erscheinungsbild britischer Städte prägt. An die Stelle von gruppenweise um gemeinsam genutzte Hinterhöfe angeordneten Fachwerkhäusern traten jetzt Reihenhäuser aus Backstein. Hatten vorher die Anordnung und Beschaffenheit der Häuser ständige Begegnungen und Blickkontakte erzwungen, so ermöglichten die modernen Reihenhauszeilen eine gegenseitige soziale Abschottung von Menschen, die Wand an Wand lebten. Es wurde zu einer neuen Höflichkeitsnorm, die Nachbarn zu ignorieren, d. h. ihren privaten Raum zu respektieren. Das bedeutete auch, dass man nicht mehr wie früher von einer durchaus unterhaltsamen, lebendigen *soap opera* umgeben war. Man konnte nur noch darüber mutmaßen, was in der neuen Privatsphäre der Nachbarn vor sich ging, die von der eigenen durch eine undurchdringliche Wand getrennt war. Hier sprang nun der Roman ein, der es ermöglichte, das unsichtbar gewordene Leben von Figuren, die die eigenen Nachbarn hätten sein können, ausgiebigst zu beobachten. Der Roman veröffentlicht Geschichten über das private Leben; diese können erst erzählt werden, sobald es die moderne Privatsphäre als Massenphänomen gibt. Das war in London sehr viel früher als anderswo in Europa der Fall.

Für bürgerliche Frauen in London verengte sich die Lebenswelt immer stärker auf die häusliche Privatsphäre. Während Männer sich zu allen Tages- und Nachtzeiten in der Stadt frei bewegen konnten, war es für eine respektable Dame unmöglich, bestimmte Stadtviertel allein zu betreten, insbesondere nach Einbruch der Dunkelheit. Der Roman eröffnete eine Möglichkeit, aus dieser sich verengenden Welt zumindest in der Imagination auszubrechen und in Bereiche der großstädtischen Erfahrung vorzudringen, die den Frauen der *middle classes* ansonsten verschlossen waren.

Der frühe Roman hängte sich an bereits etablierte Genres wie beispielsweise den Reisebericht, die Geschichtsschreibung und verschiedene Formen des *life writing* (Tagebuch, Biographie, Autobiographie) an. Für Leserinnen und Leser der ersten Romane war es daher nicht unbedingt klar, ob sie es beispielsweise mit der Beschreibung einer realen oder realistisch imaginierten Reise zu tun hatten. Ein sehr frühes Beispiel dafür finden wir bereits in den 1680ern im Werk von Aphra Behn [→104]. Behn war eine Autorin, die ein an Abenteuern reiches Leben führte. Höchstwahrscheinlich reiste sie nach Südamerika, in die damalige englische Kolonie Surinam, wo sie Verwandte hatte. Danach heiratete sie in London einen Kaufmann einer niederländischen Familie, wurde dann aber bald Witwe und ging als englische Spionin für Charles II. in die Niederlande. Von großer Bedeutung für die frühe Geschichte des englischen Romans ist Behns *Oroonoko, or the Royal Slave. A True History* (1688). Sie erzählt in diesem Text die Geschichte eines afrikanischen Königssohns, der in die Sklaverei nach Surinam verkauft wird, wohin auch die von ihm geliebte Imoinda gelangt. Dort organisiert er eine Sklavenrevolte, die mit größter Brutalität niedergeschlagen wird. Bemerkenswerterweise taucht hier bereits in den 1680ern die Figur eines »edlen Wilden« auf, der den Europäern moralisch überlegen ist, und bemerkenswert ist auch, dass Behn mit Mitteln der Literatur gegen die Sklaverei Stellung bezieht.

Für den Beginn des romanhaften Erzählens war es charakteristisch, dass darauf insistiert wurde, man präsentiere keine Fiktion, sondern eine wahre Geschichte. Nichts sei erfunden, so heißt es gleich im ersten Kapitel von *Oroonoko*. Ganz nach Art damaliger Reiseberichte beginnt der Text mit einer Vielfalt von Informationen über Land und Leute von Surinam. So lockt er nicht nur mit einer spannenden Geschichte, sondern auch mit dem Leseanreiz der Nützlichkeit; man erfährt ganz genau, was man als britischer Kaufmann gewinnbringend aus Surinam importieren kann, und wie man am besten dabei vorgeht.

Dem heutigen Lesepublikum sehr viel bekannter als die historisch wichtige und nach wie vor lesenswerte Aphra Behn ist Daniel Defoe (1660–1731). Defoe war ein enorm produktiver Autor, der ca. 500 Texte verschiedenster Art und Länge verfasste. 1719 erschien das Buch, an dem bis heute seine Bekanntheit bei einem breiten Publikum hängt: *The Life and Strange Surprizing Adventures of Robinson Crusoe* (1719). Auch diesem frühen Roman sollte (und konnte) man es nicht auf den ersten Blick ansehen, dass er einer war. Stattdessen präsentierte er sich als eine Mischung aus einem Reisebericht und der Sorte von religiösem *life writing,* die zeigen will, wie Menschen aus Krisensituationen durch das Eingreifen Gottes zum Glauben finden und so gerettet werden. Wir haben dergleichen am Beispiel der Lebensgeschichte Hannah Allens kennengelernt [→112].

Robinson Crusoe gehört zu einem kleinen, aber wichtigen Kreis von Figuren, die durch die Literatur in die Welt kamen, und die über die Literatur hinaus ein bemerkenswertes Eigenleben entwickelten. Sie haben nie gelebt, und dennoch sind sie nicht totzukriegen. Ähnlich wie Sherlock Holmes und Lemuel Gulliver (bei uns meist einfach »Gulliver« genannt) ist Robinson Crusoe extrem vielen Menschen in aller Welt zumindest ungefähr ein Begriff – auch, wenn sie nie Bekanntschaft mit den Originaltexten gemacht haben, in denen die Existenz dieser Figuren begann. Defoes Erfolgsroman wurde im Lauf der Jahrhunderte zu einem Kinderbuch umgedeutet. In unserer Zeit lernt man ihn in erster Linie in stark gekürzten Versionen und Verfilmungen kennen. Der Originaltext ist daher für heutige Leserinnen und Leser voller Überraschungen. Der Roman beginnt damit, dass Robinson das hat, was wir heute als einen Migrationshintergrund bezeichnen würden. Seine Familie war aus Bremen zugewandert und kam so zu einem neuen, für Engländer aussprechbaren Nachnamen: Aus den Kreuznaers wurden die Crusoes. Crusoes Vater, der Einwanderer, ermahnt seinen Sohn, keinesfalls das Land seiner Geburt zu verlassen (!), woran dieser sich natürlich nicht hält. Kennzeichnend für die britischen Verhältnisse des 18. Jahrhunderts war eine zunehmende lokale und soziale Mobilität; die Frage, ob man die vertraute Umwelt verlassen und an einem anderen Ort einen Neuanfang wagen sollte, war also von allgemeinem Interesse.

Crusoe fährt zur See, erleidet Schiffbruch und rettet sich auf eine einsame Insel. Dort arbeitet er sich autodidaktisch in alle Handwerkszweige ein, die man zum Überleben braucht. Das macht ihn zu einem Urbild des *self-made man*; er lebt vor, dass es unendlich viele Optionen gibt, sich beruflich neu zu erfinden.

Robinson Crusoe war der erste Roman Defoes; weitere folgten. In *Captain Singleton* (1720) geht es um Abenteuer und wilde Schurkereien zur See und in Afrika. In *Moll Flanders* (1722) erzählt die Titelheldin ihr ereignisreiches Leben, das frühe Verführung, etliche Ehen, eine Zeit als Diebin, Deportation nach Virginia und schließlich ein gutes Ende in Bußfertigkeit und Reichtum beinhaltet. *A Journal of the Plague Year* (1722) schildert auf überaus lebhafte Weise die Ereignisse während der großen Pestepidemie von 1665, und in *Roxana* (1724) wird die Geschichte einer Tochter hugenottischer Flüchtlinge erzählt, die ein als Mätresse verbrachtes Leben arm, aber reuig beendet. Dies sind nur einige Beispiele. Typisch für die Romane Defoes ist ein Erzählen, das Episode an Episode reiht. Er operiert noch nicht mit kunstvoll arrangierten Systemen von Handlungssträngen, wie dies später in der Entwicklung des englischen Romans der Fall sein wird.

So, wie Defoes Breitenwahrnehmung über die Jahrhunderte auf einen einzigen Roman zusammenschrumpfte, erging es auch Jonathan Swift (1667–1745). Swifts Werk besteht aus zahlreichen, ganz unterschiedlichen Texten, die aber alle im Schatten seines Romans *Travels into Several Remote Nations of the World* [...] *by Lemuel Gulliver* (1726), besser bekannt als *Gulliver's Travels*, stehen. Gemeinsam haben *Robinson Crusoe* und *Gulliver's Travels*, dass sie vor allem deshalb weltbekannt wurden, weil man sie zu Kinderbüchern umdeutete und in entsprechend gekürzten Versionen und ab dem 20. Jahrhundert in Verfilmungen unter die Leute brachte. Swifts berühmter Roman war aber genau wie der von Defoe ursprünglich ein Buch für Erwachsene. Die phantastische Abenteuergeschichte, die ihre Hauptfigur zunächst in das exotische Land Lilliput mit seinen winzigen Menschen führt und dann nach Brobdignag, wo die Riesen wohnen, verarbeitete den ebenso verstörenden wie aufregenden Erkenntnissprung, den neue naturwissenschaftliche Verfahren ab dem späten 17. Jahrhundert gebracht hatten [→89]. Der neue Blick auf die Welt durch Mikroskop und Teleskop hatte gezeigt, dass es kein absolutes Groß und Klein gibt, dass unsere Wahrnehmung der Welt immer von der eingenommenen Perspektive abhängt. Entsprechend, so demonstrieren die Reisebeschreibungen in *Gulliver's Travels*, sind Vorstellungen von Normalität immer kulturspezifisch. Die Bewohner von Laputa, Balnibari, Luggnagg oder Glubbdubdrib finden ihr Verhalten vollkommen normal, obwohl es Lemuel Gulliver durch und durch bizarr erscheint. Das Buch lebt von einem ständigen Wechsel der Perspektiven auf die Welt. Als die Hauptfigur das Land besucht, wo hochzivilisierte Pferde, *Houyhnhnms* genannt, die Macht haben und in dem die Menschen auf tierhafte Weise leben, beginnt sie, sich mit diesen Pferden zu identifizieren und Menschen zu verabscheuen. Das von Swift genial erdachte Wort *Houyhnhnms* spricht man übrigens am besten aus, indem man versucht, dabei wie ein Pferd zu wiehern.

Der ungekürzte Originaltext von *Gulliver's Travels* ist voll von satirischen Anspielungen auf Politik und Religion seiner Zeit. Swift operiert zudem mit drastischen Effekten; man wird mit der Hässlichkeit der mikroskopisch genau betrachteten menschlichen Haut ebenso konfrontiert wie mit allerlei Ausscheidungen des Körpers. Die Riesinnen in Brobdignag stellen Experimente mit Gulliver an, indem sie ihn beispielsweise nackt ausziehen und eine ihn dann ausgiebig auf ihrer riesigen Brustwarze reiten lässt. Der Roman enthielt eine Vielzahl solcher Passagen, die gründlich entschärft wurden, als man ihn zu einem Kinderbuch zusammenstutzte. Für das entschärfende Aufarbeiten literarischer Texte gibt es im Englischen übrigens ein eigenes Verb, nämlich *to bowdlerize*, nach Thomas Bowdler, der 1818 eine in diesem Sinne »gesäuberte« Shakespeare-Ausgabe mit dem Titel *The Family Shakespeare* auf den Markt brachte.

Mit Swift lernen wir die wichtigste irische Stimme in der englischsprachigen Literatur des 18. Jahrhunderts kennen. »Irisch« bedeutet in diesem Fall allerdings, dass er zu der privilegierten Schicht englischsprechender Protestanten gehörte, die die englische Herrschaft über die große Mehrheit der katholischen, gälischsprechenden Iren stabilisierte. Swift war zwar in Dublin geboren und hatte dort studiert (übrigens nicht gerade erfolgreich; den Bachelor bekam er nur *ex speciali gratia,* d. h. gnadenhalber), kulturell war er aber an England orientiert. Dort hätte er auch gerne permanent gelebt, was ihm aber mangels einer passenden Stelle nicht gelang. In seinem Leben ging es immer wieder hin und her zwischen dem Eintauchen in die literarischen Zirkel Londons und seiner Existenz zuerst als Landpfarrer in Irland und dann als *Dean* (also Oberprediger) an St. Patrick's Cathedral in Dublin.

Swifts Einstellung zu Irland veränderte sich im Laufe seines Lebens. Obwohl er der englischsprechenden und -denkenden Oberschicht angehörte, begann er, in seinen Texten die englische Herrschaft über Irland zu kritisieren und antikolonialistische Töne anzuschlagen. Dies vereinte er in seiner satirischen Schrift *A Modest Proposal* (1729) mit allerschwärzestem Humor. Der Text beginnt damit, dass die Iren arm seien und viele Kinder hätten. Das wird mit der Idee kombiniert, dass Fleisch ein begehrter Handelsartikel sei, den man gewinnbringend nach England exportieren könne. Jetzt muss nur noch darauf hingewiesen werden, dass Kinder aus Fleisch bestehen, und schon lässt sich auf ebenso logische wie haarsträubende Weise erklären, wie man die irische Wirtschaft durch Kannibalismus sanieren kann. Durch die Umdeutung des Kinderkörpers zum Wirtschaftsgut ließ sich implizit die Brücke dazu schlagen, dass es ohnehin an der Tagesordnung war, im Umgang mit der Mehrheit der irischen Bevölkerung über Leichen zu gehen.

Swift in Dublin. In St. Patrick's Cathedral, wo Swift predigte, erinnert seine von ihm selbst verfasste lateinische Grabinschrift an ihn als einen Menschen, der nicht anders konnte, als sich immer wieder über das, was er als die Dummheit und Unbelehrbarkeit der Leute sah, zu ereifern – eine Ereiferung, die nur mit dem Tod endete. Er ruhe nun dort, so heißt es in der Inschrift, »ubi saeva indignatio ulterius cor lacerare nequit«, also wo die wilde Ereiferung sein Herz nicht länger zerfleischen kann. Swift liegt in der Kathedrale neben Esther Johnson, einer von zwei Frauen namens Esther, mit denen er über lange Jahre ein unklares Parallelverhältnis unterhalten hatte.

Bei unserer Erkundung der frühen Geschichte des englischen Romans haben wir gesehen, wie sich das neue Genre an alte, etablierte Textsorten anlehnte. Behns *Oroonoko*, Defoes *Robinson Crusoe* und Swifts *Gulliver's Travels* folgten dabei insbesondere dem Modell des Reiseberichts. Im weiteren Verlauf der Entwicklung des Romans kamen andere Modelle dazu. Eines davon war der Briefroman (*epistolary novel*), der vorgab, Einblick in die private Korrespondenz seiner Figuren zu geben. Der Briefroman wurde vor allem durch Samuel Richardson (1689–1761) etabliert. Richardson war ursprünglich ein Drucker und Verleger. Er wünschte sich für sein Verlagsprogramm einen sogenannten Briefsteller, ein Buch, das anhand von Beispielen vermittelte, wie man Briefe für alle Lebenslagen schrieb. Er machte sich daran, selbst eine Reihe solcher Musterbriefe zu schreiben. Um die ganze Sache für die Leserschaft attraktiver zu machen, erfand er dazu Figuren, die miteinander korrespondierten, und Geschehnisse, über die sie sich in ihren Briefen austauschten. Aus diesem Projekt entwickelte sich *Pamela, or Virtue Rewarded* (1740), ein Roman, der komplett durch Briefe und Tagebucheinträge erzählt wird. Pamela, die Hauptfigur, ist eine junge Dienerin, die ein junger, wohlhabender und absolut skrupelloser Mann mit allen Mitteln zu verführen versucht. Sie lässt das nicht geschehen, verliebt sich jedoch in den Verführer. Statt sich zu seiner Mätresse machen zu lassen, macht sie ihn zu ihrem Ehemann. Die Tugend hat gesiegt – und damit wird es legitim, eine überaus gewagte und aufregende Geschichte über Gewalt, Selbstbestimmung und die Ambivalenz der Liebe zu erzählen.

Nach dem großen Erfolg von *Pamela* veröffentlichte Richardson einen weiteren Briefroman mit dem Titel *Clarissa, or The History of a Young Lady* (1747–1749). *Clarissa* ist einer der längsten Romane, die je auf Englisch geschrieben wurden. Auch hier wird eine Geschichte über einen jungen, wohlhabenden Schurken erzählt, der einer jungen Frau nachstellt. Nachdem er sich schließlich mit Gewalt über sie hergemacht hat, geht sie langsam zugrunde; der Vergewaltiger wird in einem Duell getötet.

Sowohl *Clarissa* als auch *Pamela* faszinierten das Publikum ihrer Zeit. Zum einen entstand durch die neue Erzähltechnik beim Lesen der Eindruck, ganz nah an den Charakteren und deren Erlebnissen zu sein. Schließlich war man »direkt« mit ihren Briefen und Tagebucheinträgen konfrontiert, die unmittelbarer und authentischer wirkten als eine durch eine Erzählerfigur vermittelte Handlung. Zum anderen ging es hier um die besonders für ein weibliches Lesepublikum relevante Frage der Machtverteilung zwischen den Geschlechtern.

Vor allem in *Pamela*, aber auch in *Clarissa* nahm Richardson Grundstrukturen eines Stoffes auf, der bereits seit einigen Jahren in einem anderen Medium präsent war. Ein Künstler namens William Hogarth (1697-1764) begann in den 1730ern, romanartige Geschichten in Bildern zu erzählen. Hogarth nannte seine Bildergeschichten *modern moral subjects*; sie waren frühe Vorläufer von *comic strips* bzw. *graphic novels*. Sein erster Roman in Bildern trug den Titel *A Harlot's Progress* (also in etwa: der Lebensweg einer Prostituierten, 1732). Hier erzählte er die Geschichte eines jungen Mädchens vom Land, das nach London zieht, um dort Arbeit zu finden. Sie kommt in die falsche Gesellschaft; es folgen Prostitution, Krankheit und ein elender Tod. Hogarths Bildergeschichten erreichten ein großes Publikum, da sie als Kupferstiche, d. h. als Drucke vervielfältigt wurden und so in vielen Exemplaren zirkulierten. Hogarth und Richardson erzählten Geschichten, die auf ganz ähnliche Weise beginnen, aber auf unterschiedliche Weise enden. Es ging in beiden Fällen um eine junge Frau, die sexuellen Übergriffen ausgesetzt ist. Hogarth erzählte in *A Harlot's Progress* eine Geschichte davon, was passieren kann, wenn eine junge Frau zur Prostituierten gemacht wird. Richardson entwickelte danach in *Pamela* (1740), was passiert, wenn die Frau sich konsequent verweigert und schließlich sogar den Versuch unternimmt, den auf ambivalente Weise bedrohlichen und attraktiven Wüstling zu einem respektablen Lebenswandel zu bekehren.

Die Ausgangssituation der bedrohten jungen Frau wurde etwas später erneut von John Cleland (1709-1789) in *Memoirs of a Woman of Pleasure* (1748-1749), auch bekannt unter dem Titel *Fanny Hill*, aufgenommen. Die Nähe zu Hogarths *A Harlot's Progress* ist in diesem Roman unverkennbar: Eine junge Frau geht nach London, um sich dort eine Existenz zu schaffen, und fällt sofort einer Bordellbetreiberin in die Hände. Diese Anfangsszene findet sich weitgehend identisch sowohl in Hogarths Bildergeschichte als auch in Clelands Roman. Dann aber entwickelt sich der Verlauf der Handlung bei Cleland in eine ganz andere Richtung: Fanny, die Hauptperson, ist von dem Geschehen im Bordell fasziniert, entdeckt ihre Sexualität und beginnt ein Leben als Prostituierte. Dieses führt nicht wie bei Hogarth in den moralischen und physischen Ruin. Sie verliebt sich in einen ihrer Kunden, den sie schließlich heiratet. Am Ende ihrer Geschichte ist sie eine reiche, glückliche und für ihre Umwelt durchaus respektable Ehefrau. Hier handelt es sich sicherlich um eine männliche Phantasie, die sich den Ausbruch aus der bürgerlichen Respektabilität als etwas ausmalt, das letztlich wieder in genau diese Respektabilität führen kann, und die die Prostitution als etwas imaginiert, das Glück und Erfüllung für alle Beteiligten möglich macht. Mit *Fanny Hill* geriet ein früher englischer Roman gleichzeitig zu einem frühen pornographischen Roman. Hatte Richardsons *Pamela* den Untertitel *Virtue rewarded,* so stand Hogarths *A Harlot's Progress* für »vice punished«. Dagegen setzte Cleland in *Fanny Hill* ein provozierendes »vice rewarded«. Richardson, Hogarth und Cleland beteiligten sich hier an einer fortlaufenden Diskussion über Moral, Liebe und die Beziehungen zwischen den Geschlechtern.

Der frühe englische Roman hatte meist so getan, als sei er keiner, als werde eine wahre Geschichte erzählt. Um die Mitte des 18. Jahrhunderts herum war der Roman als Textform so etabliert, dass es leichter fiel, sich offen zu dessen Fiktionalität zu bekennen. Das klassische Beispiel für einen neuen, ganz ungenierten Umgang mit dieser Fiktionalität findet sich in *The History of Tom Jones* (1749) von Henry Fielding (1707–1754). Gleich zu Beginn des ersten Kapitels meldet sich ein Erzähler zu Wort, der sich ausgiebig über das Romaneschreiben äußert. Noch bevor der Text so richtig begonnen hat, verweist dieser mit aller Deutlichkeit darauf, dass er ein Kunstprodukt sei. Auch, nachdem wir die Figuren des Romans kennengelernt haben und die Handlung in Gang gekommen ist, lässt Fielding seine Erzählerfigur das Erzählen immer wieder unterbrechen; sie schweift mit Vergnügen ab oder beschimpft die, die sich als Literaturkritiker aufspielen, als inkompetente Reptilien. Jedes der 18 Bücher, in die dieser lange Roman gegliedert ist, beginnt mit einem Kapitel, das die Handlung keinen Schritt weiterbringt, und in dem stattdessen fortlaufend so etwas wie eine Theorie des Romanschreibens entwickelt wird.

In der ersten Hälfte des 18. Jahrhunderts war das Feld der neu erscheinenden englischen Romane noch vergleichsweise überschaubar. Autoren und nach und nach auch Autorinnen beobachteten einander; man reagierte wohlwollend oder angriffslustig auf das, was die Konkurrenz tat. Hogarth wurde dabei als durchaus ebenbürtiger Autor wahrgenommen, obwohl er seine Romane in Bilderfolgen erzählte. Fielding verzichtete darauf, eine der Figuren in *Tom Jones* zu beschreiben, und wies stattdessen darauf hin, dass man jemanden dieser Art in einem der Kupferstiche Hogarths sehen könne. Wir sahen bereits, wie Richardson, Hogarth und Cleland aus einer nahezu identischen Ausgangssituation Geschichten mit ganz unterschiedlichem Ausgang entwickelten. Fielding reagierte auf den enormen Erfolg von Richardsons *Pamela* mit einer Parodie, der er den Titel *Shamela* gab (vollständig: *An Apology for the Life of Mrs. Shamela Andrews,* 1741; *sham* bedeutet soviel wie »Schwindel«). So beteiligte sich auch er an dem intertextuellen Spiel.

Sarah Fielding (1710–1768), die Schwester Henry Fieldings, veröffentlichte 1744 einen Roman mit dem Titel *The History of David Simple*. Als nach dem großen Erfolg Richardsons mit *Pamela* der Briefroman aufkam, verfasste sie ihre *Familiar Letters between the Principal Characters in David Simple* (1747). Das Briefroman-Modell hielt sich und wurde von einem in London lebenden schottischen Autor genutzt und weiterentwickelt. Tobias Smollett (1721–1771) veröffentlichte 1771 einen Roman mit dem Titel *The Expedition of Humphry Clinker*. In diesem Text macht sich eine sehr gemischte Reisegesellschaft auf den Weg von Wales nach Schottland und berichtet in Briefen über ihre Erlebnisse und Eindrücke. Diese Konstruktion ermöglichte es Smollett, mit ganz unterschiedlichen Stimmen und Perspektiven zu operieren – das Dienstmädchen schildert das Erlebte ganz anders als der wohlhabende ältere Herr oder der junge Oxford-Student. So geriet der Roman durch das Element der Reise zu einem Kommentar über das Land, und durch seine orchestrierte Vielstimmigkeit zu einem Gesellschaftsportrait. *Humphry Clinker* gehört damit in die Ahnenreihe der *state of the nation novels* des 19. Jahrhunderts [→234].

Sobald sich die neue Textform des englischen Romans einigermaßen etabliert hatte, konnte der Wunsch entstehen, aus den Konventionen dieser Textform auszubrechen. Dies geschah auf spektakuläre Weise, als ein Pfarrer namens Laurence Sterne (1713–1768) einen auf verblüffende Weise experimentellen Roman mit dem Titel *The Life and Opinions of Tristram Shandy* (1759–1767) veröffentlichte. Der Text konfrontiert seine Leserschaft mit einem Ich-Erzähler, der das lineare Erzählen konsequent verweigert und sich stattdessen in Gedankensprüngen und Abschweifungen ergeht. Daraus ergibt sich nicht etwa ein erzählerisches Chaos, sondern eine durch Assoziationen strukturierte Ordnung, die manche Charakteristika des *stream of consciousness*-Erzählens in der klassischen Moderne, etwa bei James Joyce oder Virginia Woolf [→294, 296], vorwegnimmt. Der Roman enthält eine Fülle von erotischen Zwei- und Eindeutigkeiten, die allerdings nicht in pornographischer Detailfreude präsentiert werden, so wie in Clelands *Fanny Hill*, sondern durch assoziative, oft unerwartete Andeutungen. Auch in dieser Hinsicht ähnelt er dem, was wir gut anderthalb Jahrhunderte später bei Joyce finden.

Der experimentelle Charakter von *The Life and Opinions of Tristram Shandy* zeigt sich darüber hinaus darin, dass manches in diesem Buch nicht verbal, sondern graphisch umgesetzt wird. So werden Handlungsverläufe visualisiert, indem sie als Liniendiagramme (mit zahlreichen Kurven und Schlenkern, die die Abschweifungen anzeigen) dargestellt werden. Man ist plötzlich mit einer Buchseite konfrontiert, auf der nach einem Textabsatz ein weiterer Absatz folgt, der nicht aus Buchstaben, sondern aus verschnörkelten Linien besteht. Wenn die Stimmung des Erzählers tiefschwarz ist, so ergibt sich dies nicht nur aus dem Text, sondern auch aus einer Buchseite, die komplett schwarz eingefärbt ist. Auf ähnliche Weise wird eine buntmarmorierte Seite, die nur ineinander verfließende Farben, aber keinen Text enthält, als nonverbales Ausdrucksmittel eingesetzt. In *Tristram Shandy* verschiebt sich das Hauptinteresse vom *Was* zum *Wie* des Erzählens. Bemerkenswerterweise wurde dieser hochgradig extravagant gestaltete Roman zu einem Publikumserfolg, der Sterne zu einem prominenten, weithin bekannten Autor machte. Ein Erfolg war auch sein Roman *A Sentimental Journey through France and Italy* (1768). Sterne schickt hier eine aus *Tristram Shandy* übernommene Hauptfigur auf die Reise. Diese Figur ist durch eine starke Sensibilität des Gefühls ausgezeichnet und wird immer wieder von dem, was sie erlebt, zu Tränen gerührt. Das dergestalt intensive Erleben war in Mode; es erschien eine ganze Reihe von Romanen, die man als *novels of sentiment* bzw. *novels of sensibility* bezeichnet. Dazu gehören *The Female Quixote* sowie *Henrietta* von Charlotte Lennox (1730-1804), die bereits 1752 bzw. 1758, also vor Sternes *Sentimental Journey* herausgekommen waren. Ein weiteres Beispiel ist *The Man of Feeling* (1771), verfasst von dem schottischen Autor Henry Mackenzie (1745-1831). Im Umkreis dieser Texte, obwohl gefühlsmäßig weniger überschwänglich, lässt sich der beim damaligen Publikum sehr beliebte Roman *The Vicar of Wakefield* (1766) des anglo-irischen Autors Oliver Goldsmith [→164] einordnen.

Wie wir gesehen haben, nahm der Roman eine immer wichtigere Rolle in der englischen Prosa des 18. Jahrhunderts ein. Dennoch darf man darüber nicht vergessen, dass der Bereich der Prosaschriften zu dieser Zeit sehr viel mehr zu bieten hatte als den Roman. Wichtig sind hier beispielsweise verschiedene Formen des *life writing* wie Biographien, Autobiographien und Tagebücher. Schaut man sich heute in einer Buchhandlung irgendwo in Großbritannien um, so fällt auf, dass im Vergleich zum deutschen Buchhandel deutlich mehr Biographien angeboten werden. Biographien hatte es auch vor dem 18. Jahrhundert gegeben, aber der Aufstieg der Biographie zu einem beim Lesepublikum besonders beliebten Genre ist vor allem mit einem Werk dieser Zeit in Verbindung zu bringen. Dieses trägt den Titel *The Life of Samuel Johnson* (1791) und wurde von James Boswell (1740-1795) verfasst. Boswell war einer der vielen Schotten, die nach London gezogen waren. Ihn lockte das großstädtische Leben. Sein Vater erhoffte sich für ihn eine Juristenkarriere. Boswell war aber viel mehr an der Literatur interessiert. Er genoss es, berühmte Autoren kennenzulernen und hatte selbst Ambitionen, durch eigene schriftstellerische Tätigkeit in die literarische Prominenz Londons aufzurücken. Dazu verfolgte er eine ungewöhnliche Strategie. Statt selbst an einem Roman, einem Drama oder Gedichten zu arbeiten, suchte er erst einmal die Bekanntschaft mit Dr. Samuel Johnson (1709-1784), einem Großprominenten des Londoner Literaturbetriebs.

Der Mann, den alle nur »Dr. Johnson« nannten, hatte sich mit eigenen Texten quer durch alle Genres einen Namen gemacht. Von ihm gab es Gedichte (»London«, →136), *periodical essays* (*The Rambler*, 1750–1752, dazu vgl. →193), ein Drama (*Irene*, 1749) und einen im Orient spielenden Roman (*The History of Rasselas, Prince of Abyssinia*, 1759). Zu seiner Berühmtheit trug ganz besonders sein monumentales Wörterbuch der englischen Sprache (*A Dictionary of the English Language*, besser bekannt als *Johnson's Dictionary*, 1755) bei. An diesem Großprojekt hatte er, unterstützt von sechs Assistenten, neun Jahre lang gearbeitet. *Johnson's Dictionary* wurde rasch zu einer Institution und spielte eine wichtige Rolle in der Geschichte einer zunehmenden Normierung des englischen Sprachgebrauchs. Im 18. Jahrhundert wurde es unter den Gebildeten zu einer Peinlichkeit ersten Ranges, nicht orthographisch korrekt schreiben zu können. Im 17. Jahrhundert war es in dieser Hinsicht noch fröhlich drunter und drüber gegangen, ohne dass sich jemand daran gestört hätte. Johnsons Wörterbuch erklärte nicht nur Wörter, sondern illustrierte auch deren Verwendung durch Zitate, die zum großen Teil aus von ihm ausgewählten literarischen Texten stammten; damit wirkte er auf die Herausbildung eines Kanons ein. Johnson war über all das hinaus im englischen Literaturbetrieb nicht nur als Autor, sondern auch als Autorität etabliert. Er war ein früher Literaturkritiker; Johnsons Lob oder Tadel konnten eine literarische Karriere wirksam fördern oder hemmen. Seine Fähigkeit, sich sofort und zu jedem Thema schlagfertig, wortgewaltig und in druckreifer Qualität äußern zu können, war legendär. Johnson war stark übergewichtig und litt unter zwanghaften nervösen Zuckungen, er sah sehr schlecht, war schwerhörig, trug schäbige Kleidung und hatte schauderhafte Tischmanieren, aber sein Ansehen war so groß, dass kaum jemand es wagte, sich über ihn lustig zu machen.

Diesen gleichermaßen bewunderten und gefürchteten Exzentriker lernte der wesentlich jüngere Boswell in einer Londoner Buchhandlung kennen. Boswell war Schotte, Dr. Johnson war auf die Schotten nicht gut zu sprechen und schlug ihm dies in der ersten Minute ihrer Bekanntschaft ebenso kraftvoll wie verbal elegant um die Ohren. Gegen alle Wahrscheinlichkeit gelang es ihm aber dennoch, sich mit Johnson anzufreunden. Vom Beginn dieser Freundschaft an sammelte Boswell Material für eine groß angelegte Johnson-Biographie. Nach dessen Tod verbrachte er Jahre damit, seinen Materialberg abzuarbeiten und in ein Buch zu verwandeln. *The Life of Samuel Johnson* (1791) wurde zu einem durchschlagenden Publikumserfolg und etablierte damit die Biographie als eine in Großbritannien auf Dauer überaus beliebte Textform.

Weitere Produkte der Freundschaft zwischen Johnson und Boswell waren ihre Beschreibungen einer Reise nach Schottland, die die beiden 1773 gemeinsam unternahmen. Der Schotte schaffte es tatsächlich, den Schottlandverächter bis auf die entlegene Isle of Skye zu schleppen. Johnson beschrieb seine Reiseeindrücke in *A Journey to the Western Isles of Scotland* (1775). Boswell dagegen beschrieb in *The Journal of a Tour to the Hebrides with Samuel Johnson, LL. D.* (1785) eher, wie Johnson auf Schottland und die Schotten auf Johnson reagierten.

Zu Lebzeiten Boswells wurde nie öffentlich bekannt, dass dieser lange Zeit ein Tagebuch geführt hatte, in dem er ausführlich seine Erlebnisse in London, aber auch bei Reisen auf dem Kontinent festhielt. Aufgrund der in ihnen enthaltenen, frappierend drastischen erotischen Details wurde die Existenz dieses Materials von Boswells Nachkommen zunächst totgeschwiegen und dann vergessen. Erst in den 1920ern wurde es wieder aufgefunden und ediert. Ein Teil dieser Aufzeichnungen, *Boswell's London Journal* (herausgegeben von F. A. Pottle, erstmals erschienen 1950) bietet überaus lebendige Einblicke in den Londoner Literaturbetrieb des 18. Jahrhunderts, aber auch in das mitunter wilde Alltagsleben eines jungen Mannes in der Metropole.

Unterwegs in der Welt Johnsons und Boswells. Es lohnt sich, bei einer Schottland-Reise, und insbesondere zur Isle of Skye, die Reiseberichte Johnsons und Boswells dabei zu haben. Die Reise wird so zur Zeitreise. Das Londoner Haus, in dem Dr. Johnson an seinem berühmten Wörterbuch arbeitete, ist heute als Museum der Öffentlichkeit zugänglich (Dr. Johnson's House, 17 Gough Square, London EC4A 3DE). Man erreicht es durch ein von der Fleet Street abgehendes Gässchen. Um die Ecke findet man einen der ältesten Pubs Londons, Ye Olde Cheshire Cheese (145 Fleet

> Street/Wine Office Court, London EC4A 2BU). Er wurde nach dem großen Stadtbrand von 1666 wieder aufgebaut und danach in seinen Kernbereichen, der Bar und dem Speiseraum im Erdgeschoss, wenig verändert. Hier hat sich sehr viel von der Atmosphäre eines typischen Londoner Pubs aus dem 18. Jahrhundert erhalten. Es ist nicht sicher belegbar, wohl aber höchst wahrscheinlich, dass Boswell und Johnson den Olde Cheshire Cheese gut kannten. Ebenso wurde dieser Pub nach mündlicher oder textlicher Überlieferung gerne von vielen anderen Autoren aus dem In- und Ausland besucht. Darunter waren im 18. Jahrhundert Goldsmith und Voltaire und im 19. Jahrhundert Charles Dickens, Robert Louis Stevenson, Mark Twain und Sir Arthur Conan Doyle.

Im Bereich des englischen *life writing* finden sich in der zweiten Hälfte des Jahrhunderts die ersten farbigen Autoren. London war das Zentrum einer global expandierenden Wirtschaftsmacht, und über die Warenwege kamen auch manche der Menschen in die Stadt, die wie Waren gehandelt wurden. Sie kamen teils freiwillig, größtenteils aber unfreiwillig in die Hauptstadt Großbritanniens. Olaudah Equiano (ca. 1745–1797) wurde von Westafrika aus in die überseeische Sklaverei verschleppt, in die Karibik und nach Nordamerika. Aufgrund glücklicher Umstände gelang es ihm, sich freizukaufen. Er ging nach London, heiratete eine Engländerin und engagierte sich ab den 1780ern öffentlich gegen die Sklaverei. In diesem Zusammenhang veröffentlichte er seine Autobiographie (*The Interesting Narrative of the Life of Olaudah Equiano, or Gustavus Vassa, the African*, 1789), in der er die Kultur seiner afrikanischen Heimat beschrieb und dann aus der Perspektive eines Betroffenen über die Schrecken der Versklavung berichtete. Das Buch konnte publiziert werden, weil prominente Unterstützer, darunter der Kronprinz und weitere Mitglieder der königlichen Familie, es auf Subskriptionsbasis vorfinanzierten. Ein weiterer ehemaliger Sklave, der in London lebte und sich durch vielbeachtete Publikationen in der anti-Sklaverei-Bewegung engagierte, war Ignatius Sancho (ca. 1729–1780). Sancho war als Kleinkind an drei bei London lebende Schwestern verschenkt worden. Dergleichen war nicht ganz ungewöhnlich, denn in der ersten Jahrhunderthälfte kam es vor, dass man den eigenen Haushalt mit einem exotisch eingekleideten Kindersklaven schmückte. Durch die Intervention eines Adligen erhielt er eine gute Grundbildung, die es ihm später ermöglichte, als Komponist, Schauspieler und Autor in Erscheinung zu treten. Er korrespondierte mit Laurence Sterne über die Unmenschlichkeit der Sklaverei. Eine Sammlung von Sanchos Briefen wurde zusammen mit einer kurzen Biographie kurz nach seinem Tod veröffentlicht (*Letters of the Late Ignatius Sancho, An African*, 1782).

Publizierte Serien von Briefen oder ganze Briefwechsel waren ein beliebtes Genre; wir haben bereits gesehen, wie sich der Briefroman daran anlehnte. Es wurden vorwiegend Briefe veröffentlicht, die von bekannten Autoren oder Mitgliedern der sozialen Eliten verfasst waren; einschlägiges Beispiel sind hier die Briefe von Philip Dormer Stanhope, 4th Earl of Chesterfield, an seinen Sohn, die als Anleitung für Erziehung und Benehmen eines *gentleman* Verbreitung fanden (*Letters to his Son on Becoming a Man of the World and a Gentleman*, 1774).

Eng verbunden mit dem *life writing* sind die im 18. Jahrhundert gleichfalls sehr beliebten Reiseberichte, nämlich insofern, als mit den Reisen auch ein Lebensabschnitt der Reisenden geschildert wurde. Es bestand ein Zusammenhang zwischen der globalen Expansion britischer ökonomischer Interessen und einer parallelen Expansion von Leseinteressen. Entsprechend explodierte der Markt für einschlägige Publikationen. Immer neue Texte beschrieben eine Welt, die noch enorme Überraschungen barg, beispielsweise in Gestalt eines aus europäischer Perspektive vollkommen unbekannten Kontinents. 1770 entdeckte James Cook Australien, auf mehreren Südseereisen erreichte er Tahiti und Hawaii, wo er auf Menschen traf, die aus europäischer Perspektive als »edle Wilde« [→175] wahrgenommen wurden, als naturnahe, gute Menschen, die nicht von der Zivilisation angekränkelt und frei von den mit europäischer Überfeinerung verbundenen Lastern seien [→204, 206]. Cooks Reisen wurden in vielbeachteten Texten beschrieben (James Cook/J. Hawkesworth, *An Account of a Voyage round the World 1768–1771*, 1773; Georg Forster, *A Voyage Round the World in His Britannic Majesty's Sloop Resolution*, 1777). Einen »edlen Wilden«, einen Mann namens Omai aus Tahiti, brachte Cook 1774 nach London, wo er sehr bewundert wurde.

Im Verlauf des 18. Jahrhunderts weitete sich der britische Blick auf die Welt zunehmend aus. Dieser Blick war begehrlich, aber auch bewundernd. Einerseits wurden insbesondere in Bezug auf den Orient Wahrnehmungsmuster und Vorstellungen entwickelt, die eine kolonialistische Aneignung unterstützten und legitimierten. Zugleich ist im 18. und frühen 19. Jahrhundert auch eine Bewunderung und Nachahmung des Orients zu beobachten. Der Begriff des Orients wurde dabei weit gefasst, er reichte vom osmanisch beherrschten Griechenland und Nordafrika bis nach Indien [→166] und China. Es gab eine Modeströmung, die sich an der türkischen Kultur orientierte; weil es sich dabei nicht nur um ein britisches, sondern um ein europäisches Phänomen handelte, wird diese heute oft mit dem französischen Begriff *turquerie* bezeichnet. Der Orient stand in diesem Zusammenhang für Luxus und verfeinerten Geschmack. Es gehörte ab dem späten 17. Jahrhundert zum Lifestyle der Wohlhabenden, statt des sonst allgegenwärtigen Bieres Kaffee und Tee zu sich zu nehmen. Englische Damen und Herren ließen sich im 18. Jahrhundert gerne in prunkvoller türkischer Kleidung porträtieren; bei Maskeraden spielte man gerne mit der Vorstellung, in die Rolle einer Türkin oder eines Türken zu schlüpfen.

Ein Reisebericht, der das Interesse am Leben im Osmanischen Reich noch weiter anfachte, wurde von Lady Mary Wortley Montagu (1689-1762) verfasst. 1716 wurde ihr Mann als Botschafter nach Istanbul geschickt. Sie hielt sich dort gemeinsam mit ihm zwei Jahre lang auf und beschrieb ihre Erfahrungen in einer Serie von Briefen, die erst nach ihrem Tod veröffentlicht wurden (*Letters of the Right Honourable Lady M---y W----y M----e*, 1763, auch bekannt als *Turkish Letters*). Diese Texte waren und sind immer noch von besonderem Interesse, weil Lady Montagu Zugang zu weiblichen Lebenswelten bekam. Thematisierten männliche Orientreisende Harems und Frauenbäder, so kamen sie nicht über Mutmaßungen und Phantasien hinaus. Lady Montagu dagegen schrieb aus eigener Erfahrung. Sie vermittelte auf lebendige Weise Eindrücke aus dem überraschend kosmopolitischen Alltagsleben der Hauptstadt eines damals noch riesigen Osmanischen Reiches, wo in ihrem eigenen Haushalt nicht weniger als zehn verschiedene Sprachen gesprochen wurden.

So, wie das Türkische in Mode war, gab es auch eine Begeisterung für alles Chinesische; zu der *turquerie* kam also die *chinoiserie*. Der Tee, ein in Großbritannien langsam unentbehrlich werdendes Luxusgetränk, kam im 18. Jahrhundert noch so gut wie ausschließlich aus China. Man trank ihn gerne aus chinesischem Porzellan, oder in der zweiten Jahrhunderthälfte auch aus europäischen Nachahmungen chinesischen Porzellans. Wer seinen Reichtum und seinen Geschmack demonstrativ sichtbar machen wollte, füllte einen Kaminsims oder vielleicht sogar ein ganzes Zimmer mit chinesischen oder chinesisch anmutenden Porzellangefäßen und Figürchen. In Kew Gardens bei London, einem der berühmten englischen Landschaftsgärten des 18. Jahrhunderts, wurde ein chinesischer Pagodenturm aus Porzellan aufgebaut, der dort heute noch zu bestaunen ist.

Das europäische China-Klischee des 18. Jahrhunderts war überaus positiv konnotiert. Man bewunderte nicht nur chinesische Produkte, sondern man respektierte auch die Tatsache, dass die chinesische Kultur eine sehr lange Geschichte hatte. Der wohl bekannteste Chinese in der englischen Literatur des 18. Jahrhunderts wurde von Oliver Goldsmith [→164] erfunden. In *The Citizen of the World* (1760–1761) ließ er einen hochgebildeten chinesischen Philosophen das London seiner Zeit besuchen. So schuf er sich die Möglichkeit, aus einer fingierten Außenseiterperspektive allerlei Aspekte des englischen Alltagslebens auf ebenso scharfsichtige wie komische Weise zu kommentieren.

Ähnlich, wie Reiseberichte den gedanklichen Horizont der englischsprachigen Leserschaft im Langen 18. Jahrhundert ausweiteten, tat dies auch der Journalismus. Da bereits 1694 die Zensur (bis auf den Bereich des Theaters) weggefallen war, konnte sich, ausgehend von London, sehr schnell der Prototyp einer modernen Presselandschaft entwickeln. Um die Wende zum 18. Jahrhundert gehörten dazu schon verschiedene Tageszeitungen, die in ihrer graphischen und inhaltlichen Gliederung dem entsprachen, woran wir bis heute gewöhnt sind, nämlich Druck in Kolumnen, eine feste Folge thematischer Rubriken wie Inlands- und Auslandsnachrichten, Börsenkurse und Kleinanzeigen. Der Londoner Journalismus war eng mit dem Milieu der Kaffeehäuser verknüpft, von denen es dort eine große Zahl gab. Sie unterschieden sich von anderen Orten des gemeinschaftlichen Trinkens dadurch, dass man dort ein orientalisches Getränk zu sich nahm, das wach machte und den Verstand schärfte, statt ihn wie sonst üblich mit einheimischem Bier zu vernebeln. Ins *coffee house* ging man nicht nur, um Kaffee zu trinken, sondern ebenso, um die vielen tagesaktuellen Zeitungen zu lesen, die dort auslagen. Das Kaffeehaus war ein Ort der unzensierten Debatte über Politik, Religion, Wirtschaft und Kultur. Auch dies war eine Besonderheit; für Gespräche, wie sie dort ganz offen geführt wurden, wäre man in den meisten Ländern des Kontinents sofort ins Gefängnis oder gar auf den Scheiterhaufen der Inquisition gekommen. Die englischen Kaffeehäuser, besonders die in London, spielten so eine wichtige Rolle für die Entwicklung einer modernen Öffentlichkeit. Sie bildeten einen modernen Kommunikationszusammenhang, der als fester Bestandteil eines urbanen Lebensstils geschätzt wurde. Allerdings war der Besuch der Kaffeehäuser ausschließlich Männern vorbehalten.

Aus dem Kaffeehausmilieu heraus entwickelten sich einflussreiche neue journalistische Formate, die sozusagen Modelle einer virtuellen Kaffeehausdebatte anboten, und die ihre Zielgruppe verdoppelten, indem sie nicht nur Männer, sondern auch Frauen ansprachen. John Dunton (1659–1733) brachte ein Blatt mit dem Titel *The Athenian Gazette* (später *The Athenian Mercury*, 1691–1697) heraus, das damit lockte, Unterhaltung und Rat für alle Lebenslagen zu liefern. Die Leserschaft, explizit auch die weibliche, wurde eingeladen, Fragen zu beliebigen Themen einzuschicken, die dann von einem Expertengremium, das sich in einem Kaffeehaus treffe, in der nächsten Ausgabe der *Athenian Gazette* beantwortet würden. So könne man anonym und vor allem kostenlos selbst in hochnotpeinlichen Angelegenheiten den Rat beispielsweise eines Arztes, eines Anwalts oder eines Gelehrten einholen. Das Blatt bestand ausschließlich aus diesem Frage-und-Antwort-Spiel. Dunton hatte damit das bis heute erfolgreiche Modell des Beratungsjournalismus à la »Fragen an Dr. Sommer« erfunden, einen journalistischen Selbstläufer, bei dem allerprivateste Themen durch Anonymisierung öffentlich verhandelt werden konnten. Duntons interdisziplinäres Expertengremium existierte übrigens in Wirklichkeit ebenso wenig wie Dr. Sommer; es war, wie er später in seiner Autobiographie zugab, eine reine Fiktion.

Eng mit dem Kaffeehausmilieu war auch ein weiteres journalistisches Projekt verbunden, nämlich *The Spectator* von Joseph Addison (1672–1719) und Sir Richard Steele [→162]. Dieses von März 1711 bis Dezember 1712 täglich erscheinende Blatt mit einer Fortsetzung im Jahre 1714 war das, was man im Englischen als *periodical essay* bezeichnet. Addison und Steele erfanden eine Figur namens »Mr. Spectator«, die eine ihrem Namen entsprechende scharfe Beobachtungsgabe und eine unbändige Neugier auf das Leben und die großstädtische Welt Londons hat. Mr. Spectator ist ein urbaner Flaneur, er bewegt sich in der Stadt, um deren Vielfalt zu beobachten. Was er sieht, beschreibt, durchdenkt und kommentiert er. Das Ergebnis dieses Prozesses ist ein Essay, d. h. ein kurzer, sprachlich und gedanklich kunstvoll angelegter Prosatext, in dem oft Aspekte der Alltagswelt aus einer ungewöhnlichen Perspektive betrachtet werden, wodurch das scheinbar Gewöhnliche auf einmal bemerkenswert erscheint. Zu Mr. Spectator erfanden Addison und Steele einen Freundeskreis, einen »Spectator club«, zu dem Männer mit ganz unterschiedlichen Interessen und politischen Einstellungen gehören – alte und junge, ein konservativer Tory und ein wirtschaftsliberaler Whig. Zwischen diesen wurden Debatten inszeniert; damit wurde der Typus des Kaffeehaus- oder Clubgesprächs verschriftlicht. Der *Spectator* wandte sich an ein breites, vor allem bürgerliches Publikum. Er sprach explizit sowohl Männer als auch Frauen an und verstand sich als Anregung, Frauen in Bildungs- und Diskussionszusammenhänge einzubeziehen, die ansonsten Männern vorbehalten waren. Insgesamt handelte es sich bei diesem Blatt um ein Projekt, das aufklärerische Züge trug. Betrachtet man das breite Spektrum der in ihm auf geistreiche Weise abgehandelten Themen, so wird deutlich, dass hier ein umfassendes, auf die bürgerlichen Mittelschichten zugeschnittenes Bildungsprogramm entwickelt wurde. Landschaftsgärten, globaler Handel, Stadt- und Landleben, Aberglaube, Geschlechterrollen, Liebes- und Eheprobleme, Literatur, Theater und Oper, Mode, Kunst, Architektur – in Fragen, die mit dergleichen zusammenhängen, gab der *Spectator* Rat, ermunterte aber zugleich dazu, sich auf dem Weg der rationalen Diskussion selbst eine Meinung zu bilden.

Der *Spectator* war extrem erfolgreich; auch, als er nicht mehr täglich erschien, wurden die alten Nummern immer wieder in Buchform nachgedruckt. Seine sprachliche Eleganz galt als Vorbild; man las daher den *Spectator,* um diskutieren und schreiben zu lernen. Diese Wirkung entfaltete sich auch weit über die Britischen Inseln hinaus. Wer im 18., aber auch noch im 19. Jahrhundert auf dem Kontinent Englisch lernte, las dabei in aller Regel den *Spectator,* der dadurch das kontinentale England-Bild intensiv und auf lange Zeit prägte.

Angeregt durch den großen Erfolg des *Spectator* entstanden zahlreiche ähnliche Schriften. Bemerkenswert ist hier insbesondere der von Eliza Haywood (ca. 1693–1756) verfasste *Female Spectator,* der von 1744 bis 1746 erschien und in dem das Modell eines aus Männern bestehenden Clubs durch einen Freundeskreis von Frauen ersetzt wurde. Haywood war übrigens in der Kultur- und Literaturszene der Zeit in vielfacher Hinsicht präsent, beispielsweise als Schauspielerin und als Autorin von Romanen (z. B. *The History of Miss Betsy Thoughtless,* 1751).

Eine weitere journalistische Innovation des 18. Jahrhunderts war das Magazin. Das aus dem Arabischen stammende Wort *magazine* bedeutete ursprünglich soviel wie »Warenlager«, es wurde zum ersten Mal metaphorisch im Titel des *Gentleman's Magazine* verwendet, das ab 1731 das ganze 18. Jahrhundert hindurch und darüber hinaus erschien. Dieses frühe Magazin war ein ca. 60 Seiten starkes Heft, das nach immer gleichen Rubriken organisiert war. Hier fand man beispielsweise Nachrichten aus In- und Ausland, Essays zu allen möglichen Themen, Listen von gerade erschienenen Büchern, Rezensionen, Gedichte sowie Briefe von Leserinnen und Lesern. Das *Gentleman's Magazine* sprach trotz seines Titels sowohl Männer als auch Frauen an; seit Dunton lag es auf der Hand, dass journalistische Produkte ihr Publikum verdoppeln konnten, indem sie Frauen einbezogen. Das breite Themenspektrum des *Gentleman's Magazine* erwies sich als Erfolgsrezept. Niemand interessierte sich gleichermaßen für alles, aber es war klar, dass alle Leserinnen und Leser in jeder Ausgabe stets genug interessante Artikel finden würden. Damit war ein journalistisches Modell erfunden, das bis heute weit über Großbritannien hinaus erfolgreich ist: *Stern, Spiegel* und *Focus* gehen auf das Vorbild des *Gentleman's Magazine* zurück. Ähnlich wie beim

Spectator führte der enorme Erfolg des *Gentleman's Magazine* zu einem Nachahmungseffekt. Sehr bald erschienen weitere Magazine; dieser Trend begann mit dem *London Magazine* (ab 1732). Auf die Bedeutung der Magazine als Veröffentlichungsmöglichkeit für schreibende Frauen wurde bereits hingewiesen [→138].

Prosa der Romantik
Mönche, Monster und edle Schotten

Die ersten Anfänge dessen, was sich ab dem späten 18. Jahrhundert zur Strömung der Romantik verdichten sollte, kann man im Aufkommen des Schauerromans erkennen. Dieser wird im Englischen als *Gothic novel* bezeichnet. *Gothic* war im 18. Jahrhundert zunächst ein Begriff, der (mit einem negativ wertenden Beigeschmack) alles bezeichnete, was mit dem Mittelalter zu tun hatte. Angesichts einer starken Orientierung an der Literatur und Kultur der Antike verwundert es nicht, dass man das Mittelalter als eine finstere Epoche des kulturellen Niedergangs betrachtete. Die Goten, auf die das Wort *Gothic* verweist, spielten in dieser Betrachtungsweise die unrühmliche Rolle von ungehobelten Barbaren, die einen wesentlichen Beitrag dazu geleistet hatten, das römische Weltreich zu Fall zu bringen.

Ab den 1740ern begann in Großbritannien eine Neubewertung des Mittelalters. Diese wurde insbesondere durch einen jungen Aristokraten in Bewegung gesetzt, der sein reichlich vorhandenes Geld in ein ausgefallenes Hobby steckte. Horace Walpole, 4th Earl of Orford (1717–1797), war zwar von seinen Eltern nach Horaz benannt worden, sein Interesse galt aber nicht der klassischen Antike, sondern der mittelalterlichen Vergangenheit. In Twickenham, einem kleinen Ort an der Themse, der von London aus leicht zu erreichen war, begann er, ein Landhaus nach seinen Vorstellungen in eine kleine mittelalterliche Burg umzubauen. Das Haus, Strawberry Hill genannt, wurde berühmt. Es ermutigte andere Bauherren, im *Gothic style,* also inspiriert vom Mittelalter, zu bauen, und spielte so eine wichtige Rolle für den Beginn einer neugotischen Architektur. Ihre Bauten sind leicht an der Grundform des gotischen Spitzbogens zu erkennen, der Fenstern und Türen eine charakteristische Gestalt verleiht. Die Neugotik verbreitete sich international und blieb bis ins späte 19. Jahrhundert und darüber hinaus in Mode.

Strawberry Hill war nicht nur für die Architektur, sondern ebenso für die Literatur von großer Bedeutung. Mit ihrem prunkvollen Rittersaal und ihrem dramatisch-düsteren Treppenhaus, ihren spukig-verwinkelten Gängen und verborgenen Türen lud diese kleine mittelalterliche Traumburg dazu ein, sich auszumalen, was alles an einem solchen herbeiimaginierten Ort in der Vergangenheit hätte geschehen können. Genau das tat Walpole dann auch, und dies führte zur Publikation von *The Castle of Otranto* (1764), dem Text, mit dem die Geschichte des englischen Schauerromans und damit zugleich dessen internationale Geschichte begann. Die enge Verbindung zwischen Walpoles architektonischem Experiment in Strawberry Hill und seinem literarischen Experiment in *The Castle of Otranto* führte dazu, dass dem Handlungsort im Schauerroman eine besondere Bedeutung zukam. Seit Walpole gehört es zu den Erkennungsmerkmalen von *Gothic novels,* dass die unheimliche Handlung sich in aller Regel an einem unheimlichen Ort abspielt. Man braucht ein altes Gebäude, das mit Sälen, dunklen Gewölben und Geheimgängen ausgestattet ist, in denen sich dann nächtliche Verfolgungsjagden und dergleichen abspielen können. Wer hier aus heutiger Perspektive sogleich eine Assoziation zu Hogwarts, dem Haupthandlungsort der *Harry Potter*-Romane von J. K. Rowling [→318] herstellt, liegt absolut richtig: In Walpoles Strawberry Hill liegt der Ursprung einer Entwicklung, die nach Hogwarts führt.

> **Architektur als begehbarer Schauerroman: Strawberry Hill, Sir John Soane's Museum und St. Pancras Station.** Walpoles berühmte kleine Traumburg gehört heute dem National Trust und kann besichtigt werden. Der Ausflug in den südwestlichen Londoner Vorort Twickenham lohnt sich sehr; hier kann man in eine

Der Traum vom unterhaltsam-schauerlichen Mittelalter als architektonische Inszenierung: Treppenhaus in Strawberry Hill (Aufnahme: C. H.).

dreidimensional gestaltete Schauerroman-Atmosphäre eintauchen (268 Waldegrave Road, Twickenham TW14ST). Ein ähnliches Erlebnis ist auch mitten in London möglich. Sir John Soane, ein zu seiner Zeit berühmter Architekt, legte im ganz frühen 19. Jahrhundert ein überaus abenteuerliches Privatmuseum an, das er mit allerlei Kuriositäten und Schätzen aus Architektur und Kunst regelrecht vollstopfte (Sir John Soane's Museum, 13 Lincoln's Inn Fields, London WC2A 3BP). Die Räume und ihre Ausstattung sind auf theatralische Weise gestaltet. Im Kellergeschoss schuf er eine unheimliche Unterwelt. Diese stattete er nicht nur mit einem spektakulären ägyptischen Sarkophag und zahlreichen römischen Urnen aus, sondern er schuf auch eine Mönchszelle, die als Aufenthaltsort für einen von Soane spielerisch erdachten Mönch namens Padre Giovanni konzipiert war. Fragen Sie beim Besuch nach dem lächelnden Skelett, das sich gleichfalls im Untergeschoss aufhält. Ein weiteres, deutlich späteres Prunkstück neugotischer Architektur kann man gleich bewundern, wenn man mit dem Eurostar am Londoner Bahnhof St. Pancras ankommt (St. Pancras Station, Euston Road, London N1C 4QP). Von außen ähnelt dieser sehr sehenswerte Bahnhof, und insbesondere das darin integrierte ehemalige Bahnhofshotel, einer spektakulären mittelalterlichen Burg: St. Pancras ist eine Art Neuschwanstein aus Londoner Ziegelsteinen, das ohne weiteres als Handlungsort für einen gepflegten Schauerroman geeignet wäre.

Oft spielt auch die Natur im Schauerroman eine wichtige Rolle. Dabei wird in seiner weiteren Entwicklung das Konzept des Erhabenen (engl: *the sublime*) zunehmend wichtig. Eine einflussreiche Theorie des Erhabenen entwarf der Ire Edmund Burke (1729–1797) in *A Philosophical Enquiry into the Sublime and the Beautiful* (1757). Erhaben ist die Natur dann, wenn sie die menschliche Wahrnehmungsfähigkeit durch starke Eindrücke überspannt – also beispielsweise durch dramatische Strukturen wie hohe Berggipfel, tiefe Abgründe oder erschütternde Geschehnisse wie schwere Unwetter.

Zu der Handlung des frühen Schauerromans gehört weiterhin der ebenso plötzliche wie rätselhafte Einbruch des Übernatürlichen in das Leben der Menschen. In *The Castle of Otranto* geschieht dies auf ganz spektakuläre Weise, als ein gigantischer

Helm (!) vom Himmel fällt (!!) und einen jungen Mann unter sich zermalmt (!!!). Dazu kommt eine Figur, die zum hemmungslos-bösartigen Wahnsinn neigt, eine verfolgte (meist weibliche und hübsche) Unschuld und ein jugendlicher Liebhaber. All das kombiniert Walpole zu einer überaus packenden Mischung aus Spuk und jeder Menge Potential für *sex and crime*. Eine zentrale Attraktion dieser und aller darauf folgenden *Gothic novels* sind die mit ihrer Lektüre verbundenen Angstlusterfahrungen. Je intensiver diese ausfallen, desto besser verkauft sich in der Regel der Roman. Interessanterweise fiel die Erfindung der *Gothic novel* ausgerechnet in die Zeit, in der die Aufklärung die Angst vor dem Übernatürlichen obsolet machte. Das, wovor man sich in der Realität nicht mehr zu fürchten brauchte, wurde nun in der Literatur simuliert und so als Nervenkitzel konsumierbar gemacht. Die Orientierung auf starke Gefühle, insbesondere solche, die durch die Ästhetik des Erhabenen hervorgerufen werden, weisen den Schauerroman als ein Phänomen im Umkreis der frühen Romantik aus. Für eine solche Einordnung spricht gleichfalls sein Blick auf die Vergangenheit, der sich nicht auf die klassische Antike, sondern vor allem auf das Mittelalter richtet.

Der Schauerroman war von Anfang an ein literarisches Erfolgsmodell. Die Verbindung von Lebensführung und Schreiben, die sich bei Walpole andeutet, der im *Gothic*-Modus baute, lebte und schrieb, setzte sich intensiviert bei William Beckford (1760–1844) fort. Beckford errichtete sich in Fonthill Abbey bei Bath ein neugotisches Traumgebäude, in dem er einen provokativ-skandalösen Lebenswandel zelebrierte. Als Autor wurde er durch eine im Orient spielende Erzählung (*Oriental tale*) mit dem Titel *Vathek. An Arabian Tale* (1786) bekannt, die mit vielen Elementen des Schauerromans angereichert war. Eine wilde Geschichte von Verführung, Lust und Teufelspakt im Kloster erzählte Matthew Gregory Lewis (1775–1818) in *The Monk* (1796). Viel gelesen wurden auch die *Gothic novels* von Ann Radcliffe (1764–1823). Ihr Roman *The Mysteries of Udolpho* (1794) hatte zeitweise einen regelrechten Kultstatus, und auch *The Romance of the Forest* (1791) und *The Italian* (1797) verkauften sich ausgezeichnet. Radcliffe war eine Meisterin im Erzeugen von Spannung. Zu ihren Verkaufserfolgen beim weiblichen Lesepublikum der bürgerlichen Mittelschichten dürfte zusätzlich beigetragen haben, dass sie eben nicht eine männliche Skandalfigur wie Beckford war, sondern eine Frau, deren Lebenswandel über jeden Zweifel erhaben war. Radcliffes Romane waren auch in vielen Ländern des Kontinents beliebt, wo sie in Übersetzungen gelesen wurden.

Ein weiterer Entwicklungsschritt in der Geschichte des Schauerromans wurde vollzogen, als Mary Shelley [→158], ihr Ehemann Percy Bysshe Shelley [→157] und Lord Byron [→154] im Jahre 1816 einen verregneten Sommer in der Schweiz verbrachten. Sie vertrieben sich die Zeit damit, deutsche Gespenstergeschichten zu lesen, und fassten den Plan, selbst Texte dieser Art in englischer Sprache zu schreiben. Das einzige tatsächlich fertiggestellte Resultat dieser literarischen Versuche war Mary Shelleys *Frankenstein, or the Modern Prometheus* (1818). Im Gegensatz zu früheren *Gothic novels* wird der Schrecken in diesem Buch nicht durch das Übernatürlich-Irrationale, sondern durch furchterregende Ergebnisse der Wissenschaft erzeugt. Dem Naturwissenschaftler Frankenstein gelingt es, aus Leichenteilen eine lebende Kreatur zu konstruieren. Der technisch-wissenschaftliche Fortschritt wird hier nicht als ein Mittel gegen alte Ängste, sondern ganz im Gegenteil als eine Quelle neuer Ängste behandelt. Dieser neue Typ des Schauerromans ist zugleich einer der Gründungstexte der Science Fiction. Er wirft große ethische Fragen auf, an denen sich dieses Genre bis heute abarbeitet (insbesondere: was darf Wissenschaft?) und etabliert die Figur des irregeleiteten bis verrückten Wissenschaftlers.

Sobald eine Textart sehr etabliert ist, kann man auf parodistische Art mit ihr spielen. Dies geschah für die *Gothic novel* in einem der frühen Werke von Jane Austen (1775–1817). In *Northanger Abbey* (entstanden ab 1798, aber erst 1818 publiziert) schuf sie eine junge weibliche Hauptperson, die sich so sehr von der Schauerromanmode mitreißen lässt, dass sie sich wie die Heldin in einem solchen Roman wahrnimmt und sich daher überall von dunklen Geheimnissen und allerlei unheimlichen Geschehnissen umgeben wähnt. Der Humor des Romans ergibt sich aus der Spannung zwischen der Alltäglichkeit der modernen Welt des frühen 19. Jahrhunderts und deren Wahrnehmung durch die Brille der *Gothic novel*.

Jane Austens Werk lässt die Vielgestaltigkeit der englischen Literatur im frühen 19. Jahrhundert und damit zur Zeit der Romantik erkennen. Die Themen und Konventionen der Schauerliteratur werden bei ihr nur aufgegriffen, um sie auf elegante Weise zu verspotten. Ansonsten bleibt Austen dem romantischen Mainstream fern. Ihre Romane sind in der Welt der bürgerlichen Mittelschichten und partiell auch der mit diesen gesellschaftlich verbundenen Aristokratie angesiedelt; ihre Hauptfiguren sind junge Frauen, die aufgrund ihrer gesellschaftlichen Stellung keiner Erwerbsarbeit nachgehen müssen. Sie schrieb über ein Milieu, das ihr bestens vertraut war. Austen kam als Tochter eines wohlhabenden Geistlichen zur Welt. Ungewöhnlich an ihrem Leben war, dass sie von ihrem Vater nicht nur zuhause unterrichtet wurde, sondern dass dieser auch ihre literarischen Ambitionen unterstützte. Es wurde bereits darauf hingewiesen, dass man sich als junge Frau durch das Schreiben auf eine Weise exponierte, die leicht nicht nur zu Kritik, sondern auch zu einer Beeinträchtigung der eigenen Chancen auf dem Heiratsmarkt führen konnte. Austen blieb zeitlebens unverheiratet. Dies ist nicht notwendigerweise auf ihr Schreiben zurückzuführen, bedeutete aber auch, dass sie in dieser Hinsicht keine Rücksichten nehmen musste.

Kennzeichnend für ihre Romane ist, dass sie in einem geschickt ins Ironische spielenden Unterton erzählt werden. Sie verbindet Liebesgeschichten mit der scharfen Beobachtung eines privilegierten gesellschaftlichen Milieus. Dabei werden die Bedingungen weiblicher Existenz in diesem Milieu mit ihrem spezifischen Gefüge von Freiräumen und Einschränkungen beleuchtet und zur Diskussion gestellt. Die Romane Jane Austens waren zur Zeit ihrer Erstpublikation sehr beliebt, und sie sind es auch heute noch. *Sense and Sensibility* (1811), *Pride and Prejudice* (1813), *Mansfield Park* (1814), *Emma* (1816) und *Persuasion* (1817) bilden den Kernkanon eines Werkes, das über zwei Jahrhunderte außerordentlich präsent blieb. Seit den 1990ern sorgt eine lange Reihe beliebter Verfilmungen dafür, dass immer mehr Menschen, die nie eine Zeile von Jane Austen gelesen haben, mit Visualisierungen ihrer Figuren und Stoffe in Berührung kommen. Dies erhöht ihren Bekanntheitsgrad, beeinflusst aber auch den Leseprozess, wenn man sich nach dem Film tatsächlich dem Buch zuwendet.

Hat man beispielsweise Mr. Darcy und Elizabeth Bennett aus *Pride and Prejudice* in der bekannten Verfilmung von 2005 mit Matthew Macfadyen und Keira Knightley kennengelernt, so ist es gar nicht mehr so leicht, sich bei der Lektüre diese Figuren in einer ganz anderen Verkörperung vorzustellen.

Die Verfilmungen der Romane Jane Austens prägen in erheblichem Maße die Vorstellungen, die man sich von England im frühen 19. Jahrhundert macht. Das, was in den Geschichtsbüchern als *Regency* erscheint, also die kulturell noch zum Langen 18. Jahrhundert gehörige Zeit, in der der spätere Georg IV. für seinen erkrankten Vater die Staatsgeschäfte übernommen hatte, wird heute zunehmend als »Jane Austen-Zeit« gedacht. Diese wird gerne nach Art eines opulent ausgestatteten Kostümfilms imaginiert. In den Verfilmungen werden die eigentlich stark mit kritischer Ironie durchsetzten Romane häufig als Vorlagen für eine eher konservative Verklärung der englischen Vergangenheit genutzt. Es hat sich eine regelrechte Jane Austen-Industrie gebildet; die Texte, aber noch sehr viel mehr die Verfilmungen ziehen Touristen aus der ganzen Welt an. Austens weit über Großbritannien gehender Einfluss zeigt sich auch darin, dass Grundstrukturen ihrer Texte in modernen *rewrites* aufgenommen werden. So basiert die Romanvorlage zu dem Erfolgsfilm *Bridget Jones's Diary* (2001) auf *Pride and Prejudice*. Handlung und Figuren dieses Romans wurden auch in dem Bollywood-Film *Bride and Prejudice* (2004) aufgegriffen und auf interessante Weise nach Indien transponiert.

Während Jane Austen heute weit über Großbritannien hinaus geschätzt wird, finden die etwa zeitgleich entstandenen Romane von Sir Walter Scott (1771–1832) deutlich weniger Beachtung. Hier haben sich die ursprünglichen Verhältnisse umgekehrt, denn im frühen 19. Jahrhundert war Scott ein quer durch Europa und darüber hinaus bewunderter Erfolgsautor. Walter Scott war als Sohn eines Anwalts aus Edinburgh zunächst gleichfalls Jurist geworden. Er hatte ein starkes Interesse an der schottischen Vergangenheit und entwickelte literarische Ambitionen. Zunächst sammelte er traditionelle Lieder und Balladen aus den *Borders,* dem Grenzland zwischen Schottland und England, die er 1802–1803 unter dem Titel *The Minstrelsy of the Scottish Border* veröffentlichte. Es folgten eigene Gedichte wie *The Lay of the Last Minstrel* (1805) und

The Lady of the Lake (1810). Sowohl das Sammeln historischer, oral überlieferter Texte aus der Vergangenheit des eigenen Landes als auch das Verfassen eigener, erzählender Gedichte, die Bezug auf diese Vergangenheit nahmen, entsprach dem Zeitgeist der Romantik. Scott war bald als Dichter etabliert. Dabei hätte es bleiben können, aber nun versuchte sich der romantische Dichter auch als Romanautor. Dass es sich dabei um einen ungewöhnlichen Schritt handelte, wird deutlich, wenn man bedenkt, dass Wordsworth, Keats oder Byron nicht versuchten, als Romanciers in Erscheinung zu treten. Ein angesehener Dichter, der in einem ganz anderen Genre Fuß fassen wollte, ging ein gewisses Risiko ein, und daher publizierte Scott zunächst anonym.

Ab 1814 veröffentlichte Scott in schneller Folge sechsundzwanzig überaus erfolgreiche historische Romane, von denen die meisten in der schottischen Vergangenheit spielten. Was als Experiment begonnen hatte, wurde schnell zu einem Selbstläufer. Bereits sein erster Roman, *Waverley,* begeisterte das Publikum. *Waverley* spielt zur Zeit des Jakobitenaufstands von 1745, bei dem die Stuarts vergeblich versuchten, die Macht nicht nur über Schottland, sondern über ganz Großbritannien wiederzugewinnen. Der zeitliche Abstand von 60 Jahren machte es möglich, über eines der traumatischsten Ereignisse der schottischen Geschichte auf eine neue Weise zu schreiben. Die Begeisterung der Aufständischen ließ sich nun romantisch verklären, ohne dass diese Verklärung in der Gegenwart von 1814 als Hochverrat ausgelegt werden konnte.

Mit *Waverley* war so etwas wie eine neue Marke in der Romanliteratur etabliert. Es folgten Romane wie *The Antiquary* (1816), *Rob Roy* (1817), *The Heart of Midlothian* (1818) und *The Bride of Lammermoor* (1819). Zu diesen »schottischen« Romanen kamen auch solche, die beispielsweise im mittelalterlichen England (*Ivanhoe,* 1819) oder in der Schweiz (*Anne of Geierstein,* 1829) spielten; das Schwergewicht lag aber insgesamt klar auf Schottland.

Scott ritt auf einer Welle der nationalen und internationalen Schottland-Begeisterung, die bereits in den 1760ern durch die ossianischen Gedichte Macphersons [→142] in Schwung gekommen war und die ab den 1780ern durch Burns [→144] weiter an Kraft gewonnen hatte. Die Begeisterung des Publikums für die historischen Romane war enorm; der Jahr für Jahr erscheinende neue Scott wurde ähnlich begierig erwartet wie, näher an unserer Zeit, die neuen Folgen von *Harry Potter*. Trotz dieses außerordentlichen Erfolgs veröffentlichte Scott seine Romane weiterhin nicht unter eigenem Namen. Die Anonymität, die er zwölf Jahre lang aufrechterhielt, wurde geschickt als Marketing-Instrument eingesetzt, denn das Rätselraten um die Herkunft dieser Texte machte sie noch interessanter, als sie es ohnehin schon waren.

Scotts enormer Erfolg als Romanautor, der auch dazu führte, dass seine Romane sehr bald in die meisten europäischen Sprachen übersetzt wurden, war zugleich der Durchbruch für den historischen Roman. Romane, die in der Vergangenheit spielten, hatte es natürlich schon vor Scott gegeben, man denke beispielsweise an den Schauerroman. Aber während dieser ein mit irrationalen Angstlustphänomenen angereichertes Schreckbild der Vergangenheit präsentierte, kombinierte Scott Geschichten und Geschichtsschreibung. In *Waverley* agiert eine erdachte Hauptfigur in einem minutiös recherchierten historischen Kontext. Dabei wird der Blick nicht nur auf die politischen und militärischen Großereignisse gelenkt, sondern auch auf die Lebenswelt der Vergangenheit, wir würden heute sagen: auf die schottische Kultur- und Alltagsgeschichte. Fiktionale Anteile werden häufig als solche markiert. Erfundene Figuren haben oft sprechende oder suggestive Namen: Edward Waverley heißt so, weil seine Loyalitäten hin und her schwanken (engl: *to waver*). Zugleich wird durch gelehrte Fußnoten darauf hingewiesen, dass Anteile dieser Romane auf dem Studium historischer Quellen beruhen. Solche Romane konnten daher als eine unterhaltsame, aber dennoch seriöse Form der Geschichtsvermittlung gelesen werden.

Scotts Einfluss auf die Selbst- und Außenwahrnehmung Schottlands und der Schotten war enorm und wirkt bis in unsere Zeit nach. Durch ihn wurde ein Schottland-Klischee etabliert, in dessen Zentrum nicht mehr die Lowlands und die auf Edinburgh zentrierte schottische Aufklärung standen, sondern die Highlands und deren Bewohner. Diese Menschen, die noch um die Mitte des 18. Jahrhunderts aus englischer Perspektive als gefährliche Barbaren, als militärische Bedrohung betrachtet worden waren, verklärte er jetzt als edle Wilde, die – ähnlich wie die nordamerikanischen Indianer – in einer vormodernen und vorindustriellen »guten alten Zeit« lebten. Scotts Romane legten damit die Grundlage für einen romantisch motivierten Schottland-Tourismus. Insofern hat die schottische Wirtschaft bis heute diesem Autor unermesslich viel zu verdanken.

Scott machte sich mit einer großen Zahl von Romanen einen Namen. Von dem Werk eines anderen schottischen Autors seiner Zeit, nämlich James Hogg (1770–1835), blieb nur ein Roman bis heute in Erinnerung: *The Private Memoirs and Confessions of a Justified Sinner* (1824). Dabei handelt es sich um einen historischen Schauerroman, der ein subtil gestaltetes Psychogramm eines mehrfachen Mörders entfaltet. Hogg thematisierte in diesem Text ein zentrales Konzept des schottischen Protestantismus, nämlich die calvinistische Prädestinationslehre, wonach Gott manche Menschen dazu auserwählt, gerettet zu werden, und andere nicht. Der Mörder hält sich für einen solchen Auserwählten, glaubt also, als *justified sinner* einen Freibrief für sein grausiges Tun zu haben. Hogg eröffnete in seinem Roman einen Blick nicht nur auf die schottische Vergangenheit des 17. Jahrhunderts, sondern auf die mentalitätsprägende Kraft der Religion, deren Einfluss bis in seine Gegenwart und darüber hinaus reichte.

Sir Walter Scott in Edinburgh. In Edinburgh ist die Bedeutung Scotts auch in der Gegenwart noch mit Händen zu greifen. Mitten in der Stadt, an der Princes Street, steht unübersehbar das Scott Monument, ein bizarres Gebilde aus Viktorianischer Zeit, das heutigen Betrachtern wie eine Mischung aus einer gigantischen gotischen Kirchturmspitze und einer Rakete erscheinen mag. Der Hauptbahnhof von Edinburgh heißt Waverley Station, er ist also nach Scotts erstem Roman benannt; das ist in etwa so, als hieße der Berliner Hauptbahnhof »Bahnhof Stechlin«. Die Benennung, die sich um die Mitte des 19. Jahrhunderts etablierte, war die werbewirksame Verheißung eines touristischen Traums. Sie suggerierte, dass die Reisenden in einem Bahnhof ankamen, durch den sie unmittelbar in die Welt der Romane Sir Walter Scotts gelangen konnten.

Einen humorvoll-satirischen Blick auf die Romantik warf der englische Autor Thomas Love Peacock (1785–1866), der eng mit Shelley befreundet war. Hier sei das wohl abenteuerlichste Produkt seiner Phantasie empfohlen, nämlich der Roman *Melincourt, or Sir Oran Haut-ton* (1817). Die Romantiker bewunderten die Natur und das Natürliche; es gab eine Begeisterung für das Konzept des edlen Wilden [→189]. Peacock übersteigert dieses Konzept ins Satirische, indem er einen Orang-Utan (denn genau das ist »Sir Oran Haut-ton«) zur namensgebenden Figur seines Romans macht. Er erzählt eine Geschichte, die Grundmuster aus Richardsons *Clarissa* [→180] aufnimmt. Eine junge, reiche Frau wird von einem Schurken entführt und von einem gebildeten Großaffen gerettet; der Affe ist nicht nur Retter, sondern nebenher auch Parlamentsabgeordneter und Hobbymusiker. Satirische Portraits zentraler Figuren der englischen Romantik finden sich in Peacocks *Nightmare Abbey* (1818), wo er sich vor allem Coleridge, Byron und Shelley vornimmt.

Will man mehr von der Prosa der Romantik kennenlernen, so lohnt es sich, nicht nur Peacock zu lesen, sondern auch Charles Lamb (1775–1834). Lamb, ein Londoner, der von London begeistert war, verfasste eine Serie von Essays, die unter dem Titel *Essays of Elia* erschienen (zunächst im *London Magazine*, 1820–1823; 1833 als Buch). Lambs Interesse an der Metropole teilte auch Leigh Hunt (1784–1859); er verfasste Essays über die Stadt, die unter dem Titel *The Town* 1848 veröffentlicht wurden. Noch mehr über London findet man bei Robert Southey (1774–1841). Southey, der in der Dichtung ebenso zuhause war wie in der Prosa, zeichnete ein Bild seines Landes, indem er einen spanischen Reisenden erfand, der in Briefen über seine Zeit in England berichtet (*Letters from England by Don Manuel Alvarez Espriella*, 1807). Zu den Essayisten der Romantik zählt auch William Hazlitt (1778–1830), der ausgiebig über die ältere englische Literatur schrieb (*The Characters of Shakespeare's Plays*, 1817; *Lectures on the English Comic Writers*, 1819). Die Erfahrungen mit Opium, der Modedroge der englischen Romantik, beschrieb Thomas de Quincey eindrücklich in seinen *Confessions of an English Opium Eater* (1822).

Die Viktorianische Zeit

Kontexte
Modernisierungsschübe in Technologie
und Weltwahrnehmung

Es ist üblich, die Regierungszeit Königin Victorias I. (1837–1901) als eigene Periode zu fassen. Kulturelle Impulse aus früheren Zeiten endeten natürlich nicht mit der Krönung der neuen Königin. Die Romantik wirkte die gesamte Viktorianische Zeit hindurch intensiv nach. Die Schauerliteratur [→195], die in den 1760ern erstmals aufgetaucht war, blieb ein wichtiges literarisches Modell. Auch die noch ältere klassizistische Orientierung an der Antike wirkte sich weiter durch das gesamte 19. Jahrhundert und darüber hinaus aus. Junge privilegierte Männer wurden auch unter Königin Victoria in Schulen und Universitäten ausgiebigst mit der Literatur der griechisch-römischen Antike bekannt gemacht. Das sich daraus ergebende Wissen blieb ein Statuskennzeichen, und entsprechend blieb es ein wichtiger Bezugspunkt für die neu entstehende englische Literatur.

Trotz solcher Kontinuitäten änderte sich ab den 1830ern genug, um einen Epochenschnitt zu rechtfertigen. Die Industrielle Revolution, die bereits im späten 18. Jahrhundert angelaufen war, führte ab dieser Zeit zu tiefgreifenden Veränderungen in der Lebenswelt der Menschen. Da die Literatur aus dieser Lebenswelt hervorging und zu großen Teilen direkt über diese sprach, handelte es sich um Vorgänge, die für die Literaturgeschichte von Bedeutung sind.

Immer mehr Menschen zogen vom Land in die neuen Industriestädte, beispielsweise nach Manchester und Birmingham. Dazu kam eine stetige Migration aus Irland, insbesondere nach der als *the Great Famine* bekannten Hungersnot von 1845–1849, die durch die Kartoffelfäule ausgelöst worden war. Nicht nur die wie Pilze aus dem Boden schießenden neuen Industriezentren wirkten als Migrationsmagneten, sondern auch die britische Hauptstadt. London hatte um das Jahr 1800 eine Bevölkerung von knapp einer Million Menschen gehabt; zu Beginn der Regierungszeit Victorias hatte sich diese Zahl in etwa verdoppelt, und im Laufe des Jahrhunderts sollte sie auf über sechseinhalb Millionen ansteigen. Diese Riesenstadt war das Zentrum eines überseeischen Weltreichs; 1877 wurde Königin Victoria zur Kaiserin von Indien gekrönt. Aus der Kombination von imperialer und industrieller Weltmachtstellung ergab sich ein starkes britisches Selbstbewusstsein. In dem Maß, wie sich die englische Sprache durch imperiale Expansion über den Globus verbreitete, vergrößerte sich in der langen Perspektive die Bekanntheit und zugleich die normative Kraft der englischen Literatur.

Die Menschen der Viktorianischen Zeit erlebten bislang ungekannte technische Modernisierungsschübe. Die Verbreitung der Eisenbahn ab den 1840ern und der Bau der ersten Londoner U-Bahn ab 1863 ermöglichten eine Beschleunigung der Bewegung, die Distanzen in der Wahrnehmung schrumpfen ließ. Da das Bahnabteil sehr viel weniger schaukelte als eine Postkutsche, konnte die Reisezeit zur Lesezeit werden. Mit den Bahnhöfen kamen so die Bahnhofsbuchhandlungen. Während man sich zwischen zwei Orten bewegte, konnte man sich beispielsweise durch die Lektüre eines Romans an einen dritten, ganz anderen Ort versetzen. Dies war besonders für die immer größere Anzahl von Pendlern attraktiv. Mit einem Buch konnte man der Monotonie der immer gleichen Kurzreise von zuhause zum Arbeitsplatz entfliehen. Das Buch (oder noch besser: eine großformatige Zeitung) fungierte als symbolische Wand, die auch in einem überfüllten Eisenbahnwagen noch so etwas wie eine minimale Privatsphäre herstellen konnte. Die Einführung der Eisenbahn hatte auch zur Folge, dass die verschiedenen Zeitzonen, die es in allen Ländern gab, ab den 1840ern erstmals in Großbritannien zugunsten einer

Einheitszeit (anfangs *railway time* genannt) abgeschafft wurden. Nur so konnte es gelingen, leicht lesbare Fahrpläne für das gesamte Land aufzustellen. Die 1880er brachten schließlich eine weitere technische Neuerung, die die Wahrnehmung der Zeit veränderte: Das elektrische Licht setzte der gedanklichen Trennung von Tag und Nacht ein Ende. Jetzt konnte überall mit einem Knopfdruck die Nacht zum Tag gemacht werden. So änderte sich der ganz alltägliche Umgang mit Raum und Zeit, d. h. mit Dingen, auf die sich die Literatur ständig bezieht.

Zugleich änderten sich auch die Modalitäten des Lesens. Lesen bei Kerzenlicht oder beim Licht einer Öllampe hatte bedeutet, das Lesen ca. alle fünf Minuten zu unterbrechen, um den Docht mit einem speziellen Werkzeug, einer Lichtschere, zu kürzen – sonst wurde die Flamme zu groß und begann zu flackern. Das elektrische Licht erforderte dagegen keine Aufmerksamkeit, und so konnte man sich vollkommen auf das Lesen konzentrieren.

Nicht nur die Menschen reisten im viktorianischen England immer schneller, sondern auch die Informationen. Die Telegraphie ermöglichte es zum ersten Mal, blitzschnell quer durch das Land und sogar von Kontinent zu Kontinent zu kommunizieren. In den 1880ern kam schließlich das Telephon hinzu, das die direkte verbale Kommunikation in Echtzeit ermöglichte. Die Handpresse wurde durch die dampfgetriebene Rotationspresse abgelöst; dadurch konnten Texte sehr viel schneller, in höheren Auflagen und billiger gedruckt werden; die ebenfalls dampfgetriebenen Eisenbahnen verteilten sie dann in Windeseile über das ganze Land.

Ab den 1830ern wurde es leichter, Bilder und Texte gemeinsam auf einer Seite zu drucken. Das beeinflusst bis heute die Art, wie wir uns wichtige Figuren der englischen Literatur des 19. Jahrhunderts vorstellen. Es war von Anfang an von den Autoren so gedacht und gewollt, dass beispielsweise Oliver Twist und Sherlock Holmes der Leserschaft auch in Form von Illustrationen vorgestellt wurden.

Neue technische Verfahren wie die Photographie, die Phonographie und die Kinematographie machten es möglich, unbewegliche Bilder, Klänge und schließlich sogar bewegte Bilder festzuhalten. Die Möglichkeit, medial konservierte Sinneseindrücke sowohl im Raum als auch in der Zeit zu transportieren, sie aus der Vergangenheit in die Gegenwart zu holen, hatte einen Einfluss auf das Erinnern: Sobald sich beispielsweise die Amateurphotographie etabliert hatte, wurde es möglich, den eigenen Lebensweg als Serie von Bildern zu (re)konstruieren. Roger Fentons 1855 entstandene Bildreportagen aus dem Krimkrieg eröffneten erstmals einem breiten Publikum den Blick auf ein weit entferntes Kriegsgeschehen. Die Anzahl der Bilder, die die Menschen umgaben, explodierte. Damit konnten die immer stärker präsenten Ästhetiken des Visuellen einen zunehmenden Einfluss auf das literarische Schreiben ausüben. Neue technische Möglichkeiten eröffneten dabei neue Arten, die Welt zu sehen und folglich auch zu imaginieren. Dies gilt beispielsweise für das Luftbild und für Serien von Photographien, die entweder einen Zeitraffereffekt ermöglichen oder eine blitzschnelle Bewegung anhalten (eine Kugel schlägt in einer Zielscheibe ein, ein Glas zerbirst) und damit überhaupt erst beobachtbar machen.

Der Blick auf die Welt änderte sich auch im übertragenen Sinne. Charles Darwins Evolutionstheorie erschütterte ein Weltbild, in dem der Mensch ganz oben in einer gottgegebenen Hierarchie stand. Jetzt konnte er als ein Tier unter anderen Tieren gedacht werden, geschaffen nicht durch ein höheres Wesen, dem dafür Glaube und Gehorsam gebührt, sondern durch die unpersönlichen Langzeitprozesse der Evolution. Darwin schuf mit seinem Hauptwerk *On the Origin of Species by Means of Natural Selection* (1859) eine neue große Erzählung darüber, wo wir als Menschen herkommen und warum wir so sind, wie wir sind. Diese trat mit älteren Erzählungen wie denen der Bibel oder deren Bearbeitung in Miltons *Paradise Lost* [→95] in Konkurrenz. Das Viktorianische Maschinenzeitalter wurde mit der Idee einer Natur konfrontiert, die als eine gigantische, sich selbst regulierende Maschine ohne jede göttliche Steuerung auskommen konnte. Das sorgte für kontroverse Debatten: Die Einen befürchteten einen Orientierungsverlust durch die Wissenschaft, die Anderen erhofften sich gerade durch die Wissenschaft neue Orientierungsgewinne. In Teilen der Gesellschaft wurde der Glaube durch den Fortschrittsglauben ergänzt oder gar abgelöst. Wissenschaftliche Erkenntnisse auf der Basis neuer Technologien versprachen, die Welt kontrollierbar und verstehbar zu machen. So wollte beispielsweise Francis Galton menschliche Gesichter auf wissenschaftliche Weise lesbar machen, indem er auf der Basis vieler Photographien versuchte, das »typische« Gesicht eines Mörders, eines Einbrechers oder eines Aristokraten zu ermitteln. Dieser uns heute naiv erscheinende biologistische Ansatz wurde durchaus ernst genommen, auch von Autorinnen und Autoren. Wenn in englischen Romanen des späten 19. Jahrhunderts die Gesichter von Figuren detailliert beschrieben werden, so handelt es sich dabei oft um Charakterisierungen, die auf Galtons Analysen von Gesichtern zurückgehen. Hat einer einen vorstehenden Unterkiefer und eine fliehende Stirn, so wird er sicher im Verlauf des Romans Probleme machen.

Ebenso wie die Natur wurden auch Gesellschaft und Wirtschaft neuen Analysen unterworfen. Friedrich Engels analysierte die Auswirkungen der Industriellen Revolution, die er in den Arbeitervierteln von Manchester beobachtet hatte. In der British Library in London, einer Kathedrale des Wissens, deren Kuppel man demonstrativ ein wenig größer gebaut hatte als die des Petersdoms zu Rom, saß ein politischer Flüchtling namens Karl Marx und schrieb an seinem Hauptwerk *Das Kapital* (der erste Band erschien 1867), in dem er dem Problem des Kapitalismus seinen kommunistisch-revolutionären Lösungsvorschlag entgegenstellte. Der globale Umsturz wurde in London von einem geflüchteten Deutschen denkbar gemacht. Die britische Hauptstadt war damals Zufluchtsort für Revolutionäre und politisch oder religiös Verfolgte aus ganz Europa, weil der britische Staat politische und religiöse Überzeugungen sehr weitgehend als Privatangelegenheiten behandelte. Ein gewisser Oscar Panizzi, den man in Italien wegen terroristischer Anschläge suchte, wurde in London, gleichfalls in der British Library, zum Begründer des modernen britischen Bibliothekswesens. Nebenher erfand er dort ein Bücherregalsystem mit flexibel verteilbaren Einlegeböden, die mit einsteckbaren Metallstiftchen (nach ihm *Panizzi pins* genannt) befestigt werden. Das Urbild der heute bekannten skandinavischen Massenware kommt also aus dem London des 19. Jahrhunderts.

Es ist bemerkenswert, dass es in Großbritannien nicht – wie verbreitet in den 1830ern und 40ern auf dem Kontinent – zu größeren revolutionären Bestrebungen oder gar einer Revolution kam. Hier wirkte wohl noch das Wissen um die traumatischen Revolutionserfahrungen nach, die England bereits im 17. Jahrhundert hinter sich gebracht hatte. Die Gefahr wachsender sozialer Spannungen im Gefolge der Industriellen Revolution wurde durchaus wahrgenommen. Es kam zu einer schrittweisen Ausweitung des Wahlrechts, das zunächst noch an bestimmte Besitzvoraussetzungen geknüpft war: wer beispielsweise Landbesitz in einem gewissen Umfang hatte, durfte wählen. Bei der Wahlrechtsdebatte stand die Frage der Klassenzugehörigkeit, nicht aber die des Geschlechts im Mittelpunkt; es blieb dabei, dass Frauen im Großbritannien des 19. Jahrhunderts nicht wählen durften. 1831 erlangten mit der *First Reform Bill* deutlich mehr wohlhabende bürgerliche Männer das Wahlrecht, während sich die Situation für die *working classes,* insbesondere für die immer wichtiger werdende Gruppe der Fabrikarbeiter, nicht änderte. Erst in einem zweiten Reformgesetz (*Second Reform Bill,* 1867) bekamen Teile der Arbeiterschaft auch offiziell eine politische Stimme, und 1872 wurde in einem dritten Reformgesetz das Wahlrecht auf alle Männer über 21 Jahren ausgedehnt.

Grundsätzlich wurde die Industrielle Revolution, die Großbritannien mit Ausnahme des weiter agrarisch-armen Irland zu *the workshop of the world,* der Werkstatt der Welt machte, als ein Erfolg, als eine menschheitsgeschichtliche Errungenschaft gefeiert. Der Stolz auf die Ergebnisse der Industrialisierung manifestierte sich in der großen ersten Londoner Weltausstellung von 1851, bei der industrielle Maschinen und Erzeugnisse in einem gigantischen, für seine Zeit futuristischen Gebäude aus Glas und Metall, dem sogenannten *Crystal Palace,* gezeigt wurden.

Die offensichtlichen menschlichen Kosten der Industriellen Revolution, insbesondere das Anwachsen eines verarmten Industrieproletariats, wurden jedoch durchaus wahrgenommen und in der englischen Literatur der Zeit kritisch thematisiert. Es formierten sich zudem Gegenbewegungen zu dem Mainstream einer utilitaristisch-industriellen Denkweise und Kultur. Die möglichst billige Massenproduktion und die mit ihr verbundene Ästhetik der Standardisierung erregte Anstoß. In Schriften wie *The Stones of Venice* (1851–1852) feierte der konservative Kulturkritiker John

Ruskin (1819–1900) vormoderne, noch nicht arbeitsteilige Lebens- und Produktionszusammenhänge. Das *Arts and Crafts Movement* versuchte, Kunst und Kunsthandwerk zusammenzubringen. Heute noch bekannt und beliebt sind die Entwürfe, die William Morris für Tapeten und dekorative Textilien erstellte. In den 1880ern machte das *Aesthetic Movement* von sich reden, dessen Anhänger (unter ihnen Oscar Wilde) es sich zur Aufgabe machten, das Schöne als Selbstzweck zu zelebrieren. Literatur und Kunst hatten für sie weder wahr noch moralisch nützlich zu sein, sondern einfach nur schön. Dem vorherrschenden Utilitarismus wurde das exzentrische Kultivieren der Schönheit und die genussvolle Dekadenz entgegengehalten. All das war nebenher bestens geeignet, das Establishment zu provozieren und sich selbst als Teil einer kleinen, feinen Protestbewegung effektvoll in Szene zu setzen. Teile der Ästhetik dieser Protestbewegung gingen bald ihrerseits in den kommerzialisierten Mainstream ein. So trugen beispielsweise die provokanten, stark erotisch aufgeladenen Drucke von Aubrey Beardsley, die in Zeitschriften wie *The Yellow Book* (1894–1897) und *The Savoy* (1896–1898) erschienen, dazu bei, eine ganze Stilrichtung zu prägen, die in Großbritannien als *Art Nouveau* (in etwa vergleichbar mit unserem Jugendstil) bezeichnet wurde und die bis zum Beginn des Ersten Weltkriegs einflussreich blieb. Leicht erkennbar und daher geeignet zu so etwas wie einer Markenbildung waren in diesem Zusammenhang ausufernd-verschlungene und gleichzeitig avantgardistisch abstrahierte dekorative Linienführungen und Blumenmotive. Diese finden sich auf charakteristische Weise im Werk des schottischen Architekten und Designers Charles Rennie Mackintosh.

Der Protestgestus des *Aesthetic Movement* war ein Aufbegehren gegen die Verwertungslogik der Industrialisierung. Er richtete sich gleichfalls gegen die in vieler Hinsicht rigiden Verhaltensnormen der Zeit. Mit dem Begriff »viktorianisch« verbindet man heute oft eine Vorstellung der moralischen Enge und Strenge, der Prüderie und des Pflichtbewusstseins. All das hat einen wahren Kern, besonders, wenn man an das denkt, was denen widerfuhr, die wie beispielsweise Oscar Wilde von gesellschaftlichen Normen abwichen. Wie bei allen Klischees über die Vergangenheit ist hier jedoch auch Vorsicht angebracht. Wo es Repression gibt,

gibt es auch den Untergrund der Transgression. Es galt weiterhin ein *double standard,* was die akzeptablen Verhaltensmöglichkeiten der Geschlechter anging. Männer (besonders die aus den wohlhabenden bürgerlichen Mittelschichten) konnten insbesondere aus der strengen Sexualmoral ausbrechen, ohne damit ihre Respektabilität sofort zu zerstören. Für Frauen des gleichen Milieus war dergleichen mit allerhöchsten Risiken verbunden.

Ein auf vorbildliche Weise harmonisches Familienleben gehörte zu dem öffentlichen Bild, das von der Monarchin verbreitet wurde. Victoria hatte 1840 einen deutschen Prinzen, Albert von Sachsen-Coburg und Gotha, geheiratet, der damit aber keineswegs König von Großbritannien wurde, sondern als Prinzgemahl eine wichtige, aber klar untergeordnete Beraterrolle einnahm. Victorias Mutter war eine Deutsche gewesen, und so kam es, dass Victoria und Albert untereinander vorwiegend Deutsch sprachen. Die Verbindung von Victoria und Albert hatte große Bedeutung für die deutsch-britischen Beziehungen – dies, solange es bis zur Reichsgründung 1871 noch viele deutschsprachige Einzelstaaten gab, vor allem im Bereich der Kultur. Die deutsch-britischen Verwandtschaftsbeziehungen im Herrscherhaus trugen dazu bei, dass man die Briten aus deutscher Perspektive häufig als »unsere Vettern« bezeichnete – Vettern, für die man sich sehr interessierte. Es gab einen regen Austausch von Menschen und Ideen. In London bildeten sich deutsche Viertel; Charlotte Street, eine Parallelstraße zur Tottenham Court Road, war als »Charlottenstraße« bekannt. Tausende von britischen Familien gewöhnten es sich an, ihre Sommerferien in kleinen deutschen Kurorten wie Bad Schwalbach und Bad Homburg zu verbringen. Heute noch stehen in diesen Orten anglikanische Kirchen, die man im 19. Jahrhundert für die britischen Touristen gebaut hatte. Durch solche und andere Kontakte wurde die deutsche Sprache mit englischen Lehnwörtern angereichert. Deutsche kraulten jetzt beim Schwimmen (*to crawl*), aßen Kekse (eine Verballhornung der englischen *cakes*) und hüllten sich in einen Schal (*shawl* – ein Wort, das die englische Sprache ihrerseits aus dem Persischen übernommen hatte). Briten gingen im Urlaub mit *rucksack* und *alpenstock* durch die Landschaft; Weinfreunde erfreuten sich an *hock* (deutschem Weißwein aus Hochheim) und nüchterten sich danach wieder mit *seltzer* (Mineralwasser aus Selters) aus. Die engen faktischen Verbindungen und die durch die Heirat zwischen Victoria und Albert verstärkte Idee der »Verwandtschaft« führte dazu, dass Deutsches häufiger als zuvor zum Gegenstand der englischen Literatur wurde, ebenso wie Britisches nun häufiger in der deutschen Literatur auftauchte.

Dichtung
Affirmation und Zweifel, Nonsense und Nonkonformismus

Im Verlauf des 19. Jahrhunderts änderte sich manches im Status der Dichtung. Der Roman wurde nun endgültig zum Leitgenre der englischen Literatur. Gedichte waren dagegen langsam auf dem Weg, ein Nischenprodukt zu werden. Noch bis ins späte 18. Jahrhundert war es auf plausible Weise möglich gewesen, über naturwissenschaftliche Themen zu dichten. Darwins Großvater schrieb ein großes Gedicht über die Botanik und insbesondere die Fortpflanzung verschiedener Pflanzen (*The Loves of the Plants,* 1789). Als sein Enkel die Evolutionstheorie formulierte, hatte sich der naturwissenschaftliche Diskurs bereits weitgehend vom literarischen Diskurs abgesetzt. Für Charles Darwin wäre es keine plausible Option mehr gewesen, dem Publikum seine bahnbrechenden Erkenntnisse in Form eines Gedichts vorzustellen. Generell war in Alltagszusammenhängen die Prosa auf dem Vormarsch, während sich die Dichtung zurückzog. Bis ins frühe 19. Jahrhundert hatte man in den Straßen Londons Balladen gehört, deren Texte man von herumziehenden *ballad sellers* kaufen konnte. Jetzt bekam man eher Zeitungen angeboten. Statt der Rezitation von Gereimtem zuzuhören oder selbst Gereimtes zu rezitieren oder zu singen, las man nun zunehmend Prosa, und das vorwiegend still.

Das heißt keineswegs, dass die Dichtung verstummt wäre oder im Zusammenhang öffentlicher Diskurse nur noch eine geringe Rolle gespielt hätte. Sie konnte breit rezipiert werden und großen

Einfluss haben. Ein Beispiel dafür ist »The Song of the Shirt« (1843), ein Gedicht von Thomas Hood (1799–1845), in dem er die Ausbeutung armer Näherinnen anprangerte, die billige Hemden für den Massenmarkt fertigten. Es gab solche sozialkritischen Gedichte, aber dennoch wurde in der Viktorianischen Zeit Sozialkritik vor allem in Form von Prosa unter die Leute gebracht. Der Autor, Literatur- und Kulturkritiker Matthew Arnold (1822–1888) war nach seinem Studium in Oxford 35 Jahre lang als Schulinspektor tätig. Bedingt durch seine Tätigkeit reiste er ständig in England umher und lernte so immer wieder die Schattenseiten der industrialisierten Lebenswelt kennen. Obwohl er ein sehr prominenter Dichter war, äußerte er die auf diesen Erfahrungen aufbauende Sozialkritik vorwiegend in Prosaschriften.

Arnold hatte den Eindruck, Dichter in einer neuen Epoche zu sein – schon deshalb, weil die großen Gestalten der vorausgehenden Generation, darunter insbesondere die Romantiker, nicht mehr am Leben waren. Eines seiner immer noch bekanntesten Gedichte ist »Dover Beach« (1867). In diesem schlägt er einen melancholischen Ton an. Ausgehend von einer Naturschilderung, die das Meeresrauschen an der Küste von Dover in einer Vollmondnacht evoziert, springt er weit in der Zeit zurück. Ein solches Rauschen hörte schon der antike Autor Sophokles:

> Sophocles long ago
> Heard it on the Aegean, and it brought
> Into his mind the turbid ebb and flow
> Of human misery [...][31]

Das Thema der »human misery« wird weiter entwickelt. Die Welt wird nicht mehr durch den religiösen Glauben zusammengehalten; die einzige, wenn auch begrenzte Hoffnung ist die der Liebe, die es ermöglichen kann, in einer chaotischen, dunklen Welt an einem anderen Menschen ein wenig Halt zu finden:

> Ah, love, let us be true
> To one another! For the world, which seems
> To lie before us like a land of dreams,
> So various, so beautiful, so new,
> Hath really neither joy nor love, nor light,
> Nor certitude, nor peace, nor help for pain:

And we are here as on a darkling plain
Swept with confused alarms of struggle and flight,
Where ignorant armies clash by night.[32]

Liest man Gedichte der Viktorianischen Zeit, so trifft man oft auf einen solchen elegisch-desillusionierten Ton. Hier artikulieren sich die Zweifel, die, ausgelöst beispielsweise durch Darwin, unter der Oberfläche imperialer Selbstsicherheit existierten. Zugleich werden dichterische Kontinuitäten deutlich. Arnold schließt in seiner Naturschilderung und in seinem Verweis auf die klassische Antike routiniert und selbstverständlich an die Romantik und den Klassizismus an.

Die fortbestehende Auseinandersetzung mit der griechisch-römischen Antike in der englischen Dichtung war eine Hürde für dichtende Frauen, aber auch für Leserinnen, da die Schulen und Universitäten, die das einschlägige Wissen vermittelten, Männern vorbehalten blieben. Unter günstigen Ausnahmebedingungen konnte es Frauen gelingen, sich dieses Wissen anzueignen. Ein Beispiel dafür ist Elizabeth Barrett Browning (1806–1861), die den reichen bürgerlichen Mittelschichten entstammte. Lektüre und Selbststudium insbesondere des Griechischen und des Lateinischen versetzten sie in die Lage, das statuswirksame Spiel der dichterischen Auseinandersetzung mit der Antike mitzuspielen. Ihr über 1000 Zeilen langes narratives Gedicht »Aurora Leigh« (1856) handelt von der Lebensgeschichte einer Autorin und thematisiert dabei sowohl die Frauen- als auch die Dichterinnenrolle. Lange Kontinuitäten in der Dichtungstradition werden in ihrer Verwendung der Sonettform [→55] erkennbar (*Sonnets from the Portuguese*, 1850). Will man sich anhand eines kurzen Gedichts einen Eindruck von ihrem Schreiben verschaffen, so bietet sich »A Musical Instrument« (1862) an. Dessen Hauptfigur, der Gott Pan, fertigt aus einem Schilfrohr ein Musikinstrument. Der Preis für die Musik ist die Gewalt, die er der Natur antut; Kultur wird damit als ein ambivalentes Phänomen charakterisiert.

Elizabeth Barrett Brownings Ansehen als Dichterin war hoch; nach dem Tod Wordsworths wurde sie als mögliche Nachfolgerin für das Amt des *poet laureate* [→93] gehandelt. Insofern war sie erfolgreicher als ihr Ehemann, der Dichter Robert Browning

(1812–1889). Die Brownings hatten nach ihrer Heirat England verlassen, um gemeinsam in Italien zu leben und zu schreiben. Robert Brownings Gedichte imaginieren oft Figuren und Orte der italienischen Vergangenheit: In »My Last Duchess« (1842) spricht der Herzog von Ferrara, in »Fra Lippo Lippi« (1855) der berühmte florentinische Maler dieses Namens. In seinem Werk finden sich Gescheiterte und Desillusionierte, Alptraumvisionen (»Childe Roland to the Dark Tower Came«, 1855) und ein über 21 000 Zeilen langes Gedicht, das einen Mordprozess aus dem Italien des 17. Jahrhunderts aus verschiedenen Perspektiven aufrollt (»The Ring and the Book«, 1868-1869), wobei zugleich das Problem der künstlerischen Repräsentation von Wahrheit behandelt wird. In »Soliloquy of the Spanish Cloister« (1842) schafft er es, die ganze Grantigkeit eines Mönches gegen einen verhassten Mitbruder schon in die erste Zeile zu legen, die mit dem Missmutslaut »Gr-rr […]« beginnt.

Zum Nachfolger Wordsworths im Amt des *poet laureate* wurde Alfred Tennyson (1809–1892; ab 1884 Alfred, Lord Tennyson) berufen. Seine Gedichte bezogen sich oft auf antike Stoffe (»The Hesperides«, 1832; »The Lotos-Eaters«, 1832; »Ulysses«, 1842) einschließlich der frühchristlichen Spätantike (»St. Simeon Stylites«, 1842), aber auch auf den Artus-Sagenkreis (→28, »The Lady of Shalott«, 1832; »Morte d'Arthur«, 1842; »Idylls of the King«, 1885). Ähnlich wie bei Arnold lässt sich hier eine charakteristische Mischung aus Themen beobachten, die sich sowohl aus der klassizistischen als auch aus der romantischen Tradition speisen. Gleichzeitig werden aber auch Themen verhandelt, die ganz in der Gegenwart des Dichters und seines Publikums liegen, so beispielsweise immer wieder Religion und religiöser Zweifel sowie die Auseinandersetzung mit den provozierenden neuesten Erkenntnissen der Naturwissenschaft. Genau diese Mischung fand eine vor allem aus den gebildeten bürgerlichen Mittelschichten bestehende Leserschaft attraktiv; entsprechend gut verkauften sich seine Gedichtbände. Heute noch hört und liest man in Großbritannien gelegentlich Anspielungen auf Tennysons »The Charge of the Light Brigade« (1854). Dieses Gedicht aus der Zeit des Krimkriegs handelt von dem tragischen Ausgang einer Kavallerieattacke, die nach einem missverstandenen Befehl erfolgte;

man kann es interessanterweise sowohl imperial-affirmativ als auch kritisch lesen.

Um die Mitte des 19. Jahrhunderts machte eine Gruppe von sich reden, die sich The Pre-Raphaelite Brotherhood (im Deutschen: »präraffaelitische Bruderschaft« oder einfach »Präraffaeliten«) nannte. Dabei handelte es sich um eine Mischung aus Freundeskreis und erotischem Beziehungsgeflecht, aus der sowohl Gemälde als auch Texte – und hier vor allem Gedichte – hervorgingen. Die Bezeichnung als »Bruderschaft« ist insofern irreführend, als Frauen ein wesentlicher Bestandteil dieser Gruppe waren. Die Präraffaeliten verfolgten das Ziel, sich von dem, was sie als Hässlichkeit des Industriezeitalters wahrnahmen, abzusetzen. Dafür suchten sie ihre Vorbilder in der vorindustriellen Zeit, genauer: in der italienischen Kunst, wie sie im 15. Jahrhundert vor Raffael praktiziert worden war; daher ihre Selbstbenennung. Sie prägten in ihrer Malerei einen leicht erkennbaren Stil. Charakteristisch waren dabei stark leuchtende Farben, die sich aus der Verwendung moderner, chemisch synthetisierter Pigmente ergaben, wie sie um die Mitte des Jahrhunderts erhältlich wurden. So war ihre Malerei gleichzeitig an der Vergangenheit orientiert und technisch avantgardistisch. Die Gruppe teilte ihre ästhetische und sonstige Vorliebe für eine kleine Zahl weiblicher Modelle, die immer wieder in ihren Gemälden auftauchen. Viele präraffaelitische Gemälde sind daher leicht an diesen markanten Frauengestalten mit ihren langen, oft roten Haaren zu erkennen.

Zum Kern dieser Gruppe, die sich ab 1848 traf, gehörten Dante Gabriel Rossetti (1828–1882) und seine Schwester Christina Georgina Rossetti (1830–1894). Die Rossettis waren Kinder eines politischen Flüchtlings aus Italien. Dennoch waren sie mit engen Beziehungen zur englischen Literaturszene aufgewachsen; ihre Mutter war die Schwester von John Polidori [→156], dem Leibarzt Byrons und Verfasser des Romans The Vampyre. Christina Georgina Rossetti schrieb ein breites Spektrum von Gedichten, von religiöser Lyrik bis zu Kinderreimen. Ebenso eindrucksvoll wie enigmatisch ist ihr langes, erzählendes Gedicht »Goblin Market« (1862), das märchenhafte Elemente mit sinnlich-erotischen Wortfeldern kombiniert.

Ihr Bruder Dante Gabriel Rossetti wurde gleichermaßen als Maler und Dichter bekannt. In seiner Dichtung setzte er sich immer wieder mit der italienischen Literatur auseinander, insbesondere mit Dante Alighieri. Er heiratete Elizabeth Eleanor Siddall (1829–1862), die nicht nur für Gemälde der Präraffaeliten Modell saß, sondern gleichfalls selbst malte und dichtete. Nachdem sie an einer Überdosis Opiumtinktur gestorben war, gab Dante Gabriel Rossetti ihr einige seiner Gedichtmanuskripte mit ins Grab, die er sich dann allerdings vier Jahre später durch heimliche Exhumierung wieder zurückholte. Nach dem Tod seiner Frau lebte er in einer unkonventionellen Wohngemeinschaft, gemeinsam mit den Dichtern Algernon Charles Swinburne (1837–1909) und George Meredith (1828–1909) sowie einem Wombat (?–1869) und allerlei weiteren exotischen Tieren. Swinburne wurde mit an der Antike orientierten Werken wie dem dramatischen Gedicht »Atalanta in Calydon« (1865) bekannt; zu Merediths bekannteren Gedichten gehört »Modern Love« (1862).

John Everett Millais (1829–1896, ab 1885 Sir John Everett Millais), ein Mitbegründer der *Pre-Raphaelite Brotherhood*, dichtete zwar nicht, schuf aber Gemälde, die auf Werken der englischen Literatur basierten. Diesen engen Bezug zur Literatur teilte er mit William Holman Hunt (1827–1910), einem weiteren Präraffaeliten. Beide schufen Illustrationen zu den Werken von Tennyson. Besonders bekannt ist das Gemälde *Ophelia* von Millais (1851–1852, heute zu sehen in der Tate Britain, London). Die ertrinkende Ophelia wurde von Elizabeth Eleanor Siddall (siehe oben) verkörpert, die dafür im bitterkalten Londoner Winter in einer mit Kerzen beheizten Badewanne Modell lag. Solche Bilder, die in Form von Nachdrucken verbreitet wurden, lenkten bei der Shakespeare-Lektüre die Imagination einer ganzen Generation, ähnlich, wie es heute große, besonders erfolgreiche Verfilmungen tun.

Millais war mit dem Kunst- und Kulturkritiker John Ruskin befreundet; er dehnte diese Freundschaft dergestalt auf dessen Ehefrau aus, dass diese Ruskin verließ und Millais heiratete. Die Kulturszene Londons hatte den Skandal der Saison, was aber dem Ansehen von Millais nicht auf Dauer schadete – dieser Vorfall hinderte Königin Victoria nicht daran, Millais zu adeln. Betrachtet man solche Zusammenhänge, so wird einmal mehr deutlich, dass das verbreitete Klischee der Viktorianischen Zeit als obsessiv verklemmt und prüde ganz sicher nicht alle gesellschaftlichen Milieus abbildet. Es gab beides, die Permissivität im Leben der Präraffaeliten, aber auf der anderen Seite auch eine greifbare Repressivität, beispielsweise da, wo die damals illegale Homosexualität mit Mitteln des Strafrechts hart verfolgt wurde. Eng assoziiert mit dieser Verfolgung ist Oscar Wildes [→229] Gedicht »The Ballad of Reading Gaol« (veröffentlicht 1898), das er nach seiner Zeit im Gefängnis von Reading verfasste.

Es gab noch ganz andere Möglichkeiten, aus tiefster Überzeugung anders zu leben und zu denken, als die Mehrheitskultur es vorsah. John Henry Newman (1801–1890) konvertierte 1845 zum Katholizismus, was keine Kleinigkeit in einem Land war, das erst 1829 die annähernde Rechtsgleichheit von Katholiken hergestellt hatte. Newman, der zum Kardinal aufstieg, verfasste das religiöse Gedicht »The Dream of Gerontius« (1865), das heute besonders in der Vertonung von Edward Elgar (1900) bekannt ist. Ein weiterer Konvertit zum katholischen Glauben war Gerard Manley Hopkins (1844–1889). Hopkins verfasste Gedichte, die auf seine Zeitgenossen so experimentell und schwierig wirkten, dass sie bis auf wenige Ausnahmen erst 1918, lang nach seinem Tod, veröffentlicht wurden (»The Windhover«; »The Wreck of the *Deutschland*«, letzteres über den Tod einiger aus Deutschland ausgewiesener Nonnen auf hoher See).

Ein ebenso wichtiges wie heute noch beliebtes Phänomen in der Dichtung der Viktorianischen Zeit ist das, was unter dem Begriff Nonsense-Literatur gefasst wird. *Nonsense* ist dabei nicht gleichbedeutend mit der Abwesenheit von *sense;* es geht vielmehr um das humorvoll-phantastische Unterlaufen alltäglicher Sinn- und Wahrnehmungsmuster durch absurde Figuren und Handlungselemente sowie durch Wortspiele. Der intensive Gebrauch von Wortspielen ist eine britische Eigenheit, weil die englische Sprache aufgrund ihres doppelten, germanisch-romanischen Vokabulars [→22] ein ganz besonders reiches Material für solche Spiele bereitstellt und weil auf dieser Basis über Jahrhunderte eine kulturelle Disposition zum Wortspiel gewachsen war. Der bekannteste Name in der englischen Nonsense-Literatur ist Lewis Carroll (1832–1898), ein Mathematiker der Universität Oxford, der eigentlich Charles Lutwidge Dodgson hieß und von dem im Zusammenhang mit seiner Prosa noch ausführlicher zu reden sein wird [→248]. Will man ein Prachtbeispiel seiner Nonsense-Dichtung kennenlernen, so sei hier »The Hunting of the Snark« (1876) empfohlen. Es handelt sich dabei um ein witzig-aberwitziges Jagdgedicht, in dem ein enigmatisches Tier namens »Snark« von einer bunten, vollkommen bizarr agierenden Jägergruppe (alle beginnen mit einem »B«, darunter ein Bäcker, ein Billardbauer und, *anything goes,* ein Biber) verfolgt und schließlich gefunden wird, was sofort schauerliche Konsequenzen nach sich zieht. Hier (und ebenso in Carrolls Gedicht »Jabberwocky« von 1871) wird deutlich, dass es in der Phantastik der englischen Nonsense-Literatur keineswegs immer nur um Komik geht, sondern dass solche Texte auch Traditionen wie die der Schauerliteratur [→195] in sich aufnehmen können.

Ein weiterer wichtiger Vertreter der Nonsense-Literatur ist Edward Lear (1812–1888), der besonders durch seine Limericks bekannt wurde, die er mit eigenen Zeichnungen illustrierte. Die Titel seiner Gedichtbände (*A Book of Nonsense,* 1845; *Nonsense Songs, Stories, Botany and Alphabets,* 1871) halfen mit, den Begriff *nonsense* als Bezeichnung eines Phänomens in der Literatur zu etablieren.

Eher unfreiwillig komisch waren die Gedichte, die William McGonagall (1825–1902) nicht nur in billigen Einblattdrucken veröffentlichte, sondern auch in den Pubs von Edinburgh rezitierte. McGonagall hängt der Ruf an, einer der schlechtesten Dichter gewesen zu sein, die jemals auf Englisch schrieben. Er schrieb so, wie wir es aus Büttenreden im Karneval kennen, nämlich in Knittelversen (engl.: *doggerel*): Hauptsache, es reimt sich am Ende irgendwie. So schrieb er auch über tragische Ereignisse wie beispielsweise ein großes Eisenbahnunglück (»The Tay Bridge Disaster«, 1879). McGonagall ist dennoch lesenswert, da an seinem Beispiel Aspekte einer viktorianischen literarischen Populärkultur erkennbar werden, über die wir ansonsten nicht sehr viel wissen. Seine öffentlichen Rezitationen waren den damals bekannten *freak shows* vergleichbar, nur dass dabei nicht Körper, sondern Texte zur Schau gestellt wurden. Beides ist uns auf den ersten Blick kulturell fremd, findet sich aber auch wieder in unserer heutigen

Welt: Das implizit verhöhnende Ausstellen von Menschen, ihren Körpern und ihrer Sprache gehört zum Geschäftsmodell mancher Arten von Reality TV.

McGonagall ist sicher keinesfalls repräsentativ für die schottische Dichtung der Viktorianischen Zeit. Kein schottischer Dichter (und auch keine schottische Dichterin) dieser Periode erreichte auch nur annähernd den nationalen und internationalen Berühmtheitsgrad, den Burns seit der Romantik hatte. Unter den Namen, die dennoch Aufmerksamkeit verdienen, ist James Thomson (1834-1882). Schon, weil es einen sehr viel berühmteren Dichter gleichen Namens im 18. Jahrhundert gegeben hatte [→136], schrieb er unter einem Pseudonym. Er nannte sich Bysshe Vanolis und verwies damit auf Percy Bysshe Shelley und den deutschen Romantiker Novalis, die er beide bewunderte. Mit seinem langen Gedicht »City of Dreadful Night« (1874) schuf er ein Stück Stadtliteratur, das in seiner depressiven Düsterkeit und seinem Pessimismus schwer zu übertreffen ist.

In Irland begann im Kontext einer Rückbesinnung auf die keltische Kultur und eines wachsenden Strebens nach Unabhängigkeit von England (*home rule*) ein Aufschwung der Literatur. Zu den dabei besonders aktiven Figuren zählte William Butler Yeats (1865-1939). Seine politisch-kulturelle und literarische Agenda unterschied sich sehr deutlich von der, die uns bei Oscar Wilde, gleichfalls einem prominenten Iren, begegnet [→229]. Yeats gründete 1891 eine irische literarische Gesellschaft in London, und im Jahr darauf eine in Dublin. Er interessierte sich für Mystik und Esoterisches und sammelte Geschichten über den irischen Feen- und Geisterglauben, die unter dem Titel *The Celtic Twilight* 1893 erschienen. Dieser Titel wurde zu einem – manchmal leicht ironisch gebrauchten – Begriff für die in Irland wichtiger werdende Neuorientierung an Vorstellungen einer keltischen Vergangenheit.

Der Blick auf die außereuropäische Welt – im Zusammenhang mit dem weltumspannenden britischen Empire – findet sich in den Gedichten Rudyard Kiplings (1865-1936). Kipling kam im damaligen Bombay zur Welt; er wurde in die dort herrschende britische Elite hineingeboren und, wie es üblich war, im Alter von sechs Jahren nach England geschickt, um dort die Schule zu besuchen. Ab den 1880ern arbeitete er als Journalist und begann, Gedichte vor allem über Indien zu publizieren, die dort in der »Indian Railway Library«-Serie in Bahnhofsbuchhandlungen [→208] vertrieben wurden. Sie erschienen in drei Bänden: *Departmental Ditties* (1886), *Plain Tales from the Hills* (1888) und *Soldiers Three* (1890), sowie gesammelt unter dem Titel *Barrack-Room Ballads* (1892). Kiplings Art, über das Empire zu dichten, trug durchaus imperialistisch-affirmative Züge. Er prägte die bekannte Formulierung »The White Man's Burden« in seinem gleichnamigen Gedicht (1899), in dem er den Kolonialismus als eine undankbare, aber unverzichtbare Zivilisationsaufgabe beschreibt, die dem »weißen Mann« auferlegt sei und letztlich nicht ihm, sondern den kolonisierten Völkern nütze. Allerdings finden sich bei ihm auch kritische Töne, so in dem Gedicht »Recessional«, das er 1897 zum sechzigjährigen Thronjubiläum Königin Victorias schrieb; ausgerechnet zu diesem Anlass wies er auf die Vergänglichkeit aller imperialen Macht hin.

Drama
Komische Piraten und ein Baby in der Handtasche

1843 kam es zu einer für das englische Theater folgenschweren Gesetzesänderung. Bislang hatten lediglich die ganz wenigen *patent theatres* [→169] die Erlaubnis gehabt, Dramen aufzuführen. Wir sahen bereits, wie insbesondere ab der zweiten Hälfte des 18. Jahrhunderts weitere Theater mit verschiedenen Arten von Bühnenspektakeln diese Einschränkung zu unterlaufen versuchten. Nun wurde das Monopol der *patent theatres* abgeschafft. Die Folge davon war, dass sich in London eine expandierende Theaterlandschaft bildete, die ein immer breiteres Angebot für die rapide wachsende Bevölkerung der Stadt bot. Dabei etablierte sich das West End als neues Zentrum des Londoner Theaterlebens. Aber auch anderswo in der Stadt, insbesondere in dem von den unteren Schichten bewohnten East End, wurden zahlreiche Theater gegründet.

Die 1870er und 1880er, in denen Londons Bevölkerung die Fünf-Millionen-Marke überschritt, brachten eine weitere Expansionswelle. In dieser Zeit wurden dort besonders viele neue Theater gebaut sowie alte vergrößert und technisch modernisiert. Dabei machte man von technischen Neuerungen wie der Elektrizität und der Hydraulik Gebrauch, was immer spektakulärere Bühneneffekte ermöglichte. Die Theaterszene gehörte zu den Gewinnern eines drastischen stadtplanerischen Eingriffs, als man die Shaftesbury Avenue, eine neue Prachtstraße von Piccadilly Circus in Richtung Holborn, anlegte. Dafür musste man eine Schneise durch mehrere Slums brechen, was ein durchaus erwünschter Effekt war. Durch die Ansiedlung einer Reihe neuer, prunkvoller Theater entlang der Shaftesbury Avenue wurde das ehemalige Armenviertel in ein Theaterviertel verwandelt; so änderten sich schlagartig Wahrnehmung und Sozialgefüge dieses Teils der Stadt, der bis heute als »Theatreland« bezeichnet wird.

Die Londoner Theaterszene übte einen großen Einfluss auf das Theaterleben der gesamten Britischen Inseln aus. In der zweiten Hälfte des Jahrhunderts etablierte sich ein Tourneesystem: In London erfolgreiche Stücke wurden von reisenden Theatertruppen landauf, landab aufgeführt. Diese Tourneen ließen sich kostengünstig und effizient organisieren, weil es mittlerweile ein flächendeckendes Eisenbahnnetz gab; auch hier lässt sich also eine enge Verbindung zwischen den technischen Folgen der Industriellen Revolution und dem kulturellen Leben beobachten. Die Dominanz der Metropole ging oft auf Kosten eines lokalen Theaterlebens, das entweder, wie in den neuen Industriezentren, noch nicht existierte, oder das an der hauptstädtischen Konkurrenz zu leiden hatte. Eigenständiges entwickelte sich noch am ehesten in Irland.

Was war auf britischen Bühnen der Viktorianischen Zeit zu sehen? Sehr beliebt blieben in der ersten Jahrhunderthälfte nach wie vor Bühnenversionen von Romanen [→169]. So konnte man Dickens nicht nur durch eigene Lektüre, sondern auch im Theater kennenlernen, was seine Figuren noch bekannter machte, als sie es ohnehin schon waren. Im 19. Jahrhundert ist eine zunehmende Verknüpfung verschiedener medialer Präsentationen von

Literatur zu beobachten. Romane erschienen häufig mit Illustrationen, die nicht nur die Imagination der Leserschaft, sondern auch die Bühneninszenierungen der Stoffe lenkten. So etablierten sich ganz bestimmte bildhafte Vorstellungen literarischer Figuren und wurden zum Allgemeingut. Neben den De-facto-Kanon der besonders stark verbreiteten Texte begann ein Kanon ihrer visuellen Umsetzungen zu treten.

Eine weitere Form der Bühnenunterhaltung, die heute nicht mehr existiert, boten die *Music Halls,* die es im viktorianischen London, aber auch in anderen Städten gab. Eine *Music Hall* war ein theaterartiges Gebäude, in dem auf der Bühne kein Stück, sondern eine Folge kurzer Gesangsnummern aufgeführt wurde, die mal anarchisch-komisch, mal sentimental sein konnten. Diese Art der Unterhaltung hatte ihren Ursprung in Pubs, in denen das alkoholisierte Singen gepflegt wurde, und daher hielt sich die Tradition, dass das Publikum während der Darbietungen erstens trinken und zweitens mitsingen durfte – zumindest die Refrains der auf der Bühne laut geschmetterten Lieder. Jede *Music Hall* hatte ihren *chairman,* einen Zeremonienmeister, der die Sängerinnen und Sänger ankündigte, immer wieder Wortspiele machte und dem Publikum den Einsatz zum Mitsingen gab. Die *Music Halls* wurden im frühen 20. Jahrhundert durch das Kino verdrängt, aber manche ihrer Konventionen überlebten. Wenn am Ende des Monty-Python-Films *The Life of Brian* (1979) einer der Gekreuzigten mit einem deutlichen Cockney-Akzent das Lied »Always look on Bright Side of Life« singt, dann ist das ein kulturelles Echo des musikalischen Humors, der auf den *Music Hall*-Bühnen dargeboten wurde.

Theatergeschichte in London erleben. Viele von Londons prunkvollen Theatern aus dem späten 19. Jahrhundert existieren heute noch. Der Besuch der alten Schauspielhäuser an der Shaftesbury Avenue lohnt sich; in ihrem Inneren hat sich viel von der opulenten Atmosphäre ihrer Entstehungszeit bewahrt. Die Theater im Einzelnen: The Lyric Theatre (erbaut 1888), 29 Shaftesbury Avenue, London W1D 7ES; The Apollo Theatre (1901), 31 Shaftesbury Avenue, London W1D 7EZ; The Gielgud Theatre (1906, ursprünglich: The Hicks Theatre), 35 Shaftesbury Avenue,

> London W1D 6AR; The Queen's Theatre (1907), 51 Shaftesbury Avenue, London W1D 6BA; The Palace Theatre (1880, ursprünglich: The Royal English Opera House), 109 Shaftesbury Avenue, London W1D 6BA; The Shaftesbury Theatre (1911), 210 Shaftesbury Avenue, London WC2G 8DP.
> Manche Prachtgebäude wie die English National Opera (33 St. Martin's Lane, London WC2N 4ES) oder das Empire Theatre (5-6 Leicester Square, London WC2H 7NA) waren ursprünglich *Music Halls*. Eine der großen *Music Halls* des East End (Wilton's Music Hall, 1 Graces Alley, Whitechapel, London E18JB) hat als unrestauriertes Baudenkmal überlebt und dient heute als Aufführungsort für allerlei Bühnenkunst.

Eine komplexere und gleichfalls bis heute nachwirkende Form des Musiktheaters waren die komischen Opern (*operettas*) von Gilbert und Sullivan. William Schwenck Gilbert (1836-1911, ab 1907 Sir William Schwenck Gilbert) war ein wenig erfolgreicher Jurist, der sich in einen höchst erfolgreichen Autor verwandelte. Gemeinsam mit dem Komponisten Arthur Sullivan (1842-1900, ab 1883 Sir Arthur Sullivan) schuf er Werke, die noch am ehesten mit den damals auf dem Kontinent beliebten Operetten von Jacques Offenbach vergleichbar sind. Im Gegensatz zu diesen zeichnen sie sich aber durch eine charakteristische Komik aus, die Normalität und Absurdität zusammenbringt. Weil viele der strengen Normen des viktorianischen Lebens bei nüchterner Betrachtung absurd erschienen, konnte auch das Absurde als Norm imaginiert werden. Nach diesem Grundprinzip schuf Gilbert groteske Zwänge, denen seine Figuren unterliegen, die diese aber als ganz selbstverständlich hinnehmen. In *H. M. S. Pinafore* (1878) hat beispielsweise ein Admiral auf hoher See ständig seine Schwestern, Cousinen und Tanten dabei, die sich um sein Wohlergehen kümmern – als sei das die allernormalste Sache der Welt. Schon der Name seines Schiffes – »H. M. S.« = *Her Majesty's Ship,* ein *pinafore* ist ein Lätzchen, wie man es Kleinkindern umhängt – signalisiert die verfremdende Infantilisierung der harten Männerwelt der britischen Marine. In *The Pirates of Penzance; or, The Slave of Duty* (1879) gibt es einen Piratenlehrling, der eigentlich ein gesetzestreuer junger Mann ist, aber gewissenhaft den gegen sein

Gewissen gehenden Lehrlingspflichten nachkommt. *The Mikado* (1885) spielt in Japan – allerdings in einem Japan, in dem die Artifizialität der japanischen Etikette mit dem steifen Verhalten des britischen *gentleman* vermischt wird.

Unter dem älteren Bühnenrepertoire kam den Dramen Shakespeares nun eine zentrale Stellung zu. Alte, freie Bearbeitungen seiner Stücke [→105] wurden ab der frühen Viktorianischen Zeit von einer engeren Orientierung an der älteren Textüberlieferung abgelöst. William Pole gründete 1895 die Elizabethan Stage Society, die den Versuch unternahm, der elisabethanischen Aufführungspraxis näher zu kommen. All das entsprach insofern dem Zeitgeist, als man sich im Kunsthandwerk und in der Architektur gleichfalls wieder historistisch an der englischen Vergangenheit orientierte. Bemerkenswert für das viktorianische Theaterleben ist auch, dass auf den Bühnen Londons der erste farbige Schauspieler, der aus den USA eingewanderte Ira Aldridge, zu sehen war – und dies nicht nur in der Rolle des Othello.

London wurde im 19. Jahrhundert zu einem immer wichtigeren Zentrum der internationalen Migration. Mit den Menschen kamen außerbritische Theatertraditionen in die britische Hauptstadt, was zu interessanten Interaktionen führte. Hier sei nur ein Beispiel genannt. Mit der Zuwanderung osteuropäischer Juden, die im späten 19. Jahrhundert vor einer in Pogromen gipfelnden Verfolgung in Russland flüchteten, bildete sich auch eine jiddischsprachige Theaterszene im East End. Dort wurden auch ins Jiddische übersetzte Dramen von Shakespeare aufgeführt. Dazu kamen neue Stücke, in denen Handlungs- und Figurenelemente von Shakespeare übernommen wurden, wie beispielsweise *Der Yidisher Kenig Lir* von Jacob Gordin (1892).

Viele der in der Viktorianischen Zeit neu und eigens für die Bühne geschriebenen Dramen werden heute so gut wie nicht mehr aufgeführt. In den 1860ern waren die Stücke von Thomas William Robertson (1829–1871) beliebt. Nachdem er zunächst fremde Stoffe (darunter auch Romane von Dickens) für das Theater adaptiert hatte, schrieb er Komödien, die sich mit der Gesellschaft der Zeit auseinandersetzten. Dabei verzichtete er auf die damals durchaus beliebten übersteigerten Effekte des Melodramas (also: Gefühlsüberschwang und hemmungslos klischeeartig überzeichnete Figuren), ging also eher naturalistisch vor. Charakteristische Beispiele für seine Komödien sind *Society* (1865) und *Caste* (1867), beides Stücke, in denen die starren Regeln der viktorianischen Klassengesellschaft thematisiert werden. Noch erfolgreicher als Robertson war Arthur Wing Pinero (1855–1934, ab 1909 Sir Arthur Wing Pinero). Ein Thema, das er immer wieder in seinen Stücken wie *The Profligate* (1889), *Lady Bountiful* (1891) und *The Second Mrs. Tanqueray* (1893) aufgriff, war der *double standard,* die sehr ungleichen Verhaltensregeln für Männer und Frauen, die zu seiner Zeit herrschten.

In Irland war Dion Boucicault (1820–1890) ein wichtiger Bühnenautor. Seine Stücke gaben sich schon in ihren Titeln als »irisch« zu erkennen, so beispielsweise *The Colleen Bawn; or the Brides of Garryowen* (1860), *Arra-na-Pogue; or the Wicklow Wedding* (1864) und *The Shaughraun* (1874). Boucicaults Stücke waren noch näher am Melodrama; er orientierte sich weniger am aufkommenden Naturalismus. Er perfektionierte das Klischee des *stage Irishman;* seine Stücke zogen das Publikum nicht nur in Irland an, sondern auch in den USA und England, wo es aufgrund der Massenauswanderung viele Iren gab. Boucicault gelang es, für Theaterautoren wichtige Veränderungen anzustoßen. Er verhandelte wahrscheinlich als Erster erfolgsabhängige Tantiemen statt einer Einmalzahlung für seine Stücke.

Ein gleichfalls in Irland geborener Autor, dessen Bühnenstücke im Gegensatz zu denen Boucicaults heute noch häufig aufgeführt werden, war Oscar Wilde (1854–1900). Neben »Oscar« hatten ihm seine Eltern den zweiten Vornamen »Fingal« gegeben. Beide Namen stammen aus den von Macpherson ein Jahrhundert zuvor gefälschten ossianischen Epen [→142], ein kurioser Beleg dafür, wie diese immer noch nachwirkten. Wilde wurde bereits in jungen Jahren als eine prominente Figur wahrgenommen. Er verstand es, bei den *dinner parties* der besseren Londoner Gesellschaft mit provozierend-geistreichen Äußerungen den Ton anzugeben. Er hing dem *Aesthetic Movement,* das den Kult des zweckfreien Schönen verfolgte, nicht nur an, sondern er versuchte, es in seinem Lebensstil und Auftreten geradezu zu verkörpern. Wilde machte sich zu einer in Kleidung und Sprache auffälligen Kunstfigur. Das irritierte, weckte aber zugleich auch Interesse. In Großbritannien gab es eine traditionell stark ausgeprägte Toleranz

Exzentrikern gegenüber; in großstädtischen Zusammenhängen war man zudem seit dem frühen 19. Jahrhundert mit der Figur des auffällig gekleideten Dandy vertraut.

Wilde verfasste die erfolgreichen Komödien *Lady Windermere's Fan* (1892), *A Woman of No Importance* (1893), *An Ideal Husband* (1895) und *The Importance of Being Earnest* (1895). Es war eine Stärke Wildes, in seine Stücke immer wieder provokative, geistreich-einprägsame Sätze einzustreuen, die vom Publikum sofort aufgegriffen und zitiert wurden: »The truth is rarely pure and never simple«, »Ignorance is like a delicate exotic fruit; touch it and the bloom is gone«[33]. Diese Zitierbarkeit trug zu seinem Erfolg bei. Typisch für seine Bühnenwerke ist gleichfalls ein Humor, der durch den scheinbar todernsten Umgang seiner Figuren mit dem Absurden erzeugt wird. Ein Mann, der als Säugling in einer Handtasche gefunden wurde, und der diese Handtasche auch gleich vorzeigt; eine junge Dame, die Männer nur lieben kann, wenn sie »Ernest« heißen – mit dergleichen wird so umgegangen, als sei dies das Normalste der Welt. Die Nähe dieses Humors zu dem der englischen Nonsense-Literatur [→221] ist offensichtlich.

Das Drama *Salome*, in dem er den biblischen Stoff von der Enthauptung Johannes des Täufers aufgreift, veröffentlichte Wilde zuerst auf Französisch (*Salomé*, 1893). Es konnte nicht auf einer britischen Bühne aufgeführt werden, da es ja immer noch die an eine Vorzensur gekoppelte Genehmigungspflicht für Bühnenstücke gab. So kam es in Paris zur Aufführung. Der Text wurde von oder mit Hilfe von Lord Alfred Douglas, mit dem Wilde befreundet war, ins Englische übersetzt. Er erschien 1894 mit prachtvollen-düsteren Illustrationen von Aubrey Beardsley – was man nicht aufführen durfte, durfte man dennoch drucken. Dem Vater von Lord Alfred Douglas war die Freundschaft zwischen seinem Sohn und Wilde ein Dorn im Auge; dies führte letztlich zu einer Anklage wegen homosexueller Handlungen. Wilde wurde zu zwei Jahren Gefängnishaft mit Zwangsarbeit verurteilt. Nach seiner Entlassung verbrachte er die letzten drei Jahre seines Lebens in Frankreich.

George Bernard Shaw (1856–1950) war ebenso wie Oscar Wilde ein Ire, der vor allem London zum Zentrum seiner literarischen Aktivität machte. Sein Werk ragt von der Spätviktorianischen Zeit weit in die erste Hälfte des 20. Jahrhunderts hinein. Shaw vertrat eine in vielen Dingen radikale politische Agenda; er sprach sich gegen die rechtliche Benachteiligung von Frauen und für die Abschaffung des Privateigentums aus. Ab den 1890ern hatte er Erfolg mit zahlreichen Theaterstücken. Viele davon werden heute noch häufig gespielt, darunter *Mrs Warren's Profession* (1898, Erstaufführung: 1902), ein sozialkritisches Stück, das die ökonomischen und gesellschaftlichen Hintergründe der Prostitution im Spätviktorianischen England thematisiert. Schrieb Shaw eine Komödie, so stand nicht der Humor, sondern die Entwicklung programmatischer Gedanken im Zentrum des Interesses, so z. B. zu den möglichen Auswirkungen des Fortschritts auf die Menschheit in *Man and Superman: A Comedy and a Philosophy* (1903, Erstaufführung: 1905). Sein bis heute größter Erfolg dürfte *Pygmalion* sein (1913, Uraufführung im gleichen Jahr, jedoch kurioserweise in Wien und in deutscher Übersetzung). Shaw übertrug Elemente der antiken Geschichte über den Bildhauer Pygmalion, der eine Statue zum Leben erweckt – nachzulesen in Ovids *Metamorphosen* – in das London seiner Zeit. Die Blumenverkäuferin Eliza Doolittle, die breitestes Cockney spricht, geht nach einem intensiven Sprachtraining bei Prof. Higgins in der besten Gesellschaft als feine Dame durch. 1956 wurde ein an Shaws Stück angelehntes Broadway-Musical mit dem Titel *My Fair Lady* in New York uraufgeführt. Weltbekannt (auch für ein Publikum, das nichts von Shaws *Pygmalion* weiß) wurde *My Fair Lady* schließlich in der berühmten Verfilmung von 1964 mit Audrey Hepburn in der Titelrolle.

Prosa
Gesellschaftspanoramen, Analysen und Ängste

Im weiteren Verlauf des 19. Jahrhunderts behauptete sich der Roman als zentrales Genre der englischen Literatur. Dabei setzte sich eine Entwicklung fort, die bereits mit der Hinwendung der Romantik zum Roman in Gestalt der überaus erfolgreichen *Wa-*

verley Novels von Sir Walter Scott an Schwung gewonnen hatte. Überhaupt wirkte sich der Einfluss der Romantik auch inhaltlich weiter auf das Schreiben zur Zeit Königin Victorias aus. Beispiele dafür findet man in den Romanen der drei Brontë-Schwestern. Der Nachname ist irischen Ursprungs; richtig ausgesprochen reimt sich »Brontë« auf »Sponti«. Charlotte (1816–1855), Emily Jane (1818–1848) und Anne Brontë (1820–1849) wuchsen in einem Pfarrhaus in Yorkshire, also in ländlicher Umgebung auf. Sie beschäftigten sich bereits als junge Mädchen mit spielerischen Schreibprojekten und lasen mit Begeisterung Byron und Scott. In den 1840ern begannen sie, eigene Texte zu veröffentlichen. Für Pfarrerstöchter vom Lande war das ein gewagter Schritt, und so publizierten sie im Schutz von Pseudonymen. Die drei Schwestern nannten sich Currer, Ellis und Acton Bell – eine interessante Namenswahl, handelte es sich doch dabei um Vornamen, die als männlich gedeutet werden konnten, ohne gängige männliche Vornamen zu sein. (In Großbritannien war und ist es möglich, etwas, was in etwa wie ein Nachname klingt, zum Vornamen zu machen.) 1847 erschienen die Romane *Wuthering Heights* (Emily Jane Brontë), *Jane Eyre* (Charlotte Brontë) und *Agnes Grey* (Anne Brontë). Der heute beliebte Roman *Wuthering Heights* war zu Lebzeiten der Verfasserin kein Erfolg: Zu drastisch operierte der Roman mit starken Impulsen wie Liebe, Gewalt und Rache, zu kühn waren die Zeitsprünge. Mit der wilden, enigmatischen Figur des Heathcliff, dessen Name ihn schon als Ausgeburt einer wilden Landschaft ausweist, nimmt der Roman die spezifisch englische romantische Tradition des von selbstzerstörerischen Leidenschaften getriebenen *Byronic hero* [→156] auf. Auch in Charlotte Brontës *Jane Eyre* treffen wir auf eine solche Figur, einen Mr. Rochester, dessen Name für alle, die sich ein wenig in der englischen Literaturgeschichte auskennen, bereits ein Warnsignal ist: In ihm klingt ein Verweis auf den Earl of Rochester an [→92], der als der größte literarische Wüstling des späten 17. Jahrhunderts in Erinnerung geblieben war. *Jane Eyre* ist ein implizit stark erotisch aufgeladener Text, der seine Leserschaft zudem mit Handlungselementen und Figuren fesselt, die die englische Tradition des Schauerromans [→195] fortführen. Zu den starken Effekten, die Charlotte Brontë einsetzt, gehört das plötzliche Auftauchen einer verheimlichten, wahnsinnigen Ehefrau kreolisch-karibischer Herkunft, die Rochester in einer Dachkammer gefangen hält, und Jane Eyres dramatische Flucht über das Moor. Anne Brontës gleichfalls 1847 erschienener Roman *Agnes Grey* spielt dagegen im Hauslehrerinnen-Milieu und verzichtet auf die oft sensationelle Drastik, mit denen die Romane ihrer Schwestern die Aufmerksamkeit des Publikums (bis heute und insbesondere auch in Verfilmungen) auf sich ziehen.

Anthony Trollope (1815–1882) gehörte wie die Brontës zu den Autoren, die die ländliche Welt Englands in den Blick nahmen. Eine ganze Reihe seiner Romane spielt in der von ihm erfundenen Grafschaft Barset, die man sich irgendwo im westlichen England vorstellen muss (*The Warden,* 1855; *Barchester Towers,* 1857; *The Last Chronicle of Barset,* 1867). Weitere Romane, bekannt als die »Palliser Novels«, hängen über eine gemeinsame Figur zusammen. Trollope etablierte damit im englischen Literaturbetrieb das Modell der Romanserie, d. h. einer Folge von Romanen, in denen bestimmte Orte und Figuren immer wieder auftauchten. Dies war gleichzeitig eine Schreib- und eine Marketingstrategie: Charaktere und Orte mussten nicht ständig für jeden neuen Roman von neuem erdacht und geschildert werden; stattdessen konnte man sie wiederverwenden. Dies diente der Kundenbindung; wer den ersten Roman der Serie mochte, griff mit hoher Wahrscheinlichkeit zu den nächsten, weil man in diesen Texten sozusagen auf alte Bekannte traf. So entwickelte sich eine Form des seriellen Publizierens, die sich bis heute als Erfolgsrezept behauptet.

Unter den Autoren, die um die Mitte des 19. Jahrhunderts bekannt wurden, war auch William Makepeace Thackeray (1811–1863). Zunächst arbeitete er als Journalist; bemerkenswert ist in diesem Zusammenhang seine Tätigkeit für das satirische Wochenblatt *Punch*. *Punch* (benannt nach »Mr. Punch«, der grotesk-dickbäuchigen, stets eine Keule schwingenden Kasperlefigur aus dem englischen Puppentheater) war eine Großinstitution der viktorianischen Presse; die in diesem Blatt erscheinenden Karikaturen und Satiren waren berühmt. 1847–1848 erschien Thackerays Roman *Vanity Fair*. Der Titel verweist auf John Bunyans *Pilgrim's Progress* [→110], in dem »Vanity Fair«, der Jahrmarkt der Eitelkeit, einer der Handlungsorte ist. Der Roman – er spielt zur Zeit der

Napoleonischen Kriege, war damit also ein historischer Roman über die jüngste Vergangenheit – präsentiert eine breit angelegte Gesellschaftssatire, die konsequent die Charakterfehler und Egoismen der handelnden Figuren beleuchtet.

Im Zusammenhang mit den Brontës sind wir bereits drei Autorinnen der Viktorianischen Zeit begegnet, die nicht unter eigenem Namen publizierten. Diese Praxis wirft ein Licht auf die weiterhin ungleichen Bedingungen, unter denen Männer und Frauen schrieben. Es konnte für Autorinnen aus vielen handfesten Gründen sinnvoll erscheinen, die Maske eines männlichen Pseudonyms anzulegen. So verfuhr Mary Ann Evans (1819–1880), die sich auf den Titelseiten ihrer Romane »George Eliot« nannte. George Eliot tat – auch dank ihres Pseudonyms – Dinge, die Frauen um die Mitte des 19. Jahrhunderts eigentlich nicht taten; so wurde sie *assistant editor* einer Zeitschrift, der *Westminster Review*. Sie schrieb zahlreiche Romane (darunter *Adam Bede*, 1859; *The Mill on the Floss*, 1860; *Silas Marner*, 1861; *Felix Holt, The Radical*, 1866 und *Middlemarch*, 1871–1872), die den vermeintlichen »George Eliot« beim Publikum als einen der wichtigen Autoren seiner Zeit etablierten. In ihren Romanen ver- und entliebte man sich, aber sie setzte sich zugleich mit Gegenständen auseinander, die eher als »Männerthemen« galten, wie beispielsweise der radikalen politischen Agitation im Zusammenhang der Wahlrechtsreform.

Um die Mitte des 19. Jahrhunderts wurde immer deutlicher, wie tiefgreifend die sozialen Veränderungen waren, die die Industrielle Revolution mit sich gebracht hatte. Es entstanden Romane, die ihre Figuren, Handlungsstränge und Handlungsorte dazu nutzten, eine Bestandsaufnahme aktueller sozialer Probleme zu entwerfen. Man spricht in diesem Zusammenhang von *state of the nation novels* oder auch *condition of England novels*. Ein solcher Roman ist *North and South* (1854–1855) von Elizabeth Gaskell (1810–1865). In diesem Text werden Figuren, die zuvor an ein privilegiertes Leben im idyllischen Süden Englands gewöhnt waren, durch widrige Umstände dazu gezwungen, in eine der nordenglischen Industriestädte zu ziehen. Dort kommt die Heldin des Romans zum ersten Mal mit der ihr vollkommen fremden Welt der Industriearbeiter und der ihr ebenso fremden Welt der Fabrikbesitzer in Kontakt. Die diesem und ähnlichen Texten zugrundeliegende These war, dass sich durch die Industrialisierung in Teilen des Landes vollkommen neue Lebensverhältnisse gebildet hatten, und dass die eine Hälfte Englands nicht wusste, wie die andere unter diesen neuen Bedingungen lebte. Indem diese Spaltung der Gesellschaft thematisiert wurde, beteiligte sich die Literatur an einer politischen Debatte über die Gegenwart und Zukunft eines Landes, das gerade eine Entwicklung durchlief, für die es in der Geschichte keinen Präzedenzfall gab und deren weiteren Verlauf man nicht absehen konnte. Da die Industrialisierung der entscheidende Motor des Wandels war, werden die englischen Romane, die deren gesellschaftliche Folgen thematisieren, auch als *industrial novels* bezeichnet. Dazu gehören auch *Sybil, or the Two Nations* (1845) von Benjamin Disraeli (1804–1881), der später Premierminister wurde, und *Alton Locke* (1850) von Charles Kingsley (1819–1875).

Die *industrial novels* stehen im Zusammenhang eines grundsätzlichen Nachdenkens über den tiefgreifenden gesellschaftlichen Wandel, den England durchmachte. Nicht nur in solchen Romanen versuchte man, Diagnosen zu erstellen. Der Journalist Henry Mayhew (1812–1887) begann in den 1840ern, die ökonomischen Aktivitäten der Londoner Straßenhändler und Obdachlosen zu analysieren. Die Ergebnisse seiner Recherchen erschienen zuerst als lange Zeitungsartikel und schließlich in einer monumentalen, mehrbändigen bebilderten Buchausgabe (*London Labour and the London Poor*, 1851). In seinen Texten tritt uns das Straßenleben des viktorianischen London überaus detailliert und lebendig vor Augen – nicht zuletzt, weil Mayhew hunderte von Interviews geführt hatte, weil er auf die Stimmen von der Straße hörte und sie festhielt. In seiner Präsentation von Milieus und Menschen orientierte sich Mayhew an den Romanen seiner Zeit. Mayhew beeinflusst übrigens immer noch unsere Imagination, ohne dass wir uns dessen immer bewusst sind. Die meisten Verfilmungen englischer Romane, die im viktorianischen London spielen, aber auch erfolgreiche Fernsehserien wie *Ripper Street* (2012–2016) greifen für die Gestaltung von Orten und Hintergrundfiguren auf Vorlagen aus *London Labour and the London Poor* zurück.

Während Mayhew an seinen Sozialreportagen arbeitete, veröffentlichte Friedrich Engels nach einem langen Aufenthalt in Manchester einen Text, der Analyse und Kampfschrift in einem war, nämlich *Die Lage der arbeitenden Klassen in England* (1845; ab 1887 in New York und ab 1892 in London auf Englisch erhältlich). Während Engels als Ergebnis seiner Beobachtungen eine Revolution für erforderlich hielt, wurde in den *industrial novels* meist implizit dafür geworben, die Lebensumstände der Industriearbeiter zu verbessern und dadurch eine drohende Revolution zu vermeiden.

Sind die *industrial novels* ein Beispiel für eine thematische Fokussierung, so stehen die Romane von Charles Dickens (1812–1870) für eine thematische Breite, die sogar den Industrieroman einschließt. Dickens nimmt immer noch eine zentrale Position im Kanon der englischen Literatur ein. So, wie in der retrospektiven Wahrnehmung die Elisabethanische Zeit mit Shakespeare verbunden wird und das frühe 19. Jahrhundert mit Jane Austen, denkt man im Zusammenhang mit der Viktorianischen Zeit an Dickens.

Dickens sammelte erste Schreiberfahrungen als Journalist; der Durchbruch als Literat gelang ihm mit einer Serie von ebenso humorvollen wie scharfsichtigen Kurztexten zum Leben in London, die erst in Zeitungen und Zeitschriften erschienen und dann ab 1839 unter dem Titel *Sketches by ›Boz‹, illustrative of Every-Day Life and Every-Day People* erhältlich waren. Diese *Sketches* (also: Skizzen) beschäftigten sich mit dem Alltagsleben in London. Sie standen in der für die englische Literatur wichtigen Tradition des Großstadtessays, die im frühen 18. Jahrhundert mit dem *Spectator* [→193] begonnen hatte. Mit diesen Texten hatte er zu einem seiner großen Themen gefunden. Dickens war fasziniert von London und seinen Menschen; London wurde nicht der einzige, wohl aber der wichtigste Handlungsort seiner Romane. Für die Vermarktung seiner Werke war dies günstig, denn viele Londoner waren daran interessiert, Geschichten zu lesen, die in ihrer Welt spielten. Da London die größte Stadt der Welt war, ergab sich so eine entsprechend große primäre Zielgruppe.

Die Romane von Charles Dickens hatten auch deshalb eine gute Chance, eine breite Leserschaft zu finden, weil sie in der Regel erst einmal kapitelweise in Zeitschriften oder als preisgünstige Heftchen verkauft wurden. Diese Veröffentlichungsart erforderte eine bestimmte Art des Erzählens. Jedes Kapitel musste als eine Einheit funktionieren, brauchte eine Konsistenz, die sich beispielsweise aus einem internen Spannungsbogen oder einem besonders selbständigen Handlungsabschnitt ergab. Außerdem war es gut, am Ende des Kapitels das Publikum auf das nächste Kapitel neugierig zu machen, damit die Leserschaft nicht abwanderte. Sehr wirkungsvoll war hier das Anhalten der Handlung in einem besonders spannenden Moment, ein Effekt, der im Englischen als *cliffhanger* bezeichnet wird.

Der erste größere Roman, den Dickens verfasste, waren *The Pickwick Papers* (1836–1837 kapitelweise, 1837 als Buch erschienen). Hier ist sein Erzählen noch eher episodenhaft, ohne die kunstvoll geplanten Handlungsstränge, die wir in seinem späteren Werk finden. Ab den *Pickwick Papers* war Dickens dem britischen Lesepublikum ein Begriff, und fortan gab es eine große Nachfrage nach seinen Texten. 1837–1839 erschien *Oliver Twist*. Oliver ist eine der Kinderfiguren im seinem Werk, bei denen der Gedanke naheliegt, dass in ihre Gestaltung traumatische Kindheitserlebnisse des Verfassers eingingen: Nachdem sein Vater ins Schuldgefängnis geworfen worden war, musste Charles Dickens im Alter von 12 Jahren in einer Fabrik für Schuhcreme arbeiten. Es ist plausibel, einen Zusammenhang zwischen der Kindheit des Autors und den einfühlsam geschilderten drangsalierten Kinderfiguren in seinem Werk anzunehmen. Auch in *Nicholas Nickleby* (1838–1839) finden wir eine ähnliche Figur.

1840–1841 erschien *The Old Curiosity Shop*. An diesem Roman lässt sich (auch stellvertretend für weitere seiner Texte) beobachten, wie Dickens mit einer Sentimentalität operiert, die heutigen Leserinnen und Lesern oft überzogen erscheint. 1841 folgte *Barnaby Rudge,* ein historischer Roman, der in London zur Zeit der antikatholischen Unruhen der 1780er spielt. Die Handlung eines weiteren historischen Romans, *A Tale of Two Cities* von 1859, ist in Paris und London zur Zeit der Französischen Revolution angesiedelt. Es blieb bei Ausflügen in dieses Genre; Dickens verfolgte nie das Ziel, eine Art zweiter Walter Scott [→202] zu werden – das wohl schon deshalb, weil die Marktnische des historischen Romans auch nach Scotts Tod 1832 durch dessen nach wie vor beliebte Romane besetzt blieb.

Dickens verband realistische Milieuschilderungen mit Elementen, deren Künstlichkeit und Zeichencharakter offensichtlich ist.

So stattete er Figuren mit sprechenden Namen aus, die manchmal eindeutig, manchmal aber auch von einer dunklen, komplexen Suggestivkraft sind. In *Nicholas Nickleby* heißt eine Internatsschule, in der Kinder gequält werden, »Dotheboys Hall« (also *do-the-boys*); der Leiter der Schule heißt »Wackford Squeers« – aus dem »Wackford« (mit Anklängen an *to whack*) kann man seine Freude am Zuschlagen heraushören, aus dem »Squeers«, was an *square* und *queer* (damals mit der Bedeutung »eigenartig«) erinnert, seine kantige Härte. Wenn zwei Brüder auf den Namen »Cheeryble« hören, dann klingt das *cheerful* und freundlich, der widerliche Geldverleiher heißt dagegen »Gride«, ein Name, dessen Lautgestalt irgendwo zwischen *gripe* und *grind* liegt und folglich nichts Gutes erwarten lässt.

Typisch für sein Schreiben ist auch die Verwendung von Metaphern und Vergleichen, die die grundsätzlich realistisch geschilderte Gegenwartswelt seiner Romane punktuell auf interessante Weise verfremden. Unbelebte Gegenstände beschrieb er oft so, als seien sie lebende Wesen. Ein schönes Beispiel dafür findet sich in seiner Weihnachtsgeschichte *A Christmas Carol* (1843). Hier kommt ein Haus vor, dessen Position in einer verwinkelten Ecke der Stadt so in ein Bild umgesetzt wird: »[...] one could scarcely help fancying it must have run there when it was a young house, playing at hide-and-seek with other houses, and forgotten the way out again.«[34] Umgekehrt fand er gleichfalls immer wieder frappierende Bilder, die Belebtes wie Unbelebtes erscheinen ließen. So wird über eine Figur in *Great Expectations* (1860–1861) gesagt, sie habe einen Mund, der wie ein Briefkastenschlitz aussehe. Dieses eine verfremdende Detail ist geeignet, die Phantasie sofort auf unwiderstehliche Weise anzuregen. Gerne griff Dickens auch auf Elemente aus der Tradition des Schauerromans zurück, insbesondere in *Bleak House* (1852–1853). In seinen Romanen können Schilderungen von Personen und Orten durchaus ins grotesk-Surreale kippen – so beispielsweise in *Great Expectations,* wo nach einer nicht zustande gekommenen Hochzeit die enttäuschte Braut über viele Jahre ihr Hochzeitskleid nicht ablegt und in dieser Aufmachung an der langsam vermodernden Hochzeitstafel sitzt.

Zu den sprachlichen Bildern, mit denen Dickens arbeitete, kamen oft tatsächliche Bilder. Er arbeitete mit großen Illustratoren seiner Zeit zusammen, insbesondere mit H. K. Browne und George Cruikshank. Die Bebilderung war damit von Anfang an ein integraler Bestandteil der Romane, und die ursprünglichen Illustrationen werden auch heute noch in modernen Ausgaben der Texte reproduziert.

Charles Dickens war ein Superstar der englischen Literatur. Wollte man einen Schriftsteller loben oder Werbung für ihn machen, verglich man ihn mit Dickens. Dies blieb auch in der zweiten Jahrhunderthälfte und bis ins frühe 20. Jahrhundert hinein so; man bezeichnete beispielsweise Israel Zangwill (1864–1926) als den jüdischen Dickens. Zangwill schrieb zahlreiche Romane, die das Leben im damals jüdisch geprägten East End Londons auf überaus lebendige Weise schildern (darunter: *Children of the Ghetto*, 1892, und *The King of the Schnorrers*, 1894). Von Zangwill stammt übrigens die bis heute wirkmächtige Metapher des ethnischen Schmelztiegels, die er 1908 mit dem Titel seines Theaterstücks *The Melting Pot* in Umlauf brachte.

Die Bedeutung von London als *setting* für die englische Literatur blieb im 19. Jahrhundert groß. Zugleich gab es Autoren, die ihren Blick vorrangig auf ganz andere Orte richteten. Der schottische Autor Robert Louis Stevenson (1850–1894) war von Edinburgh fasziniert. Allerdings war der berüchtigte feuchtkalte Winter dieser Stadt Gift für ihn, da er an einer chronischen Lungenerkrankung litt. So verbrachte er einen großen Teil seines Lebens fern der Heimat. Er bereiste mit seiner für die damalige Zeit unkonventionellen Patchwork-Familie Kalifornien; in seinem Reisebericht *The Silverado Squatters* (1883) beschrieb er eine Region, die gerade aufhörte, der »wilde Westen« zu sein. 1880 zog er – wieder mit seiner Familie – in die Südsee, wo er bis zu seinem Tod auf Samoa lebte. Bekannt wurde Stevenson mit seinem ersten Roman, *Treasure Island* (1883), der bis heute ein Klassiker der Kinderliteratur geblieben ist. Stevenson schrieb weitere Bücher, die für ein junges Publikum attraktiv waren, so die historischen Romane *Kidnapped* (1886) und dessen Fortsetzung *Catriona* (1892–1893), die im Schottland des 18. Jahrhunderts spielen. Hier nahm er das von Sir Walter Scott etablierte Modell des schottischen historischen Romans auf und reihte sich so in den Kanon der schottischen Literatur ein [→203, 148].

Trotz seiner großen Erfolge auf dem Gebiet des immer wichtiger werdenden Marktsegments der Kinder- und Jugendliteratur etablierte sich Stevenson noch viel stärker in der Welt der Literatur für Erwachsene. Mit *The Strange Case of Dr Jekyll and Mr Hyde* (1886) schuf er einen Klassiker der Schauerliteratur, der bis heute einem breiten Publikum weit über die Britischen Inseln hinaus ein Begriff ist. In diesem Text führt er eine Entwicklung weiter, die im frühen 19. Jahrhundert mit Mary Shelleys *Frankenstein* [→200] begonnen hatte. In dieser Art von Schauerliteratur geht der Schrecken nicht vom Irrationalen und Übernatürlichen aus, sondern ausgerechnet von deren Gegenpol, von der modernen Naturwissenschaft. Dr Jekyll, der eine Mischung von Chemikalien zu sich nimmt, durch die er sich in den bösartig-widerwärtigen Mr Hyde verwandelt, steht wie Frankenstein in der Ahnenreihe aller gemeingefährlichen Wissenschaftlerfiguren in Texten, auf der Bühne oder im Film.

Auf andere Weise operierte Oscar Wilde etwas später in seinem einzigen Roman, *The Picture of Dorian Gray* von 1890 (überarbeitete Version: 1891), mit der Idee der Aufspaltung einer Person. Hier wird das physische Altern der sich Exzessen hingebenden Hauptfigur auf ein Gemälde dieser Figur abgewälzt. Wilde verweigerte sich mit der Umsetzung dieser Idee den Konventionen des zu seiner Zeit dominanten Realismus.

Das Schauerliche ging in der englischen Literatur des späten 19. Jahrhunderts wieder besonders intensiv um. 1897 schickte der irische Autor Bram Stoker (1847–1912) mit seinem Roman *Dracula* einen Vampir in die Welt, der dort immer noch in der Imagination der Menschen umgeht. Dracula gehört zu den Figuren der britischen Literatur, die weltweit bekannt wurden. Daran hatten sicherlich auch spätere Verfilmungen und Adaptionen einen Anteil. Die Faszination von *Dracula* liegt ganz wesentlich darin begründet, dass Stoker hier das archaisch-übernatürliche Grauen aus der Exotik Osteuropas in die moderne, westliche und vermeintlich sichere Welt Englands einbrechen lässt. Der uralte Untote wird mit den modernsten Mitteln der viktorianischen Wissenschaft und Technologie bekämpft: Man setzt Phonographen, Telegraphen und Telephone ein; nach einem Vampirbiss rettet man die weibliche Hauptperson durch eine Bluttransfusion.

Wirklich furchterregend ist, dass all das zwar hilft, aber letztlich nicht ausreicht. Am Ende muss man doch mit Knoblauch und Kruzifix hantieren, und der hartnäckige Untote gibt erst Ruhe, als man ihn pfählt und köpft. Die Geschichte, in der man dem archaischen Grauen nur mit gleichen Mitteln zu Leibe rücken kann, artikuliert so insgesamt Zweifel an der Moderne.

Es wurde bereits im Zusammenhang mit der frühen Geschichte der *Gothic novel* darauf hingewiesen, dass das Schauerliche in der englischen Literatur auffälligerweise immer dann besonders Konjunktur hatte, als das Leben eigentlich dabei war, rationaler, heller und weniger angstbesetzt zu erscheinen. »Heller« ist dabei wörtlich zu nehmen. Mit der massenhaften Verbreitung des elektrischen Lichts ab den 1880ern auf den Straßen und vor allem um die Jahrhundertwende auch in Privathäusern war es möglich, den Schrecken in der dunklen Nacht per Knopfdruck zu vertreiben. Genau zu dieser Zeit wurde aber der nächtliche Horror literarisch inszeniert – in Stokers großem Vampirroman, aber beispielsweise auch in den Gespenstergeschichten von M. R. James (1862–1936), die zu Klassikern des Genres wurden (*Ghost Stories of an Antiquary*, 1904; *More Ghost Stories of an Antiquary*, 1911). Die humorvolle Umkehrung der üblichen Konventionen der Gespenstergeschichte finden wir in Oscar Wildes »The Canterville Ghost« (1887), wo ein sehr englisches Gespenst von einer zugezogenen amerikanischen Familie geplagt wird.

Im späten 19. Jahrhundert wurden in der englischen Literatur weitere Bedrohungsszenarien ausgemalt, die nicht das Überleben alter Ängste vor den Untoten, sondern den Blick in die Zukunft zum Gegenstand hatten. Reichlich Beunruhigendes hielten die damals entstehenden Science Fiction-Romane bereit. Prägnante Beispiele finden sich im Werk von Herbert George Wells (1866–1946; stets abgekürzt zu »H. G. Wells«). In *The Time Machine* (1895) lernt ein Zeitreisender eine zukünftige Welt kennen, in der sich eine evolutionär ausdifferenzierte Klassengesellschaft gebildet hat: die affenartigen Morlocks müssen unter der Erde arbeiten, um den luxuriösen Lebensstil der überfeinerten Eloi zu ermöglichen. Die bis heute gängige Vorstellung der Zeitmaschine geht auf diesen Roman zurück. In *The Island of Doctor Moreau* (1896) treffen wir auf einen Wissenschaftler, der Mischwesen aus menschlichen und tierischen Körpern zusammenbaut. Es handelt sich hier um eine Wissenschaftlerfigur, deren Ursprünge wir aus Mary Shelleys *Frankenstein* [→200] kennen und der wir nochmals in Stevensons *Dr Jekyll and Mr Hyde* begegnet sind. In *The War of the Worlds* (1898) schilderte Wells erstmals eine Invasion durch Außerirdische; hier fallen die Marsianer in England ein. Eine solche Handlung steht im Zusammenhang mit damals populären Romanen und Kurzgeschichten, in denen das Thema einer Invasion der Britischen Inseln durchgespielt wurde. Vor dem Hintergrund einer wachsenden deutsch-britischen Rivalität wurde insbesondere eine deutsche Invasion imaginiert. Durch die beiden Weltkriege blieb dieses Thema bis in die erste Hälfte des 20. Jahrhunderts aktuell. Einer der Texte, die unter dem unmittelbaren Eindruck der Kriegsgefahr entstanden, war *The Thirty-Nine Steps* (1914 geschrieben, 1915 veröffentlicht) von John Buchan (1875–1940).

Den Umgang mit weiteren Bedrohungsszenarien finden wir gleichfalls in der sich etablierenden Kriminalliteratur. Die von dem Schotten Arthur Conan Doyle (1859–1930, ab 1902 Sir Arthur Conan Doyle) verfassten Geschichten und Romane um Sherlock Holmes spielten eine überaus wichtige Rolle für die Entwicklung des Genres. Bei Doyle finden sich griffige Formeln und Grundmuster, auf die die Verfasser und Verfasserinnen von Kriminalliteratur bis heute zurückgreifen. Typische Elemente sind dabei der überaus fähige, ja geniale Detektiv und sein deutlich weniger genialer Freund und Assistent, die offensichtliche Unfähigkeit des (männlichen) Detektivs, eine stabile Beziehung zu einer Frau einzugehen, und seine kompensatorische Neigung zu Rauschmitteln und Hobbies wie der Musik.

Gewiss, die englische Kriminalliteratur gibt es nicht erst seit Arthur Conan Doyle, und manche Strukturelemente des Kriminalromans begannen sich bereits in früheren Texten auszuprägen. Verbrechen, die mit ihnen verbundenen dunklen Geheimnisse und deren Aufklärung hatten bereits in Romanen wie *Caleb Williams* (1794) von William Godwin (1756–1836) oder in *Bleak House* von Charles Dickens eine wichtige Rolle gespielt. Für die Geschichte des englischsprachigen – und damit auch des englischen – Kriminalromans sind die Geschichten des Amerikaners Edgar Allan

Poe (1809-1849) um Chevalier Dupin von Bedeutung, so z. B. *The Murders in the Rue Morgue* (1841). Sucht man einen Prototyp für den britischen Kriminalroman, so ließe sich sicher auch *The Moonstone* (1868) von Wilkie Collins (1824-1889) anführen. Aber der endgültige und weltweite Durchbruch des Kriminalromans kam dann doch erst mit Arthur Conan Doyle.

Es gibt Gründe dafür, warum dies im späten 19. Jahrhundert geschah und von den Britischen Inseln ausging. Dort gab es eine Reihe von Sonderbedingungen, aus denen sich ein besonders starkes Interesse des Publikums an Erzählungen über Verbrechen, Verbrecher und deren geschickte Entlarvung entwickelte. Das englische Rechtssystem basierte – und basiert immer noch – auf dem sogenannten *case law*, in dem sich die Rechtsfindung weniger an Gesetzen als an Präzedenzfällen orientiert. Die Aufgabe eines Juristen besteht in diesem System darin, möglichst viele alte Fälle und die in diesen Fällen ergangenen Urteile zu kennen, um sich dann darauf berufen zu können. Man beschäftigte sich daher in Gerichtsverfahren mit erzählenden Texten über reale Kriminalfälle und Ermittlungen. Ab dem späten 17. Jahrhundert herrschte in England so etwas wie Rechtssicherheit. Fälle wurden öffentlich verhandelt, weil die Öffentlichkeit als Kontrollinstanz diente; mit dem Wegfall der Zensur in den 1690ern berichtete zudem die sich bildende Tagespresse ausgiebig über aktuelle Prozesse. So erreichten detaillierte Erzählungen über Kriminalfälle und deren Lösung schon spätestens ab dem frühen 18. Jahrhundert ein relativ breites, sowohl männliches als auch weibliches Publikum. Die Leseerfahrung, die man mit solchen Texten machte, ähnelte in vielem bereits der, die dann später für den Kriminalroman typisch sein würde.

Im 19. Jahrhundert bildete das enorme Wachstum Londons eine weitere Sonderbedingung für den Durchbruch der Kriminalliteratur. Mit der Stadt wuchsen ihre Gefahren, so zumindest die verbreitete Wahrnehmung. Texte der Zeit wie beispielsweise das einflussreiche, eindrucksvoll illustrierte London-Buch *London. A Pilgrimage* (1872) des Künstlers Gustave Doré (1832-1883) und des Schriftstellers Blanchard Jerrold (1826-1884) schildern die Erkundung des East End Londons wie eine Expedition in einen dunklen, gefährlichen Kontinent. Zwischen 1888 und 1891 wurde das

Gefühl der Bedrohung noch ganz entscheidend durch eine Serie von ebenso brutalen wie rätselhaften Morden verstärkt. Der Täter – man nannte ihn bald Jack the Ripper – wurde nie gefunden. Die Polizei schien machtlos zu sein.

Genau in dieser Zeit der immer unheimlicher werdenden gefühlten Bedrohung durch das Verbrechen in der Metropole erschien eine literarische Figur, die all dem gewachsen war: Sherlock Holmes. Arthur Conan Doyles erster Sherlock Holmes-Roman, *A Study in Scarlet*, wurde im Dezember 1887 veröffentlicht. Neun Wochen später begann die Mordserie in Whitechapel, die sich über drei Jahre zog und die das Gefühl der Bedrohung noch weiter steigerte. In dieser Zeit folgten weitere Sherlock Holmes-Geschichten im *Strand Magazine*, die sofort reißenden Absatz fanden. Damit beginnt der Aufstieg des Sherlock Holmes, der zum weltweiten Durchbruch der Kriminalliteratur führte. Doyles Kriminalgeschichten und -romane (gesammelt erschienen als *The Adventures of Sherlock Holmes*, 1892, *The Memoirs of Sherlock Holmes*, 1894, und *The Hound of the Baskervilles*, 1902), wurden zu Klassikern ihres Genres. Das *Strand Magazine* lieferte auch gleich eine einflussreiche Visualisierung der Geschichten mit. Die kongenialen Illustrationen von Sidney Paget prägten das Bild von Sherlock Holmes, das sich dann ab dem frühen 20. Jahrhundert durch zahlreiche Verfilmungen verbreitete.

Sherlock Holmes ist eine Figur, die überaus eng an ihr *setting*, an London, geknüpft ist und die letztlich selbst zu einem Attribut Londons wurde. Die Geschichten um ihn gehören, ebenso wie die meisten Romane von Charles Dickens, zu einer London-spezifischen Großstadtliteratur, deren Corpus seit der Frühen Neuzeit mit zunehmender Geschwindigkeit anwächst. Hier sei nur kursorisch auf die Existenz einer enormen Zahl weiterer viktorianischer Prosatexte hingewiesen, die sich mit London und dem Leben in dieser Metropole auseinandersetzen. Oft wurde versucht, die Atmosphäre Londons durch die Kombination von Text und Illustrationen einzufangen. Immer wieder verfolgte man explizit das Ziel, das unbekannte London zu beschreiben – eine Aufgabe, die sich geradezu aufdrängt in einer gigantischen Metropole, die niemand mehr in Gänze kennen kann. Die Lebenswelten des Bürgertums (insbesondere der bürgerlichen Frauen) und

Sherlock Holmes in der U-Bahn: Baker Street, London (Aufnahme: C. H.).

der *labouring classes* drifteten trotz ihrer räumlichen Nähe immer weiter auseinander; die große Mehrzahl der Texte richtete sich an ein bürgerliches Publikum, dem die Augen für die vielfältigen Realitäten der eigenen Stadt geöffnet werden sollten. Gleichermaßen lesens- und sehenswert ist in diesem Zusammenhang *Twice Round the Clock in London* (1859), eine Sammlung von essayistischen Reportagen von George Augustus Sala (1828-1895). Das Buch wurde von Sala selbst illustriert. Die Brüder George und Weedon Grossmith (1847-1912, 1854-1919) entwarfen in *The Diary of a Nobody* (1892) ein satirisches Porträt der Londoner *lower middle classes*. George, ein prominenter Schauspieler, der in den komischen Opern von Gilbert und Sullivan [→227] auftrat, schrieb den Text; Weedon steuerte Illustrationen dazu bei. Mayhews *London Labour and the London Poor* und Gustave Dorés *London. A Pilgrimage*, die gleichfalls in diesen Stadtliteratur-Kontext gehören, wurden bereits erwähnt. Ein wichtiger Schritt in der Geschichte der bebilderten Bücher über London vollzog sich mit *Street-Life in London* von John Thomson und Adolphe Smith (1877), der ersten Kombination von Texten und Photographien zum Leben in London. Mit diesem Beispiel der kommentierten *street photography* wurde ein neues Format, eine Art frühe Photoreportage etabliert.

Ein Autor, der sich dem Sog der Metropole verweigerte, war Thomas Hardy (1840-1928). Mit einem Bein stand er in der Viktorianischen Zeit, mit dem anderen in der Moderne des frühen 20. Jahrhunderts. Hardy entstammte nicht den sozialen Eliten; er ging bei einem Architekten in die Lehre und begann dann mit dem Schreiben. Er verfasste eine Reihe von Romanen, die in der Provinz spielen, in einer erfundenen Gegend namens Wessex, was auf der tatsächlichen Landkarte in etwa Dorset entspricht. In *Far from the Madding Crowd* (1874), *The Mayor of Casterbridge* (1886), *Tess of the D'Urbervilles* (1891) und *Jude the Obscure* (1895), um nur einige seiner Romane zu nennen, kämpfen Menschen immer wieder gegen ein Schicksal, das mit ihnen spielt und sie mit Armut und allerlei Frustrationen quält. Hardy wandte sich schließlich vom Roman ab und schrieb nur noch Gedichte – allesamt lesenswert, aber in ihrer Thematik oft überaus düster.

Der Blick weg von der Metropole konnte ganz verschiedene Formen annehmen. Jerome K. Jerome (1859-1927) schilderte in

Three Men in a Boat (1889) eine absurd-abenteuerliche Bootsreise auf der Themse. Damit schuf er einen Klassiker der humorvollen, leichten Literatur, der bis heute sein Lesepublikum findet. Die Fortsetzung dazu, *Three Men on the Bummel* (1900), ist von besonderem Interesse für deutsche Leserinnen und Leser; hier schickte er die Hauptfiguren des ersten Romans, drei viktorianische junge Männer, auf eine Fahrradtour durch das wilhelminische Deutschland. Trotz aller humoristischen Leichtigkeit handelt es sich bei diesem Text um ein literarisches Zeitdokument, an dem sich britische Deutschland-Klischees vor den Weltkriegen studieren lassen.

Großbritannien hatte im 19. Jahrhundert seinen Status als global operierende Kolonialmacht ausgeweitet und konsolidiert. Entsprechend fanden Texte, die die überseeische Welt thematisierten, großes Interesse. Für die in Viktorianischer Zeit und damit im Zenith des britischen Kolonialismus entstehenden Texte gibt es allerdings, wie wir bereits gesehen haben, einen sich über Jahrhunderte ziehenden literatur- und ideengeschichtlichen Vorlauf (z. B. →116, 166).

In dem bereits erwähnten Roman *The Moonstone* von Wilkie Collins dreht sich die Handlung um einen Edelstein, der von einem britischen Kolonialoffizier aus einem indischen Tempel geraubt wurde und der nun all seinen illegitimen Besitzern Unglück bringt. Die Parallele zu dem berühmten Koh-i-Noor, einem der größten Diamanten der Welt, der nach kriegerischen Auseinandersetzungen in Indien in den Besitz Königin Victorias gelangt war, sollte durchaus bemerkt werden; dies macht der Verfasser in seinem Vorwort zu *The Moonstone* deutlich.

Als in den 1880ern der *scramble for Africa* begann, der Wettlauf der Kolonialmächte bei der Aneignung der noch nicht kolonisierten Teile dieses Kontinents, veröffentlichte Sir Henry Rider Haggard (1856–1925) sehr erfolgreiche Romane, die in Afrika spielten, nämlich *King Solomon's Mines* (1885) und *She* (1887). In diesen kombinierte er Abenteuer, phantastische Elemente und, insbesondere in *She*, Vorstellungen von europäischer Überlegenheit und bedrohlicher weiblicher Autorität.

Gleichfalls in Afrika sowie auf hoher See spielen Romane und Kurzgeschichten von Joseph Conrad (1857–1924). Conrad hieß ursprünglich Korzeniowski; er wuchs als Kind polnischer Eltern in der Ukraine auf, ging dann zwanzig Jahre lang zur See und ließ sich schließlich in England nieder, wo er – auf Englisch – zu schreiben begann. Seine heute bekanntesten Werke, darunter die Romane *Almayer's Folly* (1895), *Lord Jim* (1899–1900), *Nostromo* (1904) und vor allem die Erzählung *Heart of Darkness* (1902) waren anfangs keine Publikumserfolge. Der unheimliche Mr. Kurtz, eine der Hauptfiguren in *Heart of Darkness*, beherrscht im Inneren Afrikas die Einheimischen auf brutale Weise. Entgegen den damals gängigen Klischees tritt hier der Europäer als Barbar auf, der seine neuen Untertanen durch Tanzrituale und Menschenopfer einschüchtert und gefügig macht. Zur Blütezeit eines säbelrasselnden Kolonialismus ließ sich damit kein breites Publikum gewinnen. Heute ist dieser Text dagegen aus nachkolonialistischer Perspektive (insbesondere im Rahmen der akademischen *Postcolonial Studies*) von großem Interesse und wird entsprechend viel gelesen.

Von Rudyard Kipling als Dichter des Empire war bereits die Rede [→223]; bis heute bekannt sind seine für Kinder geschriebenen Geschichten, die in Indien spielen. In *The Jungle Book* (1894) erzählt er von dem Menschenkind Mowgli, das im Dschungel bei den Tieren aufwächst und von dem Bären Baloo und dem Panther Bagheera großgezogen wird. Das kennt man; diese Figuren haben freilich ihre Unsterblichkeit mit dem Preis der Umformung zu Disney-Geschöpfen bezahlt. Gleichfalls noch präsent ist sein Roman *Kim* (1901). Dessen Hauptfigur wächst ohne Eltern in Indien auf und macht schließlich Karriere als britischer Geheimagent, der im Kontext der britisch-russischen Auseinandersetzungen um die Vorherrschaft in Zentralasien (bekannt als *the great game*) aktiv ist.

In diesem Kapitel wurde mehrfach auf Kinder- und Jugendliteratur der Viktorianischen Zeit hingewiesen. Wenn von solchen Texten die Rede ist, dürfen *Alice's Adventures in Wonderland* (1865) und *Through the Looking-Glass* (1872) von Lewis Carroll [→221] nicht unerwähnt bleiben. Kennzeichnend für Carrolls Schreiben ist in diesen Texten ebenso wie in seinen Gedichten das Eintauchen in eine kühne, fortwährend mit der Sprache spielende Phantastik. Alice, die Hauptfigur der beiden Bücher, gelangt durch einen Kaninchenbau in eine abenteuerliche Welt. Deren ausgefuchste sprachliche und gedankliche Abenteuerlichkeit erschließt sich beim Lesen jedoch nur, wenn man sich ein wenig in der englischen Idiomatik auskennt. Will man jemanden als verrückt bezeichnen, so kann man sagen, er oder sie sei *mad as a hatter* (weil nämlich die Hutmacher in früherer Zeit mit Quecksilber arbeiteten, was ihrer physischen und geistigen Gesundheit abträglich war). Eine falsche Schildkrötensuppe, eine Schildkrötenersatzsuppe sozusagen, war als *mock turtle soup* bekannt. Carroll macht nun solche Sprachphänomene zu handelnden Figuren. Alice trifft die Mock Turtle, den Mad Hatter und ähnliche Charaktere; sie geht mit ihnen um wie in einem Traum, in dem das Absurde vollkommen plausibel und normal erscheint. Wir lesen nicht nur von diesen wundersamen Wesen, sondern sie werden uns auch in den kongenialen Illustrationen von John Tenniel, mit dem Carroll zusammenarbeitete, vor Augen geführt. Die Texte verweisen ständig auf ihre sprachbasierte Artifizialität, aber dieses Meta-Element wird so geschickt in die Bücher eingeschleust, dass es Kinder (und ebenso Erwachsene) nicht abschreckt, sondern amüsiert und für Sprachspiele sensibilisiert.

Die Entstehungsgeschichte der beiden Alice-Bücher wäre unter heutigen Bedingungen wohl zu einer Skandalgeschichte geworden. Carroll pflegte Freundschaften zu sehr jungen Mädchen, mit denen er viel Zeit verbrachte und die er auch ausgiebig photographierte. *Alice in Wonderland* widmete er der zehnjährigen Alice Liddell, der Tochter des Vice Chancellor (also in etwa: des Rektors) der Universität Oxford. Dies geschah damals in aller Öffentlichkeit und ohne dass diese Öffentlichkeit daran ernsthaft Anstoß genommen hätte. Dieser für uns zumindest sehr merkwürdige Sachverhalt zeigt, wie groß doch mentalitätsgeschichtliche Distanzen zwischen unserer und der Viktorianischen Zeit sein können.

Gleichfalls der Phantastik zuzuordnen, aber in vieler Hinsicht weniger komplex sind die Peter Pan-Geschichten des Schotten J. M. Barrie (1860–1937). Hauptfigur ist ein kleiner Junge, der fliegen kann und auf einer Insel namens Neverland allerlei Abenteuer mit Seejungfrauen, Elfen, Piraten und dergleichen durchlebt. Barrie entwickelte den Stoff in verschiedenen Formen, zunächst als Bestandteil eines Romans (*The Little White Bird,* 1902), dann als Bühnenstück (*Peter Pan, Or the Boy Who Wouldn't Grow Up,* 1904), und schließlich in einem eigenständigen Roman (*Peter and Wendy,* 1911).

Ein weiterer Klassiker der Kinderliteratur, der in dieser Zeit entstand, ist *The Wind in the Willows* (1908) von Kenneth Grahame (1859–1932). Grahames Figuren – eine freundliche Ratte namens Rat, ein etwas naiver Maulwurf namens Mole, eine reiche Kröte namens Toad, die sich ständig für neue Hobbies begeistert – erleben ihre Abenteuer in einer idyllischen Flusslandschaft, die gekonnt in einer überaus träumerisch-poetischen Sprache geschildert wird. Ein solcher Text konnte vielleicht nur vor den großen Erschütterungen geschrieben werden, die nach der Viktorianischen Zeit die Wahrnehmung der Welt veränderten.

Das 20. Jahrhundert und die Gegenwart

Kontexte

Der Aufbruch in die Moderne als
kreative Verunsicherung

Der Geist der Viktorianischen Zeit, wie er in einem schon bröckelnden, wohl aber noch mehrheitstypischen Habitus von Mentalitäten und Ideen greifbar ist, überlebte Königin Victoria und war in vielen Bereichen des Lebens noch in etwa bis zum Beginn des Ersten Weltkriegs präsent. Sucht man nach Resten des Viktorianischen im frühen 20. Jahrhundert, so wird man sie finden – ebenso, wie Vorboten einer moderneren Welt bereits im späten 19. Jahrhundert greifbar sind. Aber was genau ist gemeint, wenn von der Moderne und dem Modernismus die Rede ist? Wir haben es hier mit Veränderungen im Denken über die Welt und über die Position des Menschen in der Welt zu tun, mit neuen Ideen, die dazu führten, dass man ganz bewusst versuchte, auf eine neue Weise Literatur, Kunst und Musik zu schaffen. Zu Beginn des 20. Jahrhunderts formulierte Albert Einstein (1879–1955) Theorien zu Raum und Zeit, die eine außerordentliche Herausforderung an Denken und Vorstellungskraft darstellten. Ab der Wende zum 20. Jahrhundert entwickelte Sigmund Freud (1856–1939) seine Theorie der Psychoanalyse. Indem er auf die Macht des Un- und Unterbewussten hinwies, stellte er den Glauben an die Autonomie des Menschen radikal in Frage. Nach Freud wird unser Denken, Fühlen und Handeln stark und permanent von diesen Kräften beeinflusst. Seine Ideen hatten einen unmittelbaren Einfluss auf die Art, wie man sich in der Literatur genau dieses Denken, Fühlen und Handeln von Menschen zurechtlegen konnte. Das Aufkommen von Techniken wie dem inneren Monolog bzw. dem *stream of consciousness* in Romanen war ein Versuch, auch literarisch auf die Ebene der assoziativ-springenden Verbindung von Gedanken und Emotionen vorzudringen, auf die die Psychoanalyse ihr Interesse richtete.

Es änderten sich nicht nur Grundannahmen über das menschliche Denken und Verhalten, sondern auch über die Sprache. Ferdinand de Saussure (1857–1913), der Begründer der modernen Linguistik, betonte, dass Sprache keineswegs einfach die Realität widerspiegelt, und davon ausgehend wurde die Position entwickelt, dass das jeweils in einer Kultur vorhandene System der Sprache die Wahrnehmung der Realität formt. Beispiele dafür finden sich leicht: In Deutschland bekommt man einen Zug oder leidet unter Kreislaufschwäche. Die englische Sprache hält keine Begriffe für diese Phänomene bereit, und entsprechend ist dort die Angst vor Zug oder Kreislaufproblemen nicht verbreitet. Was in einer Sprache nicht leicht gesagt werden kann, wird auch weniger leicht wahrgenommen.

Wenn die Sprache schon so viel vorgibt, dann tun es auch die bereits in dieser Sprache vorhandenen Texte. Dies ließ sich zu der Idee zuspitzen, dass es vielleicht gar nicht der Autor sei, der neue Texte hervorbringe, sondern das große System der Sprache und ihrer Literatur selbst; der Autor erstelle dabei bestenfalls eine Art Remix des bereits Dagewesenen. Hier mündet die Moderne in die Postmoderne, deren Kennzeichen das Kombinieren von Versatzstücken der literarischen Tradition und zugleich das Spielen mit dieser Tradition sind. Der französische Literaturtheoretiker Roland Barthes (1915–1980) ging 1967 so weit, vom »Tod des Autors« zu sprechen. Barthes dachte sich den Autor dabei tatsächlich ausschließlich männlich.

In den späten 1960ern hatten viele junge Intellektuelle das Ziel, die Macht der alten Autoritäten zu brechen. Wenn man die Rolle des Autors in der Literatur drastisch herabstufte und sogar auf reizvoll-provokante Weise von dessen Tod sprach, so vollzog sich hier zeitversetzt etwas im Denken über die Literatur, was ein gutes Jahrhundert zuvor das Denken über die Natur verändert hatte. Ähnlich, wie Darwin von einem großen Natursystem sprach, das Neues aus der variierenden Rekombination des Alten schafft und so ohne einen Schöpfergott auskommt, dachte man sich jetzt auch die Produktion von Literatur aus dem System der Sprache und Literatur heraus. Hier sei es nur vermeintlich der schöpferisch tätige, autonome Autor, der die neuen Texte zustande bringe.

Die Abwertung der Rolle des Autors war mit einer Aufwertung der Rolle der Leserschaft verbunden. Die Vorstellung, der literarische Text oder irgendein anderes Kunstwerk habe einen einzigen, stabilen Sinn, den der (meist männlich gedachte) Autor oder Künstler hineingelegt habe, fing an, zu bröckeln, und galt spätestens ab der Zeit der 1968er als obsolet. Literaturtheoretische Ansätze wie die von Wolfgang Iser in den 1970ern entwickelte Rezeptionsästhetik beschäftigten sich damit, was bei der Rezeption literarischer Texte passiert und wie wir als Leserinnen und Leser an der Sinnkonstitution dieser Texte aktiv beteiligt sind, wie die Literatur geradezu darauf angewiesen ist, dass wir beim Lesen nicht nur etwas aus ihr entnehmen, sondern zugleich auch gedanklich etwas in sie hineintragen.

Es setzte sich die Idee durch, dass es keine objektive Weltwahrnehmung, sondern nur verschiedene sprachlich vermittelte Perspektiven auf die Welt gibt, auch in der Literatur, und dass diese Literatur wiederum aus verschiedenen Perspektiven gelesen wird. Die Literatur reagierte auf diese Entwicklungen. Es wurde zu einer anerkannten Technik, das Ende eines Textes offen zu lassen, und man arbeitete zunehmend mit schnellen, überraschenden Perspektivwechseln. Experimente mit der Multiperspektivität finden sich nicht nur in Texten, sondern ab dem frühen 20. Jahrhundert auch in der Malerei – man denke beispielsweise an Picasso, der Portraits schuf, in denen versucht wird, ein Gesicht aus mehreren Perspektiven gleichzeitig zu erfassen und die daher auf interessante Weise zusammengesetzt und verformt erscheinen. Die damit verbundenen Irritationen und Provokationen waren Teil einer modernistischen Agenda, die sich in der Literatur ebenso wie in den übrigen Künsten findet. Literatur, Kunst und Musik wurden von denen, die sie schufen, zunehmend als etwas verstanden, das nicht schön und affirmativ sein sollte, sondern irritierend und aufrüttelnd.

All das hat mit den historischen Ereignissen des frühen 20. Jahrhunderts zu tun. Der Erste Weltkrieg, in dem der technische Fortschritt ein bislang undenkbares industrialisiertes Massentöten ermöglichte, vermittelte eine kollektive Erfahrung der Erschütterung und Desillusionierung. Er wurde rückblickend mit einem Versagen der alten gesellschaftlichen und kulturellen Ordnungen in Verbindung gebracht. Entsprechend verbreitete sich der generelle Zweifel am Alten. Für immer größere Teile einer intellektuellen Avantgarde des frühen 20. Jahrhunderts galten daher die althergebrachten Formen in Literatur, Kunst und Musik nicht mehr als verbindlich. Modernes Schreiben, Malen oder Komponieren lehnte sich gegen diese Formen auf oder spielte mit ihnen. So wurde es beispielsweise in der Dichtung immer gängiger, auf alte Strukturierungsmerkmale wie Strophen, Metrik und Reimschemata zu verzichten.

Alle hier genannten Entwicklungen waren international wirksam und hatten ihren Ursprung zumeist außerhalb der Britischen Inseln. Freud war ein Wiener (auch, wenn er in London starb), Saussure kam aus Genf, und einflussreiche Ansätze der Literaturtheorie wurden auf dem Kontinent, insbesondere in Frankreich, entwickelt. Die klassische Moderne in der englischen Literatur war somit getrieben von Ideen und Erfahrungen, die nicht an Landesgrenzen Halt machten.

Die Zwischenkriegszeit war kulturell eine Zeit des Experimentierens; in vieler Hinsicht waren die 1920er ein Laboratorium der Moderne. Der Umgang mit Geschlechterrollen änderte sich. Schon seit der Jahrhundertwende hatte es in Großbritannien eine Bewegung gegeben, die mit spektakulären Protestaktionen in der Öffentlichkeit für das Frauenwahlrecht demonstrierte (Wahlrecht = engl. *suffrage,* daher die Bezeichnung »Suffragetten«). Im Ersten Weltkrieg hatte eine große Zahl von Frauen Aufgaben erfüllt, die zuvor als Männerarbeit eingestuft worden waren. In der veränderten Arbeitswelt der Kriegswirtschaft wurden daher bestehende Rollenklischees durchbrochen, so dass man Frauen danach die politische Mündigkeit nicht mehr vollständig vorenthalten konnte. 1918 erhielt ein Teil der Britinnen das Wahlrecht, das noch an Besitz oder Universitätsabschluss gekoppelt blieb, 1928 schließlich alle. Das Leben von Frauen begann sich zu ändern. Die langsam einsetzende Emanzipation machte neue Themen für die Literatur aktuell, und sie trug langfristig dazu bei, schreibende Frauen zu einem Bestandteil der gesellschaftlichen Normalität werden zu lassen.

In die Zwischenkriegszeit fiel eine Entwicklung, die die politische Struktur der Britischen Inseln veränderte. In Irland hatte es bereits lange Zeit Bestrebungen nach Unabhängigkeit gegeben. Ostern 1916 kam es in Dublin zu einem Aufstand (*the Easter Rising*). Nach Ende des Ersten Weltkriegs begann in Irland ein Guerillakrieg, der 1922 zur Aufspaltung des Landes führte. Das durch starke protestantische Bevölkerungsanteile gekennzeichnete Nordirland blieb ein Teil des United Kingdom, während der überwiegend katholische Süden zunächst zu einer *Dominion* unter eigener Regierung und schließlich 1949 zu der vollständig unabhängigen Republic of Ireland wurde. Dort kam es zu einer demonstrativen Rückbesinnung auf das keltische Erbe. Das irische Gälisch, in Irland *Irish* genannt, wurde neben dem Englischen zur Amtssprache der Republik Irland. Die politische Situation in Irland, der Gegensatz zwischen dem britisch-protestantisch geprägten Norden und dem katholisch-unabhängigen Süden und die sich daraus ergebenden Identitätsfragen wurden fortan zu einem Dauerthema.

Auf das, was sich in den 1920ern für viele Menschen wie ein Aufbruch in die Moderne angefühlt haben mag, folgte nicht die bessere Zukunft, sondern ein zweiter Weltkrieg. In dessen Vorfeld gelang es vielen Menschen, aus dem von den Nationalsozialisten beherrschten Deutschen Reich nach Großbritannien zu flüchten. Darunter waren prominente Intellektuelle wie Sigmund Freud oder der Journalist und Kritiker Alfred Kerr. Ebenso kamen im Rahmen der als »Kindertransporte« bekannten Aktion über 10 000 unbegleitete jüdische Kinder, die zwischen 1938 und 1939 in Großbritannien aufgenommen und dadurch gerettet wurden. Im Zweiten Weltkrieg wurde erneut die dunkle Seite des technischen Fortschritts erfahrbar. Seit man massiv mit Bomben und Raketen aus der Luft angegriffen werden konnte, hatte das Meer aufgehört, ein wirkungsvoller Schutz für die Britischen Inseln zu sein. So wurde der Krieg in einem bisher ungekannten Maß ins eigene Land getragen. Die Stimmung der Bevölkerung war ein Faktor, der einen wichtigen Einfluss auf den Ausgang des Krieges hatte, und so wurden sowohl alte als auch neue Texte genutzt, um diese Stimmung zu beeinflussen. Dabei griff man auf die mittlerweile zur Verfügung stehenden Massenmedien zurück, auf Film, Radio und Schallplatten. Die ebenso kunstvollen wie effektvollen Reden Churchills, die über den Rundfunk verbreitet wurden, blieben Teil der bis heute präsenten Erinnerungen an den Krieg. Genau so verhält es sich mit Liedern wie »We'll meet again« und »The White Cliffs of Dover«, mit denen die Sängerin Vera Lynn bekannt wurde.

Die Nachkriegszeit blieb in Großbritannien zunächst von materiellem Mangel geprägt. Mit dem Festival of Britain, das 1951 in London stattfand, feierte man die Rückkehr zur Normalität, obwohl diese noch lange nicht komplett wiederhergestellt war. Während in Deutschland das Wirtschaftswunder einsetzte, wurde im Vereinigten Königreich die Lebensmittelrationierung erst 1954 vollständig aufgehoben. Das Festival of Britain stand für eine Aufbruchsstimmung. In dem noch stark von Kriegszerstörungen gezeichneten London wirkte das Festivalgelände südlich der Themse mit seinen futuristischen Gebäuden und abstrakten Skulpturen wie ein Ausblick auf eine bessere Zukunft.

> **Kultur südlich der Themse.** Mit dem Festival of Britain begann in London die Verwandlung der Südseite der Themse in ein stetig wachsendes Kulturzentrum. Das architektonische Herzstück des damaligen Festivalgeländes, die Royal Festival Hall, blieb eine der wichtigen Konzerthallen Londons. Sie bildet gemeinsam mit der Queen Elizabeth Hall von 1967 das Southbank Centre (Belvedere Road, Lambeth, London SE18XX). Etwas östlich davon befindet sich das National Theatre, das in einem durchaus interessanten Sichtbetonbau im Stil des Brutalismus der 1970er untergebracht ist. Dreißig Jahre später kam etwas flussabwärts die Rekonstruktion des Globe Theatre dazu [→66]. Zwischen Royal Festival Hall und National Theatre, unter der Waterloo Bridge, gibt es täglich einen Open Air-Büchermarkt.

Nach dem Zweiten Weltkrieg fand sich Großbritannien in einer veränderten Welt wieder. Man hatte den Krieg gewonnen, dies jedoch letztlich als Juniorpartner der USA. In der Nachkriegszeit begann das Empire zu bröckeln. Die Kolonien, die im Krieg an der Seite Großbritanniens im Namen der Demokratie und der politischen Selbstbestimmung gekämpft hatten, ließen sich nun genau dies nicht mehr länger vorenthalten. Mit der indischen Unabhängigkeit 1947 begann eine Phase der Dekolonisation quer durch das britische Weltreich, die über drei Jahrzehnte andauerte. Während die Macht über die Kolonien schwand und schließlich verschwand, kam es zu einer Migration aus dem sich auflösenden Empire nach Großbritannien. In der unmittelbaren Nachkriegszeit herrschte dort ein Mangel an Arbeitskräften, und so wurden Menschen aus dem Empire und aus ehemaligen Kolonien (dem sogenannten Commonwealth) gezielt angeworben. Per Gesetz wurde 1948 den Bewohnern all dieser Länder die britische Staatsbürgerschaft und das Recht auf Niederlassung in Großbritannien zugesprochen. Ein markantes Ereignis in der Einwanderungsgeschichte des 20. Jahrhunderts war die Ankunft von knapp 500 Menschen aus Jamaica, die auf einem Schiff namens Empire Windrush 1948 nach London gelangten. Nach und nach kamen Menschen aus der Karibik, aus den ehemaligen afrikanischen Kolonien und aus Asien, insbesondere vom indischen Subkontinent. So veränderte sich die britische Gesellschaft. Sobald Einwanderer oder Nachkommen von Einwanderern begannen, eine Stimme in der englischen Literatur zu finden, brachte die wachsende Diversität der britischen Gesellschaft eine Diversität der Themen, der Perspektiven und auch der Sprache mit sich. Wo früher in der englischen Literatur nur die Hochsprache sowie höchstens noch deren britische Varianten vorkamen, wurde nun die Palette des sprachlichen Ausdrucks durch die Neuankömmlinge und deren Nachkommen erweitert. In diesem Zusammenhang wurde die Art, wie Jamaikanerinnen, Nigerianer oder Menschen aus Bangladesch mit der englischen Sprache umgehen, zu einem literarischen Ausdrucksmittel.

Im Zusammenhang mit den Neuankömmlingen der Nachkriegszeit war es unvermeidlich, Vorstellungen von britischer Identität neu zu durchdenken. Aufgrund der liberalen Einwanderungsregelung, die bis in die frühen 1960er Jahre galt, waren diese Migranten formal Britinnen und Briten. Ihre Situation und ihr Selbstverständnis unterschieden sich daher von dem der Menschen, die in Deutschland als »Gastarbeiter« bezeichnet wurden. Auch, wenn die anfangs noch nicht sehr bunte britische Mehrheitsgesellschaft den Einwanderern oft distanziert gegenüberstand, konnten sich diese dennoch trotz aller Diskriminierung mit gutem Recht als britisch betrachten.

In den 1960ern und 70ern wurde das Bildungssystem in Großbritannien ausgebaut. Zahlreiche neue Universitäten entstanden; es gab Bestrebungen, die traditionell rigiden Klassenschranken durch Bildung aufzuweichen. Zugleich führten der Niedergang der industriellen Produktion auf den Britischen Inseln sowie ab 1979 die konservativ-marktliberale Linie der Regierung unter Margaret Thatcher zu neuen Spannungen. Die Frage nach der britischen Identität stellte sich im 20. Jahrhundert darüber hinaus auch in anderen Zusammenhängen. Das eine gemeinsame Identität stiftende Konzept »Großbritannien« war für das Vereinigte Königreich lange Zeit von großer Bedeutung gewesen. Auch im Zusammenhang mit dem Empire hatte es eine wichtige Rolle gespielt: Stets sprach man vom »British Empire« und nie vom »English Empire«, wofür es angesichts des eindeutig in London lokalisierten globalen Machtzentrums vielleicht sogar gute Gründe gegeben hätte.

Es wurde bereits erwähnt, dass sich ein Teil von Irland, das die allererste Kolonie Englands gewesen war, 1922 von Großbritannien löste. Irland gehört, ähnlich wie Wales und Schottland, zu den Gebieten, die als *the Celtic Fringe* bezeichnet werden. Dabei handelt es sich um Randgebiete der Britischen Inseln, in die die unromanisierten Kelten vor ca. 2000 Jahren von den Römern verdrängt worden waren [→10]. In den 1960ern wurde in Wales eine nationalistische Partei aktiv. Ihre politische Agenda ging mit einer kulturellen einher; wie schon zuvor in Irland wurde die Förderung der lokalen keltischen Sprache aus Gründen der Identitätsstiftung und politischen Selbstbehauptung betrieben. Die walisischen Bestrebungen nach mehr Autonomie London gegenüber (hier spricht man von *devolution*) führten dazu, dass nach einem Referendum 1998 eine walisische Nationalversammlung,

d. h. ein walisisches Parlament eingerichtet wurde, das immerhin legislative Kompetenzen hat.

Auch in Schottland gab es einen Prozess der *devolution*. Seit der Vereinigung von England und Schottland im Jahre 1707 [→121] hatte es kein schottisches Parlament mehr gegeben, bis es 1999 nach einem Referendum erneut eingerichtet wurde. Anders als in Wales gibt es in Schottland sehr ernstzunehmende Kräfte, die seit längerer Zeit das Vereinigte Königreich verlassen wollen. Um auf die politische Unabhängigkeit hinzuarbeiten, betreibt die derzeitige schottische Regierung eine Kulturpolitik, die die kulturelle Eigenständigkeit Schottlands, also auch die Eigenständigkeit der schottischen Literatur, betont.

> **Die Rückkehr eines toten Dichters.** Robert Fergusson [→143, 147], ein Autor des 18. Jahrhunderts, war bis vor nicht allzu langer Zeit nur Expertinnen und Spezialisten für schottische Literatur bekannt. Weil er auch auf *Scots* schrieb, ist er interessant, wenn man Belege für eine in die Vergangenheit zurückreichende kulturelle Eigenständigkeit Schottlands finden will. Wenige Tage nach der Eröffnung eines spektakulären neuen Parlamentsgebäudes in Edinburgh (2004) wurde vor dem Eingang des Friedhofs, auf dem Fergusson begraben ist, eine Statue des Dichters aufgestellt (Canongate Churchyard, 153 Canongate, Edinburgh EH88BN). Diese zeigt Fergusson, wie er den Friedhof verlässt und schwungvoll nicht etwa ins Zentrum der Stadt eilt, sondern in die Gegenrichtung, dorthin, wo sich das neue Parlament befindet. Hier kam es also zu so etwas wie einer politisch motivierten symbolischen Auferstehung eines schottischen Dichters. Auch an der Gestaltung des Parlamentsgebäudes ist die politische Rolle der Literatur in Schottland abzulesen. An seiner Fassade sind Steine mit eingravierten Gedichten angebracht (The Scottish Parliament, Edinburgh, Canongate, Edinburgh EH99 1SP). Auf dem Weg vom Stadtzentrum zum Parlament kommt man an zwei Institutionen vorbei, deren Existenz mit einer kulturpolitischen Agenda zusammenhängt, die das Schottische hervorhebt, nämlich der Scottish Poetry Library (5 Crichton's Close, Canongate, Edinburgh EH88DT) und dem Scottish Storytelling Centre (43–45 High Street, Edinburgh EH11SR).

Wie in Wales und der Republik Irland wird auch in Schottland die lokale keltische Sprache demonstrativ sichtbar gemacht. Offizielle Schilder sind zweisprachig; so heißt der Queen Street-Bahnhof in Glasgow zugleich *Sràid na Banrighinn*. Schottische Polizeiautos tragen die bilinguale Aufschrift *Police/Poileas*. Dieser Sprachgebrauch ist weitgehend symbolischer Natur, denn in Schottland dürfte es mehr Menschen geben, die mit Polnisch aufgewachsen sind, als solche, die Gälisch sprechen. Es geht nicht primär um Kommunikation, sondern um die Betonung einer historisch verankerten kulturellen Differenz zu England. 2014 stimmte die Bevölkerung Schottlands in einem Referendum knapp gegen die Unabhängigkeit des Landes. Das Referendum für den Brexit (2016) gab allerdings Unabhängigkeitsbestrebungen in Schottland neuen Auftrieb.

Dichtung

Poetisches Sprechen aus einer Nische des Literaturbetriebs

Obwohl auch im 20. Jahrhundert bedeutende Gedichte entstanden (und immer noch entstehen), setzte sich der Trend fort, Dichtung zunehmend als ein literarisches Nischenprodukt wahrzunehmen. Schaut man sich heute in britischen Buchhandlungen um, so wird man dort in aller Regel nur ein verschwindend kleines Angebot an Gedichtbänden finden. Aber obwohl sich Gedichte nicht mehr in großen Auflagen verkaufen, zeigt das poetisch verdichtete Schreiben nach wie vor seine Kraft. Die Dichtung bleibt auch durch das Amt des *poet laureate,* des Hofdichters [→93], im öffentlichen Leben Großbritanniens formal verankert. Dadurch gibt es stets eine prominente poetische Stimme, die die Chance hat, breiter rezipiert zu werden als andere Dichterinnen und Dichter.

Unter dem Eindruck des Ersten Weltkriegs entstanden zahlreiche Gedichte. In der Erinnerung an diesen Krieg spielen bis heute die sogenannten *war poets* eine wichtige Rolle, darunter vor allem Rupert Brooke (1887-1915), Wilfred Owen (1893-1918), Siegfried Sassoon (1886-1967) und Isaac Rosenberg (1890-1918). Rupert Brooke konnte als idealisierte Verkörperung der jungen Männer wahrgenommen werden, die in den Krieg gingen und ihr Leben lassen mussten. Er war hochgebildet, talentiert und überaus attraktiv. Als der Krieg ausbrach, meldete er sich freiwillig und wurde Offizier der Marineinfanterie. Hier halfen seine Verbindungen; zu dieser Zeit war er Winston Churchills Privatsekretär. Nach seinen ersten Kriegserfahrungen schrieb er fünf Sonette (»War Sonnets«, veröffentlicht in *New Numbers*, 1914). Brooke goss Patriotismus in poetische Form, und genau das machte ihn enorm erfolgreich.

Das Gedenken an den Ersten Weltkrieg spielt in Großbritannien bis heute eine wichtige Rolle; an dem stets im November begangenen *Remembrance Day* tragen viele Menschen eine aus Papier gefertigte rote Mohnblume (*poppy*), um an die Gefallenen des Weltkriegs zu erinnern. Die Idee der Mohnblume als Sinnbild der Erinnerung geht auf das Gedicht »In Flanders Fields« (1915) des Kanadiers John McCrae (1872-1918) zurück; dort findet sich das eindrucksvolle Bild des auf den Soldatenfriedhöfen Flanderns zwischen den Kreuzen blühenden Mohns. Im Zusammenhang mit diesem Gedenktag werden auch häufig folgende Zeilen aus Brookes Kriegssonett »The Soldier« (1914) zitiert:

> If I should die; think only this of me:
> That there's some corner of a foreign field
> That is for ever England. [...][35]

Brookes eigener früher Tod 1915 eignete sich zur symbolischen Überhöhung. Er starb an St. George's Day, dem Tag des kriegerischen englischen Nationalheiligen, der überdies noch mit Shakespeares Geburtstag zusammenfällt.

Wilfred Owen starb einen Tag vor Kriegsende in Frankreich. Zu Lebzeiten hatte man ihn wenig wahrgenommen; erst Jahrzehnte später wurde er als ein wichtiger *war poet* entdeckt. Im Gegensatz zu Brooke stellte Owen die Schrecken des Krieges sehr viel deutlicher dar. Eine noch stärkere Distanz zu patriotischer Rhetorik und einen schonungslosen Blick auf den grausamen

Alltag des Grabenkriegs finden wir in den Gedichten Siegfried Sassoons. Er publizierte seine Gedichte in gesammelter Form 1917 (*The Old Huntsman*) und 1918 (*The Counter-Attack*). Ähnlich wie Owen fand Sassoon erst nach dem Krieg ein breiteres Publikum. Sein sehr deutscher Vorname erinnert übrigens an die enge gefühlte kulturelle Affinität zwischen Großbritannien und Deutschland; zur Zeit seiner Geburt waren deutsche Namen in Mode. Sein gleichfalls nicht englisch klingender Nachname verweist auf internationale Verflechtungen; Siegfried Sassoons Vater stammte aus Baghdad.

Isaac Rosenberg war als Kind jüdischer Einwanderer aus Osteuropa im Londoner East End aufgewachsen. Im Gegensatz zu Brooke, Sassoon und Owen erlebte er den Krieg nicht als Offizier, sondern als einfacher Soldat. Durch diese soziale Perspektive unterscheiden sich seine Kriegsgedichte von denen anderer *war poets*. Jedes Glorifizieren des Krieges war ihm zuwider; in seinem Gedicht »Dead Man's Dump« von 1917 gerinnt das, was der Tod aus den Gesichtern von Soldaten macht, zu einer Reihe verstörender poetischer Bilder. 1918 verlor er in den Schützengräben Frankreichs sein Leben.

In den 1920er Jahren, von denen damals noch niemand wusste, dass man sie einmal als Zwischenkriegszeit bezeichnen würde, finden wir zunehmend eine modernistische Neuorientierung, die allerdings mit althergebrachten Formen des Schreibens koexistierte. Der 1865 geborene irische Schriftsteller William Butler Yeats [→223] erlebte ab 1917 eine Art modernistischen Schub. Er heiratete Georgie Hyde-Lees (1892–1968), die auf ihrer Hochzeitsreise mit dem Verfahren des *automatic writing* experimentierte. Dabei handelte es sich um Versuche, einen Text nicht bewusst zu schreiben, sondern, beispielsweise durch assoziatives oder kontrastierendes Springen, unter Hypnose oder Drogeneinfluss »von selbst« entstehen zu lassen. Man wollte Texte, die nicht Ordnung und Kohärenz, sondern Fragmentierung und Rätselhaftigkeit in den Vordergrund stellen; insofern reflektiert dieses Verfahren die vielfältige Erschütterung alter Ordnungen und Sicherheiten, die vor allem der Erste Weltkrieg mit sich brachte. Nachdem Yeats durch seine Frau mit dieser Art des Schreibexperiments konfrontiert worden war, schlug er in seinem eigenen Dichten eine neue

Richtung ein. Angeregt durch das »automatische Schreiben« entwarf er ein System des Symbolismus, dessen Grundlagen er in *A Vision* (1925) entwarf.

Ein weiterer Autor, dessen Werke teilweise zur Literatur der Viktorianischen Zeit, teilweise aber auch schon zu der des 20. Jahrhunderts zu rechnen sind, war der 1840 geborene Thomas Hardy. Wir haben ihn bereits als Romancier kennengelernt [→246]. Um die Jahrhundertwende wandte er sich vollkommen vom Roman ab und schrieb nur noch Gedichte. Sein poetisches Werk ist insofern bemerkenswert, als es einerseits in der romantischen Tradition (und der damit verbundenen Schauerliteratur) wurzelt, andererseits aber auch durch eine modernistische Experimentierfreude gekennzeichnet ist. In »The Convergence of the Twain« (1912), einem Gedicht über den Untergang der »Titanic«, fand er auf verstörende Weise verfremdende Bilder für den untergegangenen Ozeanriesen, die er in einer Sprache fasste, die gleichzeitig an der Vergangenheit des 19. Jahrhunderts und der Gegenwart der Moderne orientiert war. Bei Hardy findet sich eine Version der tiefgreifenden Verunsicherung, die dem Modernismus zugrunde liegt. Bei ihm hat Gott das Interesse an der Menschheit verloren, und die Toten sind nicht stumm – sie melden sich zu Wort, und was sie zu sagen haben, ist stets irritierend. Zum Ersten Weltkrieg nahm der damals siebzigjährige Hardy in einer Reihe von Gedichten Stellung. In »Channel Firing« (1914) sind es die Toten früherer Generationen, die, vom Donnern der Geschütze aufgeschreckt, den unheilbaren Wahnsinn der Welt kommentieren. In »The Pity of It« (1915) ruft er den viktorianischen Topos der Verwandtschaft zwischen Engländern und Deutschen [→214] auf, die für ihn die kriegerische Auseinandersetzung noch absurder und verwerflicher macht, als sie es ohnehin schon ist.

Will man ein Beispiel dafür kennenlernen, wie durch und durch modernistisches Dichten aussehen konnte, so wird man bei T. S. Eliot (1888–1965) fündig. Eliot, eine prominente Figur in der englischen Literatur ab der Zwischenkriegszeit, war ein Amerikaner, der zum Studium nach Oxford gekommen war und dann blieb. 1915 erschien sein Gedicht »The Love Song of J. Alfred Prufrock«, das die *stream of consciousness*-Technik mit einer großen Zahl von Anspielungen auf ältere Texte, beispielsweise von Dante,

Shakespeare und Marvell kombinierte. 1922 folgte *The Waste Land,* ein langes Gedicht, das als Meilenstein des Modernismus gilt. Auch hier brachte er eine avantgardistische Gestaltung seines Textes mit deutlichen Verweisen auf die europäische Literaturgeschichte zusammen. Eliot, der zunächst bei einer Bank gearbeitet hatte, wechselte 1925 auf eine leitende Stelle bei dem Verlag Faber & Faber. Indem er Werke von Autoren wie Ezra Pound, Stephen Spender und W. H. Auden in das Verlagsprogramm aufnahm, trug er zur Etablierung eines Kanons modernistischer Dichtung bei.

Der Modernismus war ein internationales Phänomen, und entsprechend hatte er international mobile Vertreter. Ezra Pound (1885-1972), ebenso wie Eliot ein Amerikaner, zog nach London und wurde dort zu einer wichtigen Figur des Literaturbetriebs. Unter seinen Werken sind die komplexen *Cantos* – ein Langzeitprojekt, publiziert ab 1917 und bis 1970 – besonders bemerkenswert.

Der modernistische Wunsch, alte Konventionen hinter sich zu lassen, führte sofort zur Begeisterung für allerlei neue Schulen. So, wie in der modernistischen Malerei beispielsweise der Kubismus oder der Surrealismus aufkam, gab es auch in der Literatur neue -Ismen, um die sich Gruppen und Grüppchen scharten. Der in Kanada geborene, aber in England aufgewachsene Wyndham Lewis (1882-1957) war gemeinsam mit Ezra Pound Anführer des *Vorticist Movement.* Das lateinische Wort *vortex* bedeutet soviel wie »Strudel«; die Vortizisten waren fasziniert von der Kraft moderner Maschinen und der Idee der als reinigend verstandenen Explosion. Lewis gründete 1914 eine (allerdings kurzlebige) vortizistische Zeitschrift, in deren Titel beide Ideen vorkommen: *Blast: The Review of the Great English Vortex.* Die für den Modernismus grundlegende Abwendung von alten Autoritäten legt die Vermutung nahe, es habe sich dabei um ein politisch eher links zu verortendes Phänomen gehandelt. Betrachtet man Pound und Lewis, so zeigt sich, dass dies nicht notwendigerweise der Fall war: Pound ging nach Italien und entwickelte Sympathien für Mussolini, Lewis begeisterte sich für den deutschen Faschismus.

In Schottland begann in der Zwischenkriegszeit Hugh MacDiarmid (eigentlich: Christopher Murray Grieve, 1892-1978), modernistische Gedichte zu schreiben. Sein Pseudonym war gleichbedeutend mit einer politischen Positionierung, denn immer, wenn in Schottland jemand einen gälischen oder gälisch klingenden Namen annimmt, wird damit eine Distanz zu England signalisiert. Grieve bzw. MacDiarmid war 1928 einer der Mitbegründer der National Party of Scotland, einer der Vorläuferorganisationen der 1934 gegründeten Scottish National Party, die in unserer Zeit eine zentrale Rolle in der Politik Schottlands spielt. Er liebte die Polemik und vertrat einen politisch stark nach links orientierten Nationalismus. Er schrieb seine Gedichte in einem synthetischen, selbst erfundenen *Scots,* das er aus verschiedenen lokalen Dialektformen sowie obsoletem Vokabular der Vergangenheit zusammenfügte. MacDiarmid war von den modernistischen Schreibverfahren beeindruckt, die James Joyce in *Ulysses* [→294] entwickelt hatte, und ließ sich davon zu kunstvoll-assoziativen Gedankensprüngen in seinen Gedichten anregen. Seine Art zu schreiben und seine politischen Überzeugungen kann man am besten in dem langen Gedicht *A Drunk Man Looks at the Thistle* (1926) kennenlernen; die Distel ist Bestandteil des schottischen Wappens, es geht hier also ganz offensichtlich um Schottland.

Betrachtet man die Dichtung zur Zeit des Zweiten Weltkriegs, so fällt auf, dass diese rückblickend nicht erneut mit einer Generation von *war poets* verbunden wird. Die Idee des Kriegsgedichts verband sich für spätere Generationen eher mit den Schützengräben Frankreichs als mit dem Luftkrieg der 1940er. Der Zweite Weltkrieg wurde stärker als der Erste in neuen Medien dokumentiert, die Erinnerung an ihn ist daher weniger an Texte gebunden, sondern stattdessen an eine Fülle von Photographien, Filmen und Tonaufzeichnungen. Der in Nordirland geborene Louis MacNeice (1907–1963) dichtete über die politischen Entwicklungen im Vorfeld des Krieges (gesammelt in *Autumn Journal,* 1939). Zu den wenigen Gedichten aus der Zeit des Zweiten Weltkriegs, die bis heute immer wieder in Anthologien auftauchen, zählt »The British Museum Reading Room« (1939). MacNeice beschreibt hier das Herzstück der alten British Library, einen großartigen Kuppelsaal, als einen gigantischen Bienenkorb, einen Ort der Texte und Träume. Einerseits wirkt die Bibliothek wie aus der Zeit gefallen, andererseits wird sie aber auch durch das Zeitgeschehen zu einem Ort der Melancholie, an dem vom Kontinent geflüchtete Intellektuelle Zuflucht finden.

W. H. Auden (1907-1973) hatte sich bereits vor dem Zweiten Weltkrieg einen Ruf als Dichter erworben. Dabei ging er neue Wege, indem er beispielsweise mit der britischen Post zusammenarbeitete, als diese 1936 einen Dokumentarfilm über einen Schnellzug drehen ließ, der über Nacht Post von London nach Schottland brachte. Zu diesem Film mit dem Titel *Night Mail* schrieb Auden ein gleichnamiges Gedicht, das von Benjamin Britten vertont wurde. Bild, Text und Musik, das Pulsieren der Bewegungen, der Worte und der Töne nehmen gemeinsam den Maschinenrhythmus der Lokomotive auf und machen so den Film zu einem modernistischen Gesamtkunstwerk. Mit dieser Kooperation begann Audens Freundschaft mit Britten, aus der viele Vertonungen seiner Gedichte hervorgingen. Auden war auch mit Mac-Neice sowie Stephen Spender (1909-1995) befreundet. Diesem Freundeskreis haftete zeitweise der Spitzname *The Pylon Poets* an, nach Spenders Gedicht über die Masten einer Hochspannungsleitung (»The Pylons«, 1933), in dem er das Aufeinandertreffen von ländlicher Vergangenheit und urban orientierter Zukunft poetisch fasste.

Auden hatte spätestens seit einem Berlin-Aufenthalt gemeinsam mit Christopher Isherwood [→280] gute Kontakte nach Deutschland. 1935 heiratete er Erika Mann, eine Tochter Thomas Manns. Sie war eine kritische Kabarettistin, der das nationalsozialistische Regime gerade die deutsche Staatsbürgerschaft entzogen hatte. Durch die Heirat bekam sie einen britischen Pass und war so vor einer staatenlosen Existenz im Exil gerettet. Ansonsten handelte es sich um eine Pro-forma-Ehe; Auden machte keinen Hehl daraus, dass er an Männern interessiert war – dies wohlgemerkt zu einer Zeit, als Homosexualität vor dem Gesetz als Verbrechen galt.

Den Zweiten Weltkrieg verbrachte Auden in den USA, was sein Ansehen in Großbritannien zunächst beeinträchtigte, ohne es allerdings langfristig zu beschädigen. Auch als amerikanischer Staatsbürger (ab 1946) wurde er weiter als eine wichtige Stimme der englischen Literatur wahrgenommen. Spannend an seinem umfangreichen Werk ist dessen große formale und inhaltliche Breite – von einer frühen Orientierung am Modernismus T. S.

Eliots über diverse Großgedichte bis zur kunstvollen Albernheit in allerkürzesten Formaten. Er setzte sich dabei auch fortwährend mit der älteren englischen Literatur auseinander. Dies zeigt sich beispielsweise in seinem langen Gedicht »Letter to Lord Byron« (1937), in dem er Byron nicht nur anspricht, sondern auch dessen Art zu dichten [→154] auf virtuose Weise parodistisch aufnimmt. Auden war in der Lage, poetisch über die großen Dinge wie Liebe und Tod ebenso zu sprechen wie über Keller und Dachgeschoss, über Mäuse und Hunde – und immer scheinen bei ihm in den Details des Lebens auch die großen Lebensfragen auf.

Spätestens ab der Nachkriegszeit war in der englischen Literatur die »moderne« Art des Dichtens zu einem Bestandteil des Mainstreams geworden. Was anfangs provozierte (beispielsweise *free verse,* d. h. die Verweigerung traditionellen Formen gegenüber), wurde schließlich zu einem gängigen Gestaltungsmittel.

Ein Dichter, der sich dennoch zumindest in der formalen Gestaltung seiner Texte ungewöhnlich traditionell gab, war John Betjeman (1906–1984). Betjeman kultivierte das Image eines altmodischen Nostalgikers, der den Erinnerungen seiner Kindheit nachspürte – dies insbesondere in seinem autobiographischen Großgedicht *Summoned by Bells* von 1960. Unzeitgemäß musste auch sein Interesse an alten Kirchen und an allem Viktorianischen wirken. Schaut man jedoch hinter die konservative Fassade, so findet man in Betjemans Gedichten unerwartete Verfremdungseffekte, Sozialkritik sowie allerlei Provokatives. Der sich bürgerlich gebende Dichter hatte einen scharfen Blick für die Unzulänglichkeiten und Schäbigkeiten der bürgerlichen Existenz. In seinem Gedicht »Slough« (1937 im Band *Continual Dew* veröffentlicht) imaginiert er die Zerstörung der mittelmäßigen modernen Architektur der Stadt Slough durch deutsche Bomben: »Come friendly bombs and fall on Slough! / It isn't fit for humans now [...].«[36] Durch zahlreiche Fernsehauftritte und durch seine formal wenig sperrige Art des Dichtens erreichte Betjeman ein breites Publikum. Als man sich in den 1960ern in Großbritannien daran machte, im Namen des Fortschritts und der autogerechten Stadt Gebäude vor allem der Viktorianischen Zeit großflächig abzureißen, nutzte er seine öffentliche Sichtbarkeit, um sich für den Denkmalschutz zu engagieren.

> **Ein Dichter rettet einen Bahnhof.** Betjeman stellte sich gegen den drohenden Abriss der architektonisch spektakulären St. Pancras Station, eines viktorianischen Bahnhofs, dessen grandiose neugotische Ästhetik eng mit der Geschichte des englischen Schauerromans zusammenhängt [→196]. Mit seiner Hilfe wurde St. Pancras gerettet; was die Stadtplaner der 1960er als architektonischen Schrott der Vergangenheit wahrgenommen hatten, gilt mittlerweile als eines der Wahrzeichen Londons.
> Dort kann man die überlebensgroße Statue Betjemans besuchen, die seit 2007 in der oberen Bahnhofshalle steht (Upper Concourse, St. Pancras International Station, Euston Road, London N1C 4QL).

Eine Mischung aus modernistischen und deutlich älteren Herangehensweisen an das Schreiben findet sich bei dem walisischen Dichter Dylan Thomas (1914–1953). Thomas kam aus einer *Celtic Fringe*-Region [→10], verfolgte jedoch keineswegs eine nationalistisch-separatistische Agenda. Ihm ging es immer wieder um die großen Fragen von Leben und Tod. Liest man die ersten Zeilen von Gedichten wie »And Death Shall Have No Dominion« (1933) oder »Do Not Go Gentle Into That Good Night« (1951), so könnte man denken, man habe Texte aus der Zeit der Romantik vor sich. Dann aber fällt auch eine assoziativ strukturierte, kunstvolle Rätselhaftigkeit auf, die an das erinnert, was man bei Woolf oder Joyce findet. Die Klangstrukturen seiner Texte sind sorgfältigst durchgearbeitet. Ihre Magie vermittelte sich noch intensiver, wenn er sie mit sonorer Stimme in Radiosendungen vortrug (zu seinem »radio drama« *Under Milk Wood* →286). Für die Rezeption von Dylan Thomas war auch nicht unwichtig, dass sein Leben – Rückzug in die Natur, selbstzerstörerischer, exzessiver Lebensstil, früher Tod – Topoi der romantischen Dichterexistenz zu rekapitulieren schien. Das männlich konnotierte Klischee des Dichters – und damit das Klischee des romantischen Genies [→130] – hielt sich hartnäckig. Als Mann konnte man sich inspiriert-tragisch zu Tode trinken und trotzdem (oder: gerade deshalb) bewundert werden; als Frau hätte man sich einer solchen Wahrnehmung keineswegs sicher sein können.

»JOHN BETJEMAN 1906–1984 POET who saved this glorious station.«
St. Pancras Station, London (Aufnahme: C. H.).

Eine Dichterin der Kriegs- und Nachkriegszeit, die es zu entdecken lohnt, ist Stevie (eigentlich: Florence Margaret) Smith (1902–1971). Ihre Weltsicht war überaus dunkel und konnte zugleich einen dunklen Humor einschließen. Smith illustrierte viele ihrer Gedichte mit Zeichnungen, die auf den ersten Blick naiv, bei näherem Hinschauen aber überaus interessant wirken; sie verfuhr also ähnlich, wie es Edward Lear [→222] im 19. Jahrhundert tat. Der Titel eines ihrer Gedichte ist in den englischen Sprachgebrauch eingegangen: »Not waving but drowning« (1957 im gleichnamigen Gedichtband erschienen). »Not waving but drowning«, das sagt man, wenn man auf eine tragische Fehleinschätzung aufmerksam wird, wenn ein scheinbar vergnügter Mensch auf einmal als Verzweifelter erkennbar wird, der kurz vor dem Ertrinken noch einmal die Arme hochreckt.

Eine dunkel eingefärbte Wahrnehmung der Welt finden wir auch bei Philip Larkin (1922–1985). Larkin verbrachte sein Berufsleben als Universitätsbibliothekar in der Provinz; er arbeitete lange in Hull. Anfangs gehörte er zu den jungen Dichtern, die sich Yeats zum Vorbild nahmen; später orientierte er sich eher an den Gedichten Thomas Hardys; er gehörte also zu denen, die formal relativ traditionell vorgingen. Dabei verwendete er allerdings eine Sprache, die sehr nah an der gesprochenen Alltagssprache seiner Zeit war: »I work all day, and get half-drunk at night. / Waking at four to soundless dark, I stare.«[37] Das liest sich wie beliebige Prosa, aber dann merkt man, dass diese Sätze metrisch durchkomponiert sind, und dass die erste Zeile aus vollkommen regelmäßigen Jamben besteht. Der Titel dieses Gedichts, »Aubade« (1977), verweist auf die literarische Tradition. Eine Aubade, zu Deutsch: Tagelied, war im Mittelalter ein Lied, das von der Trennung eines Liebespaars nach einer heimlich gemeinsam verbrachten Nacht handelt. In Larkins moderner Aubade gibt es aber statt Liebe und Liebespaar nur Einsamkeit und die Angst vor dem Tod. Hier wird das Instrumentarium der literarischen Tradition genutzt, um über eine von ihm als grau und trist wahrgenommene britische Alltagswirklichkeit zu sprechen.

Betrachtet man die Zeit ab den 1960ern und denkt man an poetisch strukturierte Texte, die nicht primär in gedruckter Form erschienen, sondern die dazu bestimmt waren, gesungen zu werden, so muss man die Diagnose, Dichtung sei im 20. Jahrhundert zunehmend zu einem literarischen Nischenprodukt geworden, in einem Punkt relativieren. Gereimte, in Strophen gegliederte englische Texte, die nicht selten in poetischen Bildern sprechen, gehörten und gehören dank der Beatles, der Rolling Stones und vieler anderer Sänger, Sängerinnen und Bands für die überwiegende Mehrheit der Menschen auf den Britischen Inseln zum Soundtrack des eigenen Lebens. Der britisch geprägte Rock 'n' Roll ist insofern ein interessantes globales Phänomen, als er historisch auf Impulsen aus der afro-amerikanischen Musiktradition aufbaut und selbst weltweit rezipiert wird. Dabei ist der Einstieg in die Rezeption unabhängig von Sprachkenntnissen; die meisten von uns sind mit englischsprachigen Liedtexten aufgewachsen, die wir anfangs als unverständliche, aber dennoch unwiderstehliche Klanggebilde wahrnahmen.

Transatlantische Verbindungen finden sich auch immer wieder im Werk einzelner Dichterinnen und Dichter. Thom Gunn (1929–2004) ging nach Kalifornien, wo er erst an der Stanford University lehrte und dann als freier Schriftsteller arbeitete. Gunns Gedichte stehen unter dem doppelten Einfluss der englischen Tradition und der kulturellen und literarischen Szene Kaliforniens in den 1960er und 70er Jahren. Mit Gedichten wie »In Time of Plague« (veröffentlicht in *The Man with Night Sweats*, 1992) reagierte er auf die AIDS-Welle, die sein soziales Umfeld mit zerstörerischer Wucht erfasste.

Ted Hughes (1930–1998) begann in den 1950ern zu publizieren. Von seinem ersten Gedichtband an (*The Hawk in the Rain*, 1957) war eines seiner großen Themen die Natur und die sich in ihr nach eigenen Regeln entfaltende Schönheit und Grausamkeit. In dem Band *Crow: From the Life and Songs of the Crow* (1970) lud er die Figur der Krähe mythologisch auf, wobei er auf subversive Weise mit der christlichen Tradition spielte. Hier erzählte er beispielsweise in dem Gedicht »Apple Tragedy« die Geschichte vom Sündenfall neu, und in seiner Version kommt Gott nicht gut weg. In solchen Momenten wird deutlich, dass Hughes in einen kreativen Dialog mit älteren Werken der englischen Literatur eintrat; sofort muss man an Miltons *Paradise Lost* [→95] denken. Sein Interesse an der Mythologie führte ihn zu den einschlägigen antiken

Quellen zurück; so dichtete er Ovids *Metamorphosen* in Auszügen nach (*Tales from Ovid*, 1997). In dem mit Photographien illustrierten Band *River* (1983) erschienen Gedichte, die sich Flussläufen als Lebens- und Erfahrungsräumen widmen. Insgesamt nahm Hughes Impulse auf, die historisch sowohl aus dem klassizistischen Interesse an der Antike als auch aus dem romantischen Interesse an der Natur kamen. Ein weiterer wichtiger Kontext für Hughes' Naturdichtung war die sich ab den 1980ern etablierende Ökologiebewegung. 1984 wurde Hughes als Nachfolger von John Betjeman zum *poet laureate* ernannt.

Auf Hughes folgte dann 1999 in diesem Amt Andrew Motion (1952–). Motion wurde auf eigenen Wunsch nicht, wie bisher üblich, auf Lebenszeit berufen, sondern nur für 10 Jahre. Er schrieb in dieser Zeit über ein breites Spektrum von Themen. Sein Ansatz war dabei, dass Dichtung über tagesaktuelle Dinge, wie sie in den Nachrichten vorkommen, sprechen kann und soll, so beispielsweise über den Ausbruch der Maul- und Klauenseuche, den Terroranschlag auf das World Trade Center in New York oder über Harry Patch, den letzten noch lebenden britischen Soldaten, der im Ersten Weltkrieg gekämpft hatte.

Nach Andrew Motion wurde 2009 zum ersten Mal in 341 Jahren eine Frau zum *poet laureate* ernannt. Carol Ann Duffy (1955–) ist Schottin; jedenfalls wird sie in Schottland so wahrgenommen, obwohl sie bereits als Kind mit ihren Eltern nach England kam. Sie wurde in einer Zeit berufen, in der die Bewegung für eine Abspaltung Schottlands vom Vereinigten Königreich immer stärker wurde. Ihre Berufung ist daher auch als ein politisches Signal zu verstehen. Angesichts eines drohenden Unabhängigkeitsreferendums musste ein solcher symbolischer Akt der Wertschätzung Schottlands sinnvoll erscheinen. Im Gegensatz zu ihren männlichen Vorgängern, die ganz überwiegend aus privilegierten Verhältnissen kamen und für die das Studium in Oxford oder Cambridge fast obligatorisch war, stammt Duffy aus den Gorbals von Glasgow, einem berüchtigten Viertel der Stadt. Sie lebte lange Zeit in einer Partnerschaft mit der schottischen Dichterin Jackie Kay (1961–, →274). Die Berufung Duffys hatte nicht nur einen politischen Subtext, sondern sie spiegelt auch gesellschaftliche Veränderungen wider; die Wahl der Hofdichterin signalisiert die

Akzeptanz alternativer Lebensmodelle – etwas, das im Zusammenhang mit einer so konservativen Institution wie der britischen Monarchie früher kaum denkbar gewesen wäre.

Duffy spricht in ihren Gedichten ein breites Spektrum von Themen an. Sie setzt literaturgeschichtliche Bezüge und imaginiert die Gedanken von Menschen der Vergangenheit herbei, so in »Anne Hathaway« (1999): Shakespeare hinterließ seiner Frau Anne Hathaway in seinem Testament rätselhafterweise sein zweitbestes Bett; in ihrem Gedicht entwirft Duffy eine Lösung für dieses Rätsel. Auf ähnliche Weise bringt sie in »Havisham« (1993) eine Figur aus den Romanen von Dickens, nämlich Miss Havisham aus *Great Expectations* [→238] auf eine Weise zum Sprechen, die Dickens fortführt und gleichzeitig über ihn hinausgeht. In ihrer Rolle als Hofdichterin thematisierte sie ähnlich wie vor ihr Andrew Motion Dinge, über die man in den Nachrichten hört: In »Achilles (for David Beckham)« griff sie 2010 die Verletzung des prominenten Fußballers an der Achillessehne auf.

Die Rolle der Dichtung im United Kingdom der jüngsten Vergangenheit und der Gegenwart kann eminent politisch sein. 2004, in dem Jahr, als in Schottland das neue Parlamentsgebäude eröffnet wurde, wurde dort das neue Amt eines *schottischen* Nationaldichters erfunden und etabliert. Damit schuf man bewusst separate Strukturen, um sich als separate schottische Nation mit eigenen kulturellen Institutionen zu konturieren. Wie eng Kultur und Politik hier zusammenhängen, sieht man daran, dass der neu geschaffene Posten von dem neu etablierten Parlament besetzt wird. Auch begrifflich wollte man sich deutlich von England absetzen; der Titel des schottischen Nationaldichters ist *The Scots Makar* [→35].

Der erste vom schottischen Parlament ernannte *Scots Makar* war Edwin Morgan (1920–2010). In Morgans Werk sind starke Bezüge zur europäischen Literatur erkennbar, wie sie sich oft in Schottland finden. Er übertrug Gedichte aus zahlreichen Sprachen des Kontinents ins Englische. Eine kleine Sammlung experimentell gestalteter Gedichte – Worte, die vom Zwang der Zeile befreit übermütig über die Seite zu tanzen scheinen – trägt den Titel *Guten Morgan* (2000). Sein Interesse an Europa war mit einer politischen Agenda verbunden. Die Befürworter einer schottischen

Unabhängigkeit, zu denen auch Morgan zählte, wollten und wollen hinaus aus dem britischen und hinein in den europäischen Zusammenhang. Bei der Eröffnung des neuen schottischen Parlamentsgebäudes wurde sein Gedicht »For the Opening of the Scottish Parliament, 9 October 2004« verlesen. Königin Elisabeth II. war aus London angereist und saß im Publikum. In Morgans Gedicht wird deutlich gesagt, dass das wiederhergestellte schottische Parlament nicht die vollständige Macht habe – *noch nicht*. Hier zeigte sich exemplarisch die Kraft und der Sonderstatus der Dichtung. Nur in einem Gedicht konnte man in dieser Situation offen vor der Königin über die Erwartung sprechen, dass Schottland unabhängig werden möge. Die gleiche Aussage, in Prosa und aus dem Mund eines Politikers, hätte in diesem Moment einen Skandal provoziert.

Nach Morgan wurde Liz Lochhead (1947–) zum *Scots Makar* berufen. Sie ist gleichfalls eine Befürworterin der schottischen Unabhängigkeit, die in ihren Texten *Scots* demonstrativ als ein dem Englischen gleichwertiges Register nutzt. Ein gutes Beispiel dafür ist ihr Gedicht »Kidspoem/Bairnsang« (2003), das den schmerzhaften Übergang vom gesprochenen *Scots* zum geschriebenen Englisch in der Schule thematisiert. Auf Lochhead folgte Jackie Kay. Es entbehrt nicht einer gewissen Ironie, dass nun die ehemalige Lebensgefährtin der Hofdichterin in London als schottische Nationaldichterin in Edinburgh berufen wurde. Kay ist die Tochter einer Schottin und eines Nigerianers. Als Schottin, die schon als Kind immer wieder gefragt wurde, wo sie denn »eigentlich« herkomme, liegen für sie Identitätsfragen als eins der Themen ihrer Dichtung nahe. Dabei kommt nicht nur Schottland in den Blick. In der Karibik gibt es eine sehr große Zahl von Menschen mit schottischen Nachnamen, die vor allem von afrikanischen Sklavinnen und schottischen Sklavenhaltern abstammen. Diese lange Zeit nicht zur Kenntnis genommene *black Scottish diaspora* wird bei Kay thematisiert; sie unternimmt den Versuch, damit einen Aspekt verdrängter schottischer Geschichte ins kollektive Bewusstsein zu heben.

Kay schreibt in einer Zeit, in der es auf den Britischen Inseln eine wachsende Wertschätzung gesellschaftlicher Diversität gibt. Etwa eine Generation vor ihr schrieben farbige Autorinnen und

Autoren noch oft mit weit mehr Frustration und Zorn gegen einen stärker gefühlten Widerstand und eine stärkere Diskriminierung an. Ihre Gesellschaftskritik war drastischer; für sie war es ein elementarer politischer Akt, beim Schreiben die Orientierung an den standardenglischen Normen zu verweigern und mit eigenen, von außerbritischen Herkunftskulturen beeinflussten sprachlichen und ästhetischen Mitteln zu operieren. Der aus Jamaica stammende Linton Kwesi Johnson (1952–) begann in den 1970ern über die Erfahrungen afro-karibischer Menschen in Großbritannien zu dichten. Der Titel seines im Reggae-Rhythmus strukturierten Gedichts »Inglan is a Bitch« (1980) spricht für sich. Die poetischen Stimmen aus der postkolonialen Welt des aufgelösten Empire brachten Neues, das aus der Verbindung ganz unterschiedlicher kultureller und literarischer Traditionen geschaffen wurde. Derek Walcott (1930–2017), geboren auf der karibischen Insel St. Lucia, bezog sich in seinen Gedichten immer wieder auf die karibische Lebenswelt, aber zugleich orientierte er sich auch an Milton und Homer. 1990 erschien sein episches Gedicht *Omeros*, in dem er Elemente aus Homers *Ilias* aufgriff. Walcott wurde mit dem Nobelpreis für Literatur ausgezeichnet.

Mit der Akzeptanz afrikanischer und afro-karibischer Texte ist freilich auch oft eine Publikumserwartung an Autoren und Autorinnen verbunden: Wer einen postkolonial-multikulturellen Hintergrund hat, wird schon postkolonial-multikulturell schreiben. Es erstaunt nicht, dass eine Autorin wie die 1950 in Grenada geborene Merle Collins in einem Gedicht mit dem Titel »Multiculture Abroad« (1996) genau diese Erwartung pointiert beschreibt und sich ihr damit verweigert.

Postkoloniale Literatur findet sich nicht nur im Zusammenhang mit fernen Bestandteilen des ehemaligen Empire. Irland war die erste englische Kolonie, und dieses schwierige Erbe beeinflusst die irische Literatur, sowohl in der unabhängigen Republik Irland als auch in dem weiter Großbritannien zugehörigen Nordirland. Einer der bekanntesten irischen Dichter seiner Zeit – wenn nicht der bekannteste – war der Nordire Seamus Heaney (1939–2013; »Seamus«, ausgesprochen /ˈʃeɪməs/, ist die gälische Version von »James«). Seine erste größere Gedichtsammlung, *Death of a Naturalist*, die 1966 erschien, enthielt ein Gedicht mit dem Titel »Digging«, in dem er auf eine für ihn charakteristische Weise irische Vergangenheit und Gegenwart zusammenbrachte. Der Stift, mit dem der Dichter schreibt, liegt, wie es dort anfangs heißt, gut in der Hand, wie eine Schusswaffe – ein Vergleich, der in der Frühzeit des Nordirlandkonflikts überreich an dunklen Assoziationen war. Darauf folgt ein Brückenschlag in die Vergangenheit: So, wie der Torfspaten das alltäglich-vertraute Werkzeug seines Großvaters war, ist der Stift das Werkzeug des Dichters. Der Verlust einer archaisch anmutenden Lebenswelt, die Erinnerung daran im Schreiben und ein Unterton der Bedrohungen der Gegenwart werden in diesem Text virtuos zusammengeführt. Der Nordirlandkonflikt, in Irland oft *the troubles* genannt, bildet den dunklen Hintergrund späterer Gedichte, wie sie sich in den Bänden *Wintering Out* (1972) und *North* (1975) finden. In *North* geht sein Blick tief in die Vergangenheit; eine Gruppe von Gedichten beschäftigt sich mit seit vorgeschichtlicher Zeit im Moor konservierten Leichen. Über diese spricht er, wie es kein Historiker, wohl aber ein Dichter kann, wobei immer wieder Bezüge zwischen diesen Leichen der Vorzeit und der Gewalt im Irland der 1970er aufscheinen.

Paul Muldoon (1951–) kommt wie Heaney ebenfalls aus Nordirland. Gemeinsam haben die beiden auch, dass sie in prominenten Positionen an amerikanischen und britischen Universitäten lehrten bzw. lehren – Heaney in Berkeley und Oxford, Muldoon in Oxford und Cambridge. Wenn Muldoon etwas weniger gelesen wird als Heaney, dann wohl deshalb, weil seine Sprache, seine Wortspiele und Anspielungen oft auf den ersten Blick schwierig und rätselhaft wirken. Eines seiner langen Gedichte, das auch mit allerlei graphischen Elementen operiert, heißt entsprechend *Madoc: A Mystery* (1990). In diesem Gedicht imaginiert er, wie zwei Autoren der englischen Romantik, Southey [→206] und Coleridge [→149], nach Amerika gehen, um dort in einer neuen Siedlung eine gesellschaftliche Utopie umzusetzen. Nicht immer baut Muldoon wie hier verblüffende Herausforderungen an seine Leserschaft in seine Texte ein; viele seiner kürzeren Gedichte sind ausgesprochen zugänglich.

Ein weiterer nordirischer Dichter war Ciaran Carson (1948–2019). Er war in einer gälischsprechenden Familie aufgewachsen, schrieb jedoch auf Englisch, was ihm ermöglichte, eine sehr viel breitere Leserschaft zu erreichen. Carson war auch Musiker; er spielte die *tin whistle,* eine kleine, ganz einfache Blechflöte, die aus der traditionellen irischen Musik nicht wegzudenken ist. Seine Nähe zu dieser Musik sowie ein starkes Interesse an der Welt der Klänge schlug sich thematisch ebenso wie rhythmisch in vielen seiner Gedichte nieder. Sprach er in Interviews oder bei Lesungen über sein Schreiben, so konnte es passieren, dass er plötzlich etwas auf der Flöte spielte, um einen engen Zusammenhang zwischen Text und Musik zu verdeutlichen. Der dunkle Themenhorizont des Nordirlandkonflikts ist unausweichlich in seinem Werk präsent; Gedichtsammlungen aus dieser Zeit sind *The Irish for No* (1987), *Belfast Confetti* (1989) und *First Language: Poems* (1994). Nostalgische Rückblicke in die Vergangenheit richteten sich bei ihm nicht auf das alte, ländliche Irland, sondern auf den Wandel im städtischen Leben am Beispiel von Belfast.

Eine Kombination aus eigenem Schreiben auf Englisch und Übersetzungen aus dem Gälischen findet man bei Medbh McGuckian (1950–). Eines ihrer großen Themen ist die Existenz als Frau in Gegenwart und Vergangenheit – so in dem Gedicht »The Good Wife Taught Her Daughter«, in dem sie einer Figur archaische Rollenerwartungen in einer ebenfalls archaischen, an Chaucer [→30] orientierten Sprache in den Mund legt. Sie übersetzte gälische Gedichte von Nuala Ní Dhomhnaill ins Englische (gemeinsam mit Eiléan Ní Chuilleanáin, erschienen unter dem Titel *The Water Horse,* 1999). Medbh McGuckian hieß ursprünglich Maeve McCaughan und nahm erst später die gälische Form ihres Namens an – ähnlich wie bei MacDiarmid eine Namensänderung, die die Bedeutung des Keltischen (wie auch immer das dann konkret gefasst wird) in der eigenen Identität unterstreicht.

Drama
Unterhaltung, Agitation, Provokation

Die Rahmenbedingungen, unter denen Bühnenstücke im 20. Jahrhundert geschrieben, aufgeführt und rezipiert wurden, gerieten einerseits durch neue Medien in Bewegung, umfassten aber andererseits auch noch lange Zeit archaisch anmutende Einschränkungen. Bis 1968 mussten einem Hofbeamten, dem *Lord Chamberlain* – auf Deutsch würden wir sagen: dem Oberhofmarschall – Dramen vor der Aufführung vorgelegt werden. Dieser bzw. der von ihm bestellte *examiner of plays* konnte die Lizenz zur Aufführung verweigern, wenn er zu der Auffassung kam, ein Stück verstoße gegen Moral und gute Sitten. Die ansonsten schon sehr früh abgeschaffte Zensur [→119] existierte hier also noch lange Zeit weiter.

Die moderne Medienwelt in Gestalt von Kino, Radio, Fernsehen und Internet beeinflusste das Drama – Schritt für Schritt und auf immer neue Weise. Zunächst machte das Kino der Bühne Konkurrenz. Die Literaturverfilmung verdrängte die Bühnenversionen von Romanen, wie sie im 19. Jahrhundert noch gängig und extrem populär gewesen waren. Von der Shakespeare-Zeit bis ins späte 19. Jahrhundert hinein hatten die Bühnen ein sozial gemischtes Publikum angezogen. Das Kino trug zur Entmischung dieses Publikums bei. Das Schauspielhaus wurde im Verlauf des 20. Jahrhunderts endgültig zu einem Ort, an dem das Publikum nicht mehr pfeift, brüllt und mit allem wirft, was gerade zur Hand ist, sondern sich so verhält, als sei es überhaupt nicht da. Es wurde ein Ort der mit ritueller Andacht zelebrierten bürgerlichen Hochkultur. Ein Teil der alten Theatererfahrung, nämlich das Essen und Trinken, war bereits in den Schauspielhäusern tabuisiert, lebte aber wieder in den Kinos auf. Wenn wir dort Getränke und Popcorn zu uns nehmen, so stehen wir in der medial umgelenkten Theatertradition der Shakespeare-Zeit, für die noch kein Widerspruch zwischen Schauspiel und Knabbereien bestand.

Zum Kino kam das sich ab den 1920ern immer mehr verbreitende Radio, das mit dem Hörspiel ein neues, stark theateraffines Genre unter die Leute brachte. Das Hörspiel ist ein wenig wie Theater mit geschlossenen Augen; alles Sichtbare wird herbeiimaginiert, was aber die Phantasie des Publikums ohne weiteres leisten kann. Auch hier kann man an das Theater der Shakespeare-Zeit denken, wo exotische Orte sowie Tag und Nacht lediglich durch Worte herbeigezaubert wurden.

Das Fernsehen brachte Verfilmungen von Theateraufführungen in die eigenen vier Wände; so wurde die Rezeption von Theaterstücken aus dem Ritualkontext der Hochkultur herausgelöst. Man konnte nun Dramen verfolgen, ohne die Verhaltensregeln befolgen zu müssen, denen man sich im Theater bereitwillig unterwarf. Film und Fernsehen boten neue technische Möglichkeiten für die visualisierende Umsetzung von Theaterstücken. Dadurch veränderte sich die Rezeption älterer, aber auch zeitgenössischer Dramen: Man kann sich nun beispielsweise dafür entscheiden, Shakespeares *Tempest* auf einer echten Insel oder Becketts *Waiting for Godot* in einer echten Landschaft zu verfilmen.

Soviel als Vorbemerkung; gehen wir nun zurück zu der Entwicklung des Theaters ab dem frühen 20. Jahrhundert. Die Moderne kam vor dem Ersten Weltkrieg auf Londoner Bühnen an, allerdings zunächst vor allem im Tanztheater. 1911 konnte man avantgardistische russische Choreographien bestaunen, inszeniert von Serge Diaghilev und getanzt zur Musik von Igor Strawinsky. Diese viel bewunderten Darbietungen blieben allerdings vorerst eine Ausnahme. Im Sprechtheater der Britischen Inseln gab es weniger Experimente mit dem Modernismus als zeitgleich in Dichtung und Prosa. T. S. Eliot, den wir bereits als Dichter kennengelernt haben [→263], begann in den 1930ern, Dramen zu schreiben. In seinem bis heute bekanntesten Stück, *Murder in the Cathedral* (1935), wird ein Verbrechen des 12. Jahrhunderts thematisiert, die Ermordung des Erzbischofs Thomas Becket in der Kathedrale von Canterbury. Die Orientierung am Realismus des 19. Jahrhunderts hatte dazu geführt, dass Autoren ihre Bühnenfiguren in Prosa sprechen ließen. Eliot brach mit dieser Konvention und markierte den Kunstcharakter seiner Theaterstücke damit, dass er zum Vers zurückkehrte. Die Wiederbelebung des Versdramas findet sich auch bei Christopher Fry (1907–2005), so zunächst in *A Phoenix Too Frequent* (1946), wo er einen antiken Stoff aus dem *Satyricon* des römischen Dichters Petronius aufnahm, und dann in seinem erfolgreichsten Stück, *The Lady's Not For Burning* (1948), einer im Mittelalter spielenden Komödie.

W. H. Auden verfasste gemeinsam mit Christopher Isherwood (1904–1986) mehrere Stücke, in denen sie auch Tanz und Musik als Gestaltungsmittel nutzten, so beispielsweise in *The Dance of Death*, 1935. Die beiden hatten ab 1929 Zeit in Berlin verbracht, wo sie die dortige Cabaret-Szene kennenlernten; diese Eindrücke wirkten bei der Gestaltung ihrer Bühnenwerke nach. *The Ascent of F6*, ein Stück über eine Bergbesteigung, die mit dem Tod des Bergsteigers endet, enthält Lieder, die von Benjamin Britten vertont wurden. In *The Dog Beneath the Skin* (1935), einer dunklen Satire auf das sich in Deutschland immer fester etablierende totalitäre Regime, besucht ein Engländer einen faschistischen Staat namens Westland, aber auch eine üble Monarchie namens Ostnia.

Trotz solcher Entwicklungen blieb vieles im Theaterleben der Britischen Inseln bis um die Mitte des 20. Jahrhunderts formal konventionell. Zahlreiche neue Stücke orientierten sich an der noch aus dem 19. Jahrhundert stammenden Idee des sorgfältig und überschaubar durchkomponierten *well-made play*. Noël Coward (1899–1973) kombinierte formale Konventionalität mit dem Reiz von Transgression und Frivolität: Hier werden Drogen genommen (*The Vortex*, 1924), oder man lebt fröhlich in einer unkonventionellen Dreieckskonstellation (*Design for Living*, 1933). Beliebt beim Publikum waren auch die Dramen von William Somerset Maugham (1874–1965) und J. B. Priestley (1894–1984). Priestleys Stück *An Inspector Calls* (1945), das heute noch aufgeführt wird, vereinte das im privilegierten Milieu spielende Salondrama (*drawing room drama*) mit Sozialkritik. Ein weiterer erfolgreicher Dramatiker war Terence Mervyn Rattigan (1911–1977). In einem Vorwort zur Gesamtausgabe seiner Werke verteidigte er seine Orientierung am Geschmack eines bürgerlichen Publikums, das er halb scherzhaft, halb ernst in einer Figur namens »Aunt Edna«[38] verkörperte. Diese Aunt Edna, die das Theater liebe, der der Sinn aber nicht nach Hochintellektuellem stehe, dürfe man als Dramatiker nicht vernachlässigen. Hier artikuliert sich eine Gegenposition zu der modernistischen Wertschätzung der Kunst als radikaler Kritik und Irritation.

In Schottland war James Bridie (1888–1951, eigentlich: Osborne Henry Mavor) mit Stücken erfolgreich, die mit Lokalkolorit und älteren Motiven aus der schottischen Geschichte und Literatur spielten. In *The Anatomist* (1930) werden die Vorkommnisse um die berüchtigten Mörder Burke und Hare aufgenommen, die im Edinburgh des frühen 19. Jahrhunderts Leichen für die medizinische Forschung lieferten. In *Mr Bolfry* (1943), einem Stück, das in der damaligen Kriegsgegenwart spielt, beschwören englische Soldaten im Hochland den Teufel, der dann auch prompt erscheint – literaturgeschichtliche Echos aus dem Werk James Hoggs [→205] sind dabei unverkennbar.

Die konventionellen Züge, die den größeren Teil insbesondere des englischen Theaterlebens in der ersten Hälfte des 20. Jahrhunderts kennzeichnen, stehen sicherlich auch in Zusammenhang mit den beiden Weltkriegen. Ist das Land von außen bedroht, muss man gar, wie im Zweiten Weltkrieg, mit einer deutschen Invasion rechnen, so liegt es nahe, dem Publikum entweder Ablenkung anzubieten, oder Optimismus und Durchhaltewillen zu vermitteln. Angesichts eines immer bedrohlicheren Kriegsgeschehens wurden nicht nur die Menschen mobilisiert, sondern auch Werke der englischen Literatur. Bis heute berühmt ist eine 1944 uraufgeführte Verfilmung von Shakespeares *Henry V* mit Laurence Olivier in der Hauptrolle. Die Reden, in denen der König in diesem Kriegsdrama seine Leute aufrüttelt und zum Durchhalten bewegt, waren geeignet, die Moral der Bevölkerung zu heben. Und wenn in diesem Film die Engländer immer wieder Wolken von Pfeilen auf ihre Gegner abschießen, so wurde damit auf die entscheidende Rolle der britischen Kampfflugzeuge in der damaligen Gegenwart angespielt.

Die Bedeutung des Kinos nahm im Zweiten Weltkrieg rapide zu. Die Regierung begann, das als kriegswichtig erkannte Kulturleben, und insbesondere die Produktion von Filmen, staatlich zu subventionieren. Nach dem Krieg wurde diese Förderung durch das 1946 gegründete *Arts Council of Great Britain* weitergeführt. Dadurch erhielten jetzt auch erstmals die Bühnen öffentliche Gelder, was zu einem Aufschwung des Theaters in der ansonsten noch von materiellem Mangel geprägten Nachkriegszeit führte. Die durch das *Arts Council* verfolgte Agenda war zunächst, den *working classes* bürgerliches Bildungsgut zugänglich zu machen und damit deren politischem Abwandern nach links vorzubeugen. Das bezuschusste Theater hatte jedoch langfristig einen gegenteiligen Effekt, weil es vielen politisch links orientierten Autoren und Autorinnen überhaupt erst die Möglichkeit gab, ihre Stücke aufzuführen.

Bald nach Kriegsende und insbesondere ab den 1950ern wurden Stücke auf britische Bühnen gebracht, wie man sie dort zuvor noch nicht gesehen hatte. Zu den Autoren, die dabei eine wichtige Rolle spielten, gehörte Samuel Beckett (1906–1989). Das Schreiben Becketts zeigt, wie Literatur Landesgrenzen überspringen kann und dabei in der Lage ist, aus unterschiedlichen sprachlichen und ideengeschichtlichen Hintergründen Neues zu formen. Der protestantische, in der Nähe von Dublin geborene Ire zog in den späten 1920ern nach Frankreich, wo er sich – nach Aufenthalten in Deutschland, Irland und England – permanent niederließ. In Paris hatte er James Joyce [→294] kennengelernt und sich mit ihm angefreundet. In Frankreich wurde das Französische zur primären Sprache für Becketts Schreiben. 1953 wurde *En attendant Godot* in Paris aufgeführt, sein erstes, vom französischen Existentialismus ebenso wie von Joyce beeinflusstes, aber dennoch in Ideen und Diktion ganz eigenständiges Stück. Es kam 1955 in einer englischen Fassung unter dem Titel *Waiting for Godot* in London auf die Bühne. Dieses Stück war in vieler Weise unkonventionell. Man schaut zwei Obdachlosen namens Vladimir und Estragon beim ergebnislosen Warten und beim kommunikationsfreien Reden zu. Sie warten auf eine Figur namens Godot – wer das sein mag, und warum sie auf ihn warten, bleibt offen. Die minimale Handlung scheint auf nichts hinauszulaufen; stattdessen drehen sich die Dinge im Kreis, ohne dass sich ihr Sinn enthüllt. Becketts Theater verzichtet auf Versuche, die Welt zu erklären, weil ihm die These zugrunde liegt, dass sie nicht erklärbar sei, und dass wir diese Unerklärlichkeit aushalten müssen. Er lotete diesen Ansatz weiter in Stücken wie *Endgame* (1958, zuerst auf Französisch unter dem Titel *Fin de partie*, 1957) und *Happy Days* (1961) aus. An Becketts Dramen lässt sich beispielhaft nachvollziehen, wie sich die der Moderne zugrundeliegenden Verunsicherungserfahrungen [→251] auf das Drama auswirkten. Sowohl die Figuren als auch das Publikum werden oft in einen Zustand der Orientierungslosigkeit versetzt. Dazu kommt die Unverlässlichkeit der Sprache. Immer wieder werden die Grenzen der Kommunikation aufgewiesen. Der britische, in Ungarn geborene Autor Martin Esslin prägte für diese Art des Theaters den Begriff des *theatre of the absurd.*

Beckett wurde in Irland mit großem Interesse rezipiert, was insofern erstaunlich ist, als Becketts Heimat bis in die 1950er ein wirtschaftlich rückständiges, extrem konservatives Agrarland geblieben war, was für die Entwicklung des irischen Dramas nicht förderlich war. Die großen Namen des irischen Theaters der ersten Jahrhunderthälfte waren immer noch Seán O'Casey (1880–1964) sowie Brendan Behan (1923–1964). O'Casey war mit *Juno and the Paycock* (1924) und *The Plough and the Stars* (1926) bekannt geworden, in denen er sich mit Themen im Umkreis des irischen Aufstands gegen die britische Herrschaft beschäftigte. Behan war wie O'Casey ein irischer Nationalist, er war Mitglied der IRA und wurde inhaftiert, nachdem er ein Sprengstoffattentat in England vorbereitet hatte. Er erlernte das irische Gälisch und schrieb Dramen sowohl auf Englisch als auch in dieser Sprache. In *The Hostage* wird eine bizarre Handlung rund um eine Geiselnahme durch die IRA entwickelt; das Stück wurde zuerst 1957 unter dem Titel *An Giall* auf Gälisch und dann 1958 auf Englisch aufgeführt. Ein Seitenblick auf diese Autoren zeigt, wie weit Beckett formal und inhaltlich von dem entfernt war, was damals auf den Bühnen Irlands gezeigt wurde. Der Einfluss Becketts findet sich besonders bei dem englischen Dramatiker Harold Pinter (1930–2008). In Dramen wie *The Birthday Party* (1957) und *The Lunatic View: A Comedy of Menace* (1958) verhalten sich die Charaktere auf vollkommen unvorhersehbare Weise und verstricken sich in absurd wirkende Situationen. Pinter wurde auch als Autor von Drehbüchern und Hörspielen bekannt.

1947 bot sich erstmals im Umkreis des *Edinburgh Festival,* einer großen Kulturveranstaltung, die Möglichkeit, experimentelle und innovative Dramen und sonstige Darbietungen aufzuführen. Um das Festival herum bildete sich etwas, das als *the Edinburgh Festival Fringe* bezeichnet wurde. Dieses anfangs zusätzliche Element, heute bekannt unter der Kurzbezeichnung *The Fringe,* hat sich mittlerweile zum größten Kultur- und Theaterfestival der Welt entwickelt. Insbesondere in den 1960ern bildete sich auch in anderen Städten Großbritanniens abseits der etablierten Schauspielhäuser eine wachsende *fringe theatre*-Szene. Junge Ensembles suchten sich unkonventionelle Spielorte abseits der bestehenden Theater, an denen sie ebenso unkonventionell arbeiten konnten. So ergaben sich vermehrt Möglichkeiten für junge Dramatiker (und eine zunehmende Zahl von Dramatikerinnen), ihre Stücke zur Aufführung zu bringen.

Ab den 1950ern machte eine Gruppe junger Autoren von sich reden, die in den Zeitungen bald als die *Angry Young Men* bezeichnet wurden. Zu diesen sind vor allem John Osborne (1929–1994) und Arnold Wesker zu zählen. Sie kamen nicht aus dem Establishment, sondern aus den *working classes.* Gemeinsam war ihnen ein Unbehagen an der Nachkriegsgesellschaft Großbritanniens, von der sie sich in mancher Hinsicht entfremdet fühlten. Wie so viele hatten sie auf eine bessere Zukunft nach dem Krieg, auf eine bessere, egalitärere Lebenswelt gehofft, und sahen sich jetzt in ihren Hoffnungen enttäuscht.

Das Jahr 1956 kann als ein Wendepunkt im britischen Drama der Nachkriegszeit betrachtet werden. In diesem Jahr gelang John Osborne der Durchbruch mit einem Stück, das den Titel *Look Back in Anger* (1956) trug, und es war wohl dieser Titel, von dem sich dann die Bezeichnung *Angry Young Men* ableitete. In *Look Back in Anger* zerfleischt sich ein junges Paar (er *working class,* sie aus einer *middle class*-Familie), das in ärmlichen Umständen in einer Provinzstadt lebt, nach und nach mit Worten. Das Stück stellt die Armut ihrer Behausung, aber auch ihre seelische Armut, ihre Unzufriedenheit, Frustration und Grausamkeit auf beklemmend eindrucksvolle Weise dar. Darüber hinaus brach Osborne Tabus, indem er grobes, aggressives Benehmen und eine dazu passende Sprache auf die Bühne brachte – zunächst, soweit das an den Zensurbestimmungen vorbei möglich war, und nach dem Ende der Zensur schließlich ohne äußere Einschränkungen. Die *Angry Young Men* stellten einem größtenteils privilegierten Theaterpublikum eine Lebenswelt vor Augen, die durch eine extreme Schäbigkeit gekennzeichnet war. Daher spricht man bei solchen Stücken auch vom *kitchen sink drama,* was schon begrifflich einen markanten Übergang vom *drawing room drama* bedeutet.

Osbornes Stücke wurden einem breiten Publikum bekannt, weil er nicht nur für die Bühne, sondern auch für das Fernsehen schrieb, das in der Nachkriegszeit immer weitere Bevölkerungskreise erreichte. Zum *kitchen sink drama* zählt man auch *A Taste of Honey* (1958) von Shelagh Delaney (1938–2011), ein Drama, in dem auf für die Zeit innovative Weise Klassenzugehörigkeit, Hautfarbe und Sexualität thematisiert wurden. Dieses Stück wurde durch den damals für die Bühnensozialisation vieler Schauspielerinnen und Schauspieler wichtigen *Theatre Workshop* produziert, der lange Zeit von der einflussreichen Dramaturgin Joan Littlewood (1914–2002) geleitet wurde. Dass sich in den späten 1950ern eine neue Richtung im britischen Theater etablierte, ist also nicht nur den *young men* zuzurechnen, sondern auch solchen Frauen aus dieser Generation.

Arnold Wesker (1932–2016), ein weiterer »junger Wilder« des britischen Nachkriegstheaters, stammte aus dem Milieu des jüdischen East End; seine Eltern waren Neuankömmlinge aus Osteuropa gewesen. Die Welt des East End finden wir in seinem ersten Stück, *Chicken Soup With Barley* (1958), und dort finden wir gleichfalls Charaktere, die für ihr politisches Ideal einer besseren Gesellschaft kämpfen. Dabei werden keine einfachen Rezepte zum Herbeiführen eines Idealzustands serviert; immer sind bei Wesker auch die Rückschläge im Blick, die die menschlichen Unzulänglichkeiten notwendigerweise mit sich bringen. Das englische Nachkriegstheater wurde durch Autoren wie Wesker zu einem Ort der politisch links orientierten Gesellschaftskritik und der politischen Agitation.

Dem weiteren Umfeld der *Angry Young Men* lässt sich gleichfalls John Arden (1930–2012) zuordnen. Er stammte selbst nicht aus dem Arbeitermilieu, nahm dieses aber in den Blick, beispielsweise in dem Stück *Live Like Pigs* (1958). Auch seine Dramen sind politisch; in seinem wohl bekanntesten Stück, *Serjeant Musgrave's Dance* (1959), werden koloniale Kriege, Desertion und Rachephantasien thematisiert.

Nicht überall finden wir die für das innovative Drama der 1950er charakteristische politische Agenda, die oft mit einem desillusionierenden Blick auf städtische Lebenswelten verbunden war. Der walisische Autor Dylan Thomas [→268] schrieb etwas, das er ein *radio drama* nannte, ein Hörspiel mit dem Titel *Under Milk Wood*, das 1954 von der BBC gesendet wurde. Die Lebensgeschichten von Bewohnern eines kleinen walisischen Hafenstädtchens – darunter die Schneiderin, der Witwer, der Pfarrer, der alte Kapitän – werden hier in einer Prosa entwickelt, die so überaus stark poetisch strukturiert ist, dass man beim Hören den Eindruck hat, in ein Klangkunstwerk einzutauchen. Dieser Eindruck wird durch eingestreute Lieder und Balladen noch weiter verstärkt. Thomas adaptierte *Under Milk Wood* auch für die Bühne, wobei sich die damit verbundenen Visualisierungen schwer tun, die außerordentliche Intensität der reinen Hörerfahrung zu überbieten.

Der gebürtige Tscheche Tom Stoppard (ursprünglich Tomáš Straussler, 1937–) kam als Kind nach England; seine Eltern waren mit ihm vor der drohenden deutschen Besetzung ihrer Heimat dorthin geflohen. Stoppard nahm Shakespeares [→64] *Hamlet* als Ausgangspunkt für sein Drama *Rosencrantz and Guildenstern are Dead* (1966). Rosencrantz und Guildenstern, die bei Shakespeare Nebenfiguren sind, stehen im Zentrum des neuen Stücks. Die Art, wie diese Figuren sich verhalten und sprechen, erinnert an Becketts *Waiting for Godot;* ihre Erfahrungen sind von Verunsicherung, Kontrollverlust und Absurdität geprägt. Stoppard gehört zu den Dramatikern, die nicht nur für die Bühne schreiben; er war an der Erstellung des Drehbuchs für den amerikanischen Film *Shakespeare in Love* (1998) beteiligt. Dieses Drehbuch sowie das genannte Drama weisen auf sein Interesse an Metadiskursen hin, also an Theater (bzw. Kino), in dem das Theater thematisiert wird.

Die gewollte Irritation des Publikums, deren Wurzeln in der klassischen Moderne liegen, ließ sich im Verlauf des 20. Jahrhunderts nur durch eine fortwährende Intensivierung aufrechterhalten. So folgte auf die inszenierte Sinnlosigkeit die inszenierte extreme Gewalt auf der Bühne sowie ein provokanter Umgang mit Sexualität. Dies geschah auf aufsehenerregende Weise in Dramen von Edward Bond (1934–), so beispielsweise *Saved* (1965) und *Early Morning* (1967). In *Early Morning* wurde das Publikum nicht nur mit einer lesbischen Königin Victoria, sondern auch mit Kannibalismus konfrontiert. Diese Stücke führten zu einer heftigen Auseinandersetzung mit der Zensurbehörde, und trugen dazu bei, eine öffentliche Debatte in Gang zu setzen, die letztlich zur Abschaffung der Zensur [→119] für Bühnenstücke im Jahre 1968 führte.

Damit hatte sich die Idee, das Theater habe das Recht, zu provozieren, durchgesetzt. Es hielten sich allerdings konservative Gegenstimmen zu dieser Position. Dies wurde im Zusammenhang mit dem Skandal um das 1980 aufgeführte Stück *The Romans in Britain* von Howard Brenton (1942-) deutlich. Die Aufregung über dieses Drama wurde nicht durch seinen politischen Subtext ausgelöst, durch die Art, wie die römischen Invasionstruppen dem britischen Militär in Nordirland ähnelten, sondern durch eine homosexuelle Vergewaltigungsszene.

Peter Shaffer (1926-2016) gehörte zu den Dramatikern, die eng mit dem National Theatre [→256] assoziiert waren, einem 1963 gegründeten, aus öffentlichen Geldern finanzierten Schauspielhaus in London. In seinem Stück *Equus* wird das Psychogramm eines jungen Mannes konstruiert, dessen Leben von einer eigenartigen, religiös und erotisch eingefärbten Pferdeobsession geprägt ist, die schließlich in einem Ausbruch von Gewalt mündet. Ein weiterer seiner großen Erfolge war *Amadeus* (1979). Sowohl *Equus* als auch *Amadeus* wurden einem breiten internationalen Publikum nicht durch Aufführungen, sondern durch Verfilmungen bekannt.

Alan Ayckbourn (1939-) nimmt sich in zahlreichen Stücken immer wieder die Welt der bürgerlichen Mittelschichten vor. Er kombiniert dabei eine komödiantische Komik, die zu lautem Lachen reizen kann, mit einem scharfen, entlarvenden Blick auf die emotionalen Abgründe des Alltags in Paarbeziehungen, so beispielsweise in der Trilogie *The Norman Conquests* (1973) und *Bedroom Farce* (1975). 1982-1983 schrieb er *Intimate Exchanges*, ein Stück, das sich, je nachdem, welche Entscheidungen die Figuren fällen, in ganz verschiedene Richtungen entwickelt. Es hat nicht ein Ende, sondern sechzehn verschiedene, zu denen verschiedene Varianten der Handlung führen. Hier wirkte sich die postmoderne Idee der Literatur als eines Systems aus, das Strukturen spielerisch aus sich selbst heraus generiert. Die Autorität des Autors tritt in diesem Fall allerdings nur scheinbar zurück; der Text ist nicht wirklich ein in seinem Ausgang offener Versuch, sondern lediglich die ingeniöse, von Ayckbourn genauestens vorstrukturierte Simulation eines solchen Versuchs.

Mit der sich intensivierenden Entwicklung und Verbreitung feministischer Positionen ab den späten 1960ern kamen neue Themen und neue Verfahren im Bereich der Aufführungspraxis auf die Bühne. Caryl Churchill (1938–) experimentierte in *Cloud Nine* (1979) mit einer verfremdenden Besetzung: Alle weiblichen Rollen wurden von Männern, alle männlichen Rollen von Frauen gespielt, eine Besetzungsstrategie, die traditionelle Vorstellungen von den Geschlechterrollen unterläuft und so zum Nachdenken über diese anregt. Churchill machte die Bühnenkunst als Kunst (und damit als künstlich) erkennbar, indem sie in *Serious Money* (1987) ihre Figuren nicht in Prosa, sondern in Versen sprechen ließ. Dass dies ausgerechnet in einem Stück geschah, das sich mit den Exzessen der Finanzspekulation während der Regierungszeit Margaret Thatchers beschäftigte, zeigt, wie sich die damals gegenwärtige Welt effektvoll durch einen einfachen formalen Kunstgriff verfremden ließ. Wie sich die Dominanz neoliberalen Denkens zur Thatcher-Zeit auf die Konstruktion weiblichen Rollenverhaltens und Vorstellungen von erfolgreichen Frauen auswirkte, lotete Churchill in *Top Girls* (1982) aus. In den 1980ern und 1990ern wurden mehr und mehr Autorinnen im Bereich des englischen Dramas aktiv, darunter Pam Gems (1925–2011), die in den USA geborene Timberlake Wertenbaker (1951–), Louise Page (1955–) und Sarah Daniels (1956–). Bemerkenswert sind Wertenbakers Rückgriffe sowohl auf die antike Mythologie als auch auf die ältere englische Literaturgeschichte. In *The Love of the Nightingale* (1998) bezieht sie sich auf die von sexualisierter Gewalt charakterisierte Geschichte von Philomele und Tereus, die bei Ovid überliefert ist; in *Our Country's Good* (1988) rekurriert sie auf eine Komödie aus Zeit der *Restoration* [→81]. Die Auseinandersetzung mit älteren, meist kanonischen Texten der englischen Literatur finden wir auch bei April de Angelis (ca. 1960–).

Die Jahre der konservativen Regierungen ab Thatcher und das darauf folgende Einschwenken der Labour-Partei auf einen marktliberalen Kurs führte zu einer Desillusionierung im englischen Drama. Die Hoffnung auf die Verbesserbarkeit der Gesellschaft im Sinne einer nach links ausgerichteten politischen Agenda und das Vertrauen auf die Wirksamkeit des Theaters als Mittel der politischen Agitation wurden erschüttert.

In den 1990ern gab es eine Tendenz, das Provokationspotential von Bühnenstücken zu erhöhen, indem man den auf der Bühne auftretenden Charakteren immer drastischere Worte in den Mund legte. Dabei handelte es sich um eine weitere Eskalationsstufe in der Geschichte der fortschreitenden Tabubrüche, die sich im Verlauf des 20. Jahrhunderts beobachten lässt. Solche Stücke wurden unter dem Begriff *in-yer-face theatre* gefasst. Einer der einschlägigen Titel spricht für sich, nämlich *Shopping and Fucking* (1996) von Mark Ravenhill (1966–). Hier handelt es sich um eine Spätfolge der Trendwende, die die klassische Moderne des frühen 20. Jahrhunderts mit sich brachte: Kunst soll Irritationen setzen und dadurch eine gesellschaftskritische Funktion erfüllen – im Falle von *Shopping and Fucking* wird beleuchtet, wie die Konsumgesellschaft die Psyche der Menschen deformiert. Noch vor Ravenhill hatte Sarah Kane (1971–1999) begonnen, Stücke zu verfassen, die voll von verstörenden Gewaltszenen waren, darunter *Blasted* (1995). In diesem Zusammenhang ist gleichfalls der schottische Autor Anthony Neilson (1967–) zu nennen. Unter seinen Dramen ist aus deutscher Perspektive besonders *Normal: The Düsseldorf Ripper* (1991) interessant; hier setzte er sich mit einem deutschen Massenmörder der 1920er auseinander.

Zu den Themen, die gegen Ende des Jahrhunderts verstärkt Interesse fanden, gehörten die Naturwissenschaften, die Geschichte dieses Jahrhunderts – insbesondere der Nationalsozialismus und der Zerfall des Ostblocks – sowie Migration und Identität. So setzte sich Stoppard in *Arcadia* (1993) mit Zusammenhängen zwischen Vergangenheit und Gegenwart im Kontext der Chaostheorie auseinander. Von David Hare gibt es eine Reihe von Stücken, die im postkommunistischen Osteuropa spielen. Michael Frayn (1933–) thematisierte in *Copenhagen* (1998) ein Treffen im Jahre 1941 zwischen den Physikern Niels Bohr und Werner Heisenberg, der damals im Dienst des nationalsozialistischen Regimes die Atomkraft (und damit die Machbarkeit einer Atombombe) erforschte. Ronald Harwood (1934–) verfasste eine Reihe von Stücken über den Nationalsozialismus, den Zweiten Weltkrieg und die darauf folgende Denazifizierung in Deutschland (*Operation Daybreak*, 1975; *Collaboration*, 2008, sowie den international erfolgreichen Film *The Pianist*, 2002). 2003 lenkte Frayn mit *Democracy* das Interesse des britischen Publikums auf die jüngere deutsche Vergangenheit; in diesem Stück ging es um die Guillaume-Affäre, durch die Willy Brandts Kanzlerschaft ein Ende fand. Stephen Poliakoff (1952-) wandte sich von der Bühne zunehmend dem Film und dem Fernsehen zu, und schreibt insbesondere Drehbücher für Serien. Dabei ist die auf Quellenmaterial wie Bildern oder Tonaufnahmen basierende Erinnerung an die Vergangenheit des 20. Jahrhunderts ein wichtiges Motiv, so in der Serie *Shooting the Past* (1999) oder dem Film *Glorious 39* (2009). Diane Samuels (1960-), die ebenso wie Harwood und Poliakoff jüdischer Herkunft ist, erinnerte in ihrem Bühnenstück *Kindertransport* (1993) an die Rettung ganzer Zugladungen jüdischer Kinder im Jahre 1938 [→255].

Das irische Drama ab der zweiten Hälfte des 20. Jahrhunderts wurde stark von zwei einschneidenden politischen Entwicklungen beeinflusst. Dabei handelt es sich erstens um den bürgerkriegsartigen Nordirlandkonflikt ab 1969 und den Beitritt der Republik Irland zur heutigen EU im Jahre 1973. Besonders durch die wirtschaftliche Transformation der Republik Irland wurde ein Modernisierungsschub ausgelöst, der sich auch auf das Denken erstreckte. So wurde 1968 erstmals auf einer irischen Bühne über Homosexualität gesprochen, nämlich in *Death and the Resurrection of Mr. Roche* von Thomas Kilroy (1934-). Ein wichtiger irischer Dramatiker war ab den 1960ern Brian Friel (1929-2015). Er schuf eine ganze Reihe von Stücken, die alle in einer erfundenen irischen Kleinstadt namens Ballybeg spielen. Dazu gehören *Philadelphia, Here I Come!* (1964), an dessen Titel man bereits sieht, dass in ihm das alte irische Thema der Auswanderung aufgegriffen wird, und *Dancing at Lughnasa* (1990). Friel versuchte, einen Beitrag zur Überwindung der religiös-politischen Konflikte in Irland zu leisten, indem er 1980 in der nordirischen Stadt, die auf der Landkarte Londonderry heißt, die von antibritisch eingestellten Iren aber demonstrativ Derry genannt wird, ein gemischtkonfessionelles Theaterensemble namens Field Day Theatre Company gründete. Für dieses Ensemble schrieb er *Translations* (1980), ein im 19. Jahrhundert spielendes Stück, in dem englische Landvermesser an der Kartierung Irlands arbeiten, wobei die gälischen Ortsnamen ins Englische übersetzt werden.

Unter den vielen Namen der heutigen irischen Theaterszene

sei hier auf Dermot Bolger (1959–), Martin McDonagh (1970–) und Marina Carr (1964–) hingewiesen. Bolger, der auch als Autor von Romanen bekannt ist, betrachtete in *In High Germany* (1990) Identität und Gefühlswelten irischer Fußballfans, die als Arbeitsmigranten in Deutschland leben. Der in London geborene McDonagh, der sich als irischer Autor versteht, zeigt, dass solche Zuordnungen nicht unbedingt am Geburtsort hängen müssen, und dass man *London Irish* sein kann, wenn man in eine Familie mit irischen Wurzeln geboren wurde. Er schrieb eine Trilogie von Stücken, die auf den Aran-Inseln unmittelbar vor der Westküste Irlands spielen, darunter *The Cripple of Inishmaan* (1996). Seine späteren Dramen beleuchten nicht nur die irische Welt, sondern spielen in den USA (*A Beheading in Spokane*, 2010) oder im Haus Hans Christian Andersens in Kopenhagen (*A Very Very Very Dark Matter*, 2018). Marina Carrs Stücke zeichnen sich durch einen breiten Ideenhorizont und intertextuelle Bezüge aus; in *By the Bog of Cats* (1998) nimmt sie beispielsweise einen Stoff aus der altgriechischen Mythologie auf.

Das schottische Theater des späten 20. und frühen 21. Jahrhunderts ist meist durch eine latente Politisierung gekennzeichnet. Bedingt durch die Wiedereinsetzung eines schottischen Parlaments 1999 und durch starke Unabhängigkeitsbestrebungen ist die Frage nach dem, was Schottland und schottische Identität ausmacht, ein Thema, dem sich kaum ausweichen lässt, selbst wenn man es nicht in den Mittelpunkt eines Dramas stellt. In *Mary Queen of Scots Got Her Head Chopped Off* (1987) kombinierte Liz Lochhead [→274] den Blick auf die schottische Geschichte mit dem auf die Geschlechterrollen. Besonders produktive schottische Dramatiker der neueren Zeit sind David Harrower (1966–), David Greig (1969–) und Gregory Burke (1968–). In Harrowers Werk spielen Bezüge zum Kontinent eine wichtige Rolle – er schrieb ein Stück über die Zeit der Beatles in Hamburg (*Presence*, 2001) und adaptierte Büchner und Schiller für die Bühne und als Hörspiel; sein Drama *Blackbird* (2005) wurde in Edinburgh von dem bekannten deutschen Regisseur Peter Stein inszeniert. Eine solche Orientierung nach Europa ist in Schottland durchaus politisch, nämlich insofern, als sich ein großer Teil der schottischen Bevölkerung eine europäische statt einer britischen Zukunft für ihr Land wünscht. Bei Greig tauchen häufig auf markante Weise schottische Stoffe auf. Mit *Dunsinane* (2010) schrieb er eine Fortsetzung von Shakespeares *Macbeth,* und 2015 adaptierte er Alasdair Grays Roman *Lanark* [→315] für die Bühne. Burkes *Gagarin Way* (2001) reflektiert den Wandel politischen Denkens und fragt nach der Legitimität politisch motivierter Gewalt. *Black Watch* (2006), ein Stück, das Burke über ein schottisches Regiment und dessen Einsatz im Irak-Krieg im Jahre 2004 schrieb, besteht zu großen Teilen aus Interviews mit Soldaten dieser Einheit, die mit Musik und viel choreographierter Bewegung kombiniert wurden. Diese Art des Theaters, die dokumentarisches Material zu ihrer Textbasis macht, wird als *verbatim theatre* bezeichnet. Wir finden sie auch bei den englischen Autoren David Hare (1947-) und Richard Norton-Taylor (1944-). Beide setzten sich gleichfalls mit der Genese und den Auswirkungen zeitgenössischer Kriege auseinander, Hare in *Stuff Happens* (2004), Norton-Taylor in *Justifying War: Scenes from the Hutton Inquiry* (2003) und *Called to Account* (2007).

Dramatikerinnen und Dramatiker, die selbst oder deren Vorfahren aus den ehemaligen britischen Kolonien stammen, wurden ab den 1980ern sichtbar. Stoffe, die mit der Erfahrung der Migration oder deren Spätfolgen über Generationen hinweg handeln, begannen auf der Bühne, aber auch im Kino und im Fernsehen zu erscheinen. 1985 wurde *My Beautiful Laundrette* uraufgeführt, ein Stück des britisch-pakistanischen Autors Hanif Kureishi (1954-, →313), das in der Gestalt der Hauptfigur die Erfahrungen von kultureller Hybridität und Homosexualität kombinierte. Ayub Khan Din (1961-) schrieb *East Is East,* ein Stück, das im pakistanischen Einwanderermilieu Manchesters in den 1970ern spielt. Es wurde von der 1989 gegründeten Tamasha Theatre Company in Birmingham aufgeführt. Tamasha bedeutet auf Hindi in etwa soviel wie »Bühnenspektakel«. Ziel dieses bis heute bestehenden Ensembles ist es, das *British Asian*-Element im Theater Großbritanniens zu stärken, wobei *Asian* hier vor allem auf kulturelle Wurzeln im indischen Subkontinent verweist. *East Is East* wurde 1996 verfilmt und erreichte dadurch ein breites Publikum. Winsome Pinnock (1961-), deren Eltern aus Jamaika eingewandert waren, setzt sich insbesondere mit weiblicher Identität in postkolonialen Zusammenhängen auseinander. Sie war die erste farbige Dramatikerin, von der ein Stück am National Theatre (*Leave Taking*, 1988) aufgeführt wurde. In *Tituba* (2017) beschäftigte sie sich mit der Rolle, die eine Sklavin in den berüchtigten Salem Witchcraft Trials im Nordamerika des 17. Jahrhunderts spielte. Tanika Gupta (1963-), deren Wurzeln im indischen Subkontinent liegen, schreibt seit 1989 für die Bühne, aber auch für das Fernsehen; sie lieferte das Buch für mehrere Episoden der Kultserie *East Enders*. In ihren Stücken geht es um Migration und postkoloniale (insbesondere weibliche) Identitäten. Sie erweitert dabei dieses thematische Feld auf originelle Weise, indem sie beispielsweise in *Sugar Mummies* (2006) den Sextourismus weißer Frauen in die Karibik aufgriff. In *Gladiator Games* (2005), einem Stück, das dem *verbatim theatre* zuzuordnen ist, arbeitete sie mit dokumentarischen Texten über einen rassistisch motivierten Mord in einem britischen Gefängnis. Unter den *black British dramatists* sind derzeit Roy Williams (1968-), debbie tucker green (Geburtsjahr nicht öffentlich bekannt, Name immer klein geschrieben) und Kwame Kwei-Armah (1967-) besonders aktiv. Letzterer kam als Ian Roberts in London zur Welt und änderte seinen Namen, nachdem er seine Familiengeschichte erforscht hatte, die zugleich eine Geschichte der Versklavung war. Hier lebt die selbstemanzipatorische Praxis der Rückkehr zu einem afrikanischen Namen weiter, die wir bereits im 18. Jahrhundert bei Olaudah Equiano [→188] kennengelernt haben.

Prosa

Innovation, Konvention, Dystopie und Fantasy

In der Zwischenkriegszeit erschienen Prosatexte, denen neue, experimentelle Schreibverfahren zugrunde lagen. Diese waren zunächst bestaunte und beargwöhnte Ausnahmephänomene. Insofern waren die 1920er nicht die Blütezeit, sondern eigentlich noch ein Beginn dessen, was in der Rückschau oft als die klassische Moderne bezeichnet wird. Damals entstanden einige Romane, die durch ihre ungewöhnliche Beschaffenheit einen solchen Reiz ausübten, dass sie nicht nur irritierten, sondern auch faszinierten und schließlich als Modelle eines neuen Schreibens betrachtet wurden.

Von besonderer Bedeutung waren dabei Texte von James Joyce (1882–1941). Joyce war ein katholischer Ire. Er litt unter dem geistigen Milieu seiner Heimatstadt Dublin, das ihm auf quälende Weise engstirnig erschien. Daher zog es ihn auf den Kontinent – nach Paris, nach Triest, wo er als Sprachlehrer arbeitete, dann wieder nach Paris und, nach der deutschen Besetzung der französischen Hauptstadt, 1940 nach Zürich. Obwohl Joyce die physische Distanz zu seiner Heimat suchte, kreiste sein Schreiben doch thematisch um Irland und insbesondere um Dublin. 1914 veröffentlichte er einen Band Kurzgeschichten mit dem Titel *Dubliners*. *Ulysses*, der erste seiner zwei monumentalen Romane, wurde zunächst abschnittsweise in der *Little Review* gedruckt, einer in Paris erscheinenden englischsprachigen Zeitschrift, die sich als ein Organ der literarischen Avantgarde verstand. 1922 erschien, gleichfalls in Paris, die erste Buchausgabe. Es bot sich an, auf Frankreich auszuweichen, weil der Veröffentlichung in Großbritannien oder den USA ein Hindernis im Weg stand. Dort wurde der Roman nämlich als pornographisch eingestuft. Exemplare des Buches, die nach New York geschickt wurden, fing dort die Post ab; sie wurden als unsittliche Schmuggelware verbrannt. Ähnliches passierte in England, wo die Bücher zwar nicht verbrannt, wohl aber vom Zoll konfisziert wurden. Erst, nachdem sich ein amerikanisches Gericht 1933 zu der Entscheidung durchgerungen hatte, dass es sich bei *Ulysses* nicht um Pornographie, sondern um Literatur handle, konnte der Roman sowohl in Amerika als auch in England gedruckt werden.

Was war so provokant an diesem Buch? *Ulysses* spielt an einem Tag (genauer: dem 16. Juni 1904) in Dublin. Liest man den Roman, so taucht man in die Lebens- und Gedankenwelt von Figuren wie Leopold Bloom, einem irisch-jüdischen Dubliner, seiner Frau Molly und Stephen Dedalus, einem jungen Intellektuellen, ein. Der Roman ist tief in der europäischen Literaturgeschichte verwurzelt; sein Titel (Ulysses = Odysseus) verweist auf Homers *Odyssee,* und die einzelnen Kapitel des Buches, das von epischer Länge ist, greifen Motive aus Homers Epos auf. Überdies werden zahllose Verweise auf andere Texte eingestreut, die dazu herausfordern, sie zu erkennen und zu dekodieren – von kanonischer Literatur der Renaissance bis zum Kitsch des frühen 20. Jahrhunderts. Zugleich wird auf eine experimentelle, innovative Art erzählt. Von Kapitel zu Kapitel wechselt der Stil. Häufig verwendet Joyce die durch die Psychoanalyse angeregte *stream of consciousness*-Technik; es wird also der Gedankenfluss der Figuren imaginiert. Beim Lesen muss man daher häufig Assoziationsketten und Gedankensprüngen folgen. Diese reichen vom Alltag in Dublin des frühen 20. Jahrhunderts über gelehrte Anspielungen aller Art bis zu erotischen Tagträumen. Das Buch verunsicherte nicht nur die Zöllner. Hier tauchte ein viele hundert Seiten starker Text auf, der sich ganz anders verhielt als andere Texte, der auf unerhörte Weise nicht nur von den Normen bürgerlicher Moral, sondern auch von etablierten Normen des Erzählens abwich. Das letzte Kapitel von *Ulysses* besteht aus einem großartigen, aber zugleich auch formal und inhaltlich provokativen inneren Monolog einer Figur. Die Sätze sind endlos, sie ziehen sich oft über viele Seiten; die Syntax löst sich auf und gehorcht nur noch dem Gesetz der freien Assoziation. Der letzte Satz reißt uns ohne Punkt und Komma über gut 19 Seiten mit; er jongliert mit immer stärker erotisierten Gedankenverbindungen, die in einem orgasmischen Höhepunkt enden.

Ulysses spielt am 16. Juni 1904, und der 16. Juni wird daher heute in Irland, aber auch in vielen anderen Ländern als ein literarischer Feiertag begangen. Man feiert ihn als *Bloomsday,* als den Tag, an dem Leopold Bloom zu seiner Odyssee durch Dublin aufbrach. Es lohnt sich, auch in Deutschland Anfang Juni einen Blick auf Veranstaltungsankündigungen zu werfen – wenn es etwas zum *Bloomsday* gibt, kann es sich sehr lohnen, hinzugehen!

Der zweite große Roman von Joyce, *Finnegan's Wake,* erschien 1939, und er wirkt in vieler Hinsicht noch enigmatischer als *Ulysses. Finnegan's Wake* führt uns erneut nach Dublin, und wieder wird die Leserschaft mit langen, überaus komplexen und anspielungsreichen *stream of consciousness*-Sequenzen konfrontiert. Die Tatsache, dass es kaum möglich ist, die Handlung dieses Romans kurz zusammenzufassen, macht deutlich, wie sehr sich Joyce von konventionellen Handlungs- und Erzählkonzepten gelöst hatte. *Finnegan's Wake* gehört noch viel mehr als *Ulysses* zu den großen Texten der englischsprachigen Literatur, über die man bewundernd spricht, die aber selten gelesen werden. Das ist ein Jammer; sucht man ein ganz außerordentliches Lektüre-Abenteuer, einen Text, der immer wieder verblüffen wird und der von der ersten Zeile schon durch seine Klanggestalt berauscht, so sei hier *Finnegan's Wake* empfohlen!

Von zentraler Bedeutung für die klassische Moderne war auch Virginia Woolf (1882–1941). Im Gegensatz zu Joyce stammte sie aus dem gebildeten Oberschichtmilieu Londons. Virginia Woolf gehörte der sogenannten *Bloomsbury Group* an, einem avantgardistisch-intellektuellen Kreis von Menschen, die im frühen 20. Jahrhundert im Londoner Stadtteil Bloomsbury lebten. Bloomsbury war und ist das Universitätsviertel; an dessen Rand steht das British Museum, wo sich damals die British Library, die weltweit wichtigste Bibliothek für englischsprachige Texte befand. Die *Bloomsbury Group* war ein intellektuelles, aber teilweise auch ein erotisches Netzwerk; man debattierte, dachte, schrieb und liebte auf unkonventionelle Weise. Zu dieser lockeren Gruppe gehörten neben Virginia Woolf auch ihre ältere Schwester, die Malerin und Innenarchitektin Vanessa Bell, John Maynard Keynes, der einer der berühmtesten Wirtschaftswissenschaftler seiner Zeit war, und der Biograph Lytton Strachey. Unternimmt man heute einen Spaziergang durch diesen Stadtteil Londons und achtet auf die blauen, runden Plaketten, die an berühmte Bewohnerinnen oder Bewohner von Gebäuden erinnern, so finden sich oft auf Schritt und Tritt Hinweise auf diese Gruppe.

Ein Literaten- und Künstlerpub. Mitglieder der *Bloomsbury Group* besuchten oft die Fitzroy Tavern, die sich in einem an Bloomsbury angrenzenden Stadtviertel namens Fitzrovia befindet (16 Charlotte Street; London W1T 2LY). Dieser Pub blieb bis in die 1950er ein Treffpunkt von Intellektuellen und allerlei Menschen mit unkonventionellen Lebensentwürfen. Hier tranken später auch Dylan Thomas [→268] und George Orwell [→304]. Das alte Erscheinungsbild der Innenräume wurde mit großem

> Aufwand wiederhergestellt, und an den Wänden hängen zahlreiche Porträts der berühmten Stammgäste früherer Zeiten. Die Fitzroy Tavern gehört zu den informellen Erinnerungsorten der englischen Literatur und Kultur von den 1920er Jahren bis zur Jahrhundertmitte.

Virginia Woolf schrieb zunächst für das *Times Literary Supplement* [→330], eine damals wie heute wichtige Literaturzeitschrift. Sie verfasste eine Reihe von Romanen, von denen die ersten noch weitgehend realistisch-konventionell blieben (*The Voyage Out*, 1915; *Night and Day*, 1919). Woolf litt phasenweise an psychischen Krisen; als eine Art selbstgewählte Arbeitstherapie gründete sie gemeinsam mit ihrem Mann einen Verlag namens Hogarth Press, den sie zunächst von ihrer Wohnung aus betrieben. Sie veröffentlichten vor allem Neues, oft auch experimentelle Texte (darunter Gedichte von T. S. Eliot →263), sowie Übersetzungen fremdsprachiger Literatur. Woolf schrieb weitere Romane, in denen sich eine Wahrnehmung der Welt findet, die man als impressionistisch bezeichnen kann. Dies wurde in *Jacob's Room* (1922) deutlich, einem Buch, das das Kriegsgeschehen des Ersten Weltkriegs thematisierte. Ähnlich wie in der bildenden Kunst wurde dabei die Unschärfe des Erzählens, das assoziative, multiperspektivische Springen zwischen Sinneseindrücken und Gedanken zum Gestaltungsprinzip. Wie bei Joyce finden wir hier ein von der Psychoanalyse beeinflusstes Erzählen im *stream of consciousness*-Modus. Auch Woolfs weitere Romane, *Mrs Dalloway* (1925), *To the Lighthouse* (1927), *Orlando* (1928) und *The Waves* (1931) waren von großer innovativer Kraft und werden heute zum Kernkanon der klassischen Moderne gerechnet. In einem Essay mit dem Titel *A Room of One's Own* (1929) entwickelte Woolf die Umrisse eines feministischen Ansatzes in der Literaturgeschichte – lange, bevor sich ab den 1970ern eine feministisch orientierte Forschung zu diesem Thema auf breiter Basis zu etablieren begann. Hier findet sich das Konzept eines weiblichen Kanons sowie die Kritik an rigiden Geschlechterkategorien. Am Beispiel einer hypothetischen Schwester Shakespeares macht sie deutlich, welche Hindernisse weiblichem Schreiben in der Vergangenheit entgegenstanden;

die erdachte Schwester Shakespeares weiß am Ende keinen anderen Ausweg als den Selbstmord. Auch Virginia Woolf nahm sich das Leben; vor der Veröffentlichung ihres letzten Werkes, *Between the Acts* (1941), ertränkte sie sich.

Die Romane von Joyce und Woolf sind Beispiele für ein avantgardistisches Schreiben, das neue Impulse setzte. Die weitaus meisten Autoren (und die zunehmende Anzahl von Autorinnen) der Zeit schrieben auf eine weniger überraschende Weise. Dennoch finden sich auch abseits der Kern-Avantgarde sowohl Themen, die mit einer sich intellektuell und politisch rapide wandelnden Welt zusammenhängen, als auch innovative Ansätze im Schreiben. Der eigentlich konservativ ausgerichtete Journalist und Reiseschriftsteller H. V. Morton (1892–1979) verfasste höchst erfolgreiche Texte über London, die in der seit dem frühen 18. Jahrhundert bestehenden Tradition des englischen Großstadt-Essays stehen. Diese erschienen in Sammelbänden wie *The Heart of London* (1925) und *The Spell of London* (1926). Morton arbeitete in diesen Texten mit interessanten Verfremdungseffekten; so beschrieb er London immer wieder als eine orientalische Stadt.

Die ehemals engen deutsch-englischen Beziehungen und deren Zerfall im 20. Jahrhundert lassen sich am Beispiel von Robert von Ranke Graves (1895–1985) verfolgen. Er kam in England als Sohn einer deutschen Mutter auf die Welt. Da diese aus einer angesehenen Familie stammte (nämlich aus der des berühmten Historikers Leopold von Ranke), wurde, wie in den oberen Schichten der britischen Gesellschaft üblich, der Name der Mutter in der nächsten Generation als *middle name* weitergeführt. Als der Erste Weltkrieg ausbrach, meldete sich der junge Mann freiwillig zum Militärdienst. In seiner Autobiographie *Goodbye To All That* (1929) beschrieb er schonungslos den Alltag des Grabenkriegs in Frankreich. Er ließ seinen deutschen Namensbestandteil fallen und veröffentlichte nicht nur diesen Text, sondern auch Gedichtbände und Romane als Robert Graves. Bekannt sind immer noch seine historischen Romane *I, Claudius* (1934) und die Fortsetzung *Claudius The God* (1934).

Ein weiterer englischer Autor mit deutschen Wurzeln, der seinen deutsch klingenden Namen nach dem Ersten Weltkrieg änderte, war Ford Madox Ford (1873–1939, geboren als Ford Hermann

Hueffer). Sein Großvater auf der englischen Seite war Ford Madox Brown, einer der Präraffaeliten [→219], und so kam es, dass er von klein auf mit diesem künstlerisch-literarischen Milieu des späten 19. Jahrhunderts vertraut war. Aus Fords umfangreichem Werk ragen die Romane *The Good Soldier* (1915) und *Parade's End* (in vier Teilen 1924-1928 veröffentlicht) heraus. In *Parade's End* treffen ein altes und ein modernes England aufeinander – es gibt Konservative und Suffragetten, es gibt solche, die in ihrer Sexualmoral zur Zurückhaltung neigen, und andere, die sich sofort und rückhaltlos in Affären stürzen. Ford wandte avantgardistische literarische Techniken wie Assoziationsketten, *stream of consciousness* und impressionistische Erzähleffekte mit einem hohen Grad von Virtuosität an.

Internationale Verflechtungen der englischen Literatur lassen sich im Zusammenhang mit der in Neuseeland geborenen Katherine Mansfield (1888-1923) beobachten, die zum Studium nach London ging und später Teile ihres kurzen Lebens auf dem Kontinent verbrachte. Ihre erste Sammlung von Kurzgeschichten mit dem Titel *In a German Pension* erschien 1911. Weitere Kurzgeschichten folgten in den Bänden *Bliss, and Other Stories* (1920) und *The Garden Party, and Other Stories* (1922). In ihrem Erzählen entwickelte sie Impulse weiter, die sie aus den russischen Dramen und Kurzgeschichten Anton Pavlovich Tschechovs (1860-1904) empfing.

Zum Bekanntenkreis Mansfields gehörten Virginia Woolf, die diese immer stärker als Konkurrenz wahrnahm, sowie D. H. Lawrence (1885-1930). Lawrence galt lange Zeit als eine Skandalfigur. Zur Zeit des Ersten Weltkriegs nahm man Anstoß daran, dass er eine deutsche Frau hatte – dass es sich um eine geborene von Richthofen handelte, machte die Sache nicht einfacher, gab es doch in der deutschen Luftwaffe den gefürchteten Freiherrn von Richthofen, in Großbritannien bekannt als *The Red Baron*. Noch schwerer wog, dass sich Lawrence wenig um die bürgerliche Moral seiner Zeit scherte und sehr offen über Sexualität schrieb. Sein Roman *Women in Love* erschien 1920 in New York. *Lady Chatterley's Lover* galt lange Zeit als zu obszön, als dass er in Großbritannien oder den USA hätte erscheinen können. Obwohl es in Großbritannien (abgesehen vom Drama, →278) keine Zensur mehr gab, war es möglich, gegen die Veröffentlichung eines Textes mit der Begründung zu klagen, er verletze die öffentliche Moral, und genau das geschah in diesem Fall. *Lady Chatterley's Lover* konnte daher erst einmal nur in Italien (1928) erscheinen. 30 Jahre später, nach dem Scheitern der Prozesse gegen die Veröffentlichung, wurde das Buch auch in Großbritannien gedruckt.

Es lohnt sich, einen Seitenblick auf die Kinderliteratur der 1920er zu werfen. Hier gibt es A. A. Milne (1882–1956) zu entdecken. Dieser war eigentlich bereits ein erfolgreicher Autor von Bühnenstücken, als er 1926 *Winnie-the-Pooh* veröffentlichte. Dieses Büchlein hatte seinen Ursprung in Geschichten, die er für seinen kleinen Sohn erfunden hatte. Die Abenteuer eines Stofftiers namens Pooh der Bär und seiner Freunde, zu denen Piglet das Ferkel und Tigger der Tiger gehören, wurden zu einem großen Publikumserfolg, und ebenso beliebt war ein zweiter Band mit dem Titel *The House at Pooh Corner* (1928). In unserer Zeit sind die Geschichten um Winnie the Pooh ein nahezu weltweit bekannter Klassiker der Kinderliteratur, während Milnes Dramen weitestgehend vergessen sind. Pooh ging es allerdings so wie den Figuren aus Kiplings *Jungle Book* [→248]; heute lernt man ihn häufig in der weichgespült-vereinfachten Version von Disney-Zeichentrickfilmen kennen. Es lohnt sich, das Original in Milnes Büchern zu entdecken. Was auf den ersten Blick nach einfacher Kost für Kinder aussieht, enthält großartigen Wortwitz und ungeahnte Komplexitäten. Wenn Pooh und Piglet durch den Schnee laufen und dabei ein Liedchen singen, so ist dieses Liedchen auf unaufdringliche Weise dermaßen kunstvoll strukturiert, dass man es ohne weiteres als Beispiel in einer Vorlesung über raffinierte Gestaltungsformen in der englischen Dichtung heranziehen kann.

Ein wichtiges Thema in der Welt von Winnie the Pooh sind die Rätselhaftigkeit und der Assoziationsüberfluss der Sprache. Das fängt schon mit seiner Benennung an, denn der männliche Bär hört auf einen weiblichen Namen; *Winnie* ist eine Abkürzung von »Winifred«. Sein Freund Piglet scheitert immer wieder an der unendlichen Aufgabe des Dekodierens der Wörter und ist dann auf Poohs Erklärungen angewiesen, die dann wiederum den Blick auf neue Rätselhaftigkeiten eröffnen. Winnie the Pooh und Piglet sind sprechende Stofftiere ihrer Zeit; sie wurden sozusagen in den kulturellen Kontext der klassischen Moderne hineingeboren. Daher müssen sie sich – ein ganz klein wenig wie die Figuren in *Mrs Dalloway* oder *Ulysses* – in einer Welt zurechtfinden, in der Sprache ihre enigmatische Faszination entfaltet und in der jedes Wort in ein Labyrinth von Gedankenverbindungen führen kann. Zum Kontext der literarischen Moderne kommt bei *Winnie the Pooh* die Tradition der englischen Nonsense-Literatur [→221], die Modelle des spielerisch-assoziativen Schreibens bereitstellte. Und auch dies hat Milnes Kinderbuch mit den modernistischen Erwachsenenbüchern von Woolf, Joyce etc. gemeinsam.

Viele erfolgreiche Bücher der Zeit, die für Erwachsene geschrieben waren, waren deutlich einfacher gestrickt als Milnes Kinderbücher. P. G. Wodehouse (1881–1975) hatte das Talent, sein Publikum zum Lachen zu bringen. Er schrieb eine große Zahl humorvoller Texte; insbesondere eine Serie von Büchern um den altmodischen Diener Jeeves, der sich um einen jungen Mann namens Bertie Wooster kümmert, woraus sich allerlei Situationskomik entwickelt. Die Jeeves und Wooster-Romane (z. B. *The Inimitable Jeeves,* 1923) drehen sich um eine Figurenkonstellation, die schon zu ihrer Entstehungszeit leicht anachronistisch wirken musste. Hier wird eine Reaktion auf die Moderne greifbar, nämlich ein Festhalten an der Vergangenheit, eine im Kern konservative Nostalgie. Im Zweiten Weltkrieg geriet Wodehouse in deutsche Gefangenschaft und fand sich bereit, von Deutschland aus an Sendungen in englischer Sprache mitzuwirken. Damit ließ er sich zu einem Teil des nationalsozialistischen Propaganda-Apparats machen. Das beschädigte seine Popularität in Großbritannien auf lange Zeit; nach dem Krieg ließ er sich in den USA nieder.

Kaum berührt von den Strömungen der Moderne, wohl aber verwurzelt in den Traditionen des historischen Romans und des Schauerromans waren die von Daphne DuMaurier (1907–1989) verfassten Texte, in denen sich viel Lokalkolorit, insbesondere von Cornwall, findet. Ein Beispiel für ihre in mancher Hinsicht konventionellen, aber beim Publikum beliebten und bis heute gut verkauften Romane ist *Jamaica Inn* (1936).

In den 1920ern und 1930ern erfreute sich der englische Kriminalroman großer Beliebtheit, so sehr, dass man von einem goldenen Zeitalter dieses Genres spricht. Viele der damals entstandenen

Texte werden heute noch gelesen oder sind einem internationalen Publikum durch Verfilmungen bekannt. Dies gilt insbesondere für die Romane von Agatha Christie (1890–1976). Sie blieb vor allem für zwei Serien von Detektivromanen in Erinnerung. Deren Hauptfiguren sind der belgische Detektiv Hercule Poirot und die liebenswert unkonventionelle Miss Marple, eine durch und durch unerschrockene alte Dame, die es sich zum Hobby gemacht hat, Kriminalfälle aufzuklären. Poirot tauchte erstmals in *The Mysterious Affair at Styles* (1920) auf. Der von Christie erfundene Belgier lebt übrigens in England, weil er zur Zeit der deutschen Invasion seiner Heimat im Ersten Weltkrieg dorthin geflohen war. So ist diese Romanserie, zu der auch *Murder on the Orient Express* (1934) und *Death on the Nile* (1937) gehören, in einer Rahmenhandlung der weltgeschichtlichen Ereignisse verankert. In den Miss Marple-Romanen, die von 1930 bis 1976 erschienen, unterlief Christie die Konvention des Genres, dass Kriminalfälle von Männern gelöst werden. Als wohlhabende, unverheiratete Amateurin kann Miss Marple es sich leisten, das zu tun, was für britische Frauen in der Realität noch lange Zeit keine berufliche Option war, nämlich kriminalistisch zu ermitteln. Einen (diesmal männlichen) Amateurermittler schuf auch Dorothy L. Sayers (1893–1957) in ihren Romanen um die Hauptfigur Lord Peter Wimsey, die von den frühen 1920ern bis in die späten 1930er erschienen. Der Amateurstatus des Detektivs oder der Detektivin setzt bei Sayers ebenso wie bei Christie voraus, dass diese Figur den privilegierten Gesellschaftsschichten entstammt.

Ein Blick auf genau diese Schichten findet sich auch außerhalb der Kriminalliteratur besonders in der ersten Hälfte des 20. Jahrhunderts häufig, was nicht verwunderlich ist, weil die überwiegende Zahl der Autoren und Autorinnen zu dieser Zeit selbst noch aus diesen Kreisen stammte. So verhielt es sich beispielsweise auch bei Evelyn Waugh (1903–1966; »Evelyn« ist in diesem Fall ein männlicher Vorname). Sein erster Roman, *Decline and Fall* (1928), zeichnete ein satirisches Porträt des englischen Universitäts- und Oberschichtenmilieus. »Universität« war für Waugh, ebenso wie für die meisten Menschen aus der oberen Mittelschicht und darüber, fast automatisch gleichbedeutend mit Oxford oder Cambridge. Der Titel des Romans spielt auf Edward

Gibbons (1737-1794) Klassiker zum Zerfall des römischen Weltreichs an (*The History of the Decline and Fall of the Roman Empire*, 1776-1781). Was Waughs Text mit diesem gemeinsam hat, ist die Schilderung einer dekadenten Oberschicht, die sich nur mit ihren Vergnügungen beschäftigt und darüber jede Verantwortung vergisst. Diese Dekadenz der Oberschichten und die ambivalente Faszination, die von ihr ausgeht, bildet ein Motiv, das in Waughs Romanen immer wieder auftaucht. In *Black Mischief* (1932), einem Roman, der in Afrika spielt, wird hedonistische Haltlosigkeit in einem kolonialen Kontext dargestellt, was wieder auf die Idee des *Decline and Fall* eines Imperiums verweist. Hier deutet sich ein Bewusstsein der Endlichkeit des Empire an, wie es verstärkt bereits ab den 1920ern zu finden ist, beispielsweise in dem 1924 erschienenen Roman *A Passage to India* von E. M. Forster (1879-1970).

Waughs bekanntestes Werk ist *Brideshead Revisited* (1945), ein Roman, der in Oxford sowie im Milieu der katholischen Aristokratie spielt. Das ist etwas Besonderes in einem Land, das eine protestantische Staatskirche hat. Waugh erinnert uns daran, dass es immer katholische Minderheiten gab, darunter nicht nur arme irische Einwanderer, sondern auch Teile des englischen Adels, die sich von Anfang an der Reformation verweigerten und die daher noch im frühen 20. Jahrhundert in einem eigenen Wertesystem und in einer eigenen Ideenwelt lebten. Waugh wusste, worüber er schrieb; 1930 war er zum katholischen Glauben übergetreten. In *Brideshead Revisited* zeichnete er das Bild einer Gesellschaftsschicht, die bereits dabei war, in der Vergangenheit zu versinken, als der Roman erschien. Heute ist dieses Buch vor allem durch zwei Verfilmungen bekannt. Die erste aus dem Jahr 1980 war Teil einer neuen Welle der nostalgischen Begeisterung für die Vergangenheit, die zur Entstehung dessen führte, was man in Großbritannien die *heritage industry* nennt. Diese Hinwendung zu einer vermeintlich guten alten Zeit, das Interesse am luxuriösen Leben der Oberschichten und die Lust daran, sich in eine hierarchisch-paternalistische Gesellschaftsordnung hineinzuträumen, weckten in immer mehr Menschen den Wunsch, alte Adelssitze zu besichtigen. Durch zahlreiche Literaturverfilmungen (von Austen, →201, bis Waugh) sowie Fernsehserien wie *Downton Abbey*

[→126], die sich in deren Fahrwasser bewegen, wurde und wird dieses Interesse noch fortwährend verstärkt. Die wesentlich durch die englische Literatur bzw. Literaturverfilmungen stimulierte *heritage industry* ist nicht nur ein wichtiger Wirtschaftsfaktor, sondern beeinflusst Vorstellungen, die man sich weltweit von Großbritannien macht.

In markantem Gegensatz zu Waugh und seiner Nostalgie, ganz zu schweigen von seinem Interesse am Katholizismus, steht sein Zeitgenosse George Orwell (Pseudonym für Eric Arthur Blair, 1903–1950). Orwell wurde in die Spätphase des britischen Empire hineingeboren; er kam in Indien zur Welt und wurde, wie es für die Kinder von Briten üblich war, früh zurück ins Mutterland geschickt, um dort die Schule zu besuchen. In den 1920ern ging er als Beamter bei der Indian Imperial Police nach Burma, wo er sich innerlich vom Kolonialismus distanzierte und schließlich diesen Beruf aufgab. Er lebte dann als zunächst erfolgloser Schriftsteller in London und Paris. Orwell ist dem linken Bereich des politischen Spektrums zuzuordnen. Literarisches Schreiben war für ihn eng mit einer politischen Agenda verbunden. Dies wird bereits in seinem ersten, durch seine Erfahrungen in Burma angeregten Roman erkennbar (*Burmese Days*, 1934), und noch deutlicher in seinen Sozialreportagen: In *Down and Out in Paris and London* (1933) und *The Road to Wigan Pier* (1937) schilderte er auf eindringliche Weise Armut, Arbeitslosigkeit und unterprivilegierte proletarische Lebensverhältnisse. Orwell gehörte zu den Intellektuellen, die im Spanischen Bürgerkrieg als Freiwillige für die republikanische Seite kämpften. Literarisches Ergebnis dieser Zeit war *Homage to Catalonia* (1938). Nach dem Krieg erschien *Animal Farm* (1945), eine dunkle Satire auf die Russische Revolution in Form einer Tierfabel. Diese Art der bitteren Satire und das Verzweifeln an der Bösartigkeit und Verführbarkeit der Menschen führen eine Tradition des Denkens und Schreibens fort, die in der englischen Literatur spätestens seit Jonathan Swift [→177] greifbar ist. 1949 folgte *Nineteen Eighty-Four,* ein ebenfalls überaus dunkles Buch über den Totalitarismus einer nicht allzu fernen Zukunft. Orwell schildert hier eine Welt, in der die Kontrolle über die Sprache und damit über das Denken zu einem entscheidenden Machtmittel geworden ist. Opposition soll unsagbar und deshalb auch letztlich undenkbar werden. Dunkel wird das Buch vor allem dadurch, dass Orwell das verweigert, was man im Englischen *poetic justice* nennt: Das Gute siegt nicht, das totalitäre Regime erdrückt jeden Widerstand.

Orwell schuf mit *Nineteen Eighty-Four* eine der großen Dystopien des 20. Jahrhunderts, d. h. eine Anti-Utopie [→75]. Ein weiterer bekannter Text dieses Typs ist *Brave New World* (1932) von Aldous Huxley (1894-1963). *Brave New World* ist eine politische Dystopie, aber zugleich auch eine Wissenschaftsdystopie, also Science Fiction der pessimistischen Art. Huxley beschreibt einen totalitären Staat, der biotechnologische Methoden nutzt, um eine feste Hierarchie standardisierter Menschentypen zu produzieren.

Die Barbarei der beiden Weltkriege und die totalitären Regimes des 20. Jahrhunderts regten zum dystopischen Schreiben an. 1954 erschien *Lord of the Flies* von William Golding (1911-1993). Dieser Roman gehört zugleich in eine weitere Traditionslinie, die in der englischen Literatur mit Defoes *Robinson Crusoe* [→176] begonnen hatte, nämlich die Robinsonade, d. h. die Schiffbrüchigengeschichte. Bei Golding verschlägt es eine Gruppe von Schulkindern auf eine einsame Insel, die dort sehr bald in einen Zustand finsterster Barbarei fallen.

Im Kalten Krieg der Nachkriegszeit wurde der Spionageroman populär. Ian Fleming (1908-1964) schuf die Figur des Geheimagenten James Bond, der in Romanen wie *Casino Royale* (1953), *Diamonds are Forever* (1956) und *From Russia With Love* (1957) im Dienst ihrer Majestät gegen dunkle, kriminell-totalitäre Mächte kämpft. Die Verfilmungen seiner Romane machten James Bond zu einer britischen und zugleich weit über Großbritannien hinaus bekannten Institution. Flemings Beispiel zeigt einmal mehr, wie Texte ab dem 20. Jahrhundert vollkommen hinter ihrer medialen Vermittlung zurücktreten können: Wir verbinden James Bond eher mit Sean Connery als mit Ian Fleming.

Eine weitere mögliche Reaktion auf die Spaltung Europas in einen kapitalistischen Westen und einen kommunistischen Osten und den damit verbundenen Kalten Krieg war die Erinnerung an eine Zeit, in der dies noch nicht so gewesen war. Dies finden wir in der Reiseliteratur. Patrick Leigh Fermor (1915-2011), ein Mensch, der ein extrem abenteuerliches Leben führte, unternahm als Achtzehnjähriger eine Wanderung von den Niederlanden bis Istanbul, bei der der gebildete junge Mann aus der britischen Oberschicht auf eine heute nicht mehr vorstellbare Weise von Schafhirten ebenso wie von Aristokraten gastfreundlich aufgenommen wurde. Jahrzehnte später blickte er auf diese Reise durch ein untergegangenes Europa in *A Time of Gifts* (1977) und *Between the Woods and the Water* (1986) zurück.

Eine Alternative zu solchen literarischen Reaktionen auf unangenehme Elemente der Realität wie Krieg oder Kalten Krieg war die Hinwendung zu einer ganz und gar anderen, imaginären Welt. Eine solche Welt, phantastisch und in einer fernen Vergangenheit angesiedelt, entwarf J. R. R. Tolkien (1892–1973) in *The Hobbit* (1937) und der Romantrilogie *The Lord of the Rings* (1954–1955). Tolkien war Professor für englische Literatur in Oxford, und sein Spezialgebiet waren frühmittelalterliche angelsächsische Texte wie *Beowulf* [→17]. Sein Wissen darüber schlug sich in seinem Schreiben nieder, es gibt also eine direkte literaturgeschichtliche Verbindung zwischen den weit über tausend Jahren alten angelsächsischen Texten und Tolkiens Romanen. Diese Romane wurden lang nach ihrem Erscheinen und weit über Großbritannien hinaus zu Kultbüchern, deren Stoffe wiederum kurz nach der Jahrtausendwende in Kultverfilmungen ein breites Publikum erreichten. Hier zeigt sich, dass Kernimpulse der Romantik wie das Hineinträumen in eine ganz andere, vormodern-naturnahe »alte Zeit« die konventionelle Epochengliederung überlebten und bis in unsere Zeit hinein wirksam bleiben. Fantasy-Romane verfasste auch C. S. Lewis (1898–1963), der wie Tolkien Anglist war und sich in der englischen Literatur des Mittelalters und der Renaissance bestens auskannte. Für ein junges Publikum schrieb er *The Lion, The Witch and The Wardrobe* (1950), darauf folgten weitere sechs Bände, die unter dem Sammeltitel *The Chronicles of Narnia* (1950–1956) bekannt sind.

Ganz im Gegensatz zur Phantastik, die andere Welten erschafft oder die Zwänge der Realität beispielsweise durch Magie überwinden lässt, stand ein scharfer literarischer Blick auf die als unzulänglich empfundene britische Lebenswelt der Nachkriegszeit. Im Zusammenhang mit dem Drama dieser Zeit war von den *Angry Young Men* die Rede [→284]. Vergleichbares findet sich auch in der Prosa. Alan Sillitoe (1928–2010) wurde mit *Saturday Night and Sunday Morning* (1958) bekannt, einem Roman, der im Industriearbeitermilieu Nottinghams spielt. In *The Loneliness of the Long Distance Runner* (1959) wird gleichfalls die Gesellschaft von unten betrachtet; die Hauptfigur ist ein hochintelligenter Kleinkrimineller, der in eine Besserungsanstalt eingewiesen wird und sich selbst dort den Regeln und Zwängen der Gesellschaft verweigert.

In den 1960ern und 70ern wurden neue gesellschaftliche und politische Diskurse in Romanen thematisiert. Doris Lessing (1919-2013) veröffentlichte 1962 *The Golden Notebook*. In diesem Roman findet sich eine Auseinandersetzung mit der frühen Frauenbewegung. Der Text ist komplex strukturiert; die weibliche Hauptfigur notiert ihre Erfahrungen in wechselnden stilistischen Registern, wodurch die Fragmentierung ihrer Welt greifbar wird.

Die Kritik an alten Autoritäten und Hierarchien (auch zwischen den Geschlechtern), die sich in der Nachkriegszeit und besonders ab den späten 1960ern artikulierte, wurde insbesondere an den Universitäten laut. In der englischen Literatur etablierte sich ab den 1950ern das Genre des Universitätsromans (*campus novel*). Die Zahl nicht nur der britischen Studierenden, sondern auch der britischen Universitäten wuchs ab der Mitte des 20. Jahrhunderts rapide. Nun wurde die Idee des Studiums und des Universitätslebens nicht mehr vorwiegend mit den extrem privilegierten Milieus von Oxford und Cambridge in Verbindung gebracht. Ein bekannter früher Universitätsroman, *Lucky Jim* (1954) von Kingsley Amis (1922-1995), spielt an einer solchen Universität in der Provinz. Die Verfasser und Verfasserinnen von *campus novels* verfügten und verfügen meist über eine intime Kenntnis des Universitätsmilieus, weil sie selbst an Universitäten lehren. So wissen sie auch um das Potential für Komik, das sich aus der Spannung zwischen hehren akademischen Zielen einerseits und infantilem Geltungsbedürfnis, mörderischem Postengeschacher und unbedingt zu verheimlichenden Affären andererseits ergibt. Amis hatte dieses Wissen ebenso wie Malcolm Bradbury (1932-2000) und David Lodge (1935-), die gleichfalls erfolgreiche *campus novels* schrieben. Bradbury schilderte akademische Intrigenspiele in *The History Man* (1975). David Lodge schrieb über einen akademischen Ortswechsel. In *Changing Places* (1975) katapultiert ein Austauschprogramm einen kalifornischen Professor an eine englische

Universität und einen englischen nach Kalifornien. Die in *Changing Places* eingeführten Hauptfiguren tauchen erneut in *Small World* (1984) auf. Die Tatsache, dass dieser Roman von einem Literaturwissenschaftler geschrieben wurde, wirkte sich sehr deutlich auf seine Beschaffenheit aus. Die Figuren im Roman setzen sich mit den neuesten Entwicklungen in der Literaturtheorie auseinander; zugleich machte Lodge von einer großen Zahl von Motiven, Registern und Erzähltechniken aus verschiedenen Genres der erzählenden Literatur Gebrauch. So geriet der Roman indirekt zu einem Metatext über das Romaneschreiben. *Small World* spielt mit den sich etablierenden Konventionen der literarischen Postmoderne. Originalität im postmodernen Schreiben bestand im originellen Kombinieren schon vorhandener Elemente, die die Gesamtheit aller bereits vorhandenen Texte bereitstellte. Ähnlich wie die in den 1980ern beliebte postmoderne Architektur arbeitete sie also mit Zitaten und Versatzstücken und setzte dabei, oft mit leichter Ironie, Altes mit Neuem zusammen. Lodge spielte dieses kombinatorische Spiel auf virtuose Weise, wobei stets deutlich blieb, dass es sich um ein Spiel handelte. Dies gilt auch für den dritten Roman seiner Universitätstrilogie, *Nice Work* (1988), in dem er die Grundstrukturen und Themen der *industrial novels* des 19. Jahrhunderts [→235] auf reizvolle Weise mit den *campus novels* seiner Zeit verband.

Als Lodge seine Universitätsromane verfasste, war das postmoderne Schreiben bereits längst nicht mehr irritierend-avantgardistisch, sondern Teil eines avancierten Mainstreams. Dazu hatten erfolgreiche postmoderne Romane der späten 1960er und 70er wie beispielsweise *The French Lieutenant's Woman* (1969) von John Fowles (1926–2005) beigetragen. *The French Lieutenant's Woman* greift das Genre des historischen Romans auf; die Handlung spielt in der Viktorianischen Zeit, der Text gibt sich aber durchweg als Erzeugnis des 20. Jahrhunderts zu erkennen. Der Dramatiker Harold Pinter [→283] arbeitete diesen Roman zu einem Drehbuch um; in der Verfilmung (1981) wurde das postmoderne Spiel mit der Metafiktion noch weiter intensiviert. Pinters Filmversion erzählt nicht nur den Roman, sondern auch die Geschichte der Verfilmung des Romans und springt so ständig zwischen dem 19. Jahrhundert und der Gegenwart hin und her.

Ein weiteres Beispiel für einen postmodernen Roman ist *Possession: A Romance* (1990) von A. S. Byatt (eigentlich: Antonia Susan Duffy, 1936–). Auch hier wird mit zwei Zeitebenen operiert. Der Roman oszilliert zwischen der Welt einer Literaturwissenschaftlerin und eines Literaturwissenschaftlers des späten 20. Jahrhunderts und der eines Autors und einer Autorin der Viktorianischen Zeit, deren Verhältnis aus schriftlichen Zeugnissen rekonstruiert wird.

Ein Grenzgänger zwischen der deutschen und der englischen Literatur war der 1944 in Deutschland geborene W. G. Sebald, der in den 1960ern nach England auswanderte, wo er bis zu seinem Tod im Jahre 2001 lebte. Sebald war als Germanist an der University of East Anglia tätig. Seine literarischen Texte entstanden zunächst auf Deutsch und wurden dann unter Beteiligung des Autors ins Englische übertragen. In *Die Ausgewanderten* (englische Version: *The Emigrants,* beide 1992) zeichnete er das Schicksal von Menschen nach, die aus dem faschistischen Deutschland nach Großbritannien oder in die USA fliehen mussten. *Die Ringe des Saturn. Eine Englische Wallfahrt* (1995, 1998 erschienen als *The Rings of Saturn. An English Pilgrimage*) bringt Elemente aus verschiedenen Genres zusammen: Der Roman ist als Bericht über eine Wanderung durch Suffolk gestaltet, in ihm finden sich autobiographische Elemente sowie eine oft assoziativ springende Auseinandersetzung mit der englischen Kulturgeschichte und Literatur, hier insbesondere mit den auf ähnliche Weise exkursreichen Texten von Sir Thomas Browne [→114]. In *Austerlitz* (2001), seinem letzten Roman, erzählte Sebald das Leben eines Menschen, der durch die Kindertransporte [→255] nach Großbritannien kam und der als Erwachsener beginnt, Nachforschungen über das Schicksal seiner Eltern im Konzentrationslager Theresienstadt anzustellen.

Der dunkle Nachhall des Holocaust, seine fortwährende gedankliche Präsenz in Familiengeschichten, ist im 21. Jahrhundert auf neue Weise zu einem Thema der englischen Literatur geworden. Nicht wenigen jüdischen Intellektuellen gelang die Flucht nach Großbritannien. Darunter war der große deutsche Journalist und Theaterkritiker Alfred Kerr. Dessen Tochter Judith Kerr (1923–2019) wurde eine erfolgreiche Autorin und Illustratorin von Kinderbüchern. Ihre Erfahrungen als Flüchtlingskind schlugen sich auf anrührende Weise in *When Hitler Stole Pink Rabbit* (1971) nieder.

Erfahrungen aus der Kriegszeit stehen hinter einem weiteren beliebten Text der englischen Kinderliteratur. In *A Bear Called Paddington* (1958) machte Michael Bond (1926-2017) einen Bären zu seiner Hauptfigur, der allein und hilflos mit seinem Koffer im Londoner Bahnhof Paddington auftaucht; um den Hals trägt er einen beschrifteten Anhänger, auf dem darum gebeten wird, sich seiner anzunehmen. Diese Figur geht in ihrer Gestaltung auf die vielen tausend Kinder zurück, die im Krieg aus London evakuiert und auf dem Land in Sicherheit gebracht wurden – ohne Eltern, nur mit einem Koffer in der Hand und einem Anhänger um den Hals. Hier lässt sich vielleicht auch an die Kindertransporte denken. Es dürfte kaum ein Zufall sein, dass Paddington Bear, der das Bild des fliehenden Kindes rekapituliert, aus dem dunkelsten Peru kommt, denn liest man »Peru« mit englischem Akzent rückwärts, so klingt das sehr wie »Europe«.

Die Generation der Zeitzeugen, der überlebenden Opfer und insbesondere der Flüchtlinge, die nach Großbritannien kamen, ist größtenteils nicht mehr am Leben. Autorinnen und Autoren aus der Generation der Enkelinnen und Enkel dieser Flüchtlinge gehen heute in literarischen Texten der Frage nach, wie ein Neuanfang in Großbritannien gelingen konnte und was dies für die Identität der betroffenen Menschen bedeutet haben mag. Ein Beispiel dafür ist *Mr Rosenblum's List* (2010) von Natasha Solomons (1980-), ein Roman, in dem ein jüdischer Flüchtling den Versuch unternimmt, sich zu integrieren, indem er seinen eigenen Golfplatz baut.

Was heute von dem Geschehen der 1930er und 1940er bleibt, sind Spuren von Lebensschicksalen, die sich in Texten, aber auch in Gegenständen aus dem persönlichen Besitz dieser Menschen finden. So beginnt im 21. Jahrhundert eine neue Auseinandersetzung mit einer von Verfolgung und Flucht geprägten Vergangenheit, die nicht mehr unmittelbar in den Stimmen der Betroffenen, sondern in deren schriftlichen und materiellen Hinterlassenschaften greifbar ist. In *The Hare with Amber Eyes. A Hidden Inheritance* (2010) erzählt Edmund de Waal (1964-) die Geschichte seiner jüdischen Familie. Es handelt sich hier nicht um einen Roman, sondern um das, was man im Englischen als *memoir* bezeichnen würde, einen Text, der auf Erinnerungen aus der Familiengeschichte des Autors basiert. Diese Erinnerungen werden an Gegenständen festgemacht, in diesem Fall eine Sammlung alter japanischer Elfenbeinschnitzereien, zu denen auch der Hase mit den Bernsteinaugen gehört.

Die enge Verbindung von persönlichen Gegenständen und Erinnerung im Kontext von Familiengeschichten, in die die nationalsozialistische Judenverfolgung mit zerstörerischer Kraft einbrach, finden wir bereits vor de Waal bei Richard Aronowitz (1970–). Der Titel seines Romans *Five Amber Beads* (2006), in dem er Elemente von Fiktion und Familiengeschichte zusammenfügt, spielt auf Teile einer Bernsteinkette an, die seiner in Treblinka ermordeten Großmutter gehört hatte. Zu den Objekten aus der Vergangenheit, die immer noch da sind und zum Sprechen gebracht werden, kommt ein authentisches Tagebuch, das der Großonkel des Verfassers in einem deutschen Arbeitslager führte. Aronowitz übersetzt Passagen aus diesem bemerkenswerten Zeitdokument und arbeitet diese als Stimme aus der Vergangenheit in seinen Roman ein.

Die Erfahrung von Verfolgung, Flucht und Krieg hinterlässt ihre Spuren in den Lebensgeschichten nicht nur einer, sondern mehrerer Generationen; damit setzen sich Texte wie die hier kurz vorgestellten auseinander. Ähnlich verhält es sich bei der schreibenden Auseinandersetzung mit dem Thema »Migration«. Nach der Auflösung des britischen Empire im Zuge der Dekolonialisierung zogen zahlreiche Menschen aus ehemals britisch beherrschten Ländern ins »Mutterland« und machten bald die Erfahrung, dass dieses Land sie keineswegs mütterlich behandelte. Eine frühe literarische Stimme der karibischen Einwanderer war Sam Selvon (1923–1994), der aus Trinidad nach London gekommen war. In seinem Roman *The Lonely Londoners* (1956) schilderte er die Erfahrungen der Migration. Er bediente sich dabei einer Sprache, die vom englischen Standard abwich; er schrieb ein Englisch, das davon beeinflusst war, wie die Menschen aus der Karibik tatsächlich sprachen. Das Abweichen von Sprachnormen ist immer auch eine politische Geste, die die eigene Art des Lebens und

Sprechens aufwertet. Wie dies funktioniert, haben wir bereits am Beispiel schottischer Autoren ab dem 18. Jahrhundert kennengelernt [→141].

Ab der zweiten Hälfte des 20. Jahrhunderts ist eine Internationalisierung der Literatur der Britischen Inseln zu beobachten, die zu einem nicht unwesentlichen Teil als eine Spätfolge der Dekolonisierung begriffen werden kann. So wurde Sir Salman Rushdie (1947–) noch im britisch beherrschten Indien geboren, lebte dann in Großbritannien, wo er 2007 von der Königin geadelt wurde, und ist seit 2000 in den Vereinigten Staaten. In *Midnight's Children* (1981) setzte er sich mit der indischen Unabhängigkeit und der Aufteilung des Landes in Indien und Pakistan auseinander. Die persönlichen Risiken, denen ein britischer Autor oder eine Autorin ab dem späten 20. Jahrhundert ausgesetzt sein kann, wurden deutlich, als sein Roman *The Satanic Verses* (1988) vor allem im Iran religiösen Anstoß erregte und Rushdies Leben plötzlich massiv bedroht war. Auch so können sich Globalisierungseffekte auf die Literatur auswirken.

Die in Bangladesch geborene Monica Ali (1967–) schildert in *Brick Lane* (2003) die Lebens- und Gedankenwelt einer aus Bangladesch eingewanderten Frau, die ihre Tage in ihrer Wohnung im Londoner East End verbringt, während ihr Mann arbeiten geht. Die sie umgebende Welt, die sie durchs Fenster beobachtet, ist ihr rätselhaft; sie spricht kein Englisch – und dennoch kommt es dazu, dass sie eines Tages die Wohnung verlässt und diese fremde Welt erkundet.

Auf den Spuren der Einwanderungsgeschichte im Londoner East End. Nicht nur den Handlungsort von Monica Alis Roman, sondern auch die Geschichte der Einwanderung in London kann man in und um Brick Lane kennenlernen. Dieses Viertel, das gerade eine massive Gentrifizierung durchläuft, hat bereits zuvor mehrfach vollständig seinen Charakter geändert. Im späten 17. und im 18. Jahrhundert lebten dort Hugenotten, also Flüchtlinge aus Frankreich, die wegen ihrer protestantischen Religion verfolgt wurden. Im späten 19. Jahrhundert war dieser Teil des East End Zentrum der jüdischen Einwanderung aus Osteuropa,

> und um die Mitte des 20. Jahrhundert kamen Menschen vom indischen Subkontinent, insbesondere aus Bangladesch. Die Straßenschilder sind dort zweisprachig, Englisch und Bengali. Die wechselhafte, von Einwanderungswellen geprägte Geschichte dieses Teils des East End lässt sich an einem Gebäude ablesen, das an der Ecke von Brick Lane und Fournier Street steht (59 Brick Lane, London E16LQ): Im 18. Jahrhundert war es als Kirche gebaut worden, im 19. Jahrhundert wurde es als Synagoge genutzt, und heute ist es eine Moschee. Hier und da sind noch Reste des jüdischen East End zu sehen, wie es in Zangwills Romanen [→239] beschrieben wurde. In Brune Street (Nr. 17-19, London E17ND) findet man ein Gebäude mit der Inschrift »Soup Kitchen for the Jewish Poor«. Großartiges und sehr preiswertes jüdisches *street food* wie in Viktorianischer Zeit bekommt man rund um die Uhr bei Brick Lane Beigel Bake (159 Brick Lane, London E16SB); zahlreiche Restaurants, die Speisen des indischen Subkontinents anbieten, finden sich gleichfalls in Brick Lane.

Für die bereits in Großbritannien geborenen Nachkommen der Einwanderergeneration stellt sich die Frage, was geschieht, wenn ein Mensch seine Identität nicht nur aus einer, sondern aus zwei oder noch mehr Kulturen ableitet. Mit diesem Thema und allem, was sich daraus ergeben kann, setzte sich Hanif Kureishi [→292] in *The Buddha of Suburbia* (1990) auseinander, einem Roman, in dessen Zentrum das Leben eines jungen britisch-pakistanischen Mannes im London der 1970er steht. Zadie Smith (1975-), selbst Tochter einer Jamaikanerin und eines Engländers, lotete in ihrem Roman *White Teeth* (2000) das Verhältnis der britischen Gesellschaft zu Menschen aus ehemaligen britischen Kolonien aus, wobei die Karibik ebenso wie der indische Subkontinent als kulturelle Kontexte in den Blick kamen. In *On Beauty* (2005) thematisierte sie kontrastierende Identitäten und Wertesysteme in akademisch geprägten Familien zwischen Großbritannien, den USA und der Karibik.

Mit dem Aufwachsen im karibischen Einwanderermilieu der zweiten Generation beschäftigte sich Andrea Levy (1956-2019) in *Never Far From Nowhere* (1996), wobei hier die karibische Herkunft mit global verzweigten Familiengeschichten verbunden wurde.

In *Small Island* (2004) blickte die Schriftstellerin, die selbst karibisch-jüdisch-schottische Wurzeln hatte, auf die Zeit nach dem Zweiten Weltkrieg zurück, in der ehemalige britische Soldaten aus der Karibik nach Großbritannien zogen und von der Aufnahme im »Mutterland« enttäuscht waren.

Das Thema einer gemischten, hybriden Identität von Menschen wird in Prosatexten des 20. und 21. Jahrhunderts auf verschiedenste Weisen behandelt. Wie lebt es sich, wenn man das Gefühl hat, weder das eine noch das andere zu sein, nicht so oder so, sondern gemischt, gesprenkelt (*speckled*)? Dieser Frage geht Hugo Hamilton (1953–), Sohn einer deutschen Mutter und eines irischen Vaters, in *The Speckled People* (2003) nach. Freilich sind Menschen, die auf den Britischen Inseln leben, aber Wurzeln in ganz anderen Teilen der Welt haben, keineswegs auf solche Themen festgelegt. Ein gutes Beispiel dafür ist das Werk von Kazuo Ishiguro (1954–), der in Japan geboren wurde und als Sechsjähriger mit seinen Eltern nach England kam. In *The Remains of the Day* (1989) schuf er ein Szenario – alter Butler, Landgut, *stiff upper lip* – das schon fast übersteigert englisch wirkt. In *An Artist of the Floating World* (1986) geht es dagegen um den Konflikt zwischen Tradition und Moderne, der in einer japanischen Kleinstadt nach dem verlorenen Zweiten Weltkrieg ausgetragen wird.

Zu der wachsenden globalen Diversität der Herkunft und der Familiengeschichten von Autorinnen und Autoren kommt die fortbestehende alte Diversität in der Literatur der Britischen Inseln. Irische Romane reflektieren oft das neue Selbstbewusstsein, gleichzeitig aber auch die Transformationsprozesse der sich in der zweiten Hälfte des 20. Jahrhunderts rapide modernisierenden Republik Irland. Figuren stehen zwischen traditionellen und sich neu entwickelnden Wertesystemen, wie beispielsweise in *Night Shift* (1985) von Dermot Bolger [→291]. Emma Donoghue (1969–) thematisiert in ihren Romanen weibliche Homosexualität (*Stir Fry*, 1994), aber auch zwanghaft-religiöses Fasten (*The Wonder*, 2016). Das Abweichen von heterosexuellen Lebensmustern findet sich auch prominent bei Colm Tóibín (1955–), etwa in *The Story of the Night* (1996) und *The Master* (2004). Dass diese Bücher ganz selbstverständlich in Irland ein Publikum finden, zeigt, wie sehr das Land seine zutiefst klerikal-konservative Prägung abgeschüttelt hat.

Roddy Doyle (1958-) schildert auf lebendige Weise die Welt der kleinen Leute Irlands, insbesondere in Dublin, und in seinen Büchern sprechen diese Leute ihre Sprache, wodurch ihre lokale und soziale Herkunft klar markiert wird. Seine Romane sind auf plausible und überaus unterhaltsame Weise dialoglastig. Sie sind daher leicht filmisch umzusetzen, und genau das passierte mit Doyles erstem Roman. In *The Commitments* (1987) erzählte er, wie Jugendliche in Dublin eine Band gründen und wie sich durch die Begeisterung für die Musik eine Gruppe von ganz verschiedenen Menschen zusammenfindet, die dann aber auch ihre eigenen Konflikte entwickeln. Der Roman wurde 1991 verfilmt. Der Film war weit über Irland hinaus ein Erfolg, er lenkte das Interesse eines internationalen Publikums auf die Lebenswelt einer jungen Generation in Irland, wobei er mit gängigen romantischen Irland-Klischees brach. Figuren aus dem Roman *The Commitments* tauchen auch in weiteren Romanen auf, von *The Snapper* (1990) bis zu *The Guts* (2013), wo sie sich nun langsam mit dem Altern und der eigenen Sterblichkeit konfrontiert sehen.

In Schottland finden wir ab der zweiten Hälfte des 20. Jahrhunderts ähnlich wie in Irland die Beschäftigung mit der Frage nach spezifischen Lebenswelten, Erfahrungen und Identitäten. Dabei werden immer wieder Impulse aus der älteren schottischen Literatur aufgenommen und weiterentwickelt. Muriel Spark (1918-2006), die in Edinburgh als Tochter einer Schottin und eines litauisch-jüdischen Einwanderers aufgewachsen war, schuf in ihrem Roman *The Ballad of Peckham Rye* (1961) eine unheimliche Hauptfigur, einen Schotten in London, der eine Art Pakt mit dem Teufel geschlossen hat. In der Zeichnung dieser Figur finden sich deutliche Anklänge an James Hoggs *The Private Memoirs and Confessions of a Justified Sinner* von 1824 [→205]. Sparks wohl bekanntestes Werk ist *The Prime of Miss Jean Brodie* (1961). In diesem Text entwarf sie das Psychogramm einer ebenso charismatischen wie problematischen Lehrerin im Edinburgh der 1930er, einer Frau, die einerseits ihre Schülerinnen durch ihre Unkonventionalität fesselt, die gleichzeitig aber auch Sympathien für Hitler hat.

Einer der großen Texte der schottischen Literatur der 1980er ist *Lanark* (1981) von Alasdair Gray (1934-2019). Gray war ein Multitalent, er schrieb nicht nur, sondern illustrierte auch seine Texte.

In *Lanark* beschwor er in Worten und Bildern einen Ort herauf, der an Glasgow erinnert, allerdings wechselte er bei der Beschreibung dieses Ortes und seiner Menschen ständig zwischen Realismus und Phantastik.

Glasgow taucht in der schottischen Literatur häufig als ruppiger Gegenentwurf zu Edinburgh auf, wobei die Ruppigkeit der einen Stadt der klischeehaften bürgerlichen Kultiviertheit und Postkartenschönheit der anderen [→122] gegenübergestellt wird. Eine Demontage der etablierten Vorstellungen von Edinburgh findet sich in den Romanen von Irvine Welsh (1958–). In Texten wie *Trainspotting* (1993), den gesammelten Kurzgeschichten in *The Acid House* (1994) und *Glue* (2001) konfrontiert er seine Leserschaft mit einer auf imaginative Weise kriminellen Drogenszene und allerlei bizarren Lebensläufen, die ihren Ursprung in diesem Milieu haben. Die vorherrschende Wahrnehmung Edinburghs, wie wir sie auch in der touristischen Vermarktung der Stadt finden, wird dadurch erschüttert; wir bekommen eine Ahnung davon, dass es, weit ab von Sehenswürdigkeiten, die wir bei einem Urlaub in der schottischen Hauptstadt aufsuchen, noch ein ganz anderes, sehr viel dunkleres Edinburgh gibt.

Eine Revision des verbreiteten Bildes von Edinburgh finden wir auch bei Ian Rankin (1960–). Er wurde mit einer Serie von Kriminalromanen bekannt, in der eine Hauptfigur namens John Rebus ermittelt und die mittlerweile 21 Titel umfasst (von *Knots and Crosses*, 1987, bis zu *In a House of Lies*, 2018). Die Welt seines Ermittlers bringt das bekannte Zentrum der Stadt zusammen mit der urbanen Gegenwelt der grauen Außenbezirke. John Rebus ist weit entfernt von Ermittlern, wie wir sie bei Agatha Christie oder Dorothy Sayers finden; hier wirkte sich der Einfluss des *hard-boiled detective* aus der amerikanischen Kriminalliteratur aus. Über mehr als drei Jahrzehnte hinweg beschreibt Rankin die sich langsam wandelnde Lebens- und Gedankenwelt seiner Figuren. Der Kommissar muss sich an einen Computer gewöhnen, an ein Mobiltelefon und an alles, was mit der Digitalisierung verbunden ist. Politische Themen wie der Umgang mit Flüchtlingen und die immer stärkeren schottischen Unabhängigkeitsbestrebungen werden aufgegriffen. Dabei wird immer wieder auf subtile Weise die Frage nach einer schottischen Identität behandelt, wobei Rankin nicht mit nationalistischen Vereinfachungen operiert, sondern darauf hinweist, dass Einwanderung und kulturelle Hybridität seit jeher zu dem gehören, was Schottland ausmacht. Rankins Kriminalromane sind deshalb sehr viel mehr als *whodunnits*. Es geht in ihnen nicht nur darum, Ermittlungen zu verfolgen, die zur Aufklärung eines Verbrechens führen. Zugleich verfolgt er das Projekt, von Jahr zu Jahr ein sich entwickelndes Sozialpanorama von Edinburgh zu skizzieren, woraus sich insgesamt auch so etwas wie eine fortlaufende schottische Kulturgeschichte der jüngsten Vergangenheit ergibt.

Ein bürgerlich-konservatives Gegenstück zum Werk Ian Rankins findet sich bei dem im heutigen Zimbabwe geborenen Alexander McCall Smith (1948–), der seit den 1980ern in Edinburgh lebt und heute zur schottischen Literaturszene gehört. Neben einer Serie von Kriminalromanen, die in Afrika spielen (die »*No. 1 Ladies' Detective Agency*«-Serie, 1998 bis heute) beschreibt er in zahlreichen Romanen die alltäglichen Probleme wohlsituierter Menschen in Edinburgh, deren Leben dadurch charakterisiert ist, dass sie eigentlich keine existentiellen Probleme haben. In seinen Büchern treffen wir auf finanziell abgesicherte Philosophinnen, Kunsthändler, Maler und dergleichen (in der *Sunday Philosophy Club*-Serie, 2004 bis heute) sowie ein sensibles, hochbegabtes Kind (in der *44 Scotland Street*-Serie, 2005 bis heute).

Darüber hinaus hält die schottische Literatur des 21. Jahrhunderts noch ganz andere Stimmen und Themen bereit. Die Prosatexte (und ebenso die Gedichte) von John Burnside (1955–) lösen immer wieder auf überaus kreative Weise Irritationen aus. Hier geht es um dunkle Themen, Mord und traumatisierende Erfahrungen (*The Devil's Footprints*, 2007), ein unter schauerlichen Umständen verschwundenes Kind und eine Umwelt, der von Menschen Gewalt angetan wird, die sich dann aber umgehend an den Menschen rächt (*Glister*, 2008).

Nicht alle, sehr wohl aber die meisten der hier erwähnten Texte ab der zweiten Hälfte des 20. Jahrhunderts operieren mit weitgehend realistisch gestalteten Figuren, Handlungsorten und Handlungen, die sich an die Erfahrungswelten der Gegenwart oder der Vergangenheit anlehnen. Andere brechen aus diesem Modus des Schreibens aus. Eine dunkle Dystopie legte 1962 Anthony Burgess

(1917–1993) mit *A Clockwork Orange* vor, einem Roman, in dem die Gewaltexzesse von Jugendlichen, die in einer nicht allzu weit entfernten Zukunft leben, mit verstörender Drastik ausgemalt werden. Deutlich entspannter und überaus humorvoll sind die von Douglas Adams (1952–2001) verfassten Science Fiction-Romane; ein charakteristisches Beispiel ist *The Hitchhiker's Guide to the Galaxy* (1978 als Hörspiel gesendet, 1979 als Buch publiziert). Es ist kein Zufall, dass das Komikerkollektiv Monty Python und Douglas Adams Zeitgenossen waren; hätten sich die Monty Python-Leute obsessiv mit Science Fiction befasst, so hätte dabei vielleicht etwas wie dieses Buch herauskommen können. Die von Adams herbeifabulierte Zukunftstechnologie ist teilweise ein Bestandteil unseres Alltags geworden; der »Guide to the Galaxy« ist ein digitales Gerät, in das man Stichworte eingeben kann, zu denen man dann umfassende Informationen bekommt.

Ab den 1960ern wurde die Fantasy-Sparte zu einem wichtigen Marktsegment. Unter der Leserschaft bilden sich regelrechte Fan-Gemeinden. Erfolgreich ist die aus *Northern Lights* (1995), *The Subtle Knife* (1997) und *The Amber Spyglass* (2000) bestehende Trilogie mit dem Gesamttitel *His Dark Materials* von Philip Pullman (1946–). Diese Texte wurden anfangs als Literatur für Jugendliche vermarktet, wogegen der Autor aber erfolgreich einschritt. *His Dark Materials* nimmt auf bemerkenswerte Weise Bezug auf Miltons *Paradise Lost* [→95], seine Bücher setzten in gewisser Weise ein Projekt fort, das wir seit der englischen Romantik finden, nämlich Miltons Epos gegen den Strich zu lesen und in diesem Sinne weiterzuschreiben. Es gibt ganze Serien von Fantasy-Romanen, die starken Absatz finden, darunter die 41 Titel der *Discworld*-Serie von Terry Pratchett (1948–2015), die zwischen 1983 und 2015 erschienen.

Pratchetts enormer Erfolg in diesem Feld wurde durch die von J. K. Rowling (1965–) verfasste *Harry Potter*-Serie in den Schatten gestellt, die in sieben Bänden – von *Harry Potter and the Philosopher's Stone* (1997) bis zu *Harry Potter and the Deathly Hallows* (2007) – erschienen. Rowlings Romane sind für ein junges Publikum aus vielen Gründen attraktiv. Einerseits gehen sie auf die Erfahrungswelt von Kindern und Jugendlichen ein: Man geht zur Schule und macht die Initiationsriten und Verunsicherungserfahrungen der Pubertät durch. Andererseits ist diese vertraute Welt mit ihren realen Problemen eng an das Phantastische angeschlossen, denn die Schule ist eine Schule für Magier, und zu den üblichen Pubertätsproblemen kommt der Kampf gegen dunkle Mächte. Rowling operiert in ihren Büchern geschickt mit Effekten, die der Tradition der englischen Schauerliteratur entspringen, wie beispielsweise einem alten, verwinkelten Gebäude als Handlungsort oder sprechenden und sich bewegenden Figuren in Gemälden. Insofern besteht eine direkte Verbindungslinie zwischen zwei Erfolgsbüchern, nämlich dem allerersten englischen Schauerroman, Horace Walpoles *The Castle of Otranto* von 1764 [→196], und *Harry Potter*.

Harry Potter wird global rezipiert und gehört daher zu den Texten, die Vorstellungen von Großbritannien beeinflussen. Touristen wollen die Heimat von Harry Potter besuchen, und entsprechend kreiert man Orte, zu denen sie pilgern und an denen sie Geld ausgeben können. Weil Harry Potter von King's Cross Station in London aus den magischen Zug ins Internat nimmt, hat man dort den Übergang zu einem magischen Gleis (»platform 9¾«) nachgebaut, und gleich daneben einen *Harry Potter*-Laden gesetzt, in dem man Zauberstäbe und dergleichen kaufen kann.

Durch ihren großen Erfolg wurden die *Harry Potter*-Romane zu einem wichtigen Teil der Lesesozialisation sehr vieler junger Menschen, die diesen Lesestoff wahrscheinlich auch an ihre eigenen Kinder weitergeben werden. Aus diesem Grund wird der überaus lukrative *Fantasy*-Boom in der englischen Literatur anhalten, und es werden auf absehbare Zeit noch zahlreiche Magierinnen und Magier in Texten für Kinder, aber auch für Erwachsene unterwegs sein. Als Beispiel dafür sei hier die *Rivers of London*-Serie von Ben Aaronovitch (1964–) genannt, in denen ein junger Londoner Polizist in magischen Techniken geschult wird. Indem Aaronovitch Fantasy und Kriminalroman kreuzt, kann er eine Art *Harry Potter* für Erwachsene anbieten.

Es ist auffällig, wenn auch nicht ganz überraschend, dass die Fantasy-Sparte zu einer Zeit boomt, die zugleich von sehr realen neuen Problemen und Bedrohungen ungeahnten Ausmaßes gekennzeichnet ist. Die neuen Bedrohungen wirken global, es verbreitet sich das Gefühl, dass es keine sicheren Orte mehr gibt.

Die Ereignisse vom 11. September 2001 erschütterten nicht nur die USA, sondern die Welt. Sie wirkten sich unmittelbar und sofort auf das Lebensgefühl der Menschen in Großbritannien aus, insbesondere derer, die in großen Städten leben. Dazu kommt die durch globale Massenproteste seit 2018 immer stärker ins Bewusstsein rückende Klimakatastrophe, die das Potenzial hat, in der Zukunft immer größere Flüchtlingswellen in Bewegung zu setzen. Und wie zum Überfluss gibt es dann auch noch das hausgemachte britische Debakel des Brexit.

Ein deutliches Echo der weltweiten Erschütterung, die von 9/11 ausging und die seitdem anhält, findet sich in *Saturday*, einem 2005 erschienenen Roman von Ian McEwan (1948–). Am Rande des Blickfelds, das dieser Text eröffnet, scheint immer wieder für Momente die Gefahr eines terroristischen Anschlags auf London auf. Genau dadurch gelingt es, das seit 9/11 veränderte großstädtische Lebensgefühl zu beschreiben, zu dem nun ein vages Gefühl der permanenten Bedrohung gehört. Wichtig ist dabei die Kontiguität der Bedrohung; es gibt keinen Zusammenhang zwischen dem eigenen Verhalten und der brachialen Gewalt, mit der man von einem Moment auf den anderen konfrontiert sein kann. Daher gibt es auch keine rationalen Strategien, ihr auszuweichen.

Ein weiteres Beispiel für einen Roman, der sich damit auseinandersetzt, wie die Welt durch 9/11 verändert wurde, ist *Netherland* (2008) von Joseph O'Neill (1964–). Der irische Autor beschreibt das Leben eines Niederländers in New York vor und nach dem Anschlag auf das World Trade Center. Der Roman thematisiert diese Ereignisse als Teil einer breiteren Globalisierungserfahrung; der Niederländer in New York bewegt sich in einem Milieu, in dem er auf eingewanderte Menschen aus der Karibik und vom indischen Subkontinent trifft. Gleichzeitig spiegelt sich hier auch eine Internationalisierung der Themen der irischen Literatur sowie der irischen Gesellschaft: O'Neill selbst hat türkisch-irische Wurzeln; heute lebt er in New York, davor in London.

Die wachsende Erderwärmung ist ein Thema, das in der englischen Literatur aufgegriffen wird (so in Ian McEwans Roman *Solar*, 2010), und das wegen seiner unabweislichen Relevanz in Zukunft sicherlich weiter eine Rolle spielen wird. Ebenso verhält es sich mit globalen Bewegungen von Flüchtlingen. Bereits 2004 setzte sich Ian Rankin in einem Kriminalroman seiner Inspector Rebus-Serie (*Fleshmarket Close*) mit der Behandlung Asylsuchender in Schottland auseinander. Ein 2016 erschienener Roman, in dem die Flüchtlingskrise im Mittelmeer auf markante Weise thematisiert wird, ist *Hot Milk* von Deborah Levy (1959–). Levy gehört zu der wachsenden Zahl von Autorinnen und Autoren, die nicht nur über unfreiwillige Migration schreiben, sondern mit dergleichen auch in ihrer eigenen Familiengeschichte vertraut sind. Sie kam in Südafrika zur Welt, ihre Eltern engagierten sich gegen das Apartheid-Regime, und mussten daher mit ihrer jungen Tochter nach Großbritannien ins Exil gehen.

Zu der Zeit, in der dieses Buch entstand, war trotz einer langen und bitteren Auseinandersetzung um den Brexit immer noch völlig unklar, ob, wann und unter welchen Umständen Großbritannien die Europäische Union verlassen würde. Der gefühlt endlose Vorlauf zu dem teils angestrebten, teils befürchteten Brexit hat das Land auf zuvor kaum vorstellbare Weise gespalten. Dabei stehen nicht nur unterschiedliche politische Ansichten gegeneinander, sondern auch ganz unterschiedliche Vorstellungen von Großbritannien und britischer Identität. Wie sich diese Spaltung auf der Ebene der zwischenmenschlichen Beziehungen auswirkt, ist das große Thema in *Middle England,* einem 2018 erschienenen Brexit-Roman von Jonathan Coe (1961–). Dystopische Szenarien, in denen das Leben in England durch politische Krisen und den kompletten Zerfall der technischen, insbesondere der digitalen Infrastruktur auf ein vormodernes Niveau zurückfällt, finden sich in dem 2018 erschienenen Roman *The Devil's Highway* von Gregory Norminton (1976–) sowie in *The Second Sleep* (2019) von Robert Harris (1957–). Eine dunkle Brexit-Dystopie schrieb John Lanchester (1962–). *The Wall* (2019) spielt einige Jahrzehnte nach dem Brexit. Die britischen Küsten sind durch eine riesige Betonmauer befestigt; alle jungen Menschen müssen Militärdienst an dieser Mauer ableisten und dabei verhindern, dass Menschen auf Booten Zugang zum Festland bekommen. Die Menschen auf der einen Seite werden *Defenders* genannt, die auf der anderen Seite *Others.* Die Mauer erfüllt eine doppelte Funktion; sie wirkt als ein Damm gegen den durch die Erderwärmung ansteigenden Meeresspiegel, und sie wirkt gleichzeitig als ein Damm gegen Klimaflüchtlinge. Hier werden also die Themen Klima, Flucht und Brexit zusammengezogen. Dies ist ein dunkler Roman zu dunklen Themen.

Zumindest was den Brexit und die Literatur angeht, will dieses Buch ein wenig Hoffnung machen. Immer wieder wurde deutlich, dass die Literatur der Britischen Inseln niemals insular war, dass Ideen und Texte nicht an Landesgrenzen Halt machen. Wie schon John Donne vor knapp vier Jahrhunderten schrieb: »No man is an island [...]« [→108]. Das wird so bleiben – trotz aller Bestrebungen, diese Grenzen stärker zu reglementieren.

Großdemonstration der People's Vote-Bewegung gegen den Brexit, London, 23. März 2019 (Aufnahme: C. H.).

Anhang

Eine minimale Liste maximal nützlicher
digitaler und analoger Ressourcen

Digitale Ressourcen

Early English Books Online (EEBO)

Diese Großdatenbank macht nahezu alle englischen Texte zugänglich, die von der Einführung des Buchdrucks [→46] bis zum Jahre 1700 auf den Britischen Inseln und im kolonialen Nordamerika erschienen. Es handelt sich um eine digitale Bibliothek, die über 132 000 Titel umfasst; das entspricht über 17 Millionen Seiten. Mit EEBO kann man sich die vollständigen Scans der Originalseiten der alten Ausgaben auf dem Bildschirm des eigenen Computers anschauen; es ist auch möglich, die Scans herunterzuladen.

Eighteenth Century Collections Online (ECCO)

Diese Ressource führt das EEBO-Projekt für die Zeit von 1701 bis 1800 weiter, es ermöglicht den Zugriff auf vollständige Scans von über 180 000 Titeln (über 40 Millionen Seiten). ECCO verfügt im Vergleich zu EEBO über eine zusätzliche Funktionalität: Man kann das gesamte Volltextmaterial nach einzelnen oder kombinierten Stichworten durchsuchen. Dadurch wird es möglich, in Sekundenschnelle zu jedem beliebigen Thema die einschlägigen gedruckten englischsprachigen Texte des 18. Jahrhunderts zu finden und diese Texte sofort zu lesen. Die Volltextsuche ist eine Funktion, die derzeit auch für EEBO aufgebaut wird, und die für einen kleinen Teil des EEBO-Materials bereits zur Verfügung steht.

EEBO und ECCO revolutionierten die Erforschung der englischen Literatur. Bevor diese Ressourcen ab der Wende zum 21. Jahrhundert zugänglich wurden, musste man zu den großen Bibliotheken der Britischen Inseln reisen, um alte und seltene Druckausgaben lesen zu können. In aller Regel durfte man die alten Bücher weder scannen noch abphotographieren, so dass man Texte, die man zitieren wollte, mühsam von Hand abschreiben musste. So gut wie alle Texte, die in dieser Literaturgeschichte erwähnt werden und die zwischen den 1470ern und 1800 gedruckt wurden, kann man dank EEBO und ECCO mühelos lesen. Darüber hinaus ermöglichen es diese Datenbanken, jenseits des Bekannten auf Entdeckungsreise zu gehen [→112]. EEBO und ECCO sind nicht frei zugänglich, Studierende können jedoch über die Webseiten ihrer Universitätsbibliothek auf sie zugreifen.

www.nationallizenzen.de

Falls Sie nicht an einer Universität eingeschrieben sind, können Sie sich trotzdem über www.nationallizenzen.de unkompliziert einen Zugang zu EEBO und ECCO anlegen. Auf dieser Seite finden Sie darüber hinaus ein breites Angebot digitaler Ressourcen, das mit Mitteln der Deutschen Forschungsgemeinschaft finanziert wird und das allen offensteht, die einen Wohnsitz in Deutschland haben (dies wird durch Zusendung eines Passworts per Post überprüft).

Internet Archive

Das Internet Archive (https://archive.org) ist eine Non Profit-Organisation, die ein breites Spektrum copyrightfreier Medieninhalte archiviert und frei zugänglich macht. Hier wird man bei der Suche nach englischen Texten, die im 19. und frühen 20. Jahrhundert gedruckt wurden, häufig fündig werden.

Oxford Dictionary of National Biography (ODNB)

Das *ODNB* ist das Nachfolgeprojekt eines legendären biographischen Nachschlagewerks, dessen Geschichte mit einer Ausgabe in 63 Bänden begann, die zwischen 1885 und 1900 erschienen. Der erste Herausgeber war Sir Leslie Stephen, der Vater von Virginia Woolf [→296]. In seiner heutigen digitalen Form umfasst es über 60 000 Biographien von Menschen der britischen Vergangenheit. Darunter sind sehr viele Schriftstellerinnen und Schriftsteller. Sehr wertvoll sind nicht nur die verlässlichen Informationen zu deren Leben, sondern auch die ständig aktualisierten Forschungsbibliographien zu den im *ODNB* behandelten Personen. Das *Oxford Dictionary of National Biography* ist leider nicht frei zugänglich, wohl aber über viele Universitätsbibliotheken.

Oxford English Dictionary (OED)

Das *OED* ist das umfangreichste Großwörterbuch der englischen Sprache. Die Arbeit an dem Projekt, die englische Sprache möglichst umfassend zu dokumentieren, begann 1857. Es dauerte siebzig Jahre, bis die erste Ausgabe komplett veröffentlicht war, seitdem wird an diesem gigantischen Nachschlagewerk, das heute digital zur Verfügung steht, ständig weitergearbeitet. Das *OED* ist vor allem deshalb so umfangreich, weil es verfolgt, wie sich die Verwendung und oft auch die Bedeutung englischer Wörter über die Jahrhunderte entwickelte und veränderte. Dies wird durch Zitate aus historischen Texten dokumentiert. Man kann damit also herausfinden, was ein bestimmtes Wort beispielsweise im 17. oder frühen 19. Jahrhundert bedeutet hat. Wenn man bei der Lektüre englischer Texte ganz gezielt ins Detail gehen will und mit herkömmlichen Wörterbüchern nicht weiterkommt, lohnt es sich, das *OED* heranzuziehen. Diese Ressource ist nicht frei zugänglich, wird aber von vielen Universitätsbibliotheken bereitgestellt.

Webseiten von Bibliotheken

Die British Library in London zeigt auf ihrer Webpräsenz (www.bl.uk) ausgewählte Bücherschätze aus ihrem Bestand in hochauflösenden, farbigen Scans – EEBO und ECCO liefern sehr viel einfachere, schwarzweiße Scans. Hier kann man beispielsweise die *Beowulf*-Handschrift, die frühesten Shakespeare-Ausgaben oder Manuskripte von Jane Austen betrachten. Die digitalen Exponate werden durch gute erklärende Texte ergänzt. Immer mehr spannendes digitalisiertes Material findet sich auch auf der Seite der National Library of Scotland in Edinburgh (www.nls.uk) und der National Library of Ireland in Dublin (www.nli.ie). In Zukunft wird wahrscheinlich auch das digitalisierte Material der National Library of Wales in Aberystwyth (www.library.wales) umfangreicher werden.

Webseiten von Museen

Wer sich für die Wahrnehmung bzw. Selbstinszenierung der in diesem Buch erwähnten Autorinnen und Autoren in der bildenden Kunst interessiert, wird in vielen Fällen auf der Webseite der National Portrait Gallery in London (www.npg.org.uk) und der Scottish National Portrait Gallery in Edinburgh (www.nationalgalleries.org) viele Bilder und gute kontextualisierende Informationen finden; weniger breit ist derzeit noch das digitalisierte Material der National Portrait Collection der National Gallery of Ireland in Dublin (www.nationalgalleries.ie).

www.poetryarchive.org

Das Poetry Archive ist eine frei zugängliche Online-Ressource, die Tonaufzeichnungen englischsprachiger Gedichte bereitstellt –

nach Möglichkeit gelesen von den Autoren und Autorinnen selbst. Wer also hören möchte, wie es klang, wenn beispielsweise Dylan Thomas oder Stevie Smith ihre eigenen Gedichte vortrugen, wird hier fündig. Das Poetry Archive wurde 2005 von dem prominenten Dichter Andrew Motion [→272] gegründet.

www.zvab.de und www.abebooks.com

Es kann passieren, dass man ein älteres Buch kaufen möchte, das vergriffen, d. h. nicht mehr im aktuellen Sortiment des Buchhandels erhältlich ist. Solche Bücher findet man in antiquarischen Buchhandlungen; dort sind oft schöne Ausgaben aus dem 19. und 20. Jahrhundert zu günstigen Preisen zu haben. Alte englische Bücher sind häufig auch in den deutschen Antiquariatsbuchhandlungen zu finden. Das Angebot vieler solcher Buchhandlungen in Deutschland sowie im englischsprachigen Ausland lässt sich online durchsuchen, nämlich bei www.zvab.de (= zentrales Verzeichnis antiquarischer Bücher) und www.abebooks.com. Allerdings sollte man wissen, dass sowohl www.zvab.de als auch www.abebooks.com seit 2011 bzw. 2008 Tochterunternehmen von Amazon sind.

Handbücher und Zeitschriften

Dinah Birch (ed.),
The Oxford Companion to English Literature.
Seventh Edition (Oxford, 2009).

Suchen Sie knappe, aber verlässliche Basisinformationen zu Autorinnen, Autoren und Texten der englischen Literatur, so werden Sie in diesem alphabetisch geordneten Nachschlagewerk sehr viel schneller als bei jeder Online-Recherche fündig. Kurzbiographien, knappe Überblicke zu Handlung und Figuren von Romanen und Dramen und vieles mehr liefert dieser seit vielen Jahrzehnten immer wieder aktualisierte Handbuchklassiker.

M. C. Howatson (ed.),
The Oxford Companion to Classical Literature.
Third Edition (Oxford, 2011).

Es lohnt sich, ein gutes einbändiges Nachschlagewerk zur Hand zu haben, das beim Entschlüsseln antiker Überlieferungsinhalte in englischen Texten schnell und verlässlich weiterhilft. *The Oxford Companion to Classical Literature* informiert nicht nur über Gestalten der antiken Mythologie und die mit ihnen verbundenen Erzählstoffe sowie über Orte und Personen der antiken Welt, sondern auch ganz spezifisch über deren Rezeption in der englischen Literatur. Ähnlich wie der *Oxford Companion to English Literature* liefert auch dieses Handbuch kurze, fokussierte und verlässliche Artikel, wogegen eine Internet-Recherche erst einmal eine Überfülle von Informationen ganz unterschiedlicher Qualität generiert, deren Sichtung Vorwissen und Zeit erfordert.

Times Literary Supplement und *London Review of Books*

Wer verfolgen will, wie sich die englische Literatur der Gegenwart weiterentwickelt, kann das anhand dieser Literaturzeitschriften tun, in denen interessante Neuerscheinungen besprochen werden. Hier werden nicht nur Romane, Dramen und Dichtung behandelt. Will man wissen, was sich aktuell in der britischen und darüber hinaus der englischsprachigen Welt der Ideen, im gesamten Feld der Geisteswissenschaften tut, so findet man wöchentlich im *Times Literary Supplement* (seit 1902) bzw. alle zwei Wochen in der *London Review of Books* (seit 1979) reichhaltige Informationen und Anregungen.

Endnoten

1. Beda Venerabilis (ed.: Thomas Miller), *The Old English Version of Bede's Ecclesiastical History of the English People*, 2 Bde. (London: Oxford University Press, 1890), Bd. 2, S. 342.
2. Anon, »Wið Wennum«, in: Rolf Breuer und Rainer Schöwerling (edd.), *Altenglische Lyrik* (Stuttgart: Reclam, 1981), S. 56-59.
3. Anon., »The Ruin«, ebd., S. 48.
4. Anon. (ed.: Michael Swanton), *Beowulf* (Manchester: Manchester University Press, 1978), S. 38 (Z. 102).
5. Ebd., S. 40 (Z. 124).
6. Ebd., S. 66 (Z. 703) und S. 68 (Z. 712).
7. Ebd., S. 74 (Z. 835).
8. Geoffrey Chaucer (ed.: Walter W. Skeat), *Complete Works* (London: Oxford University Press, 1967), S. 429 (*Canterbury Tales,* General Prologue, Z. 792-801).
9. Julian of Norwich, »The thirteenth revelation: Sin is Behovely«, in: Derek Pearsall (ed.), *Chaucer to Spenser. An Anthology of Writings in English, 1375-1575* (Oxford: Blackwell, 1999), S. 302.
10. William Shakespeare (ed.: Harold F. Brooks), *A Midsummer Night's Dream* (London: Bloomsbury, 2001), S. 30 (II. Akt, 1. Szene, Z. 186).
11. John Donne (ed.: John Carey), *The Major Works* (Oxford: Oxford University Press, 2008), S. 89.
12. Ebd.
13. Andrew Marvell (ed.: Nigel Smith), *The Poems of Andrew Marvell* (Abingdon: Routledge, 2019), S. 231 (Strophe LXIV).
14. Ebd., S. 230 (Strophe LVIII).
15. John Wilmot, 2nd Earl of Rochester (ed.: Paddy Lyons), *Rochester. Complete Poems and Plays* (London: J. M. Dent, 1993), S. 46 (Z. 1-2).
16. Ebd., S. 48 (Z. 97-98).
17. John Milton (ed.: Alastair Fowler), *Paradise Lost* (London und New York: Longman, 1991), S. 44 (Buch I, Z. 26).
18. Ebd., S. 172, (Buch III, Z. 494).
19. *The Holy Bible* (»Authorized Version«, auch bekannt als *King James Bible;* London: Eyre and Spottiswoode, 1981), S. 65 (Exodus 6,1-2).
20. John Donne (ed.: John Carey), *The Major Works* (Oxford: Oxford University Press, 2008), S. 344.
21. Alexander Pope (ed.: Pat Rogers), *The Major Works* (Oxford: Oxford University Press, 2006), S. 27 (Z. 297-298).
22. Ebd., S. 89 (Canto III, Z. 109-110).
23. Christopher Smart (ed.: Norman Callan), *The Collected Poems,* 2 Bde. (London:

Routledge & Kegan Paul, 2. Aufl. 1967), Bd. 1, S. 311–312 (Strophen XIX, Z. 51–52 und XX, Z. 22).

24 Sarah Egerton, »The Emulation«, in: Roger Lonsdale (ed.), *Eighteenth-Century Women Poets* (Oxford: Oxford University Press, 1990), S. 31–32.
25 William Wordsworth und Samuel Taylor Coleridge (edd.: R. L. Brett und A. R. Jones), *Lyrical Ballads* (London und New York: Methuen, 1986), S. 255.
26 William Wordsworth (ed.: Thomas Hutchinson, überarbeitet von Ernest de Selincourt), *Wordsworth. Poetical Works* (Oxford: Oxford University Press, 1990), S. 149.
27 Samuel Taylor Coleridge (ed.: H. J. Jackson), *The Major Works* (Oxford: Oxford University Press, 2008), S. 103 (Z. 1–5).
28 William Blake, »The Tyger«, in: Geoffrey Keynes (ed.), *Complete Writings* (London: Oxford University Press, 1969), S. 173.
29 William Blake, *Milton,* in: ebd., S. 481.
30 Percy Bysshe Shelley (edd.: Zachary Leader und Michael O'Neill), *The Major Works* (Oxford: Oxford University Press, 2009), S. 198.
31 Matthew Arnold (edd.: C. B. Tinker und H. F. Lowry), *Poetical Works* (London: Oxford University Press, 1966), S. 211 (Z. 15–18).
32 Ebd., Z. 29–37.
33 Oscar Wilde (ed.: Richard Cave), *The Importance of Being Earnest and Other Plays* (London: Penguin, 2000), S. 301 und S. 309 (beide I. Akt, 1. Szene).
34 Charles Dickens, *A Christmas Carol,* in: Michael Slater (ed.), *The Christmas Books,* 2 Bde. (Harmondsworth: Penguin, 1983), Bd. 1, S. 54.
35 Rupert Brooke, »The Soldier«, in: Michael Copp (ed.), *Cambridge Poets of the Great War: An Anthology* (Madison: Fairleigh Dickinson University Press, 2001), S. 81 (Z. 1–3).
36 John Betjeman, »Slough«, in: Andrew Motion (ed.), *Collected Poems* (London: Murray, 2006), S. 20 (Z. 1–2).
37 Philip Larkin, »Aubade«, in: Archie Burnett (ed.), *The Complete Poems* (New York: Farrar, Straus and Giroux, 2012), S. 115 (Z. 1–2).
38 Terence Mervyn Rattigan, *Collected Plays,* 2 Bde., Bd. 2 (London: Hamish Hamilton, 1953), S. xii.

Personenregister

Aaronovitch, Ben *319*
Adams, Douglas *318*
Addison, Joseph *193*
Ali, Monica *312*
Allen, Hannah *112*, *176*
Amis, Kingsley *307*
Anakreon *161*
Andersen, Hans Christian *291*
Angelis, April de *288*
Arden, John *285*
Arnold, Matthew *216 f.*
Aronowitz, Richard *311*
Auden, W. H. *264*, *266 f.*, *280*
Austen, Jane
  126, *200-202*, *236*, *303*, *328*
Ayckbourn, Alan *287*

Bacon, Sir Francis, 1st Baron Verulam
  and Viscount St. Albans *113 f.*
Barbour, John *30*
Barrie, J. M. *249*
Barthes, Roland *252*
Beardsley, Aubrey *213*, *230*
Beaumont, Francis *62*, *98*
Beckett, Samuel *282 f.*, *286*
Beckford, William *199 f.*
Beda *12*, *41*
Beethoven, Ludwig van *146*
Behan, Brendan *283*
Behn, Aphra *104*, *175 f.*, *180*
Bell, Vanessa *296*
Bernstein, Leonard *74*
Betjeman, John *267 f.*
Bhardwaj, Vishal *74*
Blair, Eric Arthur *siehe* Orwell, George
Blake, William *111 f.*, *149*, *152-154*
Boccaccio, Giovanni *30*, *33*, *49*
Bolger, Dermot *291*, *314*

Bond, Edward *286*
Bond, Michael *310*
Boswell, James *185-188*
Boucicault, Dion *229*
Bowdler, Thomas *178*
Bradbury, Malcolm *307*
Brecht, Bertolt *168*
Brenton, Howard *287*
Bridie, James *281*
Britten, Benjamin *54*, *266*, *280*
Brontë, Anne *232-234*
Brontë, Charlotte *232-234*
Brontë, Emily Jane *232-234*
Brooke, Rupert *261 f.*
Brown, Ford Madox *299*
Browne, H. K. *239*
Browne, Sir Thomas *114-116*, *309*
Browning, Elizabeth Barrett *217 f.*
Browning, Robert *217 f.*
Buchan, John *242*
Bunyan, John *109-111*, *233*
Burgess, Anthony *317 f.*
Burke, Edmund *198*
Burke, Gregory *291 f.*
Burns, Robert
  30, *144-148*, *170*, *203*, *223*
Burnside, John *317*
Burton, Robert *114-116*
Byatt, A. S. *309*
Byron, George Gordon Noel,
  6th Baron Byron *154-158*, *170 f.*,
  200, *203*, *206*, *219*, *232*, *267*

Caedmon *11 f.*
Caesar, Gaius Julius *8*, *50*, *166*
Cambrensis, Giraldus *42*
Carr, Marina *291*
Carroll, Lewis *221 f.*, *248 f.*

333

Carson, Ciaran 276 f.
Cary, Elizabeth,
 Viscountess Falkland 98
Castiglione, Baldassare 53
Cavendish, Margaret,
 Duchess of Newcastle 114
Centlivre, Susannah 162
Chandler, Raymond 61
Chaucer, Geoffrey 30-36, 46, 48, 277
Chesterfield, Philip Dormer Stanhope,
 4th Earl of 189
Christie, Agatha 302, 316
Churchill, Caryl 288
Churchill, Winston 256, 261
Cibber, Colley 162
Cicero 50
Clairmont, Claire 158
Clare, John 160
Cleland, John 181-183
Coe, Jonathan 321
Coleridge, Samuel Taylor
 149, 151 f., 160, 170, 206, 276
Collins, Merle 275
Collins, Wilkie 243, 247
Congreve, William 101
Conrad, Joseph 247 f.
Cook, James 189
Coryate, Thomas 2, 116 f.
Coward, Noël 280
Crashaw, Richard 84, 87
Cruikshank, George 239

Daniel, Samuel 57
Daniels, Sarah 288
Dante 220, 263
Darwin, Charles 210, 215, 217, 253
Defoe, Daniel 47, 111 f., 176 f., 180, 305
Dekker, Thomas 62, 98
Delaney, Shelagh 285
Diaghilev, Serge 279
Dickens, Charles
 188, 225, 228, 236-239, 242, 244, 273
Diderot, Denis 165

Din, Ayub Khan 292
Disraeli, Benjamin 235
Dodgson, Charles Lutwidge
 siehe Carroll, Lewis
Donne, John 84-87, 107 f., 322
Donoghue, Emma 314
Doré, Gustave 243, 246
Douglas, Gavin 36
Douglas, Lord Alfred 230
Dowland, John 52
Doyle, Sir Arthur Conan 188, 242-244
Doyle, Roddy 315
Drayton, Michael 57, 59
Dryden, John 93 f., 105
Duffy, Carol Ann 272 f.
DuMaurier, Daphne 301
Dunbar, William 35, 142
Dunton, John 192, 194

Egerton, Sarah Fyge 3, 139 f.
Einstein, Albert 251
Elgar, Edward 221
Eliot, George 234
Eliot, T. S. 90, 263 f., 266 f., 279, 297
Engels, Friedrich 211, 235 f.
Epikur 93
Equiano, Olaudah 3, 188, 293
Esslin, Martin 283
Etherege, Sir George 101
Evelyn, John 118

Falkland, Viscountess
 siehe Cary, Elizabeth
Farquhar, George 162
Fenton, Roger 210
Fergusson, Robert 30, 143 f., 147 f., 259
Fermor, Patrick Leigh 305 f.
Fielding, Henry 182 f.
Fielding, Sarah 183
Finch, Anne, Countess of Winchilsea
 138
Fleming, Ian 305
Fletcher, John 62, 98

Ford, Ford Madox 298 f.
Forster, E. M. 303
Forster, Georg 189
Fowles, John 308
Foxe, John 76, 110
Frayn, Michael 289
Freud, Sigmund 146, 251 f., 254 f.
Friel, Brian 290
Fry, Christopher 279 f.

Galton, Francis 211
Garrick, David 164-166
Gaskell, Elizabeth 234
Gay, John 135, 168, 170
Gems, Pam 288
Gibbon, Edward 302 f.
Gilbert, Sir William Schwenck 227, 246
Godwin, Mary siehe Shelley, Mary Wollstonecraft
Godwin, William 158, 242
Goethe, Johann Wolfgang von 61, 143, 166 f.
Golding, William 305
Goldsmith, Oliver 164, 185, 188, 191
Gordin, Jacob 228
Gordon siehe Byron, George
Gower, John 33 f.
Grahame, Kenneth 250
Graves, Robert von Ranke 298
Gray, Alasdair 292, 315 f.
Gray, Thomas 148
green, debbie tucker 293
Greig, David 291 f.
Grieve, Christopher Murray siehe MacDiarmid, Hugh
Grossmith, George 246
Grossmith, Weedon 246
Gunn, Thom 271
Gupta, Tanika 293

Haggard, Sir Henry Rider 247
Hakluyt, Richard 74

Hamilton, Hugo 314
Händel, Georg Friedrich 167 f.
Hardy, Thomas 246, 263, 270
Hare, David 289, 292
Harris, Robert 321
Harrower, David 291
Harwood, Ronald 289
Haydn, Joseph 146
Haywood, Eliza 194
Hazlitt, William 206
Heaney, Seamus 275 f.
Heine, Heinrich 157
Hemingway, Ernest 109
Henryson, Robert 36, 142
Herbert, George 84, 87
Herrick, Robert 91 f.
Hofmannsthal, Hugo von 40
Hogarth, William 153, 168, 181-183
Hogg, James 205, 281, 315
Homer 27, 51, 132, 134, 142 f., 275, 294 f.
Hood, Thomas 216
Hopkins, Gerard Manley 221
Horaz 50 f., 131, 195
Hughes, Ted 271 f.
Hunt, Leigh 206
Hunt, William Holman 220
Hutton, James 120 f.
Huxley, Aldous 305
Hyde-Lees, Georgie 262

Ingram, Anne, Viscountess Irvine 3, 138 f.
Irvine, Viscountess siehe Ingram, Anne
Iser, Wolfgang 253
Isherwood, Christopher 266, 280
Ishiguro, Kazuo 314

James I., König von Schottland 34 f.
James VI. von Schottland und I. von England und Irland 79, 106
James, M. R. 241
Jerome, Jerome K. 246 f.

Jerrold, Blanchard 243
Johnson, James 146
Johnson, Linton Kwesi 275
Johnson, Samuel 136, 185–188
Jones, Inigo 98, 100
Jones, Sir William 166 f.
Jonson, Ben 62, 64, 98
Joyce, James 3, 51, 184, 265, 268, 282, 294–296, 301

Kalidas 166
Kane, Sarah 289
Kay, Jackie 272, 274
Keats, John 154, 159 f., 203
Kempe, Margery 44
Kerr, Alfred 255, 309
Kerr, Judith 3, 309 f.
Keynes, John Maynard 296
Kilroy, Thomas 290
Kingsley, Charles 235
Kipling, Rudyard 223 f., 248, 300
Knox, John 48, 76
Kureishi, Hanif 292, 313
Kurosawa, Akira 73
Kwei-Armah, Kwame 293
Kyd, Thomas 61

Lamb, Charles 206
Lanchester, John 321
Langland, William 28
Larkin, Philip 270
Lawrence, D. H. 299 f.
Laȝamon/Layamon 27, 42
Leapor, Mary 3, 140 f.
Lear, Edward 222, 270
Lennox, Charlotte 185
Lessing, Doris 307
Lessing, Gotthold Ephraim 165
Levy, Andrea 313 f.
Levy, Deborah 321
Lewis, C. S. 306
Lewis, Matthew Gregory 199
Lewis, Wyndham 264

Lillo, George 164 f.
Lindsay, Sir David 36, 40
Littlewood, Joan 285
Lochhead, Liz 274, 291
Locke, Anne 59
Lodge, David 307 f.
Lovelace, Ada 156
Luther, Martin 47, 75, 106
Lydgate, John 34
Lyly, John 77 f.
Lynn, Vera 256

MacDiarmid, Hugh 264 f., 277
Mackenzie, Henry 185
Mackintosh, Charles Rennie 213
MacNeice, Louis 265 f.
Macpherson, James 142 f., 148, 203, 229
Malmesbury, William of 41
Malory, Sir Thomas 42
Mandeville, Sir John 42 f.
Mann, Erika 266
Mann, Thomas 266
Mannyng of Brunne, Robert 27
Mansfield, Katherine 299
Marlowe, Christopher 61 f.
Martial 51
Marvell, Andrew 84, 87–91, 113, 264
Marx, Karl 211
Maugham, William Somerset 280
Mayhew, Henry 235, 246
McCrae, John 261
McDonagh, Martin 291
McEwan, Ian 320
McGonagall, William 222 f.
McGuckian, Medbh 277
Meredith, George 220
Middleton, Thomas 62
Millais, Sir John Everett 220
Milne, A. A. 3, 300 f.
Milton, John 4, 87 f., 94–97, 105, 109, 171 f., 210, 271, 275, 318
Monmouth, Geoffrey of 41 f.
Montagu, Lady Mary Wortley 190

Monty Python *42, 226, 318*
Moore, Thomas *161*
More, Sir Thomas *47, 75*
Morgan, Edwin *273f.*
Morris, William *213*
Morton, H.V. *298*
Morus, Thomas
   siehe More, Sir Thomas
Motion, Andrew *272f., 329*
Muldoon, Paul *276*

Neilson, Anthony *289*
Newcastle, Duchess of
   siehe Cavendish, Margaret
Newman, John Henry *221*
Ní Chuilleanáin, Eiléan *277*
Ní Dhomhnaill, Nuala *277*
Norminton, Gregory *321*
Norton-Taylor, Richard *292*
Norwich, Julian of *44*
Novalis *223*

O'Casey, Seán *283*
O'Neill, Joseph *320*
Offenbach, Jacques *227*
Olivier, Laurence *281*
Orford, 4th Earl of
   siehe Walpole, Horace
Orwell, George *296, 304f.*
Osborne, John *284f.*
Ossian *142f., 146, 148, 203, 229*
Ovid *48, 50f., 73, 231, 272, 288*
Owen, Wilfred *261f.*

Page, Louise *288*
Paget, Sidney *244*
Panizzi, Oscar *211*
Parry, Hubert *154*
Peacock, Thomas Love *206*
Pepusch, Johann Christian *168*
Pepys, Samuel *104, 117f.*
Percy, Thomas *148*
Petrarca, Francesco *49, 55–59*

Petrarch siehe Petrarca, Francesco
Petronius *280*
Picasso, Pablo *253*
Pindar *138*
Pinero, Sir Arthur Wing *229*
Pinnock, Winsome *292f.*
Pinter, Harold *283, 308*
Platon *77*
Poe, Edgar Allan *243*
Pole, William *228*
Poliakoff, Stephen *290*
Polidori, John *156, 219*
Pope, Alexander
   131–135, 137, 139, 141, 149, 165
Porter, Cole *73*
Pound, Ezra *264*
Pratchett, Terry *318*
Priestley, J.B. *280*
Pullman, Philip *318*
Purcell, Henry *105*
Puschkin, Alexander *157*

Quincey, Thomas de *206*

Radcliffe, Ann *199f.*
Ralegh, Sir Walter *74*
Ramsay, Allan *136, 141f., 170*
Rankin, Ian *316f., 321*
Rattigan, Terence Mervyn *280*
Ravenhill, Mark *289*
Richardson, Samuel *140, 180–183, 206*
Roberts, Ian
   siehe Kwei-Armah, Kwame
Robertson, Thomas William *228f.*
Rochester, John Wilmot,
   2nd Earl of *92f., 104, 232f.*
Rosenberg, Isaac *261f.*
Rossetti, Christina Georgina *219*
Rossetti, Dante Gabriel *219f.*
Rotterdam, Erasmus von *75*
Rowling, J.K. *196, 318f.*
Rushdie, Sir Salman *312*
Ruskin, John *213, 220*

Sala, George Augustus *246*
Samuels, Diane *290*
Sancho, Ignatius *3, 188f.*
Sassoon, Siegfried *261f.*
Saussure, Ferdinand de *252, 254*
Sayers, Dorothy L. *302, 316*
Schubert, Franz *167*
Scott, Sir Walter
   169f., 202-205, 232, 237, 239
Sebald, W. G. *3, 309*
Selvon, Sam *311*
Shaffer, Peter *287*
Shakespeare, William
   4, 28, 31, 46f., 51, 57, 59, 62-66,
   68f., 71-74, 79, 101, 104f., 147,
   165-167, 169, 172, 178, 220, 228,
   261, 264, 273, 278f., 281, 286,
   292, 297f., 328
Shaw, George Bernard *230f.*
Shelley, Mary Wollstonecraft
   156, 158, 170, 200, 240, 242
Shelley, Percy Bysshe
   154, 156-160, 171, 200, 206, 223
Sheridan, Sir Richard Brinsley
   164
Siddall, Elizabeth Eleanor *220*
Sidney, Sir Philip *57, 60, 77*
Sillitoe, Alan *306f.*
Smart, Christopher *136f.*
Smith, Adam *120*
Smith, Adolphe *246*
Smith, Alexander McCall *317*
Smith, Florence Margaret
   siehe Smith, Stevie
Smith, Stevie *270, 329*
Smith, Zadie *313*
Smollett, Tobias *183*
Soane, Sir John *196, 198*
Solomons, Natasha *310*
Southey, Robert *170, 206, 276*
Spark, Muriel *315*
Spender, Stephen *264, 266*
Spenser, Edmund *53f., 57, 59*

St. Albans, Viscount
   siehe Bacon, Sir Francis
Stanhope, Philip Dormer
   siehe Chesterfield, 4th Earl of
Steele, Sir Richard *162-164, 193*
Stein, Peter *291*
Stephen, Sir Leslie *327*
Sterne, Laurence *184f., 189*
Stevenson, Robert Louis
   30, 148, 188, 239f., 242
Stoker, Bram *240f.*
Stoppard, Tom *286, 289*
Strachey, Lytton *296*
Strawinsky, Igor *279*
Sullivan, Sir Arthur *227, 246*
Swift, Jonathan *135, 177-180, 304*
Swinburne, Algernon Charles
   220

Tate, Nahum *105*
Tenniel, John *249*
Tennyson, Alfred Lord *218, 220*
Thackeray, William Makepeace
   111, 233
Thomas, Dylan *268, 285f., 296, 329*
Thomson, James (1700-1748) *136*
Thomson, James (1834-1882)
   siehe Vanolis, Bysshe
Thomson, John *246*
Tóibín, Colm *314*
Tolkien, J. R. R. *20, 306*
Traherne, Thomas *84*
Trollope, Anthony *233*
Tschechov, Anton Pavlovich *299*
Twain, Mark *188*
Tyndale, William *75*

Vanbrugh, Sir John *101f.*
Vanolis, Bysshe *223*
Vaughan, Henry *84, 87*
Vergil *36, 51, 54, 105, 132*
Verulam, 1st Baron
   siehe Bacon, Sir Francis

Vitalis, Ordericus 42
Voltaire 188

Waal, Edmund de 310f.
Walcott, Derek 275
Walpole, Horace, 4th Earl of Orford
    195f., 198f., 319
Watt, Ian 172
Waugh, Evelyn 302–304
Wells, Herbert George 241f.
Welsh, Irvine 316
Wertenbaker, Timberlake 288
Wesker, Arnold 284f.
Wilde, Oscar 213, 221, 223, 229f., 240f.
Williams, Roy 293
Wilmot, John
    siehe Rochester, 2nd Earl of
Winchilsea, Countess of
    siehe Finch, Anne
Wodehouse, P. G. 301

Wollstonecraft, Mary 158
Woolf, Virginia
    3, 184, 268, 296–299, 301, 327
Wordsworth, Dorothy 149
Wordsworth, William
    148–152, 160, 170, 203, 217f.
Wortley, Lady Mary
    siehe Montagu, Lady
Wren, Sir Christopher 86
Wroth, Lady Mary 60, 63
Wyatt, Sir Thomas 57
Wycherley, William 101f.

Yeats, William Butler 223, 262f., 270
Young, Edward 148

Zangwill, Israel 3, 239, 313